生态文明建设丛书

林家彬 顾　问
李家彪 主　编　**王宇飞** 副主编

自然资源融合管理

马永欢　吴初国　苏利阳　等著

上海科学技术文献出版社
Shanghai Scientific and Technological Literature Press

图书在版编目（CIP）数据

自然资源融合管理 / 马永欢等著 . 一上海：上海科学技术文献出版社，2021
（生态文明建设丛书）
ISBN 978-7-5439-8415-8

Ⅰ.①自⋯ Ⅱ.①马⋯ Ⅲ.①自然资源—资源管理—中国 Ⅳ.① F124.5

中国版本图书馆 CIP 数据核字（2021）第 175573 号

选题策划：张　树
责任编辑：苏密娅　姚紫薇
封面设计：留白文化

自然资源融合管理
ZIRAN ZIYUAN RONGHE GUANLI
马永欢　吴初国　苏利阳　等著
出版发行：上海科学技术文献出版社
地　　址：上海市长乐路 746 号
邮政编码：200040
经　　销：全国新华书店
印　　刷：常熟市人民印刷有限公司
开　　本：720mm×1000mm　1/16
印　　张：30.75
字　　数：518 000
版　　次：2021 年 10 月第 1 版　2021 年 10 月第 1 次印刷
书　　号：ISBN 978-7-5439-8415-8
定　　价：168.00 元
http://www.sstlp.com

本书由国家第二次青藏高原综合科学考察研究项目"生态安全屏障优化体系"(2019QZKK0405)、自然资源部"自然资源领域重大理论问题研究"(121101000000180033)、教育部哲学社会科学研究重大课题攻关项目"我国海洋可持续发展与海岛振兴战略研究"(18JDZ059)、国家社科基金重大项目"中国特色自然资源资产制度体系研究"(20&ZD090)联合资助。

《自然资源融合管理》
编著人员

马永欢　吴初国　苏利阳　强海洋
黄宝荣　张丛林　汤文豪　赵晓宇
张雅丽　周立华　林　慧　张建军
曹清华　刘　毅　高仁胜　邓　锋
张　兴　曹庭语　宋敦江　张　涛
刘志强　陈从喜　张丽君　乔海娟
陈　静　张　迪　孔登魁　李　政
王　楠　丁问微　张迎新　徐秀玉
池京云　姜广辉

丛书导读

生态文明这一概念在我国的提出，反映了我国各界对人与自然和谐关系的深刻反思，是发展理念的重要进步。生态文明建设是建设中国特色社会主义"五位一体"总布局的重要组成部分。其根本目的在于从源头上扭转生态环境恶化趋势，为人民创造良好的生活环境；使得全体公民自觉地珍爱自然，更加积极地保护生态。可以说，生态文明建设是不断满足人民群众对优美生态环境的需要、实现美丽中国的关键举措，也是现阶段重构人与自然关系、实现人与自然和谐相处的主要方式。在新冠肺炎疫情引发人们重新审视人与自然关系的背景下，上海科学技术文献出版社推出的这套"生态文明建设丛书"可谓正当其时。

本套丛书有9册，系统且全面地介绍了当前我国生态文明建设中的一些重要主题，如自然资源管理、生物多样性、低碳发展等。在此对这9册书的主要内容分别作一简短概括，作为丛书的导读。

《自然资源融合管理》（马永欢等著）构建了自然资源融合管理的理论体系。在理论研究过程中，作者们在继承并吸收地球系统科学等理论的基础上，构建了自然资源融合管理的"5R+"理论模型，提出了自然资源融合管理的三种基本属性（目标共同性、行为一致性、效应耦合性），概括了自然资源融合管理的基本特征，设计了自然资源融合管理的五条路径，提出了自然资源融合管理支撑"五位一体"总体布局的战略格局，从自然资源融合管理的角度解释了生态文明建设。

水资源是自然资源管理的难点。《生态文明与水资源管理实践》（高娟、王化儒等著）一册对生态文明建设背景下水资源管理的实践工作进行了系统而翔实的介绍，提出了适应于生态文明建设需求的水资源管理的理论和实践方向。包括生态文明与水资源管理、水资源调查、水资源配置、水资源确权、水资源管理的具体实践等五部分内容，分别介绍了水资源管理的总体概念与核心内涵，水资源调查、配置和确权的关键环节与具体方法，以及宁夏生态流量管理的案例。

《陆海统筹海洋生态环境治理实践与对策》（李家彪、杨志峰等著）一册，主要对建设海洋强国背景下的海洋生态环境治理进行了研究。其中，陆海统筹是国家在制定和实施海洋发展战略时的一个焦点。本册包括我国海洋生态环境现状与问题、典型入海流域的现状与问题、国际海洋生态环境保护实践与策略、陆海统筹海洋生态环境保护的基本内容以及陆海统筹重点流域污染控制策略等。可以说，陆海统筹，其实质是在陆地和海洋两大自然系统中建立资源利用、经济发展、环境保护、生态安全的综合协调关系和发展模式。有助于读者理解我国"从山顶到海洋"的"陆海一盘棋"生态环境保护策略以及陆海一体化的海洋生态环境保护治理体系。

《环境共治：理论与实践》（郭施宏、陆健、张勇杰著）一册重点探讨了环境治理中的府际共治和政社共治问题。就府际共治问题，介绍了环境治理中的纵向府际互动关系，以及其中出现的地方执行偏差和中央纠偏实践；从"反公地悲剧"的视角分析了跨域污染治理中的横向府际博弈，以及府际协同治理模式。就政社共治问题，着重关注了多元主体合作中的社会治理与政社关系，以及当前环境治理中的社会参与情况。基于对国内外社会参与环境治理的长期田野调查，发现社会参与对于化解环境危机具有不可忽视的作用，社会参与在新媒体时代愈加活跃和丰富。这对于构建现代环境治理体系既是机遇也是挑战。

《生态文明与绿色发展实践》（王宇飞、刘昌新著）一册主要从政策试点入手，以小见大，解释了我国生态文明建设推进的一个重要特点，即先通过试点创新，取得成效后再向全国推广。本书主要分析了低碳城市试点、国家公园体制试点以及其他地区一些有典型意义的案例。低碳城市试点是我国为应对气候变化所采取的一项重要措施，试点城市在能源结构调整、节能减排以及碳排放达峰等方面都有探索和创新。这是我国实施"碳达峰、碳中和"战略的重要基础。国家公园是我国自然保护地体制改革的代表，也反映了我国近几年来生态文明体制改革的进程。这部分以三江源、钱江源等试点为案例，揭示了自然保护地的核心问题，即如何妥善处理保护和发展之间的矛盾。最后一部分介绍了阿拉善SEE基金会的蚂蚁森林公益项目、大自然保护协会在杭州青山村开展的水信托生态补偿等案例经验。这些案例很好地揭示了生态环境保护需要依赖绿色发展，要使各方均能受益从而促进共同保护。

《生态责任体系构建：基于城镇化视角》（刘成军著）一册重点关注了城镇化进程中生态问题的特殊性。作者从政府的生态责任是什么、政府为什么要履行生态责任以及政府如何履行生态责任三个方面展开研究。城镇化是一个动态的过程，在此过程中产生的生态环境问题有其独特的复杂性。本书审视了中国城镇化的历史和现状，探讨了中国城镇化进程中的生态环境问题，并将马克思主义关于生态环保的一系列重要思想观点融合到对相关具体问题和对策的分析与论证之中，指出了马克思主义生态观对中国城镇化生态环境问题解决的具体指导作用；对我国城镇化进程中存在的生态问题、政府应承担的生态责任、国内外政府履行生态责任的实践及我国政府履行生态责任的途径等问题进行了论述。

《生态文明与环境保护》（罗敏编著）收录了"大气、水、土壤、核安全、国家公园"五方面内容，针对当下公众关注的污染防治三大攻坚战役、核安全健康与发展、自然保护地体系下的国家公园建设进行了介绍。三大攻坚战部分，分析了大气、水、土壤污染防治的政策、现状，从制度体系构建、技术应用、风险评估等方面，结合具体实践和地方经验，对如何打好污染防治攻坚战进行探讨。核安全部分围绕核安全科技创新、核能发展、放射性药品生产活动监管、放射源责任保险、公众心理学、法规标准等内容对我国核安全领域的重点内容和发展规划进行分析。国家公园体制建设部分，从法律实现、国土空间用途管制、治理模式、适应性管理、特许经营管理等方面探索自然保护地体系下国家公园建立的路径。

《企业参与生物多样性案例研究和行业分析》（赵阳著）主要以"自然资本核算"在不同行业的应用为切入点，系统地介绍了《生物多样性公约》促进私营部门参与的要求、机制和资源，分享了识别、计量与估算企业对生态系统服务影响和依赖的成本效益的最新方法学，并辅之以国内外公司的实际案例，研判了不同行业的供应链所面临的生物多样性挑战、动向及趋势，为我国企业参与生态文明建设提供了多元化的视角和参考资料。

《绿色"一带一路"》（孟凡鑫等编著）围绕气候减排、节约能源、水资源节约等生态环境问题，针对"一带一路"沿线典型国家、典型节点城市，从碳排放核算、能效评估、贸易隐含碳排放及虚拟水转移等方面进行了可持续评估研究。从经济学视角，延伸了"一带一路"倡议下的对外产业转移绿色化及全球价值链绿色化的理论；从实证研究视角，识别了我国企业对外直接投资的影响因素及区位分异特征,并且剖析了"一带一路"倡议对我国钢铁行业出口贸易的影响,解析了"一带一路"沿线国家环境基础设施及跨国产业集群之间的相关性;梳理了全球各国践行绿色发展的典型做法以及中国推动绿色"一带一路"建设的主要政策措施和行动,提出了我国继续深入推动绿色"一带一路"建设的方向和建议。

"生态文明建设丛书"结合了当下国内外最新的相关理论进展和政策导向,对我国生态文明建设的理念和实践进行了较为全面的解读和分析。丛书既反映了我国过去生态文明建设的突出成就,也分析了未来生态文明建设的改革趋势和发展方向,有比较强的现实指导意义,可供相关领域的学术研究者和政策研究者参考借鉴。

林家彬

2021年8月

序

在融合发展实践中实现自然资源管理融合

《自然资源融合管理》是马永欢博士等一批相关领域的青年学者，在自然资源部和中国科学院等单位资深科学家团队带领下，紧紧围绕党的十八大以来的理论创新和实践创新，共同研究和协作完成的一部扎实而厚重的专著。该书从融合发展的时代视角，坚持自然资源管理的问题导向和目标导向相统一，坚持自然资源管理体制改革的理论逻辑与历史逻辑相统一，对新形势下严格保护、科学管理与合理利用自然资源，推进生态文明建设作出的富有实践新意的探索，为相关决策提供有意义的参考价值。

有感于这些青年才俊执着的事业追求，下面就自然资源融合管理问题，谈谈我的几点体会，旨在得到更广泛、更深刻的思考。

一、融合发展是自然资源融合管理的时代要求

工业文明与生态文明相互融合是人类社会发展的客观规律。过去人们只看到工业化进程创造了前所未有的物质财富，陶醉于人类大规模改造自然、征服自然取得的所谓胜利，没有关注到工业革命几百年来产生的难以弥补的生态创伤，未能充分认识人类社会发展的基本规律。直到资源环境问题的大范围出现，可持续发展思想、生态文明思想等重大理论创新的诞生，逐渐揭示了关于人类社会与自然和谐发展、工业文明与生态文明融合发展的基本规律。

新时代更加重视生态文明、更加重视工业文明与生态文明的融合发展。党的十八大以来，面对资源约束趋紧、环境污染严重、生态系统退化等严峻形势，以习近平同志为核心的党中央站在全局和战略的高度，对生态文明建设、融合发展提出了一系列新要求，形成了习近平生态文明思想、融合发展的重要论述及政策体系。坚持把生态文明建设放在突出地位，融入经济建

设、政治建设、文化建设、社会建设各方面和全过程，统筹推进"五位一体"总体布局是融合发展的任务。坚持全面建成小康社会、全面深化改革、全面依法治国、全面从严治党，协调推进"四个全面"战略布局是融合发展的纲领。从提出军民融合、城乡融合、区域融合、媒体融合、信息化和工业化融合、区块链和经济社会融合以及其他关键领域融合发展的重大任务，到推动改革层面各要素的协同配合，党中央已经为融合发展绘就了新时代的路线图，即：通过融合发展，努力实现工业文明向生态文明的转变，努力实现人与自然和谐共生的现代化。

自然资源管理应遵循融合发展大势。融合发展是时代的要求，也是实践的要求。自然资源管理与经济社会发展从来都不是非此即彼，一切自然资源管理活动自始至终都贯穿于经济社会发展的全过程，两者融合得好，会极大地促进发展，否则，会阻碍发展。而融合得好与不好的重要标准就看是否遵循了自然的发展规律、经济的发展规律和人类社会的发展规律。山水林田湖草沙是生命共同体，各种自然资源互为依托、互为基础，不能独立存在。因此，对当前自然资源领域的突出矛盾，必须按照生态系统的整体性、系统性及内在的自然规律，用融合发展思路去解决。从全局的视角出发，根据相关要素功能联系及空间影响范围，将彼此相互依赖的自然资源—经济—社会关系纳入一体化的管理轨道，寻求资源—环境—生态问题的系统性治理措施和整体性解决方案，才能使经济社会更加有效地摆脱对粗放式发展路径的依赖。说到底，自然资源管理就是一个从资源要素、环境要素、生态要素到经济要素、社会要素，如何恰如其分地相互融合的实践问题。

二、自然资源管理从综合走向融合是一个循序渐进的过程

自然资源综合管理为自然资源融合管理奠定了实践基础。自然资源管理从综合走向融合的实践基础是新时代"建设一个生态文明的现代化中国"的探索。近20年来，自然资源综合管理取得了进展，将多个门类的自然资源由一个部门统一管理，一定程度上避免了多头管理、减少了政府职能的雷同性和重合性，提高了行政效率，降低了管理成本。但是，面对人民日益增长的美好生活需要和不平衡不充分的发展之间的矛盾，自然资源融合管理的关键在于如何科学地保护资源、合理地利用资源，发展生产力。在管理的目的性方面，融合管理与综合管理不是相互对立，而是一脉相承的，都是为了实

现自然资源与经济社会协调发展，推动生产力水平整体跃升。

自然资源综合管理与融合管理的区别源自自然资源与经济社会"一体化"程度的差异。这个"一体化"就是指管理过程中是否把自然资源要素、经济要素、社会要素按内在规律恰当地"融为一体，合而为一"。这是融合管理的本质特征，也是区别于综合管理的核心关键。新时代自然资源融合管理不单单是把多个门类的自然资源管理职能整合到一起，而是要根据资源门类之间的关联性和耦合性，使其形成一个自然—经济—社会系统诸要素协调发展、同步发展的有机整体；融合管理强调以整体性的观念和实践方法来把握个体发展和结构优化，各门类资源被作为系统的组成部分来通盘考量，单个要素的调整会对整个系统产生影响，既要充分发挥各个部分的功能，又要达到整体功能最优；融合管理对各类风险的管控注重系统功能、信息机制、突变机理等复杂性规律，根据各要素间的内在联系找出系统中的关键要素，及时预防、主动控制、有效应对，通过系统要素间的传导互馈机制来完成整体性治理。融合管理坚持在整体推进的基础上抓主要矛盾和矛盾的主要方面、坚持全局和局部相统一，比起过去所谓综合管理的"有综无合""合而不融"来，显然是融合管理更加遵循矛盾论、实践论的科学规律，耦合作用的效应更加明显。

实现自然资源融合管理是一个循序渐进的长期过程。自觉地重视和把握生态文明建设规律，正确处理好资源环境与经济社会发展的关系，是搞好自然资源融合管理的前提。虽然自然资源融合管理被摆在了突出的位置，但是在自然资源管理与经济发展战略对接的时候，融合成为一个长期的、双向的、动态的不断调适过程。在这个相互调适的过程中，"合易融难""合而不融"的问题会无处不在、无时不有，解决起来不可能一蹴而就，需要逐渐探讨、长期努力。因此，自然资源融合管理的实际运作，随时随地都要以当时的历史条件为背景，根据发展变化的实际，解决好每一个实际问题，才能积跬步以至千里，为建设生态文明、建设美丽中国、实现中华民族伟大复兴打下坚实基础。

三、推进自然资源融合管理，为生态文明建设提供有效支撑

从融合发展的实践要求看，推进自然资源融合管理，要坚持围绕国家发展战略，着力形成理念认同、思想统一、制度衔接、职能协调的工作体系，为生态文明建设提供坚实支撑。

推进自然资源融合管理，要加强理念融合。自然资源融合管理，根基在

理念认同、思想统一。要把"创新、协调、绿色、开放、共享"的新发展理念和"尊重自然、顺应自然、保护自然"的生态文明理念，融入自然资源管理工作的方方面面，从思想上杜绝按单要素管理的思维。新时代自然资源管理工作不是各专业领域的简单合并，其管理范畴不止是自然资源和生态环境系统，还涉及自然—经济—社会系统。一切关于自然资源管理的科学决策都是基于多领域、多学科的系统性考量。各专业领域要以新发展理念和生态文明理念为引领，形成"你中有我、我中有你"的自然资源管理工作新格局。

推进自然资源融合管理，要加强制度融合。自然资源融合管理，有一个制度、机制、体制的融合过程，自然资源管理制度是生态文明建设的基础性制度。要加快推进自然资源分类和调查标准的融合，形成以分类调查、综合评价为基础的统一调查评价体系；推进各类国土空间规划的融合，着力形成以统一的空间规划体系为基础、以全域用途管制制度为手段的监管制度；推进自然资源配置制度的融合，搭建统一的城乡自然资源交易市场；推进自然资源开发利用制度的融合，构建统一的节约集约利用制度；推进国土综合整治，加快形成统一的国土空间生态保护和修复制度。同时相应的部际协调机制也不可或缺。

推进自然资源融合管理，要加强技术融合。技术融合既是自然资源融合管理的基础，也是支撑。要加快推进自然资源管理需求与应用技术的深度融合，搭建开放包容的技术体系，打通自然资源管理的技术壁垒，形成统一的技术标准体系；建立全覆盖、全天候、全要素的国土空间自然资源调查监测及监管技术体系，形成标准统一的自然资源数据基础；构建空天地一体化的监测技术体系，全面支撑国土空间保护、开发、利用的监管。

读完书稿，深感其内容全面而丰富，观点明确而新颖，对当前的自然资源管理既有启迪意义又有借鉴作用。衷心期待《自然资源融合管理》研究团队再接再厉，百尺竿头更进一步，把论著铸就于新时期自然资源管理的实践中。

傅伯杰

2020年8月22日于北京

前　言

　　新时代、新使命、新征程。十九届三中全会审议通过了《深化党和国家机构改革方案》，决定组建自然资源部，"统一行使全民所有自然资源资产所有者职责，统一行使所有国土空间用途管制和生态保护修复职责"，标志着中国的自然资源管理迈入了新时代。自然资源管理部门肩负了新使命，自然资源融合管理踏上了新征程。在此框架下，如何提高自然资源规章制度的管理效能和协同效应，使自然资源管理更好地服务于经济社会发展，更好地服务于生态文明建设，是摆在我们面前较为急迫的问题。

　　加强自然资源融合管理具有鲜明的时代意义。一是，加强自然资源融合管理是落实中央要求的重要体现。保持生态文明建设的战略定力，需要用融合发展的思想指导自然资源融合管理。中国特色社会主义进入了新时代，融合发展将具有更加重要的作用和意义。十八大以来，习近平总书记对城乡融合发展、军民融合发展和媒体融合发展等做出多次论述和批示，提出了新理念、新思想、新战略，已经形成了融合发展思想的完整体系，具有重大影响和深远意义，对指导自然资源融合管理具有重要现实意义。加强自然资源融合管理是落实习近平生态文明思想的重要体现。习近平生态文明思想，体现了人与自然是生命共同体的科学自然观，体现了山水林田湖草沙是生命共同体的整体系统观，这是我们党的重大理论和实践创新成果，是新时代推动生态文明建设的根本遵循。我们要在统筹推进"五位一体"总体布局，协调推进"四个全面"战略部署中认真学习、深刻领会、抓紧行动，用制度保障生态文明建设，用自然资源融合管理的成果助推生态文明建设，推动自然资源融合管理迈入新征程。

　　二是，加强自然资源融合管理是升华综合管理的现实需要。自然资源部组建以来，自然资源综合管理得到加强，融合管理亟待提升。不同门类自然资源的管理需要加强融合，以便实现山水林田湖草沙的系统治理。自然资源开发利用、保护和修复需要加强衔接，以便实现管理的无缝对接。自然资源在部际之间管理的协调性需要加强，以便提升自然资源治理效能。在此背景下，自然资源管理既不能就资源论资源，也不能就生态论生态，而是要在综合管理的基础上加强融合管理，实现自然资源管理与经济社会发展相互衔接、相互反馈，协同发展，增进人类福祉。

三是，融合管理成为国际解决资源环境问题的新范式。美国国家科学院认为，融合是一种跨越不同学科边界解决问题的方法。当前，融合研究成为发达国家促进科学技术发展的新范式。欧美发达国家十分重视融合研究，不仅建立了一批融合研究机构，而且在国家相关科技计划的实施中把融合研究放在重要位置。近年来，融合管理已由纳米领域扩展到包括能源、粮食、气候和水资源在内的广泛领域中，被认为是解决21世纪人类面临的气候变化、能源短缺、人口膨胀、环境污染等巨大问题的一条重要途径。联合国非常注重可持续发展的融合性。2015年，《变革我们的世界：2030年可持续发展议程》在联合国可持续发展峰会上获得一致通过，提出2030年变革世界的17个目标，包括促进经济增长、遏制气候变化和保护地球等。这17个目标具有内在关联性，相互促进、相互融合，共同支撑联合国2030年发展目标的实现。

本书坚持理论创新，初步构建了自然资源融合管理的理论体系。在理论研究过程中，笔者继承并吸收地球系统科学等基本理论的精髓，使理论研究更加缜密。本书构建了自然资源融合管理的"5R+"理论模型，提出了自然资源融合管理的三种基本属性（目标共同性、行为一致性、效应耦合性），总结了自然资源融合管理的五大基本特征，设计了自然资源融合管理的五条路径，提出了自然资源融合管理支撑"五位一体"总体布局的战略格局，使自然资源融合管理与生态文明建设的关系更加紧密。

本书坚持理论联系实际，指导了国家生态文明试验区改革和地方自然资源的融合管理。基于地方的实践，提出的思路和建议更能切合地方的改革需要，能被地方自然资源管理所采用，使研究成果更加接地气。笔者在参加国家生态文明试验区评估和有关自然资源管理制度的调研过程中，及时将地方的成熟做法上升为自然资源管理的经验；将发现问题与总结地方的改革探索相结合，力图从自然资源管理的理论层面解决问题。

推进自然资源融合管理，必须紧紧围绕十八大以来中央关于生态文明建设的顶层设计和战略部署，坚持问题导向和目标导向，用马克思辩证唯物主义和历史唯物主义世界观和方法论，正确处理发展中的重大关系；既要总揽全局、协调各方，又要突出重点，加强重点领域和关键环节的改革，使各项工作相互衔接、相互配合、相互促进。本书框架分为上下篇。上篇第一至第九章，侧重于从自然资源的整体性、系统性角度横向阐述融合管理。第一章在萃取地球系统科学等基础理论的基础上，主要研究了自然资源融合管理的理论架构，主要由马永欢、吴初国、张涛、李政等负责编写。第二章从中外对比角度研究了自然资源融合管理的新态势，主要由吴初国、池京云负责编写。第三章立足中央生态文明体制改革的总体要求，研究了目前国内自然资源融合管理的新要求，主要由马永欢、吴初国、林慧、宋敦江、刘志强等负责编写。第四章从系统性、持续性和治理性三个维度研究了自然资源融合管理的11对关系，主要由马永欢、吴初国、曹庭语、黄宝荣、邓锋、陈静等编写。第五章研究了规划的融合管理，主要由强海洋、马永欢等编写。第六章主要从体制方面研究了自然资源监管的融合管理，主要由马永欢、强海洋、吴初国等编写。第七章研究了自然资源资产的融合管理，设计了全民所有自然资源资产委托代理行使所有权的资源清单，主要由马永欢、吴初国、苏利阳、林慧等负责编写。第八章基于价值管理，研究了生态产品实现的路径和机制，主要由马永欢、吴初国、曹庭语、汤文豪、张兴、丁问微、张迎新等编写。第九章从自然资源与发展融合的角度，研究了绿色发展，研判了资源需求拐点，主要由林慧、张雅丽、马永欢等负责编写。下篇第十至第十五章，侧重从纵向角度分门别类论述自然资源的融合管理。第十章研究了土地资源的融合管理，特别是提出了"标准地"的概念，使以土地为基础的融合具有理论依据，主要由赵晓宇、苏利阳、马永欢、张迪、王楠、姜广辉等负责编写。第十一章研究了矿产资源的融合管理，主要由汤文豪、张兴等负责编写。第十二章从纵向联系角度研究了水资源的融合管理，主要由张丛林、黄宝荣、苏利阳、乔海娟、徐秀玉等负责编写。第十三章研究了海洋的融合管理，主要由强海洋、徐秀玉负责编写。第十四章研究了林草资源的融合管理，主要由周立华、林慧、马永欢等负责编写。第十五章从建立以国家公园为主体的自然保护地体系的角度，研究了自然保护地的融合管理，主要由黄宝荣、马永欢、吴初国、林慧、赵晓宇、苏利阳等负责编写。全书由马永欢、吴初国、强海洋共同统稿。

本项目的研究和本书的编写，得到了自然资源部内外领导的支持和指导，凝聚了众多专家的心血和智慧。自然资源部综合司、自然资源所有者权益司、国土空间生态修复司、自然资源调查监测司、自然资源开发利用司、耕地保护监督司、国土空间规划局、国土空间用途管制司、矿业权管理司、矿产资源保护监督司、法规司和"三调办"等有关司局的领导在重大问题研究、自然资源管理改革形势研判等方面给予了直接的指导和帮助，中国自然资源经济研究院、自然资源部咨询研究中心、中国地质调查局发展研究中心、自然资源部国土整治中心和自然资源部海洋发展战略研究所等兄弟单位的领导在选题方向、思路设计、重大问题的对策研究等方面提供了宝贵的建议。

中国科学院院士傅伯杰研究员，全国人大常委、中国科学院科技战略咨询研究院王毅副院长，全国人大环资委王凤春副主任，全国政协委员、国务院发展研究中心谷树忠副所长，中国科学院地理科学与资源研究所贾绍凤研究员、沈镭研究员，自然资源部国土整治中心王军研究员，中央民族大学樊胜岳教授，以及中央机构编制委员会、国家发展和改革委员会、水利部、工业和信息化部、生态环境部、国家林业和草原局、中共中央党校（国家行政学院）、北京师范大学和中国环境学会等单位的领导和专家也提出了富有启发性的研究建议，使本书的研究能够从战略全局的广度，广集众智，为推进自然资源管理改革提供更有深度的服务。感谢国务院发展研究中心王宇飞博士的搭台，使"生态文明建设丛书"的出版成为可能。

最后，我们要特别感谢自然资源部信息中心蒋文彪主任、倪庆华书记、李晓波和曹新元副主任等领导和同事，正是他们的勉励与鞭策，才使本书能够顺利出版。

改革只有进行时没有完成时，自然资源管理改革任重而道远。自然资源融合管理是一项尝试性探索研究，有些内容还比较粗浅，还有许多不完善的地方，加之时间紧迫，笔者水平有限，不足之处在所难免，恳请读者斧正。

2020年6月

目 录

上 篇

第一章 自然资源融合管理的理论构建 …… 2

第一节 自然资源概念的历史演进 …… 2
一、不同发展时期的自然资源范畴 …… 2
二、生产力与自然资源利用的辩证关系 …… 4
三、人类福祉与自然资源利用的科学认知 …… 11

第二节 自然资源融合管理的若干理论支撑 …… 13
一、地球科学系统理论 …… 14
二、人地关系理论 …… 16
三、公地悲剧理论 …… 17
四、地域分异规律理论 …… 18
五、自然资源价值理论 …… 19

第三节 自然资源融合管理的架构解析 …… 20
一、自然资源融合管理的基本内涵 …… 20
二、自然资源融合管理的内在属性 …… 24
三、自然资源融合管理的典型特征 …… 25
四、自然资源融合管理的发展路径 …… 27
五、自然资源融合管理的战略格局 …… 29

参考文献 …… 37

第二章　自然资源融合管理的实践态势 ················39

第一节　基于可持续利用与城乡规划的土地融合管理 ········39
一、土地可持续利用面临严峻挑战 ··················40
二、联合国与土地可持续利用 ·······················41
三、国外基于土地可持续利用的融合管理 ···········41
四、中国基于土地可持续利用的融合管理 ···········42
五、小结 ···43

第二节　基于清洁低碳发展与安全高效利用的
矿产资源融合管理 ··································43
一、清洁、安全成为矿产资源管理的新要求 ········44
二、联合国与关键矿产的清洁、安全供应 ···········45
三、国外基于矿产资源清洁、安全供应的融合管理 ···45
四、中国基于矿产资源清洁、安全供应的融合管理 ···46
五、小结 ···47

第三节　基于生态系统保护与经济开发的海洋融合管理 ·····47
一、海洋经济是一个既老又新的经济增长模式 ······48
二、联合国与海洋生态系统保护 ····················48
三、国外基于海洋生态系统保护的融合管理 ········49
四、中国基于海洋生态系统保护的融合管理 ········50
五、小结 ···50

第四节　基于自然的解决方案与工程治理的水安全融合管理 ···51
一、基于自然的解决方案是实现水安全的关键 ······51
二、联合国与全球水资源危机 ·······················51
三、国外基于水安全的融合管理 ····················52
四、中国基于水安全的融合管理 ····················53
五、小结 ···54

第五节　基于生态安全与可持续经营的森林融合管理 ········55

一、森林生态安全与可持续经营成为林业发展的新业态 …55
　　二、联合国与森林生态建设 …………………………………56
　　三、国外基于森林生态安全的融合管理 ……………………56
　　四、中国基于森林生态安全的融合管理 ……………………57
　　五、小结 ………………………………………………………58
　参考文献 …………………………………………………………59

第三章　中国自然资源融合管理的发展进程 ……………………61
第一节　中国自然资源管理的机构变革 …………………………61
　　一、土地管理机构的变革 ……………………………………61
　　二、矿产资源管理机构的变革 ………………………………62
　　三、水资源管理机构的变革 …………………………………63
　　四、林业管理机构的变革 ……………………………………64
　　五、草原管理机构的变革 ……………………………………65
　　六、海洋管理机构的变革 ……………………………………67
　　七、环境管理机构的变革 ……………………………………68
　　八、中国自然资源管理开始由初步融合向深度融合迈进 …69
第二节　推进自然资源融合管理的基本方略 ……………………71
　　一、把握生态文明思想的基本内涵 …………………………71
　　二、把握生态文明建设的实践要求 …………………………75
　　三、客观认识发展中的问题 …………………………………76
　　四、贯彻机构职能融合的改革要求 …………………………77
第三节　推进自然资源融合管理的新任务 ………………………80
　　一、建立系统完备的自然资源资产产权制度 ………………80
　　二、建立统一的国土空间规划体系 …………………………81
　　三、健全源头严管的保护制度 ………………………………82

四、健全配置高效的有偿使用制度 …………………………… 83
　　　五、完善利用高效的节约集约利用制度 ………………………… 84
　　　六、健全公平合理的生态补偿制度 ……………………………… 84
　　　七、完善过程严管的执法监督制度 ……………………………… 85
　　　八、构建科学完备完备的法律体系 ……………………………… 85
　　　九、建立后果严惩的绩效考核和责任追究制度 ………………… 86
　　　十、建立依靠信息化助推生态文明建设的长效机制 …………… 86
　参考文献 …………………………………………………………………… 87

第四章　自然资源融合管理的重大关系 ……………………………… 88
第一节　系统性关系 …………………………………………………… 88
　　　一、自然资源与经济发展的双向制约 …………………………… 88
　　　二、自然资源与空间资源的时空匹配 …………………………… 94
　　　三、海洋资源与陆域经济的联动发展 …………………………… 98
　　　四、自然资源与生态环境的辩证统一 …………………………… 100
　　　五、自然资源与社会持续的长远谋划 …………………………… 104
第二节　持续性关系 …………………………………………………… 105
　　　一、开源与节流是技术关系的统一 ……………………………… 105
　　　二、国内与国外是市场关系的统一 ……………………………… 107
　　　三、开发与保护是辩证关系的统一 ……………………………… 108
第三节　治理性关系 …………………………………………………… 111
　　　一、正确处理政府与市场的关系 ………………………………… 111
　　　二、合理界定中央与地方的关系 ………………………………… 112
　　　三、处理好分类管理与集中管理的关系 ………………………… 114
　　　四、行使好资产管理与资源监管 ………………………………… 115
　参考文献 …………………………………………………………………… 117

第五章　国土空间规划的融合 ······ **119**

第一节　空间规划发展的基本态势 ······ **119**
一、我国国土空间规划体系现状 ······ 119
二、"多规合一"实践的总体进展 ······ 122
三、国土空间规划面临的诸多挑战 ······ 126

第二节　国际发展趋势与典型经验 ······ **129**
一、国土空间规划的国际趋势 ······ 129
二、国际典型案例与经验 ······ 132

第三节　国土空间规划融合的新要求 ······ **136**
一、全力遵循和践行生态文明思想 ······ 136
二、着力解决改革发展的三大任务 ······ 140

参考文献 ······ **146**

第六章　自然资源监管体制的融合 ······ **148**

第一节　自然资源监管体制的基本情况 ······ **148**
一、自然资源监管的体制架构 ······ 148
二、自然资源监管体制的基本特征 ······ 150

第二节　辨析自然资源监管的主要问题 ······ **151**
一、管理职能存在交叉 ······ 151
二、有效的综合协调机制不健全 ······ 152
三、国土空间规划体系亟待建立 ······ 153
四、国土空间用途管制尚未全覆盖 ······ 153
五、自然资源监督管理脱节 ······ 154

第三节　国外自然资源监管体制主要做法 ······ **155**
一、典型国家管理模式 ······ 155
二、要素融合管理模式 ······ 157

三、特色做法 ………………………………………………… **159**

第四节　完善自然资源融合监管的发展设想 ………………… **162**
　　一、推进自然资源融合监管的基本思路 …………………… 162
　　二、实施自然资源融合监管的主要措施 …………………… 163

参考文献 …………………………………………………………… **166**

第七章　自然资源资产管理的融合 ……………………………… **168**

第一节　构建自然资源资产融合管理体制 …………………… **168**
　　一、推进实施融合管理的基本依据 ………………………… 168
　　二、我国自然资源资产管理的基本情况 …………………… 169
　　三、自然资源资产管理中存在的主要问题 ………………… 170
　　四、国外自然资源资产管理的若干经验 …………………… 173
　　五、完善自然资源资产管理体制的基本思路 ……………… 175
　　六、统一行使自然资源资产融合管理的基本格局 ………… 176

第二节　委托代理自然资源资产行使所有权体制 …………… **181**
　　一、委托代理的基本内涵 …………………………………… 181
　　二、我国自然资源的产权体系现状 ………………………… 183
　　三、委托代理的自然资源资产清单编制 …………………… 187
　　四、深入实施委托代理的自然资源资产体制改革建议 …… 192

第三节　自然资源资产负债表编制 …………………………… **195**
　　一、编制自然资源资产负债表的重大意义 ………………… 195
　　二、自然资源资产负债表的主要内涵 ……………………… 198
　　三、编制自然资源资产负债表的主要困境 ………………… 199
　　四、编制自然资源资产负债表的基本框架 ………………… 201
　　五、编制实施自然资源资产负债表的主要建议 …………… 204

参考文献 …………………………………………………………… **206**

第八章　生态产品价值实现机制的融合 208

第一节　空间属性下的生态产品理论认知 208
一、生态产品内涵研究与政策实践 208
二、生态产品价值属性与特性转化 209
三、生态产品基本特征与内涵探析 210

第二节　生态产品价值实现的现实方位 211
一、生态产品价值实现的原则取向 211
二、生态产品价值实现面临的问题与挑战 214

第三节　国外生态产品价值实现研究及政策实践 216
一、国外理论研究和基本做法 216
二、国外政策实践经验的启示 222

第四节　生态产品价值实现路径与机制 223
一、生态产品价值实现机制的方法探索 223
二、生态产品价值实现机制的构建 225

参考文献 228

第九章　中国绿色发展的融合 230

第一节　中国绿色发展的演化历程 230
一、理念形成时期 230
二、目标明确时期 231
三、战略布局时期 232

第二节　中国绿色发展的问题与挑战 235
一、绿色发展的成效变化 235
二、绿色发展存在的现实问题 238
三、绿色发展面临的未来挑战 240

第三节　绿色发展的国际经验 243

　　　　一、典型国家和地区案例 ………………………………… 243
　　　　二、矿业绿色发展的实践经验 …………………………… 244
　　　　三、能源绿色发展的国际经验 …………………………… 246
　　第四节　中国绿色发展的路径 …………………………………… **248**
　　　　一、绿色发展的框架思路 ………………………………… 248
　　　　二、绿色发展的模式探索 ………………………………… 251
　　　　三、积极落实国家重大工程 ……………………………… 255
　　参考文献 …………………………………………………………… **260**

下　篇

第十章　土地资源融合管理 …………………………………… **262**

第一节　中国土地政策与管理制度的演进 ……………………… **262**
　　　　一、土地开发利用政策发展演进 ………………………… 262
　　　　二、土地管理制度发展演进 ……………………………… 270

第二节　中国土地融合管理发展态势 …………………………… **274**
　　　　一、土地融合管理的基本现状 …………………………… 274
　　　　二、土地开发利用的现态研判 …………………………… 276
　　　　三、中国土地融合管理的经验 …………………………… 290

第三节　国外土地融合管理的实践与经验 ……………………… **292**
　　　　一、美国的实践 …………………………………………… 292
　　　　二、英国的实践 …………………………………………… 294
　　　　三、德国的实践 …………………………………………… 294
　　　　四、日本的实践 …………………………………………… 296
　　　　五、国外土地融合管理的基本经验 ……………………… 297

第四节　推进土地融合管理的思路与任务 ……………………… **298**
　　　　一、土地融合管理的基本思路 …………………………… 298
　　　　二、土地融合管理的主要任务 …………………………… 298

　　参考文献 …………………………………………………………… **308**

第十一章 矿产资源融合管理 310

第一节 矿产资源及其特性 310
一、矿产资源基本特性 310
二、我国矿产资源基本特点 311

第二节 矿产资源管理及沿革 312
一、矿产资源管理的基本内涵 312
二、矿产资源管理发展演变 313

第三节 中国矿产资源融合管理现状 316
一、地质勘查管理 316
二、矿产资源储量管理 318
三、矿业权管理 320
四、矿产资源保护监督管理 322

第四节 我国矿产资源融合管理的特色 327
一、统筹资源开发与环境保护融合的关系 327
二、重视矿产资源保护管理 328
三、绿色矿业建设走在国际前列 328

参考文献 329

第十二章 水资源融合管理 332

第一节 中国水资源管理的发展阶段 332
一、第一阶段（1949—1979年） 332
二、第二阶段（1980—1999年） 333
三、第三阶段（2000—2010年） 333
四、第四阶段（2011年以后） 334

第二节 中国水资源融合管理现状与问题 335
一、中国水资源融合管理现状 335
二、中国水资源融合管理形势判断 339

三、中国水资源融合管理存在的主要问题 …………… 342

第三节　国外水资源融合管理的经验 ………………………… 345
　　一、立法是实行水资源管理的强有力保障 …………… 346
　　二、建立水资源统一管理的流域管理机构 …………… 346
　　三、提高水资源市场管理效率 ………………………… 346
　　四、建立公众参与的监督协调机制 …………………… 347

第四节　推进水资源融合管理的对策建议 …………………… 349
　　一、完善流域层面水资源协同治理能力 ……………… 350
　　二、平衡水资源开发利用与其他生态要素
　　　　保护之间的关系 …………………………………… 352
　　三、完善水资源领域生态文明政策体系 ……………… 353
　　四、提升生态环境风险防范能力 ……………………… 354

参考文献 ……………………………………………………………… 355

第十三章　海洋融合管理 ……………………………………… 357

第一节　中国海洋管理的发展态势 …………………………… 357
　　一、中国海洋管理体制及历史沿革 …………………… 357
　　二、中国海洋管理体制现状及特点 …………………… 361
　　三、国际海洋管理经验及启示 ………………………… 363
　　四、中国海洋管理体制发展方向及建议 ……………… 365

第二节　推进海洋融合管理的主要任务 ……………………… 370
　　一、海岸带融合管理与持续利用 ……………………… 370
　　二、陆海统筹联动与协调治理 ………………………… 373
　　三、无居民海岛保护与有序开发 ……………………… 376
　　四、海洋领域军民融合与创新发展 …………………… 379
　　五、海洋牧场建设与生态文明融合发展 ……………… 382
　　六、严格管控围填海与优化管理 ……………………… 384

七、海砂采矿权和海域使用权"两权合一" …………… 387

　参考文献 ………………………………………………… 390

第十四章　林草资源融合管理 ………………………… 392

第一节　林草资源融合发展态势 ……………………… 392

　　　一、林草资源在生态系统中的重要地位 ……………… 392
　　　二、林草资源部门管理与发展演进 …………………… 393
　　　三、林草资源融合管理态势研判 ……………………… 395
　　　四、林草资源融合管理的问题与瓶颈 ………………… 398
　　　五、林草资源融合管理的发展趋势 …………………… 402

第二节　林草资源融合管理的国际经验 ……………… 403

　　　一、森林资源融合管理的启示 ………………………… 404
　　　二、草地资源融合管理的启示 ………………………… 407

第三节　林草资源融合管理的发展要务 ……………… 411

　　　一、林草资源融合管理的发展思路 …………………… 411
　　　二、林草资源融合管理的发展方向 …………………… 412

　参考文献 ………………………………………………… 414

第十五章　自然保护地融合管理 ………………………… 416

第一节　自然保护地体系建设 ………………………… 416

　　　一、自然保护地的概念与类型 ………………………… 416
　　　二、自然保护地体系建设发展态势 …………………… 417
　　　三、我国自然保护地体系建设的主要建议 …………… 423

第二节　国家公园建设的经验与做法 ………………… 429

　　　一、国家公园体制试点进展 …………………………… 429
　　　二、国家公园体制试点的成效与问题 ………………… 430

三、国际经验的主要做法与取得成效 ·················· 436
四、中国自然保护地体系建设的对策建议 ················ 439
第三节　公益型保护地建设的重点与建议 ·················· **443**
一、公益型保护地建设的基本背景 ················ 443
二、公益型保护地建设的内涵与特征 ················ 444
三、公益型保护地建设的发展态势 ················ 445
四、我国推进公益型保护地建设的主要建议 ············ 447
第四节　我国自然保护地治理实践与改革方向 ·············· **449**
一、我国自然保护地治理类型及模式 ················ 449
二、自然保护地矿业开发与治理实践经验 ············· 450
三、自然保护地治理实践面临的三大挑战 ············· 452
四、我国自然保护地治理体系构建方向与框架 ········· 454

参考文献 ·· **457**

上 篇

第一章

自然资源融合管理的理论构建

第一节 自然资源概念的历史演进

一、不同发展时期的自然资源范畴

（一）自然条件

自然条件又称自然环境，是一个地域经历若干地质年代天然形成的基本自然状况，是自然界的一部分，是人类生产生活所依赖的自然部分[1]。自然条件包括地势、地貌、海拔、气候、水源、土壤、植被和自然资源等，虽然往往不能为人类所征服，但可为人类开发和利用，深刻影响着人类的生产和生活。自然条件无时不有，无论是四季更迭还是昼夜交替，都带有自然条件的烙印；自然条件无处不在，存在于自然地理环境，构成了人类赖以生存的自然环境。自然环境是一个庞大的物质系统[2]，包括气态的空气、液态的水、活质有机体和固态的岩石。这四类物质成分相互联系、相互渗透，并各自以自己为主体构成了自然地理环境的大气圈、水圈、生物圈和岩石圈。组成自然地理环境或自然条件的各类要素不是机械地凑合在一起，而是一个复杂的自然综合体。

（二）自然资源

自然条件与自然资源是一对关系较为密切的名词。对自然资源概念的界定主要集中在地理学、生态学、经济学和系统论领域。地理学界普遍认为，自然资源是存在于自然环境中可以被人类所利用，能给人类带来利益的地理要素以及这些要素相互作用的产物。地理学家金梅曼[3]较早地界定了自然资源的概念，认为"无论是整个环境还是其某些部分，只要它们能（或被认为能）满足人类的需要，就是自然资源"。《大英百科全书》认为，环境功能也是自然资源，从本质上反映了地理学家对自然资源认识的不断深化。1979年，我国编纂出版了《辞海》[4]，把自然资源概括为"广泛存在于自然界并能为人类利用的自然要素。它们是人类生存的重要基础，是人类生产生活所需的物质和能量的来源，是生产布局的重要条件和场所"。该定义强调了自然资源的天然性，同时提出了空间（场所）也是自然资源。生态学界认为，自然资源是人类所需要的能量和物质。著名的生态学家雷玛德（Francoies Ramade）认为："资源可以简单地规定为一种能量或物质的形式，它们对于有机体或种群的生态系统，在功能上有本质的意义。"显然，生态学界特别关注自然资源的生态功能[5]。经济学界则认为，自然资源是在一定时间和一定条件下，能产生经济效益，以提高人类当前和未来福利的自然因素和条件。由此可见，经济学领域更加重视自然资源的经济价值。我国可持续发展研究的开拓者牛文元先生吸纳百家的精髓，从系统论角度提出自然资源的概念[6]，认为"人在自然介质中可以认识的、可以萃取的、可以利用的一切要素及其组合体，包含这些要素相互作用的中间产物或最终产物；只要它们在生命建造、生命维系、生命延续中不可缺少，只要它们在社会系统中能带来合理的福祉、愉悦和文明，即称之为自然资源。"总的来看，虽然不同领域的学者对自然资源理解的侧重点不同，但都有一个共同点，那就是自然资源被人类所用或为人类服务。

可见，虽然各学派对自然资源概念的界定有所不同，但无非是包括的对象或多或少，就其实质而言，自然资源的属性基本一致，即对人类的有用性。总的来看，自然资源，是指天然存在、有使用价值、可提高人类当前和未来福利的自然环境因素的总和[7]。鉴于自然资源部的管理职责，本书研究的自然资源主要涉及土地、矿产、水、森林、草原和海域海岛等自然资源，涵盖陆地和海洋、地上和地下。

自然资源与自然条件的界定是相对的，在很大程度上是由于侧重点的角度不同，对自然资源和自然条件的理解也不一样。例如，阳光对农业来说是自然资源，而对工业和城市则是自然条件[1]。对于同一自然条件，有时候资源属性表现较强，有时候环境属性表现较强。随着社会生产力的发展和科学技术的进步，自然资源的内涵和外延在不断扩大（表1-1），自然资源的种类也在不断增多，在很大程度上也就决定了自然资源的开发、利用和保护范围也在不断扩大。

表1-1 不同发展时期的自然资源范畴

社会阶段	文化时期	人类技术水平	新增的自然资源种类
狩猎—采集社会	旧石器时代	粗制石器、钻木取火	燧石、树木、鱼、兽、果
	新石器时代	精制石器、刀耕火种	栽培的植物、被驯化的动物
农业社会	青铜器时代	青铜斧、犁、冶铜技术、轮轴机械、灌溉技术、木结构建筑技术	铜、锡矿石、耕地、木材、水流
	铁器时代	铁斧、犁、刀、冶铁技术、齿轮传动机械、石结质建筑技术、水磨	铁、铅、金、银、汞、石料、水力
	中世纪	风车、航海	风能、海洋水产
	文艺复兴时期	爆破技术	硝石（炸药与肥料）
工业社会	产业革命时期	蒸汽机	煤
	殖民时期	火车、轮船、电力、炼钢、汽车、内燃机	石油
	一战前后	飞机、化肥	铝、磷、钾
	二战前后	人造纤维、原子技术	稀有元素、放射性元素
	20世纪50年代后	空间、电子、生物技术	稀有金属、半导体、遗传基因

资料来源：蔡运龙. 自然资源学原理［M］. 北京：科学出版社，2000.

二、生产力与自然资源利用的辩证关系

（一）自然资源是人类发展的基础

1. 人类的发展依赖于自然资源

自然资源是生存之基、发展之本、生态之要，为人类发展提供生存空间、生产空间、发展空间、食物来源和宜居环境，不仅是生态系统的重要组成部分，也是生态文明建设的物质基础、自然主体、空间载体和关键要素。土地、矿产、水等自然资源是生存之基，是万物生存、生活、繁育的基础和空间场所，包括人类在内的一切生物依赖于自然资源[8]。作为自然要素，自然资源

是人类发展的物质基础,为人类提供最基本的食物来源、能量来源。自然资源是发展之本、财富之源。作为经济要素,自然资源的开发利用促进经济的发展和社会财富的增长,为保护生态、改善环境、促进生态文明建设奠定物质基础。自然资源是生态之要。自然资源是重要的生态要素,承担着净化空气、涵养水源、防风固沙等生态系统服务功能。

2. 自然资源承载着人类的发展

自然资源是生态系统的主体构成要素、重要空间载体和生态保护的主要对象,承载着人类的过去、现在和将来,支撑各行各业,影响千秋万代,也是生态建设的基础。自然资源具有经济、社会和生态多种属性,具有多种价值和功能,既能满足人类生产、生活、娱乐、审美等需要,为人类提供多种生态系统服务。自然资源的合理开发、利用与保护具有全局性,既服务于经济社会发展,也服务于生态文明建设。多年来,受经济社会发展所处特定阶段和特殊国情的影响,我国自然资源的开发利用促进了经济社会的发展,但也存在着开发秩序混乱、利用粗放、生态破坏和环境污染严重、资源领域的利益冲突此起彼伏等问题,形势十分严峻,对可持续发展和生态文明建设构成严重威胁。因此,加强生态文明建设,要紧抓自然资源的合理开发、利用和保护这个具有全局性的问题。

3. 自然管理制度是生态文明制度体系的重要组成部分

在国家层面建立系统完整的生态文明制度体系,既是全面深化改革的重要内容,又是加强生态文明建设的核心任务,也是实现美丽中国梦的必经之路。《中共中央关于全面深化改革若干重大问题的决定》明确指出,建设生态文明,必须建立系统完整的生态文明制度体系,健全自然资源资产产权制度和用途管制制度,划定生态保护红线,实现资源有偿使用制度和生态补偿制度,改革生态环境保护管理体制,用制度保障生态文明建设。自然资源管理制度改革的趋势表明,自然资源产权制度、用途管制、有偿使用、生态补偿、监测预警、责任追究等制度贯彻生态文明建设"源头、过程、后果"的全过程,是生态文明制度体系的支柱。总的来看,完善自然资源管理的决策制度,能够提高对生态文明建设的引领能力;建立有效的执行和管理制度,有利于生态文明管理制度的落实,是推进生态文明建设的重要保障。

（二）人类社会的发展史就是开发利用自然的历史

1.技术的进步拓宽了人类利用自然资源的广度

一是，资源利用技术的发展增加了可利用资源的种类，拓宽了资源利用广度。科学技术是推动经济发展的直接动力，其发展水平的高低成为衡量经济发展程度的重要标志。在经济技术不断发展的情况下，使得原先没有被发现或不明用途的资源，逐渐进入生产过程。从生产力的发展过程来看（表1-2），原始社会生产力发展水平非常低，人类活动作用的对象仅仅是天然野生果实、野兽和野生鱼类。在奴隶社会和封建社会，铁器的出现使人类对土地的利用和水资源的开发利用成为客观现实。随着三次科技革命和新科技革命的到来，对土地、矿产和能源资源进行了广泛开发和利用，拓宽了海洋资源利用领域，并不断开发新能源、新材料，并开始探索利用太空资源。由于采矿和冶金技术的提高，才使这些享有工业"味精"或"维生素"之美誉的稀有、稀散、稀土成为工业上十分宝贵的资源。随着人类开发利用能源技术的不断改进、不断提高，能源利用经历了木材→煤炭→石油→天然气→核能为主要能源的过程[1]。在新科技革命时代，原来不被人类利用的频谱和空间已经成为越来越重要的稀缺资源。

表1-2 生产力发展与资源利用范围对象

生产力发展阶段	劳动工具	直接劳动对象范围
原始氏族社会	石器	天然野生果实、野兽、野生鱼类
奴隶社会与封建社会（农业社会）	铁制工具 手工机械	对土地资源的一般利用，手工业对水利的利用
第一次科技革命	蒸汽机带动机械	对土地资源的进一步开发，对煤、铁的广泛开发与应用
第二次科技革命	电力与内燃机带动机械	土地资源的广泛开发与应用，煤、铁资源的进一步开发与利用，石油与有色金属的开采与利用
第三次科技革命	原子能与电子计算机的应用	石油、天然气、化工原料、有色与稀金属的广泛开发与应用，开始开发海洋资源
新科技革命（知识经济时代）	计算机与智能机械的应用	对已有能源、原材料的有效开发与利用，对新能源、新材料的开发，开始利用太空资源

资料来源：陈才.区域经济地理学［M］.北京：科学出版社，2009.

二是，技术的发展拓展了人类利用自然资源的深度。从人类社会的发展历程来看，对玉米的利用，由最初级的口粮发展到饲料，后来又成为重要的生物能源原料。石油的最初利用形式只是照明，后来成为液体燃料，到"二战后"则成为重要的化工原料。从产业布局的原料指向来看，大的石油产地不仅成为石油开采和加工中心，还成为重要的化学工业和化纤工业布局的重要首选条件。此外，找矿技术的发展不断提高地质找矿深度。据测算，从20世纪50年代到80年代，铜、铅、锌、金等矿床的平均勘探深度分别为200米、251米、265米、323米，90年代多数矿床勘测增加到364米，目前可能已经达到或超过400米[9]。

三是，技术的发展不断降低矿产资源利用的品位界限。由于采、选、冶技术水平的提高，对矿产资源的品位要求不断降低，矿产资源综合利用程度不断提高，难以利用的低品位矿石获得了工业利用价值，从而改变了矿与非矿的界限。例如，早在1800年，铜矿的利用品位界限是10%，100年后的利用品位界限已经降低到了3.02%，1980年又降低到0.4%[1]。通过技术手段降低矿产资源的品位，可以使"小矿"变成"大矿"、"一矿"变成"多矿"。

2. 人与自然的关系呈现阶段性特征

在人类历史发展过程中，人与自然的关系各态历经[10]，显现出崇拜自然、依赖自然、征服自然和人与自然和谐共生的演进，相应地形成原始文明、农业文明、工业文明和生态文明。在人类文明的不同发展阶段，各类自然资源支撑经济社会发展的主导因素不同（图1-1），人与自然的关系呈现出不同的特点。

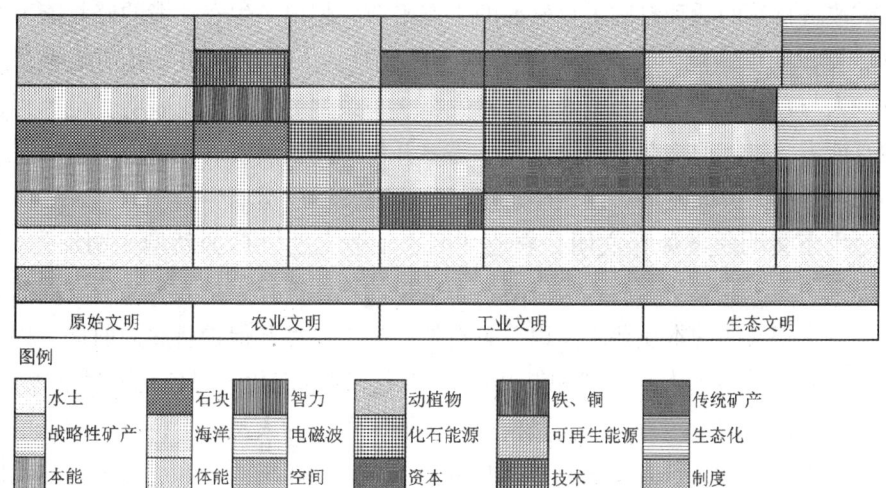

图1-1 资源要素主导人类发展的演变趋势

在原始文明时期，人类只是自然生态系统中普通的一员，自然力占统治地位，人类崇拜自然，完全被动地依附于自然、顺从自然，人类活动和自然界的关系具有朴素的"天人合一"的烙印。这一时期，人类依靠本能刀耕火种，靠渔猎、采集植物果实的方式获取自然资源，刚开始的人工驯养家畜和撂荒式耕作，对自然环境的影响规模小、破坏程度低，人与自然的关系维持着以人对自然完全被动服从为特征的天人混沌一体状态。

在农业文明时期，人类对自然有了初步认识，人的主观能动性有了一定程度的发挥，铜器和铁器在农业生产上得到应用，改造自然的能力有了一定程度提高。虽然自然力仍处主导地位，但人的能动因素相对增加。人类在被动适应自然的同时，依靠体能改造自然，但仍以依赖自然、靠天吃饭为鲜明特征。农业文明时期，铁器等金属工具的出现，提高了人类开发利用自然资源的能力。虽然人类依靠体能的活动已经对环境造成了一定程度的破坏，但总体上没有超出生态环境的恢复能力，人与自然的关系维持着以局部性、阶段性不和谐但整体相对平衡为特征的状态。

在工业文明时期，以蒸汽机的发明和应用为标志的工业革命开创了人类文明的新纪元。在人与自然的关系中，人类处于主导地位。科技革命促进了生产力的快速发展，自然资源的开发利用效率得到极大提高，人类依靠技能征服自然的活动达到了极限，煤炭、石油、铁矿等自然资源得到大规模开发，创造了无法比拟的社会财富。工业文明激发了人类征服自然、改造自然的巨大动力，人类改造自然的活动打破了自然界的生态平衡，超出了生态环境的修复能力和自然资源的承载能力，产生了一系列生态灾难，人类生存和发展面临生态危机，人与自然的关系全面紧张，变得失衡。一系列的生态危机表明，地球再也没有能力支撑工业文明的持续发展，需要开创与高质量发展相适应的新型文明形态来延续人类的发展、促进生态修复，生态文明应运而生。

生态文明是继原始文明、农业文明、工业文明之后的新型文明形态[7]。生态文明是工业文明之后人类应对生态危机的理性选择，是人类文明发展的新阶段。生态文明的本质要求是以尊重自然、顺应自然和保护自然为前提，以人与人、人与社会、人与自然和谐共生为宗旨，以生态化、绿色化为发展方向，以建立可持续的生产方式、消费模式为内涵，以引导人类走上持续、和谐的发展方式为着眼点，是人类在改造客观世界的同时，积极改善和优化人与自然的关系，建设科学的生态产业体系，创造良好的宜居环境，借以引导经济建设、政治建设、文化建设、社会建设的全面协调发展。2008年,"基于自然的解决方案"被世界银行所采用[11],重视依靠自然的力量应对环境问题,推动生物多样性保护等工作。

(三)生态文明建设所需要的资源和服务来源于生态系统

生态文明建设所需要的资源和服务归根结底都来源于生态系统,生态系统服务为生态文明建设创造良好条件。每一类自然资源均是生态系统的重要组成部分,是人类和其他生物赖以生存的物质基础,具有生态系统服务供给功能(表1-3),不仅向经济社会系统输入有用物质和能量、接受和转化来自经济社会系统的废弃物,还为人类社会提供生态服务,形成了人类生存所必需的环境条件。总的来看,以人类发展为核心的生态文明建设与生态系统服务密不可分,人类的生存依赖于生态系统服务,离开了生态系统,全人类的生存就会受到严重威胁,全球的经济运行将会停滞,生态文明建设也就无从谈起。因此,人类在开发利用自然资源的同时,回馈自然,保护生态环境,生态系统才能够持续地提供基本的服务。

表1-3 全球各种生态系统服务的年平均价值

生态系统	面积(百万公顷)	价值(美元/公顷)	全球价值(万亿美元)
海洋	33200	252	8.4
近海水域	3102	4052	12.6
热带森林	1900	2019	3.8
其他森林	2955	302	0.9
草地	3898	232	0.9
湿地	330	14785	4.9
湖泊河流	200	8498	1.7
农田	1400	92	0.1
全球总价值			33.3

资料来源:Roush, Science, 276:1029, 2019.

1. 生态系统为生态文明建设提供供给服务

生态系统的供给功能可以提供维持各项人类福祉的产品与服务。生物多样性是自然生态系统生产和生态服务的基础和源泉[12],为生态文明的发展提供全方位的供给服务。据统计，人类历史上大约有3000种植物被用作食物，估计有75000种植物可作食用[13]。人类就是依赖这些植物得以繁衍生息。森林生态系统不仅为人类提供木材，还贮藏了百万年前的太阳能，为今天提供了煤炭、石油和天然气。因此，能源、淡水资源、生物遗传资源、食物以及纤维等资源的短缺会对生态文明建设产生直接和间接的不利影响。生态文明建设最基本的是要保障人类从生态系统中稳定地获取食物和淡水资源，这是生态文明建设的基础条件。生产力的发展，开拓了人类利用生态系统的广度和深度，矿产资源、能源资源在经济社会发展中得到广泛应用，基因资源得到保育和推广，稳固了生物物种的繁衍和发展，增强了生态系统服务生态文明建设的服务功能。

2. 生态系统为生态文明建设提供调节服务

生态系统具有调节服务功能，在生态文明建设过程中使人类获得多种益处。生态系统具有多种调节功能，主要包括调节气候、净化空气、减少洪水或者干旱、稳定局地或者区域的气候条件，以及在控制某些疾病（包括某些媒传疾病）分布及转播方面的制约与平衡功能。如果没有生态系统的这些调节功能，人类就无法生存与发展，也就没有生态文明产生的自然生态系统条件。生态系统具有调节气候的功能，既可以影响一个地区的小气候，也可影响全球的大气候，特别是森林生态系统、湿地生态系统的作用更为明显。植被在生长过程中，从土壤吸取水分，从空气中吸收二氧化碳，通过光合作用，把水蒸气和氧气释放到大气中，改变了当地温度、云量和降雨，增加了水循环。湿地生态系统对区域水循环具有重要的调节功能，能够防止环境趋于干旱。研究表明，湿地草根层和泥炭层，具有很好的持水、保水能力，是巨大的贮水库，能够削减洪峰，为江河和溪流提供水源，有助于维护区域水的稳定性。生态系统具有净化空气、提高空气质量的功能，既可以吸收大气中的化学物质，又可以向大气中释放化学物质。生态系统具有调节自然灾害的功能，能够减弱极端天气灾害的影响，降低自然灾害的损害。森林和地表等植被成为水利的屏障，在减缓干旱和洪涝灾害中起着重要作用。生态系统具有调节水循环的功能，土地覆被的变化强烈影响地表径流和蓄水层的变化，从而影响水循环。总之，如果没有生态系统的调节服务功能，人类和其他生物的生命难以维系，生态文明也就无法延续。

3. 生态系统为生态文明建设提供文化服务

生态系统的文化服务功能是指人类通过丰富精神生活、发展认知、消遣娱乐以及美学欣赏等方式，从生态系统中获得的非物质收益，包括知识体系、社会关系以及美学价值等方面。在生态文明建设过程中，生态系统通过提供各种文化服务（例如，图腾物种、圣林、树木、美景、地质构造、或者河流和湖泊），对人类福祉产生许多深远影响。生态系统的以上属性和功能可以在美学、娱乐、教育、文化和精神方面对人类阅历产生影响。因此，由破坏、污染、耗损及物种灭绝等导致的许多生态系统变化会对人类阅历和文化生活产生各种消极影响[14]，进而影响生态文明。生态系统能够提供精神与宗教价值服务、教育价值与美学价值服务、文化遗产价值服务、娱乐与生态旅游服务，具有为生态文明建设提供不可或缺的基本服务功能。

4.生态系统为生态文明建设提供支持服务

生态系统的支持服务功能是指对于其他生态系统服务的生产所必需的服务，这些服务往往是间接的，且持续的时间较长。生态系统具有支持土壤形成的服务功能。生态系统众多供给服务的生产依靠土壤质地和肥力而定，所以，土壤的形成速度可以在很多方面影响人类福祉。生态系统具有支持养分循环的服务功能。诸如氮磷等20种左右的生命所必需的元素是通过生态系统进行循环，并在生态系统的不同组分维持着不同的浓度。生态系统具有支持水循环的服务功能。水通过生态系统进行循环，对于维持有生命有机体的生存必不可少[15]。经测算，2018年青藏高原地区生态系统总服务价值为1.18×10^{13}元，其中生态系统调节服务价值量高达6.49×10^{12}元，支持服务和文化服务其次分别为3.70×10^{12}元和9.73×10^{11}元，供给服务价值最低为9.71×10^{11}元。

三、人类福祉与自然资源利用的科学认知

（一）自然资源开发引起的生态问题具有全球性

工业革命以来，人类开发利用自然资源的规模和强度达到空前水平，创造了空前巨大的物质财富和经济增长，但也付出了沉重的资源环境代价，使全球生态系统的服务功能受到严重破坏，对人类的生存造成威胁，生态文明面临极其严峻的挑战。从联合国千年生态系统评估的结果来看，全球生态系统提供的服务中有2/3处于下降态势。化石能源的广泛利用加剧了温室气体排放，导致气温上升，海平面升高，许多沿海城市和岛屿被淹没，造成物种灭绝。人口增长所产生的生态系统服务需求正在迅速增长，人类开发利用自然资源造成的生态环境问题，已由区域性演变为全球性的问题，对生态文明建设构成不利影响。

（二）对自然资源的过度索取导致生态系统服务能力的降低

半个多世纪以来，人类对全球自然资源的开发利用史无前例，对生态系统服务的索取以不可持续的方式快速增长，造成生态系统服务能力的降低。从全球来看，20世纪后半叶以来，人类对食物、水资源和木材等资源开发利用数量的增长速度超过人口的增长速度，超过了生态系统的阈值，致使生态系统的自我恢复能力降低。1950—1980年，人类开垦耕地的面积超过了1700—1850年所有开垦面积的总和。在过去40年，人类从江河中取水用于工农业和生活的数量翻了一番。目前，1/4的重要商业鱼类资源已经被过度开发甚至耗竭；5%—25%的淡水资源超过了承载能力；不合理的耕作致使土壤退化，农业生产处于不可持续的状态。在废弃物处理方面，人类排放的废水、废气、废渣超过了生态系统的净化能力。在过去的一个世纪，虽然有的国家或地区出现了资源枯竭后，采取了资源利用总量控制制度，但就全球而言，大多数国家和地区采取向未开发地区转移获取自然资源的方式，以获取食物、水资源、能源和矿产资源等方面生态服务，可选择的空间正在减少[15][16]。从国内来看，新中国成立以来，在长期高强度的人类活动影响下，对森林、草地、农田过度索取，造成生态系统破坏和退化的现象十分严重，水土流失、荒漠化、泥石流、酸雨等一系列生态问题不断加剧，生态系统服务功能严重降低，代价惨重，人地关系问题突出，严重威胁到国家的生态安全和经济社会发展安全。在今后一个时期，如果不彻底扭转人类过度索取自然资源的行为，全球生态系统所受到的压力仍将继续增加。

（三）生态系统服务的变化直接影响人类福祉

生态系统状况的变化使人类生活得到改善的同时，也削弱了自然界提供诸如洁净的空气和水、预防灾害等其他重要服务功能的能力。生态系统服务的变化，影响人类福祉的所有组成要素，这些要素包括维持高质量生活所需的基本物质条件，健康、良好的社会关系，安全以及选择和行动的自由等。2001年6月5日，联合国正式启动千年生态系统评估（MA）[17]项目，讨论了"生态系统与人类福祉之间的关系"。MA认为，生态系统与人类福祉之间存在相互作用。一方面，人类经济活动的变化直接或间接地影响生态系统的变化；另一方面，生态系统的变化又引起人类福祉的变化（图1-3）。

然而，数十年来，人类对生态系统认识片面，对自然生态系统进行了前所未有的改造，如砍伐森林、开垦草地、围海造地，一味向其索取自然资源，而忽视了生态系统提供的调节功能、文化功能和支持功能。更有甚者，将生态系统视为取之不尽、用之不竭的"聚宝盆"，对自然资源进行掠夺性开发，造成生态系统被严重破坏，对人类健康、生存环境等产生不利影响，导致生态系统服务功能降低，进一步危害人类自身的福祉。生态系统服务功能的退化影响人类就业，对全球贫困地区特别是寒区旱区的人口造成严重损害，在某些情况下已经成为引发贫困的主要因素，成为影响人类福祉提高的最大障碍。因此，应加强生态系统管理，确保对生态系统的保护和合理利用，这一举措是提高人类福祉，推动可持续发展的重要保障。

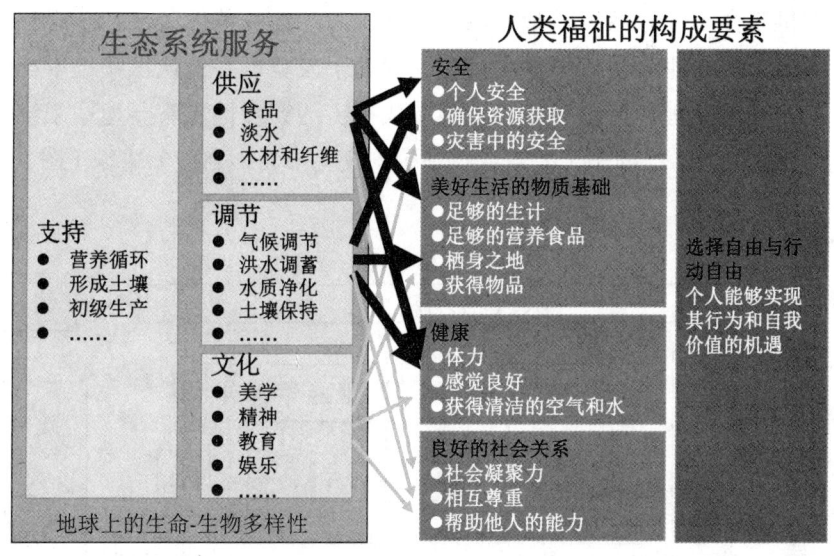

图1-3 生态系统服务与人类福祉关系

资料来源：赵士林，张永民，赖鹏飞译. 千年生态系统评估报告集（一）[M]. 北京：中国环境科学出版社，2007.

第二节 自然资源融合管理的若干理论支撑

理论来源于实践，又指导实践。现代自然资源融合管理是可持续发展和良治理论在各国发展应用的结果，其核心理论框架建立在地球系统科学理论、人地关系理论、"公地悲剧"理论、地域分异规律理论和自然资源价值理论基础之上（图1-4）。

一、地球科学系统理论

（一）主要内容

地球系统科学是为应对人类面临的根本生存环境危机而兴起的，反映了现代人类对人与自然界关系的哲学理念。20世纪80年代中期，美国国家航空航天局地球系统科学委员会（Earth System Science Committee）出版了《地球系统科学》，标志着"地球系统科学"思想和概念被明确提出（图1-4）。地球系统指由大气圈、水圈、岩石圈和生物圈（包括人类）相互作用、相互联系而组成的有机整体。地球系统科学是以全球性、统一性的整体观、系统观和多时空尺度，来研究地球系统的整体行为，有助于人类更好地认识赖以生存的环境，更有效地防止和控制可能对人类造成损害的突发性灾害。地球系统具有整体性和脆弱性，任何一个要素或子系统的变化都会影响整个地球（图1-5）。

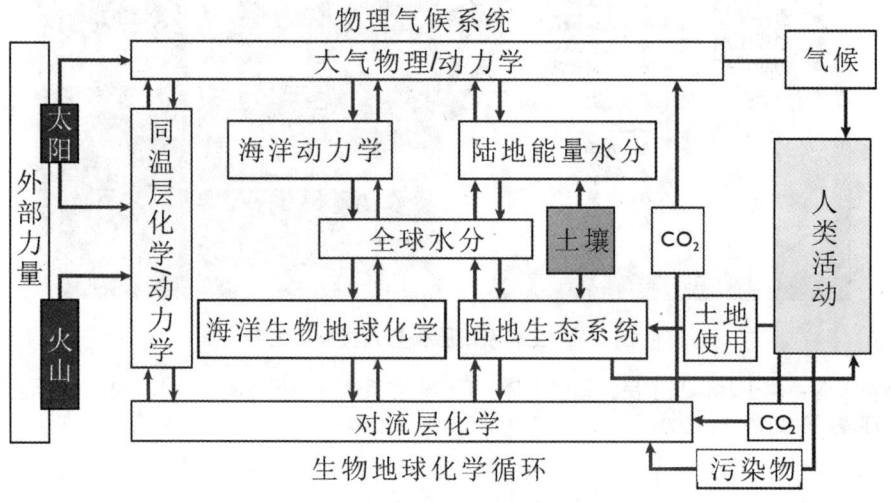

图1-4　美国宇航局的布雷瑟顿地球系统结构图

资料来源：中国地质调查局发展研究中心．地球系统科学的兴起与演变［J］．地质调查动态，2020,10．

随着生态与环境科学的发展，生态系统生态学应运而生。从地球系统科学来看，整个自然界存在不以人的意志为转移的客观规律和内在属性：

一是具有整体性。自然条件各组成要素之间相互依存、相互联系，组成一

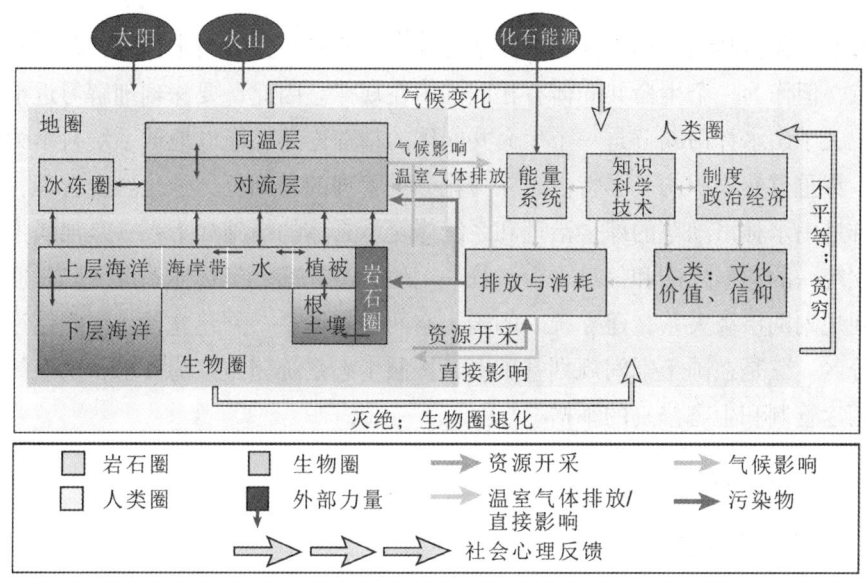

图1-5 地球系统的概念模型

资料来源：中国地质调查局发展研究中心．地球系统科学的兴起与演变［J］．地质调查动态，2020,10.

个整体，形成你中有我、我中有你的格局。自然条件的变化会"牵一发而动全身"，某一类自然条件的变化必将影响其他自然要素。

二是具有系统性。人类的经济活动在地球系统中进行，某一类资源的开发将引起其他资源的连锁反应，并使整个生态系统的结构发生变化。例如，森林和草地资源的开采利用会造成水土资源的流失，进而又造成河流泛滥和水库湖泊淤塞，并导致渔业资源的减少。

三是地形地貌和自然分界线是客观的自然现象。地球内能的变化形成了西高东低、呈阶梯状分布的地势格局，海陆位置的不同形成了季风区、非季风区和降水量的差异。自然条件区域分布的共轭性形成了东部季风区、西北干旱半干旱区和青藏高寒区。

自然界的这些特性和规律是自然资源开发和生产力布局必须前置考虑的基本依据。这些科学思想为破解自然资源管理不融合的问题提供了理论支撑。

（二）主要启示

山水林田湖草等各类自然资源之间并不是孤立存在的，它们相互联系、相互影响、相互制约，形成了一个复杂的生命共同体。虽然山水林田湖草各有其特点，但作为一个生命共同体有相同的内在规律。因此，要深刻理解习近平总书记关于山水林田湖草是一个生命共同体的精辟论述，应以地球系统科学为指导，尊重自然资源的基本特性，在深化分类管理的基础上，强化融合管理，统筹推进山水林田湖草的综合治理和系统修复。具体的措施如下：一是加快推进建立统一的数据标准和信息平台，统一用地分类标准、坐标体系等。二是厘清空间规划的层级关系，建立统一的国土空间规划体系，并建立国土空间用途管制分区。三是在国土空间规划基础上，按照生态系统完整性的要求，实施统一的用途管制和生态修复的举措。

二、人地关系理论

（一）主要内容

人地关系问题从人类起源以来就客观存在。人地关系即人与自然的关系，人与自然环境相互影响、相互制约，是对立统一的关系。自然环境为人类提供生存和发展条件，但当人类的开发活动超过自然环境承载极限，自然环境就会反过来影响人类社会。

人地关系理论的产生和发展经历了漫长的发展历程，相继出现了崇拜自然、改造自然、征服自然和谋求人地协调的思想，人地协调发展的思想反映了尊重自然、顺应自然、保护自然的生态文明理念，是自然资源管理应当遵循的基本理论。人地关系的协调理论，就是要坚持自然资源开发与生态环境保护相结合的思想。合理开发自然资源是经济社会发展的物质基础，没有自然资源的开发利用，人类就无法生存和发展，也就不能为生态环境保护提供物质基础。

保护和开发相互存依：自然资源保护是开发的前提，保护的目的是为了可持续的开发。开发和保护又相互对立。一方面，对立是指二者相互区别，主要是在不同的条件下，自然资源为人类提供的功能和服务不同。自然资源的经济属性强调的是实体功能，体现为自然对于人类实体的直接有用性；自然资源的生态属性强调的是受纳功能和服务功能，体现为接受并容纳生产和消费所排放的废弃物，以及为包括人类在内的所有生物提供生存繁衍栖息的场所。另一方面，从某种程度上说，开发意味着一定程度的破坏。对自然资源开发利用不当，只注重索取，不加强保护的开发，必然会造成生态环境的破坏。反过来看，片面强调保护又会妨碍开发。片面保护，易忽视资源开发，也就不能全面体现自然资源本身的价值。资源开发与保护相辅相成、辩证统一。人为地分离开发与保护，会给人类带来灾难。

（二）主要启示

以人地关系协调理论为基础，坚持开发与保护相统一。人与自然不是征服与被征服、控制与被控制的关系，而是和谐共生的平等关系。在经济社会发展的过程中，我们要做到以下举措：一是必须坚决树立人与自然和谐共生的理念，实现开发中保护、保护中发展。二要坚持"谁开发谁保护""谁破坏谁付费"的原则，探索矿产资源的绿色开发开采模式、森林和水资源的可持续利用模式。三是建立基于自然的养地发展机制。健全休耕轮作制度，在用地的同时要注重养地，注重回馈自然，科学修复受损的耕地生态系统。

三、公地悲剧理论

（一）主要内容

"公地悲剧"又称公共资源悲剧，是指如果一种资源没有排他性的产权，就会导致该资源的过度使用。公地是共有资源，具有公共物品的特征。1968年，美国经济学家哈丁提出"公地悲剧"的例子：牧民使用牧场是基于个体的自由行动，而没有群体的管理与监督。即：一群牧民共享一片草场，虽然每户牧民都知道过度放牧将导致草场崩溃，但是在个体经济利益驱使下，每一户牧民都想通过增加放牧羊数量的方式提高个人收益。在无制度制约的情景下，草场退化的代价将由大家共同负担，每户牧民都从自己利益出发选择多养羊获取更多的利益，最终结果却导致草场持续退化，直至毁灭，所有牧民共同破产。这就是著名的"公地悲剧"理论。哈丁认为，在共享公有资源的社会中，每个人都会追求各自的最大利益，每个人都被锁定在一个迫使他在有限范围内无节制地增加牲畜的制度中，这就是悲剧的所在，即没有排他性的公有资源给所有人带来了毁灭。

"公地悲剧"产生的深层次原因：一是产权主体虚置，出现"有人上树摘果，无人浇水施肥"的局面；二是责任主体虚置，造成"不花白不花，白花谁不花"的结果。

我国自然资源也面临不少"公地悲剧"。目前，资源共有的情况并不稀奇，土地、空气、河流、国家公园等资源在很大程度上产权关系不够清晰，大部分是共有资源，甚至部分矿产资源也属于共有资源。例如：华北和内陆河流域由于严重缺水而过度超采地下水，导致地下水漏斗、地下水位下降等生态问题；

众多湖泊由于失灵的禁渔制度而面临着严峻鱼类减少等生态威胁；流域管理体制不完善导致内陆河断流、下游生态环境退化等。历史上青藏高原的产权非常复杂，是典型的公共池塘资源，很长一段时期内该区域草原退化问题不断加剧。草地退化将导致生物多样性锐减、土壤保持和水源涵养功能下降、水土流失加剧等。当前青藏高原退化草地约有60平方千米，草地退化率在42%左右。

（二）主要启示

以公地悲剧理论为基础，将产权管理作为自然资源融合管理的核心内容和基础工作，不断完善产权制度安排。西方国家在以土地私有制为核心的自然资源产权制度体系上，保留部分自然资源为政府所有，对自然资源实行一定的行政限制和管制措施，在私人财产权上形成一定的公共权利，形成混合产权体制。我国30多年来的改革过程与之相反：从传统的公有制向混合产权体制过渡，所有权和占有、使用、收益权逐步分离。基于这样的现实，当务之急是必须按照归属清晰、权责明确、流转顺畅、监管有效的思路，不断完善自然资源产权制度。具体措施如下：一是从编制自然资源"三维"调查技术标准体系入手，研究制定自然资源"三维"产权设置要求和标准。二是在不动产统一登记的基础上，加快推进自然资源确权登记，编制自然资源资产负债表，建立委托代理行使全民所有自然资源资产的体制，并尽快出台自然资源产权制度改革方案。

四、地域分异规律理论

（一）主要内容

地域分异规律是指自然地理要素及环境综合体在某个确定方向上保持特征的相对一致性，而在另一确定方向上表现出差异性，因而发生更替的规律。

古希腊的埃拉托色尼根据当时对地球表面温度纬度差异的认识，将地球划分为5个气候带，是对气候分异规律最早的认识。我国对地理空间分异规律的认识最早始于2000多年前，根据名山大川的自然分界，将当时的国土划分为九州。地域分异规律表现为纬度地带性、经度地带性和垂直地带性。纬度地带性是土壤、植被、气候等自然地理现象在地球上的分布具有沿着纬线方向，即东西延伸南北更替的条带状规律性；经度地带性是在同一纬度带中，自然地理现象的分布大体上与经线平行，并伸展成条带状；垂直地带性是在高山地区从山麓到山顶温度、湿度、降水和植被随着高度的增加而变化的现象。例如，从东到西，我国的降水量呈现明显递减规律，植被分布的经度地带性规律依次为森林植被、草原植被、荒漠植被。

地域分异规律是自然地理学极其重要的基本理论，是认识地表自然地理环境特征的重要途径，是尊重自然、顺应自然、保护自然的前提和基础。正确认识地域分异规律，对于科学管理和合理利用自然资源，根据各地的具体情况，进行生产布局具有重要的指导作用。

（二）主要启示

以地域分异规律理论为基础，因地制宜，开展生态保护和修复。自然资源开发利用中遵循和顺应自然的各类客观规律，按自然法则行事。具体来说，保护自然在于遵循自然规律，要坚持节约优先、保护优先、自然恢复为主的方针；要坚决树立尊重自然、顺应自然、保护自然的生态文明理念，坚持宜农则农、宜林则林、宜草则草、宜水则水、宜景则景、宜建则建、宜城则城的工作思路，统筹推进国土开发利用和综合整治。

五、自然资源价值理论

（一）主要内容

自然资源是生态价值与经济价值的统一体。自然资源资产化管理的提出是对自20世纪80年代以来全球性资源环境危机的深刻反思的结果，其中自然资源定价与核算是自然资源资产化管理的核心内容之一。

在当前大力推进生态文明建设的背景下，资产化管理是极为重要的战略取向。资产化管理要求按经济属性对资源与资产的界限进行划分，将原来的数量管理与价值管理相结合，从而突显出自然资源的资产和财产属性，使其成为经济发展的生产性要素、社会和个人财富的来源，并以价值管理为核心、以资产增值为目标，最终提高自然资源管理水平。在全球资源约束趋紧、生态环境瓶颈问题不断凸显的情况下，各类自然资源转化为资产的属性条件逐渐成熟，对自然资源价值、定价及核算的研究对象也从土地逐步扩展到其他资源。

诸多研究表明，最近10年来，发达国家和发展中国家先后开展了改革现行国民核算体系的研究，自然资源核算体系大体上分为三个层次：一是对土地、淡水、森林、煤炭、石油等每一类自然资源进行实物和价值核算，以反映各类资源的增减变化；二是进行自然资源的综合核算，以价值量的形式反映自然资源总量的增减变化;三是把自然资源核算纳入国民经济核算体系,以便全面反映国民财富的增减变化、资本形成规模,以及国民生产总值和国民生产净值的实际状况。

自然资源价值核算极为复杂。首先,受勘查开发技术影响,地下矿产资源的探明储量是相对变化的。其次,自然资源的价格受国际供求关系、国际秩序和汇率等多种因素的影响。此外,自然资源开发利用的生态环境损害具有不确定性和时间尺度长的特征,这在很大程度上也给自然资源资源价值核算带来困难。尽管如此,对自然资源进行价值核算是实现自然资源生态价值的基础,是实现资产化管理的重要手段,自然资源价值核算的应用前景广阔。

(二) 主要启示

以自然资源价值理论为基础,系统推进自然资源的资产化管理。必须坚决树立"绿水青山就是金山银山"的理念,深刻认识到保护自然就是增值自然价值和自然资本的过程,就是保护和发展生产力,应得到合理回报和经济补偿。具体来说,一方面,要进一步探索自然资源资产化管理的途径,完善生态补偿、资源环境产权交易等制度,实现生态产品的价值,把营造良好的生态环境作为经济增长的聚宝盆;另一方面,要深化自然资源资产体制改革,着力解决所有权人不到位、所有者权益保护不严格等方面的问题。

第三节 自然资源融合管理的架构解析

一、自然资源融合管理的基本内涵

自古以来,融合的思想在我国源远流长。六千多年前的伏羲氏时代,"天人合一"的思想开始萌芽[18]。《系辞下传》说:"古者伏羲氏之王天下也,仰则观象于天,俯则观法于地,观鸟兽之文,与地之宜,近取诸身,远取诸物,于是始作八卦,以通神明之德,以类万物之情。"这是"天人合一"最早的论述。对于融合发展的内涵,不同专业领域的理解有较大差别。科学百科认为,融合,物理意义上指熔成或如熔化那样融成一体,心理意义上指不同个体或不同群体在一定的碰撞或接触之后,认知、情感或态度倾向融为一体。美国国家科学院认为[19],融合是一种跨越不同学科边界解决问题的方法。不管学科认识存在多大差异,融合的核心要义是一致的,是指几种不同的事物合成一体,关键在于完全的融为一体、合而为一。

融为一体、合而为一是自然资源融合管理最显著的内涵。所谓自然资源融合管理，是指自然资源管理体制不是分散设立而是集中统一，管理机制不是彼此割裂而是相互促进，各类规划不是自成体系而是相互衔接，管理制度不是相互掣肘而是相得益彰，管理目标不是相互冲突而是协同一致，管理手段不是相互排斥而是相互依托，管理结果不是相互独立而是相互支撑。通过融合管理，由一个机构统一行使对全民所有自然资源资产所有者职责、统一行使所有国土空间用途管制和生态保护修复职责，可以调整优化自然资源管理职责，可以减少法律与政策领域的矛盾和冲突，降低管理内耗，有效发挥管理的整体效能。对于自然资源管理而言，融合既是管理目标，又是管理方法，涉及到不同门类的自然资源之间、自然资源与生态环境、自然资源与人类行为、自然资源与"五位一体"总布局、自然资源与国际大局等"五大要素"之间的融合，这样就形成了融合管理的"5R（Resources）+"理论模型（图1-6）。

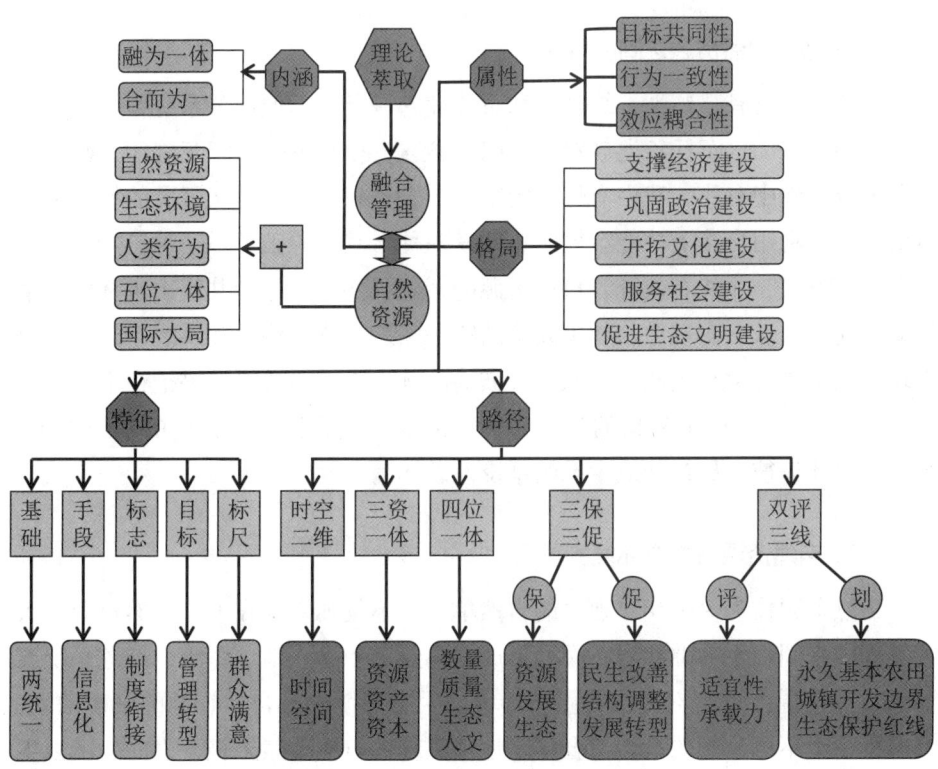

图1-6　自然资源融合管理理论框架

自然资源的融合管理与综合管理既有联系又有区别。自然资源的融合管理具有继承性，源于综合管理，吸纳了综合管理中"总聚"和"集合"的内涵，是在综合管理基础上的升华，是世界先进国家自然资源管理实践的新趋势。自然资源融合管理与综合管理存在显著区别。一是，自然资源融合管理是在"两统一"体制下的融合，即统一行使全民所有自然资源资产所有者职责、统一行使所有国土空间用途管制和生态保护修复职责体制下的融合。二是，自然资源融合管理是业务流程的优化和再造，是删繁就简、提质增效的管理，而不是简单的合并。三是，自然资源融合管理是在加强生态文明建设背景下，支撑生态文明体制改革，促进经济社会发展的良策，是与经济社会发展阶段相适应的管理形态。从类比的角度来看，假设土地管理是杯牛奶，地矿管理是杯咖啡，测绘管理是杯清水，海洋管理是杯糖水。在自然资源"综合管理"的模式下，只是把这四杯饮料端进了同一个房间，放在了同一个桌台上，仍旧是四种不同的饮品；在自然资源"融合管理"的模式下，就是把这四杯饮料倒进了同一个容器中，形成了一种新口味的饮品。

（一）各类自然资源之间的融合

自然资源具有整体性、综合性和系统性的特点。不但地球系统各组成部分相互作用[20][21]，而且各类自然资源相互渗透、相互影响、相互制约、密不可分，形成"你中有我、我中有你"的格局。人类只有遵循自然资源的特点和基本属性，在利用自然上才能有效防止开发一种自然资源破坏另一种自然资源的不良发展方式，才能有效统筹自然资源的开发与保护，才能共筑山水林田湖草生命共同体，从而实现山水林田湖草的统一保护、统一修复和系统治理，避免出现自然资源开发利用和保护顾此失彼的问题。正如习近平总书记在十八届三中全会上所讲，"如果种树的只管种树、治水的只管治水、护田的单纯护田，很容易顾此失彼，最终造成生态的系统性破坏"。

（二）自然资源与生态环境的融合

自然资源作为一个相对独立的自然单元，不是孤立存在的，自然资源融入大气圈、水圈、生物圈和岩石圈，形成了自然资源融入地球系统、地球系统离不开自然资源，自然资源中有生态环境、生态环境中有自然资源的密切关系，构成了一个不可分割的自然综合体。地球系统的自然要素未被开发时，就以生态要素的形态而存在，表现出生态价值；一旦被开发利用，就以资源要素的形态而存在，表现出经济价值。良好的生态环境是最普惠的民生福祉，实现自然资源与生态环境的融合发展，关键应树立绿水青山就是金山银山的理念，坚持在开发中保护，在保护中开发，用最严格的制度、最严密的法治保护资源和自然生态环境，特别是从源头上解决好自然资源开发利用中的生态环境问题，实现自然资源开发与生态环境保护的协调发展。正如习近平总书记在第八次全国生态环境保护大会上所讲，"绿水青山就是金山银山，阐述了经济发展和生态环境保护的关系，揭示了保护生态环境就是保护生产力、改善生态环境就是发展生产力的道理，指明了实现发展和保护协同共生的新路径"。

（三）自然资源与人类行为的融合

自然资源不是脱离人类社会而单独存在的，而是与人类和谐共生的。自然界是人类社会产生、存在和发展的基础和前提[22]，自然资源只有融入人类的劳动才能实现其经济价值。马克思在《资本论》中指出，"劳动是财富之父，土地是财富之母"。人类只有善待自然、保护环境，自然资源才能支撑当代人和子孙后代的发展需要，才能实现代际公平。实现人与自然和谐共生，关键在于以承载力为基础，把经济活动、人的行为限制在自然资源和生态环境能够承受的限度内，切实有效地避免出现人定胜天的思想，防止在开发利用自然上走弯路，避免出现先破坏后修复、先污染后治理的现象，推动整个社会走上生产发展、生活富裕、生态良好的文明发展道路。我国要建设人与自然和谐共生的现代化，必须坚持节约优先、保护优先、自然恢复为主的方针，多谋打基础、利长远的善事，多干保护自然、修复生态的实事，构建人与自然和谐发展现代化建设新格局。

（四）自然资源与"五位一体"总体布局的融合

自然资源不是游离于经济社会系统而单独存在的，而是融入到经济建设、政治建设、社会建设、文化建设和生态文明建设的方方面面，成为"五位一体"建设的重要内容，从而组成一个有机整体。就自然资源开发、利用、保护和整治的根基来看，经济建设是中心，政治建设是保证，文化建设是灵魂，社会建设是条件，生态文明建设是基础。只有把自然资源融入"五位一体"建设，才能形成经济富裕、政治安定、文化繁荣、社会公平、生态良好的发展格局，才能实现生产发展、生活富裕、生态良好的局面。只有把自然资源融入"五位一体"建设总体布局，才能满足人民日益增长的优美生态环境需要，才能提供更多的生态产品，才能增进人民群众的获得感。

（五）自然资源与国际大局发展的融合

当前，中国是世界上最大的资源生产国和消费国，对全球资源市场和经济发展具有重要影响。在经济全球化日益发展的今天，没有任何一个国家可以完全依靠本国的资源和市场发展经济，世界的发展离不开中国，中国的发展需要融入世界。中国应在立足国内的基础上，打破贸易保护主义的封锁和少数国家的垄断行为，积极谋划"走出去"战略，服务于自然资源的全球配置，利用国内国外两个市场、两种资源，取长补短，实现优势互补，确保油气等短缺性矿产资源和粮食等植物性产品的安全，推动建立相互尊重、公平正义、合作共赢、开放包容的自然资源融合管理新秩序。

较长时期以来，虽然世界面临许多不确定性因素，但人口、资源、环境和可持续发展等问题仍是全球共同面对的挑战。中国作为一个负责的大国，在控制人口增长、保障自然资源安全、加强生态环境治理、实施可持续发展和加强生态文明建设等方面，措施得力，成效显著，形成了中国经验和中国模式，为全球的可持续发展贡献了中国力量。中国的发展与全球的发展息息相关，只有世界各国的发展融为一体、目标一致、步调整齐、态度坚决，形成世界可持续发展的解决方案，才能共筑人类命运共同体，才能同谋全球生态文明。

二、自然资源融合管理的内在属性

自然资源融合管理具有目标共同性、行为一致性、效应耦合性三种基本属性，即"3C"（Communality、Coherence、Coupling）属性。

（一）目标共同性

虽然自然资源融合管理的微观目标具有多样性，但最终目标具有共同性。从具体管理领域来看，有的目标涉及自然资源的开发、利用、保护和整治，有的涉及自然资源的调查评价、确权登记、市场配置、损害修复和资产处置等方面。无论自然资源管理微观目标的设定有多大差别，表述形式有多大的变化，最终的宏观目标是共同的，都服务于自然资源管理秩序的维护，都服务于美丽中国建设和中华民族的伟大复兴。

（二）行为一致性

虽然自然资源融合管理的规章制度各有侧重，但最终的决策行为具有一致性。自然资源融合管理以贯彻落实党中央的重大决策部署为核心，围绕《自然资源部职能配置、内设机构和人员编制规定》积极主动开展工作。无论工作的具体措施有多大差别，最终行为都立足于统一行使全民所有自然资源资产所有者职责、统一行使所有国土空间用途管制和生态保护修复职责。实现自然资源的融合管理，维护自然资源管理秩序，需要增强各方面的共识，从中央到地方形成科学一致的决策机制和行动方案。

（三）效应耦合性

自然资源融合管理不同于简单的综合管理，更不是职责和管理制度的机械组合，而是管理要素的有机结合和提升。融合管理的各项要素之间相互联系、相互渗透，组成一个有机整体、一个相互关联的系统。通过完善自然资源管理制度的战略规划与顶层设计，强化各项管理任务的一致性，促进诸如空间规划、法律制度等各项管理政策相互衔接、相互促进，实现优势互补和共同提升，发挥融合管理的耦合效应。自然资源融合管理具有经济效应、社会效应和生态效应，是推动经济社会发展和生态环境保护朝着更加包容、普惠、开放方向发展的重要新生力，是增进人类福祉的重要源泉。

三、自然资源融合管理的典型特征

（一）"两统一"是自然资源融合管理的基础

"两统一"是中央赋予自然资源部两项最基本的职责。自然资源融合管理立足于统一行使全民所有自然资源资产所有者、统一行使所有国土空间用途管制和生态保护修复两项核心职责。具体来说，要履行所有者和监管者的义务，对自然资源开发利用和保护进行监管，建立空间规划体系并监督实施，履行全民所有各类自然资源资产所有者职责，统一调查和确权登记，建立自然资源有偿使用制度等。这两项核心职责是自然资源融合管理的基础。

（二）信息化是自然资源融合管理的手段

信息化促进了自然资源管理方式的变革。没有信息化就没有自然资源管理的现代化，没有信息的安全就没有自然资源管理的安全。信息化是打通数据壁垒，推动自然资源融合管理的重要手段。以信息化为基础打造的国土空间基础地理信息平台，汇集了自然资源、经济社会和生态环境等各类数据，融合了土地、矿产、水资源等管理系统，实现了管理指标和数据的统一，解决了各类数据相互掣肘的问题，革新了传统的自然资源管理方式。以信息技术的融合为基础，建立空地一体化的动态监测体系，实现国土空间用途管制的全覆盖。

（三）制度衔接是自然资源融合管理的标志

自然资源管理制度衔接是融合管理的重要标志。在自然资源融合体制架构下，不同门类资源的管理制度相互衔接，出台的先后具有内在继承性。在制定和修编自然资源管理规章制度时，相关自然资源管理部门能够立足生态文明体制改革的大局，突破利益固化的藩篱，在重大问题和发展思路等内容上较快地达成一致。自然资源管理制度的制定，充分衔接具有基础性的自然资源资产产权制度和用途管制制度。各类空间性规划的编制，都以统一的国土空间规划为基础，促成多规融合，以国土空间基础地理信息平台为基础定制规划、监督规划的实施效果。

（四）管理的全面转型是自然资源融合管理的目标

自然资源融合管理对变革传统的管理方式提出了新要求，需要进行全链条、系统性的政策设计和制度创新。以补齐短板、提质增效为内涵的资源治理方式转型，是自然资源融合管理追求的重要目标。自然资源融合管理在保障资源安全、保障发展空间、扶持实体经济发展等方面可以有更大作为。坚持生态文明建设的正确方向是融合管理的立足点，在保障粮食安全和城乡发展的同时，守牢生态保护红线，积极寻求融合发展的最大公约数。"绿水青山就是金山银山"的生态文明理念赋予自然资源融合管理新使命：通过深耕挖潜的方式培育经济增长新动能，探寻生态产品价值实现机制，推动高质量发展。

（五）公众满意度是自然资源融合管理的标尺

以人民为中心是自然资源融合管理的重要追求。践行以人民为中心的根本立场，就是把最广大人民的根本利益作为自然资源融合管理的出发点和落脚点。自然资源融合管理以满足人民群众对美好生活向往的需要为切入点,切实加强国土整治和生态修复,优化国土空间结构,营造天蓝、地绿、水清的生态环境,不断增强人民的获得感、幸福感和安全感,增进人类福祉。政务服务的便民化是人心所向。自然资源融合管理能够发挥大数据泛在化的优势,让数据多跑路、群众少跑腿。在规划许可和用地审批融合方面,注重流程再造,实现"3个合并""1个简化",即规划选址和用地预审的合并,建设用地规划许可和用地批准的合并,多测整合、多验合一;简化报件审批材料,压缩了办理时限,提高了群众办事的满意度。

四、自然资源融合管理的发展路径

(一)坚持"时空二维"融合发展

自然资源具有有限性,用之不觉,失之难存,在时间尺度和空间尺度上应尽最大努力实现其可持续利用,实现代际公平和区际公平[23][24]。我国资源总量大、人均占有量少的国情不可改变,有限的自然资源必须既要满足当代人的发展需要,又不危及子孙后代的发展,在时间维度上实现自然资源的永续供给。这就既需要找矿增储,发现新资源,又需要推进资源消耗总量与强度双控行动,提高资源利用效率。另外,自然资源的开发利用既要符合资源分布区的利益,又要符合全国人民的利益,在空间维度上实现自然资源的区际公平。这就需要健全生态补偿机制,防止社会结构失衡。只有从时间和空间两个维度上加强自然资源的融合管理,才能使稀缺的自然资源造福子孙后代,实现中华民族的永续发展。

(二)坚持"三资一体"融合发展

资源、资产、资本是相互联系而不是割裂的,自然资源、自然资源资产、自然资源资本是统一体。自然资源融合管理的首要目标是在编制规划的基础上确保资源安全,实现经济安全和生态安全,促进经济平稳健康发展。确权登记是自然资源资产、资本化运作的前提条件。产权关系明确、可进行交易的自然资源成为自然资源资产,能够通过市场配置的方式调剂余缺。资产的出让和转让能够带来收益,资产的上市、抵押和重组等行为实现了资产的增值和变现,实现了由资产变资本的运作。资本与金融的融合,体现了自然资源资产的资本属性,加深了资产配置的国际化程度。

(三)坚持"四维一体"融合发展

自然资源是数量、质量、生态和人文四个维度的统一体。我国自然资源质量总体不高,开发利用中生态环境破坏严重,群众的需求没有得到充分满足。新时代自然资源管理要在严守耕地数量不低于18亿亩、积极开展找矿增储的基础上,着力提高耕地质量,降低化石能源比重,加强生态修复和国土综合整治,保护生物多样性。合村并居、新农村建设和土地整治等民生工程,应更好地考虑如何使人民群众的生活更加美好,不得违背群众的意愿,更不能强迫农民上楼。耕地占补平衡应在保量保质的基础上,注重考虑农民的便利性,充分满足"以人为本"的发展需求。强化自然资源收益惠及民生的力度,使广大人民群众更好地分享自然资源增值收益。

(四)坚持"三保三促"融合发展

自然资源具有经济和社会属性,为人类的生存和发展做出了巨大贡献。人们在利用自然的同时要注重保护自然,让自然资源不断地给人类提供原材料。习近平总书记指出[22],"不能只讲索取不讲投入,不能只讲发展不讲保护,不能只讲利用不讲修复,要像保护眼睛一样保护生态环境,像对待生命一样对待生态环境"。当经济遇到下行压力时,通过科学供应土地和有序投放矿业权,可以保障经济持续发展;当经济过热时,通过调控自然资源投入的数量,可以保障经济平稳运行。

自然资源是社会建设的重要载体,自然资源的合理利用促进民生改善。在土地利用政策上,支持扶贫搬迁、精准扶贫和新农村建设,特别是允许贫困地区建设用地"增减挂钩"节余指标和工矿废弃地复垦利用节余指标在省域内调剂,建立土地整治和高标准基本农田建设等新增耕地指标跨省域调剂机制;对深度贫困地区建设用地应保尽保,并允许灵活使用宅基地,促进贫困地区早日脱贫,为全面建成小康社会做出重要贡献。自然资源问题就是最大的民生问题,通过优化利益分配结构,着力化解社会矛盾,解决广大人民群众最关心、最直接、最现实的民生问题。

自然资源是参与宏观调控的重要因素,自然资源利用结构改革促进供给侧结构改革。良好生态环境是最公平的公共产品,是最普惠的民生福祉。坚持不断增强生态环境治理力度,开展生态产品价值实现机制试点,提高优质生态产品的有效供给。坚持以资源供应为抓手,着力减少无效供给,促使在去产能、去库存、去杠杆、降库存和补短板方面取得显著成效，有效化解过剩产能，降低房地产库存风险，消解土地和矿产抵押融资风险，提高经济运行质量。

自然资源是经济发展的物质基础，资源利用方式的转型促进发展方式转型。针对经济发展不协调、不可持续的问题，合理调整自然资源投入的总量、时序、结构、空间和布局，能够增强经济发展的内生动力，促使经济发展方式由粗放向集约转型，促使经济增长主要依靠资源投入向主要依靠科技进步、劳动者素质提高、管理创新转变转型。

（五）坚持"双评三线"融合发展

"双评价"与"三线"划定具有内在联系，统一于国土空间规划的编制和实施。"双评价"是国土空间规划编制的重要依据。开展资源环境承载力评价，有利于摸清一定经济技术水平条件下、某一地域范围内，资源环境要素能够支撑人类活动的最大规模。开展国土空间开发适宜性评价，有利于摸清在维系生态系统健康的前提下，综合考虑自然资源和生态环境因素，进行人类活动的适宜程度。在"双评价"的基础上划定"三条"管控边界，即永久基本农田红线、生态保护红线和城镇开发利用边界，强化底线约束，为子孙后代预留更多的发展空间。划定三条控制线，扎紧耕地保护的篱笆，是顺应生态文明建设客观规律的重要举措。我国仍处于大发展时期，先天脆弱的国土难以承受高强度的工业化、城镇化的发展方式，保持国土空间结构的相对稳定极为迫切，这既保障粮食安全、保护生态环境的现实需要，也保障合理城镇化发展的需要。把划定的三条控制线落实到国土空间"一张图"上，积极优化生产空间、生活空间、生态空间，早日实现生产空间集约高效、生活空间宜居适度、生态空间山清水秀。

五、自然资源融合管理的战略格局

（一）深化供给侧结构性改革，支撑国家经济建设

自然资源管理作为经济工作的一部分，根本任务就是对有限的资源进行合理的配置，以生产出足够多的财富和服务来满足人们不同层次的需求和追求[25]。自然资源工作可以有很多个目标，但最朴素的一条就是围绕经济建设这个中心，管好用好自然资源，发展社会生产力，使经济更加发达，使人民生活更加殷实，强国富民。多年来，随着自然资源管理工作不断加强，中国自

然资源开发及利用事业蓬勃兴起,能源、矿产、海洋以及农林牧副渔等行业蒸蒸日上,为中国现代化建设构建了雄厚的物质基础,让我们的经济总量跃居到世界第二,人民生活逐步向全面小康迈进。当前,顺应人民群众对上美好生活的新期待,自然资源工作必须继续抓紧经济建设这个中心任务,围绕高质量发展要求和资源供给侧结构性改革这条主线,从生产领域加强优质供给,减少无效供给,扩大有效供给,大力提升发展质量和效益,更好服务经济转型升级,更好满足人们对美好生活的向往,更好推动人的全面发展、社会全面进步。

深入推进资源供给侧结构性改革,要着力于推动经济发展质量变革、效率变革、动力变革,加快建设适应与引领高质量发展的现代化经济体系。加强自然资源领域关键制度创新,把资源政策的着力点放在改善产能过剩行业的供求关系上,引导过剩产能供给侧减量和结构调整,使之达到与需求侧相适应的水平,进而实现过剩产业的转型升级以及资源供求关系再平衡;把资源政策的着力点放在新增长点的培育上,引导资源枯竭地区、产业衰退地区、生态严重退化地区积极探索特色转型发展之路,突出创新驱动,积极发现培育新增长点,建设创新引领、协同发展的新的产业体系;把资源政策的着力点放在国家重大区域战略融合发展上,引导京津冀、长江经济带、粤港澳大湾区等,建设彰显优势、协调联动的城乡区域发展体系,打造高质量发展经济带。按照提升发展质量和效益、降低资源消耗、减少环境污染的要求,建立绿色低碳循环发展的产业结构和经济体系,增强经济质量优势。

深入推进资源供给侧结构性改革,要着力于推动系统防范化解重大风险、精准脱贫、污染防治三大攻坚战,让经济发展更稳健、更均衡、更可持续。科学把握自然资源的制度供给,一方面切实加大自然资源关键领域和薄弱环节补短板工作力度,有效防范"黑天鹅"事件、"蝴蝶效应"和"灰犀牛"冲击,促进形成自然资源和实体经济、土地和房地产、战略矿产和新兴产业的良性循环;另一方面把扶贫开发、现代农业发展、美丽乡村建设有机结合起来,激发贫困地区脱贫的内生动力,健全公共服务、建设基础设施、发展特色优势产业,实现农民富、农业强、农村美;再者,充分考虑环境污染的影响,促进产业和能源结构调整,努力形成节约资源和保护环境的空间格局、产业结构、生产方式、生活方式,还自然以宁静、和谐、美丽。

为人民提供优质生态产品,要坚持保护优先、自然恢复为主的方针。按照可持续发展的要求,我国的自然资源工作要把努力为人民提供更多优质生态产品摆在突出位置，既要支撑当代人过上幸福生活，也要为子孙后代留下生存根基。对那些退化的绿水青山，能够自然修复的，坚持自然恢复、修复为主，包括采取封山育林、退耕还林、还湖、还草、还湿、休渔等方式，减少对生态系统的干扰，通过生态系统的自我修复，提升生态产品和服务的产出和供给；自然恢复、修复困难的，投入合理的资本和劳动力进行生态保护，以科学手段加速打造绿水青山，包括顺应自然规律建造生态廊道、人工湿地等，以及开展国土绿化行动推进荒漠化、石漠化、水土流失综合治理等。对那些损害群众健康的环境污染问题，坚持预防为主、综合治理，着力推进重点流域和区域水污染防治，着力推进重点行业和重点区域大气、土壤污染治理，最大限度恢复生态产品生产能力，最大力度消除生态负债[26]。

（二）切实保障国家资源安全，促进政治建设

政治建设是"五位一体"总布局中起关键保障的环节，政治安全是国家安全的根本[27][28]。资源安全关系着政治安全。在国家安全体系中，资源安全已成为当前及今后一个时期中国面临的最复杂、最现实、最严峻的安全挑战之一。中国的油气、水、优质耕地、大宗矿产等战略性资源短缺问题日益突出，由资源短缺引起的资源安全问题关系着国家政治安全[29]。政治安全决定和影响着资源安全等其他各个领域的安全，资源安全等其他领域的安全最终也要依靠国家政治安全。

维护国家安全和政治安全是所有领域工作的第一任务，而保障国家资源安全则是自然资源管理工作肩负的使命与担当。坚持总体国家安全观，要求自然资源部门一以贯之坚持以政治建设为统领，把好正确政治方向，完善国家资源安全战略和策略，聚力防范资源风险演变为政治风险，提高防范和抵御安全风险能力，牢牢掌握维护国家安全的主动权。

保障国家资源安全，应以绿色发展、循环发展、低碳发展为方向，推动发展方式根本转变，推进新型工业化、城镇化、信息化、农业现代化，用合理的资源消耗支撑经济社会更加可持续地发展。坚持以绿色制造业为先导推进可持续工业化，走低消耗、低污染、高效率、集约化的新型工业化道路。坚持以人的城镇化为核心，走以人为本、四化同步、布局优化、生态文明、文化传承的新型城镇化道路。坚持农业现代化和农村现代化一体设计、一并推进，走经济高效、产品安全、资源节约、环境友好、技术密集、凸显人力资源优势的新型

农业现代化道路。加强高能耗行业能耗管理，强化建筑、交通节能，发展节水型产业，全面推动重点领域绿色、低碳、循环发展。

保障国家资源安全，应全面节约集约利用资源，推动资源利用方式根本转变，加强全过程节约管理，大幅降低能源、水、土地消耗强度。控制能源消费总量，加强节能降耗，支持节能低碳产业和新能源、可再生能源发展，确保国家能源安全。加强水源地保护和用水总量管理，推进水循环利用，建设节水型社会，确保国家水安全。加强矿产资源勘查、保护、合理开发，提高矿产资源勘查合理开采和综合利用水平，确保国家矿产安全。加强耕地数量质量和生态保护，促进稳产高产商品粮棉油基地建设，保障农产品生产空间，增强农业综合生产能力，确保国家粮食安全。

保障国家资源安全，应注重构建和完善开放型的资源保障体系。统筹国内国际两个大局，充分利用好国内外两个市场、两种资源，推进形成开放、安全、稳定、经济、清洁的资源供应体系，提高重要战略资源对经济社会发展的保障程度。坚持以全球思维谋篇布局，立足于发展中国家和发展问题，共同塑造更加公正合理的国际新秩序，推动全球治理体系变革，推动对能源安全、粮食安全、气候变化、海洋、水等全球问题的治理朝着有利于维护世界和平方向发展。

保障国家资源安全，应注重开发和释放海洋生产力。坚持走依海富国、以海强国、人海和谐的发展道路。发展海洋科学技术，提高海洋资源开发能力，提升深海油气、海底矿产、海洋生物资源开发利用水平。海上通道是中国对外贸易和进口能源的主要途径，应积极倡导命运共同、合作共赢的义利观，推进海上务实合作，寻求和扩大共同利益的汇合点，构建和平安宁的海洋秩序，切实增强海上通道安全管控能力，切实提高海外利益保护能力，做好应对各种复杂局面的准备。

（三）培育自然资源文化软实力，开拓文化建设新境界

没有各个行业优秀文化的兴盛，就没有中国特色社会主义文化的繁荣。在自然资源领域，那些在长期事业发展中形成的具有行业特色优秀而先进的国土文化、地质文化、海洋文化、测绘文化和土地督察文化，都是人类文明成果的结晶，是社会文明程度和国家软实力的具体反映[30]。要遵循文化发展的内在规律，坚持唯物辩证法的扬弃观，继承和弘扬各行业文化的精华，推陈出新。

没有先进文化作支撑，自然资源的事业也难以长久。朝气蓬勃的事业必须要有欣欣向荣的先进文化来培育。培育先进的自然资源文化，是自然资源事业发展的迫切需要，必须发挥社会主义核心价值观的引领作用，将其融入自然资源事业发展的各个方面，使之转化为自然资源行业的情感认同和行为习惯；必须坚持社会主义先进文化前进方向，按照新时代新使命的要求，大力进行自然资源文化创新，更好地构筑自然资源领域的行业精神、行业价值、行业力量，为自然资源事业的全面繁荣提供思想保证、精神力量、道德滋养、文化条件。

培育先进的自然资源文化，必须加强行业思想宣传工作，更好构筑行业精神。必须大力弘扬以爱国主义为核心的民族精神和以改革创新为核心的时代精神，加强思想阵地建设和管理，有效凝聚改革发展的行业共识、社会共识与文化自觉，弘扬自然资源领域富有永恒魅力、具有当代价值的文化精神；加强国际传播能力建设和管理，努力提高自然资源领域的对外话语权，同时增进与世界文明的交流、互鉴、共存，加强行业精神认同与中国文化认同；加强互联网秩序建构和管理，巩固壮大主流思想舆论，弘扬自然资源工作的主旋律，营造清朗的网络空间，坚决打赢网络意识形态斗争。

培育先进的自然资源文化，必须加强行业伦理道德建设，更好地构筑行业价值。要引导人们明大德、严公德、守私德，重品行、正操守、养心性，为自然资源事业发展提供源源不断的道德滋养；不断总结、提炼和培育自然资源工作精神，确立发展理念、工作宗旨、职业行为准则和伦理道德规范；注重塑造行业先进形象，引导人们树立和坚持正确的资源观、生态观、文化观，增强行业自信和职业自豪。

培育先进的自然资源文化，必须加强行业文艺创新创造，更好地构筑行业力量。要整合、健全自然资源文学艺术组织，发展和繁荣自然资源文学艺术；重视培养自然资源文化各类人才，推动自然资源文化的创造性转化、创新性发展，丰富自然资源文化产品和服务；积极开展丰富多彩的群众性的自然资源文化活动，利用一切高尚的精神财富来培育群众的思想品德，以文化人、以文育人。

（四）努力追求自然资源领域公平正义，服务好社会建设

公平正义是社会和谐发展的基本要求和目标[31]，也是自然资源工作的基本要求和目标。自然资源是社会财富，自然资源管理活动与社会福利分配的公

平正义具有紧密的联系。比如：自然资源的开发利用是否会涉及集体的利益？如果涉及，集体利益该怎样平衡？如果自然资源开发将会造成不同程度的生态损失，那么这种损失是否重要到值得付出"不开发"的代价？上述问题的解决，客观上要求自然资源管理一定要把经济、环境和公平的目标结合起来[32]。从解决社会矛盾出发，理清、理顺资源领域的社会关系，致力于促进社会公平正义，重在以下四个着力点：

维护社会公平正义，要完善公平、开放、透明的市场规则，发挥市场在资源配置中的决定性作用，更好地发挥政府的引导作用，提高资源配置效率和公平性。原则上，一方面，要守住底线，集中力量做好普惠性、基础性、兜底性民生建设，同时要突出重点，提高重点群体和重点地区的公共服务建设能力和共享水平，推动实现基本公共服务均等化；另一方面，要坚持完善制度，对于适宜由市场化配置的资源，要充分发挥市场机制作用，建立市场竞争优胜劣汰的机制，实现资源配置效益和效率最大化，而对于不完全适宜由市场化配置的资源，要引入竞争规则，充分体现政府配置资源的引导作用，实现政府与市场作用的有效结合，此外，要引导群众对自然资源需求满足形成合理的预期，使社会保障水平符合现阶段的发展水平和收入水平，尽力而为、量力而行。

维护社会公平正义，要充分发挥人民的主体作用，从各层次、各领域扩大公民有序参与自然资源民主决策，切实保障合法的资源权利权益。群众对自然资源的民主决策依法享有知情权、参与权、表达权、监督权，群众参与决策事务的权利形式、内容，需要用合理的制度来加以明确规范，畅通民意表达的渠道，保证群众能合法有序参与到决策进程中来。自然资源知识的普及和信息公开是关于自然资源民主决策的政治道义，要让群众都充分知道自身权益的存在，并能自觉理性地参与到决策进程中来。我们的发展要实现的是公共利益最大化，自然资源民主决策需要广泛汇聚民智，努力让人人参与、人人尽责、人人都有获得感、安全感、幸福感和成就感。

维护社会公平正义，要强化权力运行制约和监督体系，健全惩治和预防腐败体系，接受并加强社会对自然资源管理工作的监督。坚持科学立法、民主立法、依法立法，发挥立法的引领和推动作用，把公开、公平、公正原则贯穿立法全过程，清理法治障碍。坚持以制度管人管事，完善不敢腐、不能腐、不想腐的制度机制，强化监督执纪问责和监督调查处置。坚持用好现代网络信息技术，加强对各领域腐败和作风问题线索来源的收集与管理，把监督权交给人民群众。实现法治、德治和自治三治融合，整合社会各种力量做好社会治理。

维护社会公平正义，要建立稀缺资源在当代人以及当代人与后代人之间的合理分配与补偿机制，推动资源开发利用更有效率、更加公平、更可持续发展，确保代内和代际平等。当代人在利用自然资源满足自身利益时要注意机会平等，一个地区的发展不应以损害其他地区的发展为代价，发达国家作为生态污染的主要破坏者和全球能源资源的最大消耗者，有义务和责任为全球环境的平衡和恢复做出更大贡献。当代人与后代人共同享有地球资源与生态环境，满足当代人的需要不能妨碍、透支后代人对环境资源的利用，实现代际均衡发展。

（五）不断完善自然资源治理，当好生态文明建设主力军

生态文明建设以尊重自然、顺应自然、保护自然为前提，以人与自然、人与社会和谐发展为宗旨，强调建立可持续的生产方式和消费方式，走可持续的和谐发展道路[33]。加快推进生态文明建设，加强自然资源管理是关键。自然资源工作坚持以可持续的方式管理自然资源和生态系统，生产出物质的、文化的、生态的产品和服务，支持经济社会可持续发展；同时面对新的和正在出现的挑战，促进生态系统的养护、再生、恢复，保护和管理人类文明永续发展的自然基础[34]。在生态文明建设的过程中，自然资源工作具有基础性作用，对推动可持续发展具有全局性的重要影响。加快推进生态文明建设，需要自然资源工作坚持以系统思维和底线思维，重点抓好优化国土空间开发格局这个艰巨任务，着力化解国土空间开发失衡所产生的工业结构偏重、能源结构偏煤、生态建设滞后、区域经济与生态环境保护不均衡以及其他突出矛盾，促进经济社会持续健康发展。

优化国土空间开发格局，需坚持国土开发与资源环境承载能力相匹配、与人口资源环境相均衡、与经济社会生态效益相统一的原则，整体谋划国土空间开发，科学布局生产空间、生活空间、生态空间。根据自然生态属性、资源环境承载能力、现有开发密度和发展潜力，统筹考虑未来人口分布、经济布局、国土利用和城镇化格局，科学推进国土空间集聚开发、分类保护和综合整治[35]。生产空间要集约高效，生活空间要宜居适度，生态空间要山清水秀。要将山水林田湖草等一切自然要素视为生命共同体，进行整体保护、系统修复与综合治理。兼顾效率与公平，基础和公益设施空间要留有余地，尽可能地多

为人民生产生活提供公共产品和公益服务，促进公共服务均等化。

优化国土空间开发格局，需坚持底线管控，划定生态红线、基本农田保护红线、城乡开发边界并严格管理。根据国土空间开发的限制性和适宜性，科学确定国土空间开发保护的规模、结构、布局和时序，划定城镇、农业、生态空间开发保护的管制界限。统筹配置各类自然资源，强化对各类开发与保护活动的空间引导和落地管控。严守一切生态空间的生态保护红线，严守国家生态安全的底线和生命线。严格保护永久基本农田，严格实行耕地用途管制。严控城镇建设区、工业区、农村居民点等的开发边界，严控城镇规模和建设用地规模。

优化国土空间开发格局，需坚持统筹陆域开发与海域利用，把海洋作为高质量发展的战略要地，实现向海图强。在促进陆域国土纵深开发的同时，充分发挥海洋国土作为经济空间、战略通道、资源基地、安全屏障的重要作用。坚持陆海统筹，准确把握陆域海域空间治理的整体性和联动性，大力优化海域国土空间布局，推动海洋经济由近岸海域、海岛向深远海延伸。经略海洋，加强陆地与海洋在发展定位、产业布局、资源开发、环境保护和防灾减灾等方面的协同共治，壮大海洋经济，维护海洋权益，建设海洋强国。

参考文献

［1］杨万钟.经济地理学导论［M］.上海：华东师范大学出版社，1999.

［2］刘南威，郭有立，张争胜.综合自然地理学［M］.北京：科学出版社，2009.

［3］ZIMMERMANN E W. World Resources and Industries: A Functional Appraisal of the Availability of Agricultural and Industrial Resources［M］. Rev. Ed. New York:Harper & Brothers, 1951.

［4］辞海编辑委员会.辞海［M］.上海：上海辞书出版社，1979.

［5］万年庆等.对自然资源概念的再认识［J］.信阳师范学院学报：自然科学版，2008，21（4）：630-634.

［6］牛文元.理论地理学［M］.北京：商务印书馆，1992.

［7］党的十八届三中全会《决定》辅导读本［M］.北京：人民出版社，2013.

［8］马永欢，黄宝荣.基于生态系统服务的生态文明建设研究［J］.生态经济，2015（3）：3-6.

［9］张陟.地质科学与可持续发展［J］.资源·产业，2000，11：69-71.

［10］卜善祥等.国内外自然资源管理体制与发展趋势［M］.北京：中国大地出版社，2005.

［11］庄贵阳，薄凡.从自然中来，到自然中去——生态文明建设与基于自然的解决方案［N］.光明日报，2018-09-12（04）.

［12］洪丹，王国聘.生态平衡的哲学思考［J］.学理论，2012，22：64-65.

［13］金鉴明.人类发展离不开生物多样性［EB/OL］.（2010-05-20）［2020-06-05］. http://green.sohu.com/20100520/n272234605.shtml.

［14］张永民.生态系统与人类福祉：评估框架［M］.北京：中国环境出版社，2007.

［15］赵士洞，张永民，赖鹏飞.千年生态系统评估报告集（一）［M］.北京：中国环境科学出版社，2007.

［16］蔡晓明，蔡博峰.生态系统的理论与实践［M］.北京：化学工业出版社，2012.

［17］张永民.生态系统与人类福祉：评估框架［M］.北京：中国环境出版社，2007.

［18］余谋昌.儒家环境哲学思想对建构和谐社会的意义［J］.中国哲学史，2016（1）：33-37.

［19］樊春良，李东阳，樊天.美国国家科学基金会对融合研究的资助及启示［J］.中国科学院院刊，2020（1）：19-26.

［20］Will S, KATHERINE R, JOHAN R, et al. The emergence and evolution of Earth System Science［J］. Natural Reviews, 2020,1:54-63.

［21］REID W V, CHEN D, GOLDFARB L, et al. Earth System Science for Global Sustainability: Grand Challenges［J］. Science, 2010, 330:916-917.

［22］习近平.推动我国生态文明建设迈上新台阶［J］.求是，2019，36：9.

［23］牛文元.可持续发展总纲［M］.北京：科学出版社，2007.

[24] 牛文元.可持续发展导论[M].北京：科学出版社，1994.

[25] 马永欢,吴初国,曹清华.生态文明视角下的自然资源管理制度改革研究[M].北京:中国经济出版社,2017.

[26] 潘家华.提供生态产品　增值生态红利[N].经济参考报,2017-10-23（02）.

[27] 许耀桐.十八大以来中国特色社会主义政治建设的新发展[J].党政研究,2017(6): 5-12

[28] 杨大志.政治安全是国家安全的根本[N].解放军报.2018-4-20（02）.

[29] 李现科.资源关乎中国经济政治安全[J].经济论坛.2005（7）: 1

[30] 张乃贵.为事业发展提供强大精神力量和思想保证——关于加强自然资源文化建设的思考[N].中国自然资源报，2019-1-10（7）.

[31] 宋贵伦.新时代社会建设的丰富内涵和实践路径[N].光明日报,2018-4=2（11）.

[32] JOHN C B, ALAN RANDALL. Resource Economics: An Economic Approach to Natural Resource and Environmental Policy, Third Edition [M]. Edward Elgar Publishing Limited, 2010.

[33] 潘岳.以生态文明推动构建人类命运共同体[N].人民政协报,2018-11-8（5）.

[34] 宫玉泉.发挥自然资源管理在生态文明建设中的基础性作用[N].中国自然资源报，2018-7-19（5）.

[35] 白中科，周伟，王金满，等.试论国土空间整体保护、系统修复与综合治理[J].中国土地科学，2019，2: 1-11.

第二章

自然资源融合管理的实践态势

20世纪粗放型工业发展带来的资源、生态和环境问题,导致人与自然的矛盾日趋尖锐,并最终催生了两大思想:可持续发展思想和生态文明思想。这两大思想的诞生发生在相同的历史阶段[1],针对的都是当今世界所面临的资源环境挑战,目标都是世界文明所期盼的光明美好未来。1992年,联合国首次提出可持续的概念;1997年,中国共产党第十五次全国代表大会将可持续发展确立为国家战略。实施可持续发展战略必须依靠生态文明建设,实现生态文明才能实现可持续发展。生态文明被党的十七大、十八大确定为国家发展战略,是可持续发展的中国表达、中国方案和中国道路[2],是更为全面、包容的可持续发展战略[3]。自然资源管理既关系着可持续发展所有的三个关键维度——经济、社会、环境,也影响着生态文明建设所有的三个关键支柱——资源节约、生态保护与修复、环境保护[4]。在可持续发展、生态文明等先进思想的引导下,世界各国纷纷破旧立新,从根本上反思工业文明时代"一切照旧"——用资源消耗换经济增长的做法[5],对其自然资源管理政策进行历史性的调整,把基于自然的生态、资源、环境解决方案和坚持以人为本的经济改革方案相结合[6],极力推动工业文明向生态文明转型。而这种文明转型进程的开启,也促进了自然资源融合管理的形成与发展。让发展目标更加深度统一、让经济行动更加紧密契合、让社会效应更加包容普惠的自然资源融合管理,成为21世纪的新转折、新趋势。

第一节 基于可持续利用与城乡规划的土地融合管理

土地管理是世界各国政府的一项重要职能,土地用途管制是土地管理的一项基本制度,土地利用规划是实施土地用途管制的基础。20世纪,土地利用规划主要是控制土地使用的容积率、遏制城市规模急剧扩张、保护农用地。进入21世纪，气候变化、人口增长、城市化以及粮食、水、能源安全的困扰加剧了对土地的需求矛盾，不管是发达国家，还是发展中国家，在土地问题上都面临着巨大压力。土地可持续利用就是在工业化后期，土地资源要素的瓶颈作用日益凸显的严峻形势下，提出来的更为科学的用地方式，即：对土地的利用既要满足当代人的需求，又不影响人类长远的需要，同时也不损害当代人及后代人生存和发展所需要的其他利益。

一、土地可持续利用面临严峻挑战

全球陆地总面积大约为131亿公顷，其中，耕地约13.9亿公顷，牧场约35亿公顷。在1961—2017年间，各国耕地总面积有所增加，从12.7亿公顷增加到了13.9亿公顷，年均增长0.16%（图2-1）；人均耕地面积则所有减少，从0.367公顷下降至0.192公顷，年均下降0.85%。人均耕地面积递减的主要驱动因素是人口增加和城市规模的增长。而且全球三分之一的土地在不同程度地发生退化，造成这种现象的原因则主要是农业的集约化，采矿、冶炼和加工制造在内的工业活动，生活垃圾和城市废物的填埋等。土地变贫瘠，或将导致那些欠发达地区的居民面临饥饿、贫困危机和陷入冲突的风险。

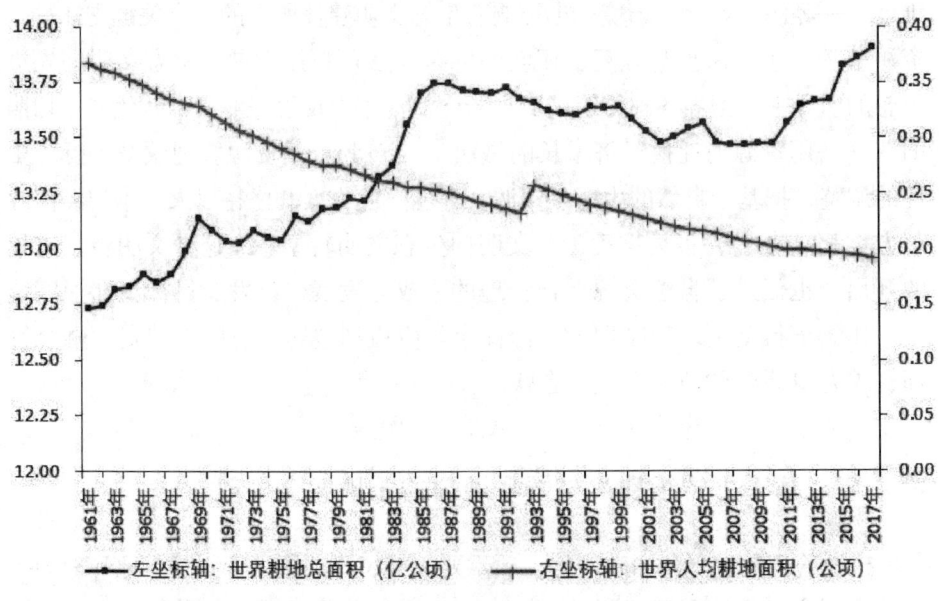

图2-1　1961—2017年世界耕地总面积及人均耕地面积变化

资料来源：www.fao.org 网站、data.worldbank.org.cn 网站

二、联合国与土地可持续利用

在联合国方面，促进土地可持续利用提升社会福祉是其关注的重大议题之一。为应对荒漠化等现实问题，加速实施土地恢复措施，联合国先后出台了《防治荒漠化公约》《湿地公约》等公约和文件。2002年，由环境规划署牵头实施了"旱地土地退化评估"项目，中国是试点国家之一。2014—2018年，联合国生物多样性政策平台（IPBES）把"土地退化和恢复"列为优先启动的专题评估项目[7][8]。2019年3月，联合国宣布由环境署和粮农组织共同负责实施"生态系统恢复十年（2021—2030）"决议，在欧洲、拉丁美洲、非洲加快推进具有恢复潜力的退化土地和生态系统的恢复治理，面积达4.7亿公顷。

三、国外基于土地可持续利用的融合管理

在国家层面，土地可持续利用是世界许多国家土地管理改革的主要方向[9]，融合了城乡发展规划和生态环境保护规划的内容，形成了多样化的实践体系。

欧美发达国家基于可持续发展思想，提出了从"紧凑城市"（compact city）[10]、"精明增长"（smart growth）、"零度发展"（zero growth）到"韧性城市"（resilient city）、"绿色基础设施"（green infrastructure）[11]等有代表性的空间规划的政策理念，着力对工业化后期城市扩张带来的城市过度蔓延、生态退化、交通拥挤等突出问题进行治理和修正。

实施"紧凑城市"等政策的规划措施：一是设立城市拓展界限（urban growth boundary），通过对禁建区、适建区、限建区和建成区空间布局的控制，加强城市内部废弃地及未充分利用的工业用地的再利用（对棕地的再开发战略），维持农地保护与非农地开发之间的平衡；二是通过设立社区自然生态和社会人文环境的保护项目，保护开敞空间、农田和自然景观以及重要的环境区域，保护具有自身特色、极具场所感和吸引力的社区，避免对社区美好自然特征和人文景观特色的破坏；三是通过建立集约、紧凑的城市架构，将居住用地与工作用地、休闲娱乐、公共服务设施用地等混合布局，提高已开发土地和基础设施的利用率，提供更多样化的交通和住房选择，不断满足社区居民对提高生活质量与水平的需求。

"绿色基础设施"的规划对象主要是自然保护区、国家自然文化遗产、特殊生态功能区等，目标主要是保护自然生态环境，提升生态系统服务质量。此

类规划在欧美有广泛的实践,比如,至2018年,"欧洲绿带规划"已有24个成员国加入。

四、中国基于土地可持续利用的融合管理

中国不断深化对生态文明建设的规律性认识,在2014年提出了经济社会发展规划、城乡规划、土地利用规划和生态保护规划"多规融合"的改革方向,以产业、科技、交通、能源、水利、市政基础设施等功能空间格局的统筹优化,促进山水林田湖草生命共同体的整体保护,通过主动的空间约束倒逼发展方式转变,推动回归人与自然和谐共生的发展本源。

2008年《城乡规划法》的实施,强化了区域化管理的思想,改变了以往城市规划不触及农村建设用地浪费的状态。2013年《关于全面深化改革若干重大问题的决定》提出要建立空间规划体系,划定生产、生活、生态空间开发管制界限,并由一个部门统一行使所有国土空间用途管制职责。2014年印发的《国家新型城镇化规划(2014—2020年)》提出以综合承载能力为支撑,走以人为本、四化同步、优化布局、生态文明、文化传承的中国特色新型城镇化道路。经过2014年全国28个市县"多规融合"试点、2016年省级空间规划体系融合试点,及2018年组建自然资源部落实"统一行使所有国土空间用途管制"职责,其目的均在于建立健全统一衔接的空间规划体系,实行"一张蓝图干到底",提升国家国土空间治理能力和效率。

中国"多规融合"所采取的基本办法:一是以主体功能定位为依据,统筹安排生产、生活、生态空间开发布局,形成生产空间集约高效、生活空间宜居适度、生态空间山清水秀的国土空间格局;二是以森林、草原、湿地、海洋等领域生态红线、永久基本农田边界、城镇开发边界等三条红线为控制线,以资源环境承载能力和国土空间开发适宜性评价为基础,在对自然生态本底进行保护的前提下,明确资源环境保护底线和开发利用上限,严控区域开发强度;三是以现有山水脉络、气象条件等为依托,尊重自然格局,保护自然景观,保持特色风貌,传承历史文化,加强城乡品质和特色塑造;四是实行由一个部门负责所有国土空间用途管制职责,对山水林田湖草进行统一保护、统一修复,实行领导干部自然资源资产离任审计。

自"多规融合"试点以来,各地均取得了明显成效,特别是土地总体规划和城市总体规划的融合,强化了规划引领作用和空间管控能力,促进了土地规划从"服务于工农业建设"向着"有利于生态文明建设"的方向发展，一定程度上保证了城乡建设的协调性和统一性，使国土空间集约、高效、可持续利用的整体效益进一步提升。

五、小结

为促进土地可持续利用，各国土地管理改革的一个共同趋势就是采取融合式的管理办法，把土地政策的改革与促进农业、林业、能源、水利以及其他资源依从型产业高质量发展结合起来，与促进社会公平公正与和谐进步结合起来，与促进优美生态环境建设结合起来。

各国通行的做法主要是通过土地产权制度和市场机制的改革，调动土地投资者的积极性，鼓励其实行农业耕作方式生态化，保护土壤不被污染、栽培作物与野生植物能正常生长；鼓励其发展生态林业草原，减少森林、草场转化，保护和恢复自然生态系统；鼓励其发展可再生能源，减少因化石能源开发利用引起的环境污染，减缓全球气候变化；鼓励其加强淡水资源和土地资源保护的能力建设，治理水利和恢复河道、湖泊、自然湿地的生态，遏制和扭转土地退化。各国在其土地政策的顶层设计中，面向经济、社会、环境的协调发展，把国计民生的基础行业列为优先发展的事项，把加强粮食、能源、水、生态安全摆在突出位置，合理组织土地利用，在保障人们衣食住行、健康等基本生存需求的同时，不断提高人们的生活质量。对可能会加剧土地退化的不当政策进行纠正和限制，对有利于促进土地可持续利用的生产和消费实践则设计更加积极的政策措施加以引导和鼓励。

第二节　基于清洁低碳发展与安全高效利用的矿产资源融合管理

矿产资源对于新材料的研制不可或缺，能源和新材料是人类文明的物质支柱。科学技术与矿产资源的结合，把人类社会由农业社会推向了工业社会、信息社会。真正现代意义的能源与矿产管理，起始于19世纪的工业化时期，伴随着地质科学的发展而兴起。世界各国对能源和矿产资源的管理，主要是对它们的地质勘探、开发利用活动以及对与之相关资源环境保护的监督与调控。管理的原则就是为实现发展和繁荣，在资源开发利用和减少环境损害之间所进行的比较与权衡。

一、清洁、安全成为矿产资源管理的新要求

第二次世界大战之后,许多工业国家鉴于战争中原料供应不足甚至市场供应被卡断的教训,都加强和加紧了战略资源的勘探、开发、储备政策的制定和执行,努力寻找资金和技术,加快矿业开发速度,以实现本国经济的增长。1961—2018年,全球一次能源消费量翻了4倍多,达到138亿吨;粗钢产量翻了5倍多,达到18亿吨;水泥产量翻了11倍多,达到40亿吨;二氧化碳排放量翻了3倍多,达到338亿吨(图2-2)。20世纪60年代以后是化石能源、金属、非金属原料矿产勘查、开发得到极大发展的时期,同时也是温室气体排放持续增长导致全球气候变暖等生态危机不断加剧的时期,生态危机给人类生存和发展带来了严峻挑战。生态文明的觉醒,得以让工业化进程中能源和矿产资源的发展政策开始从以"应对市场供应不足、短缺与中断"为核心,走向以"清洁发展+可持续供应"为核心。为现代文明提供更安全、更清洁、更可持续的市场供应,成为21世纪以来能源和矿产政策的基本方向和目的。

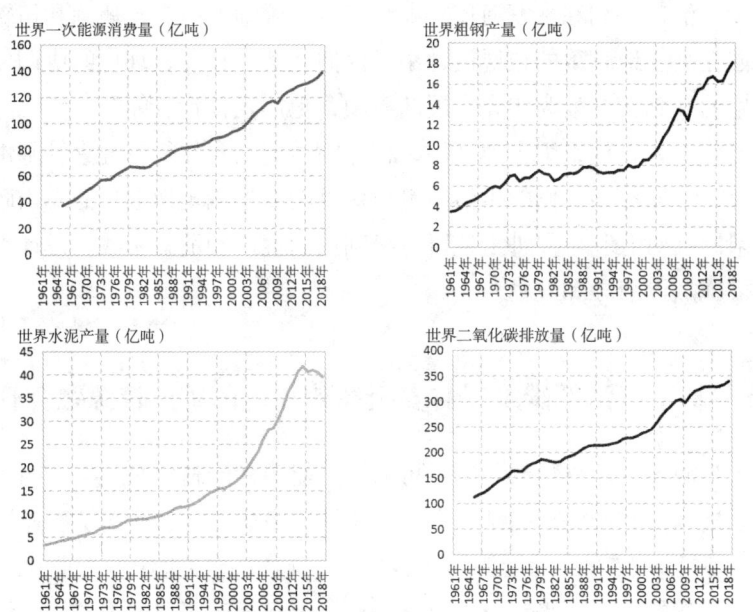

图2-2　1961—2018年世界能源消费量、二氧化碳排放量、粗钢和水泥产量变化

资料来源:BP Statistical Review of World Energy 2019、www.usgs.gov 网站、www.worldsteel.org 网站

二、联合国与关键矿产的清洁、安全供应

联合国高度重视关键矿产和能源资源的清洁、安全供应问题。2002年,设立了联合国能源机制,指定该机制指导联合国参与能源问题的集体行动。2011年,联合国在《我们希望的未来》宣言第127条中重申,要"更多采用可再生能源……更多依靠更清洁的化石燃料技术……可持续地利用传统能源";在第227条中确认:"采矿活动应……有效地处理不利的环境和社会影响"[12]。2012年,联合国提出"人人享有可持续能源"倡议以促使在全球范围内实现2030年的三大目标:普及现代能源服务、能源密集程度减少40%、可再生能源的使用提高30%。关于遏制冲突钻石的非法交易,联合国在2013年重申支持金伯利进程证书制度和整个金伯利进程。联合国倡导以清洁、低碳、不损害环境的方式实现关键矿产和能源的安全供应,正符合现代文明发展的潮流。

三、国外基于矿产资源清洁、安全供应的融合管理

作为世界第一强国,美国虽然在全球气候变化问题上的态度反复多变已经不是第一次了,但是在谋求能源独立、加强矿产供应安全的政策方向上却没有改变。当前美国在能源和矿产资源政策上的选择仍然是旨在低碳发展的背景下,推动充足、稳定且可靠的市场供应,巩固其经济实力和影响力,维护其全球领导地位。在能源方面,美国能源部(DOE)战略规划每五年更新一次,2003年之后的历次规划均把"能源安全"列为核心任务[13],强调通过包括支持本土能源资源的开发利用、增加非化石能源的生产规模在内的市场化的经营方式,建立多样化的能源供应体系,通过发展能源存储、碳捕获与封存(CCS)、智能电网等先进技术,来实现环境友好、经济、可持续的能源供应。在矿产及新材料方面,美国从20世纪70年代开始就建立了关键进口材料的跟踪分析制度,对那些对外依存度高、对本国经济发展和国家安全影响重大的原材料清单一轮接一轮地开展供应安全的战略研究。比如,2017年美国推出的《保障关键矿产可靠供应的联邦战略》,强调要提高国内企业对稀土及其他关键原材料的生产能力,保障供应链的安全;继续支持美国地调局(USGS)依据"矿产资源计划(MRP)"在全球范围内对关键矿产清单上的资源进行合作勘探[14],对其储量和市场需求进行综合评估。另外,在全球冲突矿物风险管制方面,美国还依据2010年通过的Dodd Frank法案[15],对钨、锡、钽和金(英文简称3TG)建立了冲突矿

物原产地追踪制度、限制冲突矿物贸易的供应链尽责管理制度。

不管是在英国脱离欧盟之前，还是在脱离之后，欧洲发达国家在能源、矿产领域大体上都保持了相同的改革方向，都把推动清洁发展、保持经济竞争力摆在了事关全局的重要位置。在能源领域，一个以可再生能源和清洁能源为中心的电力发展战略，成为欧洲部分发达国家的一致选择。全面退出燃煤发电的计划时间，法国是在2022年、英国是在2025年、芬兰和荷兰是在2030年、德国是在2038年。在矿产领域，欧盟、英国基本上同美国一样，制定了关键原材料清单的评估制度，从2011年开始每三年修订一次；同时也出台了冲突矿产法规，从2021年开始对钨、锡、钽和金实施强制性的尽职调查。为发展循环经济，促进能源和资源的可持续利用，欧盟于2020年重新修订了2015年启动的《循环经济行动计划》的目标，明确至2030年，市政不可回收的垃圾要减少50%；对于可回收利用的金属、玻璃、塑料、木制产品、纸质材料等，2030年回收率要达到75%。

四、中国基于矿产资源清洁、安全供应的融合管理

中国在反思发达国家走过的先开发后治理的传统工业化老路以后，确定了能源革命、绿色矿业的中国道路与前进方向。

2008年，中国在国际能源会议上提出：为保障全球能源安全，国际社会应该树立和落实互利合作、多元发展、协同保障的新能源安全观。2014年，中国开始把推动能源消费、供给、技术和体制革命以及全方位加强国际合作作为能源安全新战略的核心任务，总体目标就是要构建一个清洁低碳、安全高效的现代能源体系，实现能源生产和消费方式根本性转变。2015年，中国在联合国发展峰会上倡议：探讨构建全球能源互联网，推动以清洁和绿色方式满足全球电力需求。2016年，中国全面启动《能源生产和消费革命战略》和《能源技术革命创新行动计划》，明确至2030年，碳排放总量要争取尽早达峰，碳排放强度要比2005年下降60%—65%（2018年已降低了45.8%），非化石能源占一次能源消费比重要提高到20%左右（2018年已达到14.3%）。

在矿产领域，中国在2000年提出走矿业绿色发展之路[16]，要求在勘探、采矿、选矿、冶炼、加工、贸易的全产业链流程中，加强资源综合利用，实施循环经济；加强矿区环境影响监测和生物多样性保育，改进尾矿和废弃物管理以及矿山闭坑和复垦实践，降低对生态环境的破坏和扰动；加强企业社会责

任，建设和谐矿区。2010年中国颁布《关于贯彻落实全国矿产资源规划发展绿色矿业建设绿色矿山工作的指导意见》，系统地提出了绿色矿山建设的基本条件和原则。2017年颁布《关于加快建设绿色矿山的实施意见》，提出到2020年新建矿山要全部达到绿色矿山建设要求，形成符合生态文明建设要求的矿业绿色发展新模式。截至2019年，已纳入全国绿色矿山试点名录的矿山有953家，占中国6.4万座公示开采矿山总数的1.5%，未来绿色矿山建设在全国将快速推进。

五、小结

国内和国外矿产资源（含能源矿产）融合管理的共同趋势：一是以新能源和信息技术深度融合为特征的能源革命推动人类社会进入全新能源体系；二是以物联网、区块链为特征的技术革新与矿业交叉融合推动全球矿业向绿色化、智能化转型。

国内和国外矿产资源（含能源矿产）融合管理不同的是融合路径的选择。工业文明以来，欧美发达国家能源、矿产管理的道路实际上可划分为两个阶段：先期以先开发后治理的模式迅速启动工业化、现代化进程；完成工业化之后，便转向了严格的环境限制下的资源开发模式，为保护本国环境而严格制约国内煤炭工业、采矿业的发展，或者是到其他资源丰富的国家进行开发，以弥补了本国的能源与关键矿产需求。

不走欧美发达国家先开发后治理的历史老路，中国的能源革命和矿业绿色发展之路是既重视生态环境保护、也强调能源和矿业发展，是一条资源开发与环境保护互相协调、互相融合的发展之路。

第三节 基于生态系统保护与经济开发的海洋融合管理

随着陆地战略资源的日益短缺，对海洋生物资源、矿产资源、可再生能源资源、海域空间资源和海水资源的开发利用，成为解决世界人口、资源、环境压力最现实的途径，因此，海洋是人类社会可持续发展的希望所在。海洋之中既有各国的专属资源，又有世界各国的共有资源。海洋管理，既是海洋开发和保护的事业，也是攸关军事和国防安全的事业，既有国家性，也有国际性。

一、海洋经济是一个既老又新的经济增长模式

海洋管理列入政府的职责体系最初是从海岸带管理开始的,管理内容侧重于通舟楫之便、兴渔盐之利以及其他海洋传统产业等方面。20世纪中叶,海洋资源的大发现,极大地促进了沿岸各国海上油气开发、海底采矿、海港建设、海洋旅游等海洋开发热潮的形成,海洋经济规模持续扩大,海洋管理的内容和范围不断演化和增加。各国海洋管理的范围从海岸带扩大到了近海、从12海里的领海延伸到了200海里的专属经济区;海洋管理的内容从单纯的海域使用和资源开发管理,发展成为以海洋开发与海洋生态保护协调发展为基础的综合管理。

在沿海国家海洋开发活动的深度和广度与日俱增的今天,发展海洋经济既有巨大潜力和开发不足问题,又有资源衰退和过度利用问题,与海洋资源相关的海洋环境问题日益严重。人海和谐的海洋文明不断深化和发展,使得世界沿海和岛屿国家的海洋管理政策逐步向海域使用管理与海洋生态系统管理相结合的方向推进,基于生态系统的海洋综合管理和基于海洋生态经济的发展模式成为自20世纪80年代以来的新趋势[17][18]。在新的政策驱动下,全球海洋保护区面积持续扩大,2018年已有近2700万平方千米的海洋区域被划定为保护区,占全球海洋面积的7%,占各国领海面积的16.8%(表2-1)。

表2-1 全球海洋保护区面积占领海面积比例持续增加(单位:%)

国家和地区	2014年	2018年	国家和地区	2014年	2018年
世界	10.2	16.8	英国	17.5	28.9
美国	31.7	41.1	巴西	20.5	26.6
新西兰	12.5	30.4	中国	2.3	5.4

资料来源:国家统计局.2019国际统计年鉴[M].北京:中国统计出版社,2020.

二、联合国与海洋生态系统保护

联合国一直站在倡导海洋和平利用、合作利用、合法利用的最前沿。1982年,联合国通过的《海洋法公约》开创性地确立了海洋使用和海洋主权的国际法律框架,在领海和专属经济区管理以及海底采矿活动审批方面发挥了关键作用。联合国正式确立基于生态系统的海洋管理理念,主要体现在2002年《约

翰内斯堡行动计划》和2012年《我们希望的未来》的文件中，两份文件均呼吁要制定有关的政策与机制，鼓励采用基于生态系统的方法保护和管理海洋。2015年，联合国在第14项可持续发展目标中，将"保护与可持续利用海洋和海洋资源""维护海洋安全和清洁"等内容列为直至2030年行动计划的工作要点。基于生态系统的海洋综合管理，是联合国在全球、区域和国家层面推动的又一重大变革。

联合国所倡导的"基于生态系统的海洋综合管理"政策理念普遍被沿海各国和岛屿国家所接受。特别是在中国和西方主要国家的海洋规划中，基本上都明确用基于生态系统的方法来管理海洋。包括在可持续利用海洋资源、保护海洋生物多样性、发展海岸地区、开发专属经济区、应对气候变化等方面，沿海各国基本上都是以基于生态系统的方法为工作原则。这套政策的首要目标在于维护海洋环境保护与沿海地区社会经济发展之间的平衡。但是，对于那些来自于维护海上贸易和国际船运安全、打击海上恐怖主义和犯罪活动等方面的风险与挑战，这套政策显得鞭长莫及。

三、国外基于海洋生态系统保护的融合管理

1972年，美国颁布的《海岸带管理法》中率先提出"海洋和海岸带综合管理"的理念，它与后来联合国所倡导的"基于生态系统的海洋管理"有着共同的思想基础。到2004年，美国发布的《21世纪海洋蓝图》与《海洋行动计划》便相互吸收了联合国倡导的海洋管理的新思想，提出海洋管理既要坚持沿岸管理和近海管理相结合的模式，同时也要建立以生态保护、区域协调发展为核心的海洋综合管理机制，逐步向基于生态系统的综合协调管理的方向发展。核心内容就是按照自然地理单元和生态环境特征，将美国海域划分为若干生态区，基于海洋生态系统的自然边界各自制定相应的生态保护策略和管理计划，提高各个海洋生态系统的恢复能力与经济社会的可持续发展能力。2015年，美国纽约州发布《纽约州海洋行动计划》，同样是坚持采用一种能够维持生态系统完整性的方式来促进经济发展和沿海地区的可持续性开发[19][20]。

1998年，澳大利亚发布的《海洋政策法案》中提出以海洋生态系统的划分为基础，通过整合海洋管辖权内的相关利益，形成新的海洋综合管理制度。1999年，澳大利亚颁布《环境和生物多样性保护法案》，分别在澳大利亚的西南、北部、西北、东部和东南海域建立了5个海洋生态区。2012年，启动《海

洋生态区规划》，加强对大堡礁等重要生态系统的保养和保护。2015年，启动《国家海洋科学计划2015—2025：驱动澳大利亚蓝色经济发展》[21]，通过建立协调性的海洋科学长期监测项目，开展对海洋资产的综合评估，支持海洋及海岸带产业的宏观决策，实现沿海城市和海洋经济的可持续发展。

四、中国基于海洋生态系统保护的融合管理

中国在1988年赋予前国家海洋局以海洋综合管理的职能，实行海洋综合管理与分部门、分级管理相结合的管理体制。其后历次政府机构改革在海洋管理方面均是沿着"提高海洋综合管理能力""加强海洋综合管理"的方向推进。及至2015年，《海洋生态文明建设实施方案》发布，中国正式提出建立基于生态系统的海洋综合管理体系，标志着中国海洋管理进入新时期。

在生态文明和海洋强国战略的引导下，中国的海洋综合管理政策除了有人才建设和提高公众意识方面的普遍要求之外，还至少有下列八个方面的具体的政策与措施：（1）实施海洋功能区划和海岛保护规划；（2）实行污染物入海总量控制、自然岸线保有率目标控制、海洋生态红线制度；（3）严格控制围填海活动，实行海域海岛有偿使用制度；（4）实行海洋环境监测评价制度；（5）实行海洋生物多样性保护与生态整治修复；（6）实行海洋督察与区域限批制度；（7）实行海洋生态文明建设绩效考核机制；（8）提升海洋科技创新与支撑能力，发展海洋新兴产业。

十八大以来的5年，中国新建国家级海洋保护区40个，在18个城市实施"蓝色海湾、南红北柳、生态岛礁"的海洋生态修复工程，累计恢复滨海湿地面积达到2000多万平方米、岸线190多千米，实施了101个海岛保护项目和10处生态礁工程，海域资源和生态环境保护力度持续加大。

五、小结

对比中国和西方国家海洋政策发展，可以看出，两者在确保海洋环境健康、保护海洋生物资源、可持续利用海岸带和海洋资源、推动海岸带地区经济和社会协调发展等方面都有着许多相同和相似之处。从21世纪开始，中国和西方国家进入了一个海洋复兴不断趋同的时期。然而，如前文所言，海洋管理同时还是一个攸关军事和国防安全的事业，植根于历史与现实国家发展道路的差异性和多样性，也可能会导致中国和西方国家进入到一个全球海洋政治领域

内不断趋异的时期。世界各国应共同团结起来，和衷共济，推动构建海洋命运共同体，共同应对全人类面临的严峻挑战。

第四节 基于自然的解决方案与工程治理的水安全融合管理

基于自然的治水方案历史由来已久，进入工业化时代以来，水利工程技术迅速发展而逐渐被抛置一旁、归于沉寂，直到今天终于被重视起来了。

一、基于自然的解决方案是实现水安全的关键

2015年，全球仍只有91%的人口能使用经改善的饮用水源（1990年仅有76%），58%的人口能享受"在房舍获取饮用自来水"的服务；全球人均可再生淡水资源量，2007年为6543立方米，2014年为5929.9立方米（表2-2）。地方性水短缺、水污染是全球性问题，也是生态发展的中心问题[22]。在需水时间、地点、数量和质量方面，水资源极大地影响了人类的自然生存环境和一切社会经济活动[23]。为了有效解决水资源的供需矛盾，一些国家开始从基于水利工程技术的流域水资源分配调度管理，转向了水利工程技术与基于自然的解决方案（Nature-based Solution, NbS）相结合的管理，以更符合自然规律的方式来应对水危机，实现了从对抗自然到顺应自然的转变。保护草地、湿地等自然生态系统是水安全治理最有效的解决方案之一。

表2-2 世界人均淡水资源量变化（单位：立方米）

国家和地区	2007年	2012年	2014年
世界（平均）	6543.0	6071.5	5929.9
埃及（最少）	23.0	20.8	19.9
加拿大（最多）	86655.1	82098.9	80423.4
中国（偏少）	2134.5	2082.6	2061.9

资料来源：国家统计局.国际统计年鉴2019[M].北京：中国统计出版社，2020.

二、联合国与全球水资源危机

联合国一直倡导以基于自然的解决方案解决全球水资源危机。

在法律层面，1997年通过的《国际水道非航行使用法公约》，是联合国对

共享淡水资源进行管理并具有普遍适用性的条约。

在战略层面，2015年，联合国将"清洁饮水和卫生设施"列为第6项可持续发展目标，力争在2030年前实现"人人普遍和公平获得安全和负担得起的饮用水"。

在规划层面，联合国水事会议（1977）、国际饮水供应和卫生十年（1981—1990）、水与环境问题国际会议（1992）、地球问题首脑会议（1992）、水行动十年计划（2018—2028）都围绕着水资源而展开。

在政策与技术层面，联合国在2012年、2018年和2020年的《世界水资源发展报告》中提出，基于自然的解决方案能提供多种与水有关的效益，能协助同时应对水量和水质问题以及生态系统退化风险问题，各国应积极把基于自然的解决方案纳入到水管理及其政策的主流之中[24]，通过采取自然、工程和技术相结合的方法来应对水资源挑战。

除了在水资源领域备受推崇之外，2019年，基于自然的解决方案还被联合国列为应对气候变化的优先行动之一，被置于气候和生物多样性行动的中心位置。

三、国外基于水安全的融合管理

在国际社会中，基于自然的解决方案作为一种新理念，与基于水利工程、污水处理技术的解决方案协调互补、共同推进，在水资源管理领域得到了积极响应。

欧盟各国在流域水管理中积极推行基于自然的解决方案。除芬兰等北欧国家的地表水水质较好之外，欧洲目前超六成地表水都未达到欧盟规定的"良好生态状况"这一标准。过去，欧盟从各个层面改善水资源状况的举措主要有：建设污水处理厂处理工农业和生活废水；兴建雨水收集系统和海水淡化设施，增加可替代水源；将排放限额与环境质量标准相结合，杜绝"黑名单物质"（重点污染物）的排放，尤其水源保护区不得使用化肥和杀虫剂；征收水税，确保水价能够充分刺激使用者有效地利用水资源；清理海滩和河道，保护水环境，等等。虽然投入大、成本高，但并没有真正实现流域生态系统的良性循环。2000年通过的《欧盟水框架指令》，进一步将零散的水资源管理法规整合成一个统一的水资源管理框架，并极力推行更符合自然规律的、更加综合性的流域管理方法。2014年，欧盟正式将基于自然的解决方案纳入"地平线2020"

（Horizon 2020）研究计划，作为欧盟水管理的政策工具之一。2015年发布《基于自然的解决方案和自然化城市》报告，探索出通过保护、修复自然生态系统来提高城市水和空气质量的可行路径。为缓解欧洲当前的水安全挑战，欧盟在2019年《基于自然的欧洲水安全投资》报告中提出：（1）在投资决策中，给予自然资本应有的地位，在能够增加自然资本价值时，优先考虑基于自然的水安全解决方案；（2）构建水安全解决方案项目的投资通道，以无缝方式从各种来源吸引资金和融资，克服融资碎片化；（3）实行生态系统服务付费的制度，即下游用户向上游用户付费，减轻由谁来承担生态转型成本的压力；（4）使用人工湿地，减少氮、磷通过径流进入到地表水中，改善地表水水质；（5）恢复河流自然特征、植树造林或湿地保护，减轻洪水风险以及对洪泛区和城市环境的影响；（6）保护含水层补给，以增加在缺水和水压力紧张时水的可获得性，同时保护地下水资源免于盐碱化[25]。在欧洲基于自然的解决方案越来越受重视，欧盟已视其为应对水安全挑战的第一道防线、兼顾成本效益和环境友好的解决方案。

经济合作与发展组织各国推崇以基于自然的解决方案进行城市"洪水管理"。20世纪六七十年代以前，美国也同其他许多国家一样，城市洪涝灾害主要靠雨水管渠、泵站以及水库、堤防、蓄洪区等水利工程来解决，这就是人们所熟悉的"防洪""抗洪"模式。到后来，"防洪"模式在特大洪水面前越来越力不从心，对此，美国于1968年出台了洪水保险法、1995年制定了洪泛区综合管理计划，率先提出了工程措施与洪泛区土地利用管理等非工程措施并举的"洪水管理"模式，并逐步为经合组织所接受。21世纪，基于自然的解决方案再度兴起，迅速被美国应用于城市洪水管理实践[26]。美国城市开始积极推动绿色基础设施的建设，在一些渠道化的河道上营造自然湿地，利用仿自然的生态系统对洪水径流进行源头控制，把河道上蓄滞的洪水一部分自然地转化为地下水，一部分迂回滞留于预设的洪泛平原的蓄洪区内，提高了城市对洪涝风险的应对能力。洪水管理并不抛弃工程手段，只是比过去更加重视通过绿色基础设施进行生态修复，重建湖泊、河道的生态系统功能，给洪水以出路，从而将洪水的风险控制在可承受的限度之内。

四、中国基于水安全的融合管理

中国积极采用基于自然的解决方案推进海绵城市建设。在中国，657个城市中有300多个属于"严重缺水"和"缺水"城市。人多水少、水资源时空分布严重不均，加上水生态损害、水环境污染等新问题严重，使水安全长期成为影响国家长治久安的重大发展议题。在保障国家水安全方面，中国于2011年提出实行最严格水资源管理制度，确立了用水总量控制、用水效率控制和水功能区限制纳污"三条红线"。于2014年又提出了"以水定城、以水定地、以水定人、以水定产"的发展思路和"节水优先、空间均衡、系统治理、两手发力"的治水方针。其中一个重要的应对措施是加强海绵城市建设，把基于自然的解决方案和城市排水系统改造相结合，建设自然沉积、自然渗透和自然净化的城市水生态系统，采用渗、滞、蓄、净、用、排等综合措施，最大限度地把有限的雨水留下来并就地消纳和利用，最大限度地修复城市水生态、涵养水资源、减少城市开发建设对生态环境的负面影响。2015年，中国正式印发《关于推进海绵城市建设的指导意见》，2015年和2016年共有30个城市分两批纳入中央财政补贴（共计400亿元）试点，另有130多个城市制定了海绵城市建设方案。海绵城市，是新一代城市"洪水管理"概念，是对城市雨洪管理实践的发展。建设海绵城市既能够有效应对暴雨洪水的自然灾害，解决内涝问题；也能有效改善城市水环境、涵养城市水资源，解决水少和水质问题，提高城市水安全保障能力；以及增大城市绿化面积、缓解城市热岛效应，增强城市的宜居性。在2019年举行的海绵城市建设三年终期考评中，首批试点顺利收官，16个城市全部合格。随着第一批"海绵城市"试点的成功，越来越多的中国城市把海绵城市方案贯穿城市规划建设治理全过程，开始从过去单一的工程治水向基于自然、水生态整体修复的生态治水方向转变。中国的海绵城市建设与美国的城市低影响开发雨水系统构建、英国的城市可持续排水系统、澳大利亚的水敏感性城市设计等，在当前同都被认为是基于自然的解决方案的最佳实践案例。

五、小结

总体来看，全球地方性水安全形势仍然严峻，各国都在寻求水安全的治本之策。基于自然的解决方案为世界提供了全新的选择，一些国家和地区纷纷将其整合至自己的水安全政策框架中。这一趋势表明了当今时代水资源危机的意识正在快速觉醒；各国普遍注重推进水资源管理改革来应对水资源危机的挑战；各国水资源政策出现了彼此融合、相互借鉴的趋势；改变不合理的用水方式，更加科学地保护水资源，更加有效地管理水资源，以此为目的的任何方案都是现代化进程中水资源危机治理所需要、所要求和所期盼的。

第五节 基于生态安全与可持续经营的森林融合管理

森林是陆地生态系统的主体和人类文明的摇篮，林业在经济社会可持续发展中被联合国赋予了首要地位[27]。世界上不仅有众多的粮食安全和生计依靠森林，而且世界生物多样性的保护也完全取决于人类和森林的相互关系以及人类对森林的利用。

一、森林生态安全与可持续经营成为林业发展的新业态

森林荒芜导致古文明失落和衰败，这一深刻的历史教训促使现代社会开始重新审视城市化、工业化过程中的林业政策，并进入了一个以生态建设为主的林业发展新时代。加强森林生态安全与林业生态建设，重建森林与人类之间的和谐关系，实施森林可持续经营，成为各国林业改革的新选择。尽管全球森林损失仍在继续，但森林净减少面积已从1990—2000年的每年727万公顷下降至2000—2016年的每年约374万公顷，森林面积减少的速度已经放缓（图2-3），而且在中国和欧洲等地已经开始出现逆转，森林覆盖率有所增加。2016年，世界森林总面积约为39.96亿公顷，覆盖率约为31%。

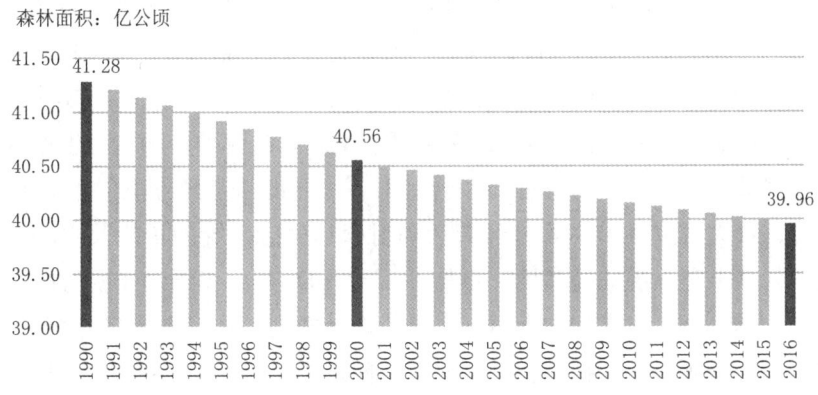

图2-3 1990—2016年世界森林面积变化

资料来源：data.worldbank.org.cn 网站；单位：亿公顷

二、联合国与森林生态建设

联合国成为推动森林生态建设的主渠道。在联合国的推动下，1992年通过了全球首个《关于森林问题的原则声明》，既明确了森林主权原则，也明确了森林可持续经营原则。2005年提出了"REDD+"机制，即：减少发展中国家毁林和森林退化所致排放量，加强森林可持续管理与保护，以增加全球森林碳汇。这一机制是全球努力减缓气候变化措施的重要组成部分，各国可以借助它来促进本国"国家自主贡献"，从而实现减缓和适应气候变化的目标。2007年通过了《国际森林文书》，是各国政府推进森林可持续经营的政治承诺。2011年发布《迈向绿色经济——通向可持续发展和消除贫困之路》报告，将林业作为全球绿色经济发展10个至关重要的部门之一。2013年发布《森林管理者的气候变化指南》，倡导气候变化背景下的可持续的森林管理。2015年发布《2015年后国际森林安排决议》，对2015年至2030年全球林业可持续发展战略作出了全面的安排。2017年发布《联合国森林战略规划（2017—2030）》，为全球森林治理体系建设绘制了路线图。可持续发展的第15项目标，把"保护、恢复和促进可持续利用陆地生态系统，可持续经营森林"列为至2030年的总体愿景。

三、国外基于森林生态安全的融合管理

世界各国充分认识到森林生态建设的重要性，积极采取多种措施加强本国森林生态安全与林业生态建设，保障本国林业可持续经营。

在北美地区，美国和加拿大都实行了"三区式"森林经营管理模式。其核心是将森林地区划为3个区域，即保护区、生态系统管理区和木材生产区，每个区域都被赋予了特殊的管理和经营目的[28]。初衷就是在满足木材生产需要的同时，最大程度地减少森林经营活动对森林生态系统的干扰及影响，恢复和保护森林生态系统的完整性和自然性[29]。1976年，美国颁布的《国有森林管理法》（NFMA）要求每片森林都要进行森林规划，且至少每15年修订一次。1992年，美国颁布《森林生态系统健康与恢复法》：一是把森林健康监测、森林资源清查作为一项基本制度，要求每10年发布一次国家森林资源的评估报告，每5年修订一次林区资源发展规划；二是推行生态系统自然修复方法，对天然林以自然修复为主，对人工林以近自然抚育为主。1995年，美国发起"可

持续林业倡议（SFI）"，提出了用材林管理标准的九项原则，分别是：(1) 可持续林业；(2) 负责任的运营；(3) 重新造林和森林再生能力；(4) 保护森林健康和生产力；(5) 保持森林和土壤的长期生产力；(6) 保护水资源；(7) 保护特殊立地和生物多样性；(8) 遵守法律；(9) 不断改进。达到SFI标准的企业便可以在其产品上贴上SFI的标签，这可以证明这些企业的木制品有合法的来源。SFI是在美国和加拿大都适用的标准，于2005年获得全球最大的森林认证保护组织——泛欧森林认证委员会（PEFC）的"森林认证认可计划"认可。截至2018年，美国和加拿大有超过1.2亿公顷木材生产林区都通过了SFI森林管理标准的认证，SFI认证成为北美地区通过市场激励机制促进森林可持续经营的有效手段之一。

在欧洲，德国实行了近自然育林和森林生态系统经营管理模式。"近自然育林"的主要思想就是在原有森林生态系统的基础上，进行人工辅助经营，加速培育优质立木，改善森林生态系统健康状况[30]。19世纪的德国把森林当作赚钱的资本，把原始森林砍掉改为人工林地，建立了大批同龄针叶纯林，至今仍被林业科学家批判。整个20世纪，德国不得不开始全球最持久的林业纠错行动，以森林多功能经营为目标，正式向近自然林业建设转轨，把针叶人工纯林逐步转变成近自然的异龄林，由此孕育出了全球最明智的林业思维，即近自然林业思想。从20世纪90年代以来，近自然育林、培育多功能森林成为德国林业政策的主要方向，也成为21世纪欧盟林业政策的方向。德国《2020森林战略》指出：要通过可持续森林经营，保存和发展特定区域的以乡土树种为主的健壮的森林，以适应气候变化挑战[31]。

在南美，智利实行了人工林发展战略和扶持政策。1997年，智利颁布《天然林保护法》，其主要作用是更好地保护现有天然林资源，以寻求经济、社会和环保的平衡。1998年修订了1974年701号《林业活动发展法》，继续实行人工林发展基金政策，提倡在天然林保护性利用的基础上发展人工林。从1999年开始，智利着手建立国家森林认证体系，2004年获得PEFC"森林认证认可计划"的认可[32]，这为其以森林可持续经营为基础的林产品贸易提供了支持。

四、中国基于森林生态安全的融合管理

中国实行了森林分类经营管理、森林生态与林业经济共生发展的政策。在贯彻可持续发展战略中，中国把林业置于重要地位；在生态建设中，中国把林

业置于首要地位；在应对气候变化中，中国把林业置于特殊地位。1998年，长江、嫩江、松花江流域发生特大洪灾，推动党和政府对林业政策和林业发展战略做出重大调整，保护森林资源、制止毁林开垦和乱占林地、退耕还林等成为那个时期中国林业政策关注的重点问题。进入21世纪，党中央提出了建设生态文明的战略部署。加强森林抚育、应对气候变化、林权改革、林业经济扶持等相继成为中国林业政策关注的新对象。比如，2003年《关于加快林业发展的决定》、2008年《关于全面推进集体林权制度改革的意见》、2009年《应对气候变化林业行动计划》、2010年《全国特色经济林产业发展规划（2011—2020年）》和《全国林地保护利用规划纲要（2010—2020年）》、2014年《关于推进林业碳汇交易工作的指导意见》、2015年《国有林场改革方案》、2018年《全国森林城市发展规划（2018—2025年）》和《关于加强林业品牌建设的指导意见》，等等，都是中国为维护森林生态安全而做出的战略性决策部署。这批规范性文件的颁布，为促进中国林业可持续经营提供了有力的制度保障；这批规范性文件的实施，改变了中国过去以木材生产为主的传统林业发展模式，转变为以生态建设为主的现代林业发展模式。中国林业摒弃了靠采伐木头谋生的采伐型林业的老路，走上了森林生态安全与林业生态建设并举的人与自然和谐发展的新道路。中国林业政策，也由以利用森林获取经济利益为主的导向，转变为森林生态与林业经济共生发展的导向。2019年，中国修订《森林法》，2020年7月1日起正式施行。实行森林分类经营管理、森林生态效益补偿、鼓励发展商品林、保护森林权属等均作为基本制度写入新《森林法》。党的十八大以来，中国已全面停止天然林商业性采伐，19.44亿亩天然乔木林得到有效保护；全国林业自然保护区达2249处，总面积18.9亿亩，占国土面积的13.14%[33]，保护了中国近90%的陆地自然生态系统类型；森林覆盖率达22.96%，森林面积33亿亩，其中12亿亩人工林面积居世界首位。中国林业已经站在新的历史起点上。

五、小结

从各国采取的种种行动与付出的努力来看，各国林业政策相互借鉴、趋于一致。多数国家都在不遗余力地制止和扭转毁林和森林退化问题，增加森林面积。所不同的只是为此投入的巨额资金从哪里落实的问题。各国政府都在评估气候变化适应的成本效益和减缓方案的可用性，并寻求可行的技术支持[34]，以保证有更多的森林资源为现代社会发展提供更可持续的生态系统服务。

参考文献

[1] 钱易.生态文明的由来和实质[J].秘书工作，2017（1）：73-75.

[2] 戴秉国.生态文明建设是可持续发展的"中国"方案[N/OL].（2015-06-27）[2020-07-25].http://www.chinanews.com/gn/2015/06-27/7370104.shtml.

[3] 陆克文，戴秉国.让全人类走向生态文明[N].人民日报，2015-09-28（16）.

[4] 沈国舫.生态文明与国家公园建设[J].北京林业大学学报(社会科学版)，2019（1）：1-4.

[5] WWAP (United Nations World Water Assessment Programme). The United Nations World Water Development Report 2015: Water for a Sustainable World [M]. Paris, UNESCO, 2015.

[6] COHEN-SHACHAM E, WALTERS G, JANZEN C, MAGINNIS S(eds.). Nature-based Solutions to address global societal challenges [M]. Gland, Switzerland: IUCN(International Union for Conservation of Nature), 2016.

[7] 裴惠娟 编译.IPBES发布《全球土地退化现状与恢复评估》报告[J].资源环境科学动态监测快报，2018（7）：1-5.

[8] IPBES (Intergovernmental Science–Policy Platform on Biodiversity and Ecosystem Services). Summary for Policymakers of the Thematic Assessment of Land Degradation and Restoration [R/OL].（2018-12-14）[2020-08-21］. https://www.ipbes.net/.

[9] NATHALIE J C, PATRICIA K M, LIN H L, JOHN R. N(eds.). Land Use Law for Sustainable Development [M].New York, USA: Cambridge University Press, 2007.

[10] JENKS M, BURTON E, WILLIAMS K.(eds.). The compact City: A Sustainable Urban Form [M]. Oxford, UK: Oxford Brookes University, 1996.

[11] BENEDICT M A, MCMAHON E T. Green infrastructure: Linking landscapes and communities [M]. Washington, DC: Island Press, 2006.

[12] 联合国公约与宣言检索系统.我们希望的未来[R/OL].（2011-09-19）[2020-06-21]. https://www.un.org/zh/documents/treaty/files/A-RES-66-288.shtml.

[13] DOE（U.S. Department of Energy）. Strategic Plan(2014—2018)［R/OL］.［2020-07-10］. http://energy.gov/sites/prod/files/2013/12/ f5/.

[14] KROPSCHOT SJ. U.S. Geological Survey Mineral Resources Program—Science Supporting Mineral Resource Stewardship: U.S. Geological Survey Fact Sheet 2007-3035 [R/OL].（2007-06）[2020-06-18]. http://pubs.usgs.gov/fs/2007/3035/pdf/FS07-3035_508.pdf.

[15] NICOLA D V, PAOLO P. Determinants of Conflict Minerals Disclosure Under the Dodd–Frank Act[J]. Business Strategy and the Environment, 2018（6）：773-788.

[16] 寿嘉华.走绿色矿业之路——西部大开发矿产资源发展战略思考[J].中国地质，2000

（12）：2-3，6.

[17] 鹿守本，宋增华.当代海洋管理理念革新发展及影响[J].太平洋学报,2011（10）：1-9.

[18] 王斌，杨振姣.基于生态系统的海洋管理理论与实践分析[J].太平洋学报,2018（6）：87-98.

[19] 王金平 编译.美国发布《纽约州海洋行动计划》[J].资源环境科学动态监测快报,2015（5）：5-6.

[20] New York State Department of Environmental. New York Ocean Action Plan 2015−2025[R/OL].（2017-01-23）[2020-06-16］.http://policy.oceanleadership.org/new-york-ocean-action-plan/.

[21] 王金平 编译.澳大利亚发布《国家海洋计划 2015—2025》[J].地球科学动态监测快报,2015（17）：5-7.

[22] 洪世年.水资源与生态环境[J].辽宁气象,1989(3):23.

[23] 鲁南,刘云华,董增川.水资源与经济社会和生态环境互动关系研究进展[J].海河水利,2004（5）：8-10.

[24] WWAP(United Nations World Water Assessment Programme)/UN-Water. The United World Water Development Report 2018:Nature-Based Solutions for Water[M].Paris, UNESCO, 2018.

[25] 牛艺博 编译.欧洲基于自然的水安全解决方案[J].资源环境科学动态监测快报,2019（24）：9-12.

[26] 胡宏.基于绿色基础设施的美国城市雨洪管理进展与启示[J].国际城市规划,2018,33（3）：1-2.

[27] 牛文元.绿色中国之路：从理论走向运作——评张智光教授著《绿色中国》系列专著[J].中国人口·资源与环境,2013（4）：8-10.

[28] 陈绍志.世界森林与林业全景扫描[N].中国绿色时报,2018-2-28（03）.

[29] 代力民，赵伟，于大炮，周莉，周旺明.三区式森林经营管理模式对天然林资源保护工程的启示[J].世界林业研究,2012（6）：8-12.

[30] 李茗，吴水荣，刘勇.德国：200年实践 造就世界林业发展典范[N].中国绿色时报,2018-5-2（03）.

[31] 赵海兰，刘珉.德国林业发展思想与实践及其对我国的启示[J].林业经济,2019（4）：123-128.

[32] 郎书平，陆文明，胡延杰，魏旸艳.智利的人工林认证标准[J].世界林业研究,2009（2）：67-70.

[33] 张建龙.为美好生活提供更多优质生态产品[J].经济林研究,2018（1）：2，175.

[34] 董利苹 编译.FAO：倡导气候变化背景下的可持续森林管理[J].科学研究动态监测快报·气候变化科学专辑,2013（19）：7-8.

第三章

中国自然资源融合管理的发展进程

第一节　中国自然资源管理的机构变革

一、土地管理机构的变革

自古以来，中国就是一个以农业生产为主的国家，农民对因土地问题产生的不满一直是挑起革命和导致社会动荡的最常见因素，因此，土地管理制度改革在任何时候都是历届政府必须格外重视的问题。

经过多轮机构改革，中国的土地管理已经由多头分散向统一融合的格局转变。中国的土地资源管理经历了从1949年的内务部地政司、1955年的农业部土地利用总局、1986年国家土地管理局、1998年国土资源部，到2018年自然资源部的演变过程（图3-1）。自然资源部的组建，着力解决自然资源资产所

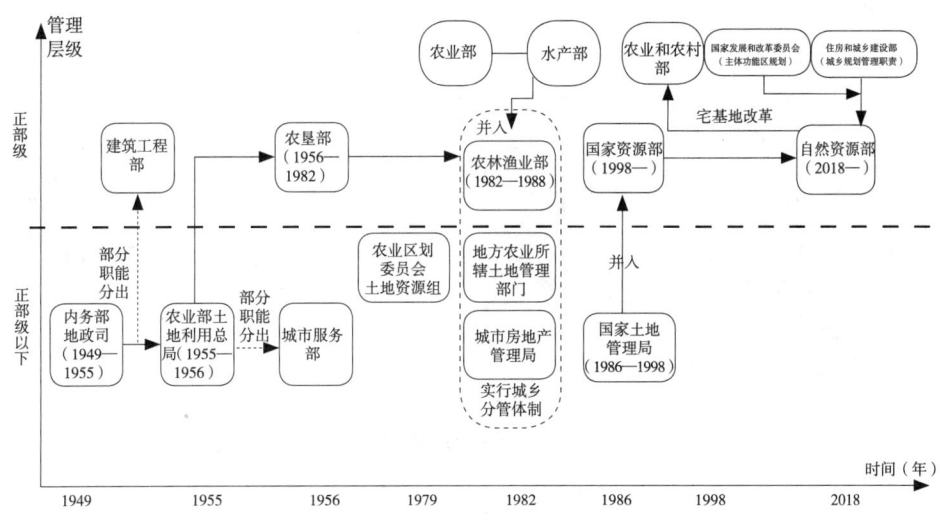

图3-1　中国土地管理演变过程

有者不到位、空间规划重叠等问题,实现山水林田湖草整体保护、系统修复、综合治理。当前,自然资源部负责统一行使全民所有自然资源资产所有者职责,统一行使所有国土空间用途管制和生态保护修复职责,负责实施最严格的耕地保护制度和用途管制制度。《土地管理法》是规范土地管理秩序的法律依据。2019年8月26日,十三届全国人大常委会第十二次会议表决通过关于修改土地管理法,在破除集体经营性建设用地进入市场的法律障碍、改革土地征收制度和完善宅基地制度等方面进行了创新,使修改后的土地管理法朝着适应生态文明体制改革的方向迈进。

二、矿产资源管理机构的变革

经过多轮机构改革,中国矿产资源管理已经由计划管理向市场调节方向转变(图3-2)。矿产资源(含能源)管理伴随地质工作而前进和发展,是我国最早设立行政机构进行专门管理的资源门类之一。1950年的地质工作计划指导委员会、1952年的地质部、1982年的地质矿产部、1998年的国土资源部都曾经是矿产资源的主管部门。2018年建立的自然资源部与矿产资源管理相关的职责主要包括:地质矿产勘查管理、矿业权管理、矿产资源保护监督。《矿产资源法》及其配套法规是矿产资源管理的法律依据。

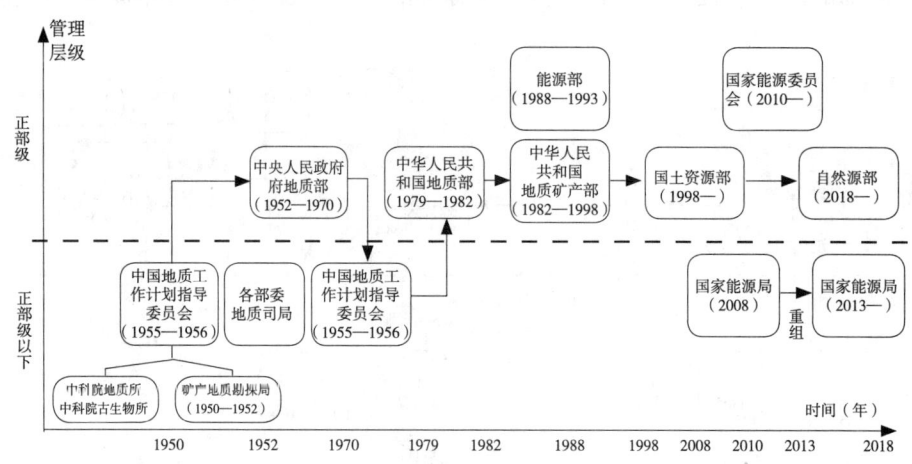

图3-2 中国矿产资源管理演变过程

改革开放以前,我国对矿产资源实行统一的计划经济管理。国家通过统一的计划直接组织矿产资源勘查、开采活动，以计划手段为主的行政管理是矿产资源管理的核心。在产业管理机构上，国家计委统筹安排全国矿产资源勘查、开采活动；地质部门承担组织开展全国地勘工作；有关工业主管部门负责组织实施矿产资源的开发利用。

改革开放以后，我国矿产资源管理工作加速向社会主义市场经济体制转变。矿产资源管理体制从分散管理转向集中统一管理，从政企（事）合一转为政企（事）分开，并与其他资源（土地、海洋）的管理逐步有机地结合起来；矿产资源使用机制从无偿开采转为有偿开采，矿业权从无偿取得转为有偿取得，矿业权从不得转让转为可以依法转让；煤炭、冶金、有色、化工矿山等矿业企业大部分实现属地化。

三、水资源管理机构的变革

经过多轮机构改革，中国水资源管理实现了由资源水利向生态水利的转变。水是人类赖以生存和发展的特殊资源，中国又是一个洪涝灾害频繁、水资源短缺、水生态环境脆弱的国家。因此，中国历届政府都把水资源管理、水电、水利建设摆到更加重要的战略位置，在历次机构改革中不断加强和巩固这一地位。

1949年以来，水利部分分合合，数次复出，经历撤销、重建、再撤销、再重组的过程（图3-3）。较长时期以来，水利部只负责地表水的管理。1988年，我国制定并施行《中华人民共和国水法》，对水资源进行统一管理。2002年，新修订的《中华人民共和国水法》明确规定，国家对水资源实行流域管理与行政区域管理相结合的管理体制。2018年，十三届全国人大一次会议表决通过了关于国务院机构改革方案的决定，对水利部的管理职责进行了优化，将国务院三峡工程建设委员会及其办公室、国务院南水北调工程建设委员会及其办公室并入水利部。

当前，水利部作为国务院的水行政主管部门，主要负责水资源合理利用、优化配置和节约保护工作。水资源调查和确权登记管理，水功能区划、排污口设置管理、流域水环境保护、水旱灾害防治等职责则被整合到自然资源部、生态环境部、农业农村部和应急管理部。我国现行水资源管理法律主要有《水法》《水污染防治法》《水土保持法》。

改革开放以前，中国水利建设的安全性需求占据主导地位，主要任务是解决大江大河严重洪水灾害的威胁，控制水旱灾害，加强农田水利基础设施建设等。

改革开放以后，我国水利建设逐步向安全性、经济性和舒适性等多元化需求并存转变。国家集中力量进行了防洪基础设施建设，使七大水系主要河流干流抵御洪水能力大为增强，水灾成灾率趋于下降。对能源的强劲需求带动了水电大开发的高潮。同时，随着居民收入水平从小康走向富裕，对水生态安全、水景观建设、娱乐休闲等舒适性需求开始涌现，水生态修复成为一项越来越重要的水利工作。

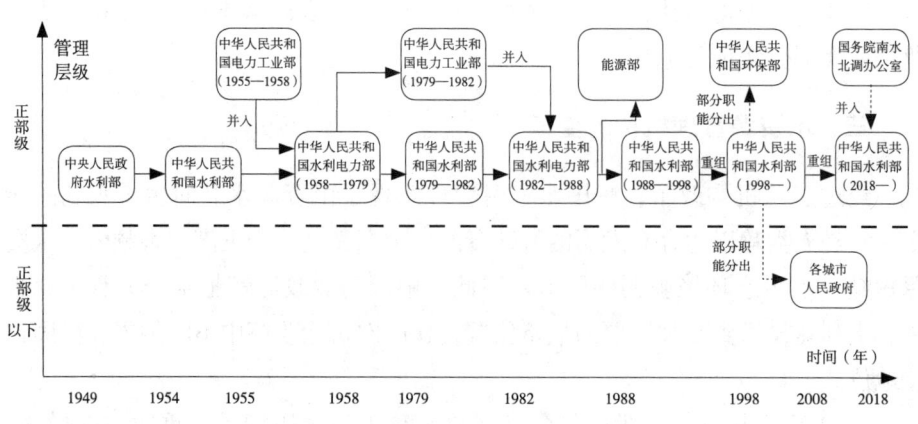

图3-3 中国水资源管理演变过程

四、林业管理机构的变革

经过多轮机构改革，中国林业实现了由以木材生产为中心向森林可持续经营的融合管理方向的转变。森林资源具有多种效益，国家十分重视森林资源的管理和发展。森林资源管理的对象主要是林地、林木、野生动植物以及森林环境。我国的森林资源管理，经历了从1949年的林垦部、1951年的林业部、1956年的森林工业部、1970年的农林部、1998年的国家林业局，到2018年的国家林业和草原局的演变过程（图3-4）。为加强对各类自然保护地的统一管理，国家林业和草原局加挂国家公园管理局的牌子。目前，我国对森林资源采用了条块结合的管理体制。东北、内蒙古、西南大片国有林区的森林资源，由林草局为主进行管理，其他森林资源则由省、地、县人民政府负责管理。我国现行的森林资源法律为《森林法》。

随着对林业发展规律的认识不断深化,我国的林业管理经历了由以木材生产为中心向森林可持续经营的融合管理方向的转变。

1950年,党和政府提出了"普遍护林,重点造林,合理采伐和合理利用"的林业建设总方针;1964年,这一方针发展为"以营林为基础,采育结合,造管并举,综合利用,多种经营"。这一时期,国家还对山林权属问题做出了界定,确立了国有林和农民个体所有林。

改革开放以后,大力植树造林、加强森林保护、强调可持续发展,逐步成为我国林业政策的重点,"以木材生产为中心"的理念和"政企合一"管理体制逐步被放弃。林业工作也从主要抓发展林业产业,转向了重点抓造林绿化、林业生态工程建设、荒漠化防止及森林和野生动植物资源保护等生态环境保护建设。国家先后实施了"三北"防护林体系建设工程,以及绿化太行山、沿海防护林、长江中上游防护林、平原绿化、黄河中游防护林、天然林保护、退耕还林还草、京津风沙源治理、野生动植物保护及自然保护区建设、重点地区速生丰产用材林建设等工程。

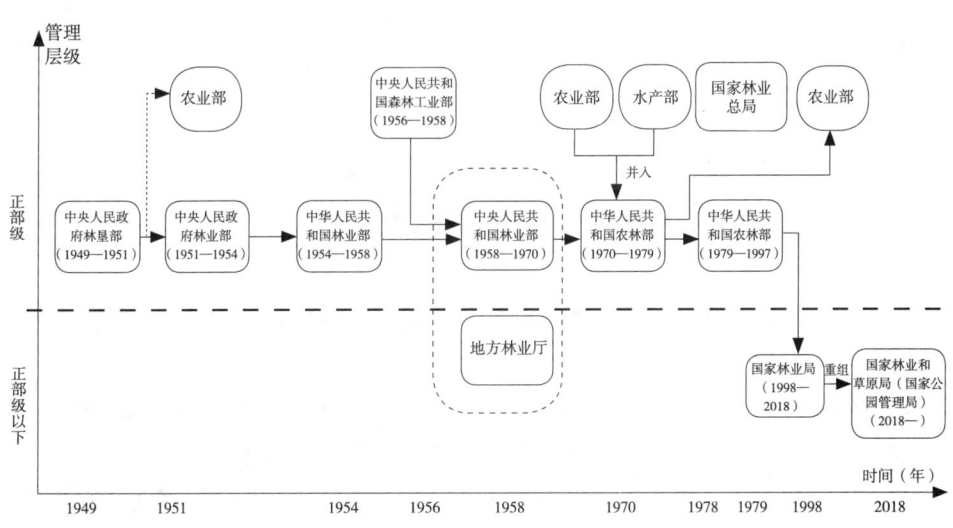

图3-4 中国林业管理演变过程

五、草原管理机构的变革

经过多轮机构改革(图3-5),中国草原实现了由以家畜为重向以草原生态为重的融合管理方向的转变。我国天然草原面积近4亿公顷，占国土总面积的41.7%。草原不仅是发展农牧业的重要自然资源，同时还是重要的生态系统，是中国面积最大的绿色生态屏障，国家对草原保护与建设予以了高度关注。中国的草原管理职能长期放在农业、农牧部门。在目前的体制架构下，全国草原监督管理工作是由国家林业和草原局主管。县级以上地方政府草原行政主管部门（畜牧局、农牧局、农业局等）主管本行政区域内草原监督管理工作。《草原法》是我国现行的草原管理法律。

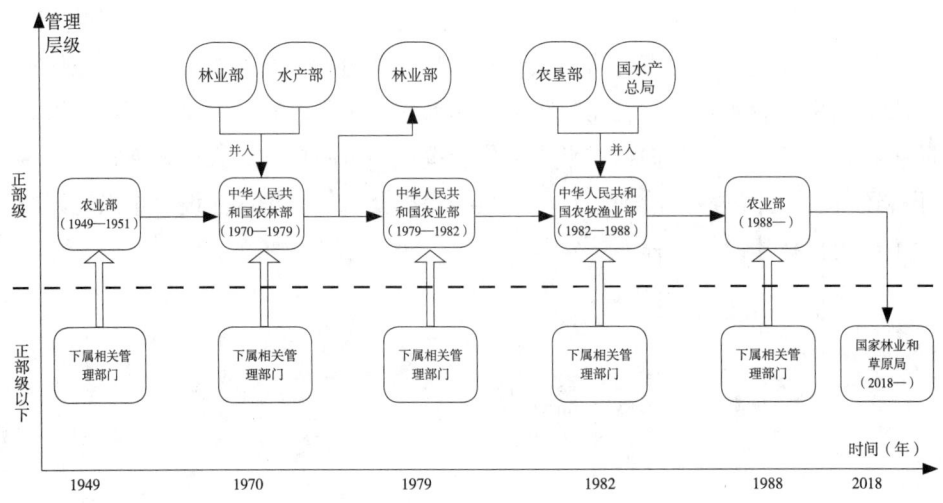

图3-5　中国草原管理演变过程

随着我国土地制度和草原产权制度改革的不断深化，国内草原管理发生重大转变。

1958—1978年人民公社时期，我国草原地区的草原产权从部落、寺院、封建贵族所有收归为国家和集体所有。草原被认为是类同土地的生产资料，实行全民所有和农牧业集体经济组织集体所有。各牧区的草场、牧场实行自由放牧的政策，在其区域内一切农牧人都可以自由放牧。

从20世纪80年代初开始，承包责任制在草原地区逐渐实施。农牧民家庭开始逐步拥有草原的使用权、收益权和转让权。1984年，草原地区开始逐步推行"草场公有、承包经营、牲畜作价、户有户养"的"草畜双承包"责任制。1996年，"草畜双承包"责任制进一步发展为"两权一制"，即要把草原彻底承包到户,并坚持30年不变,落实草原的所有权、承包经营权,实施草牧场有偿使用家庭联产承包责任制。1999—2001年连续三年的严重旱灾使草场严重退化,一些地区开始采取"退牧还草""围封转移""禁牧休牧"等一系列政策措施,缓解草原压力,靠大自然自我修复功能,改善生态环境。一些牧区政策的重点开始由以经济目标为主,逐步转到"生态、经济目标并重生态优先"。

六、海洋管理机构的变革

经过多轮机构改革(图3-6),中国海洋实现了由行业分头管理向融合管理方向的转变。虽然我国曾经是世界上开发利用海洋最早的国家之一,对海洋的开发利用延续了千年之久,其中,海盐产业、渔业及航海业等领域都是较为发达的,但建国初期,我国没有设立专门的海洋管理机构。1964年7月,国家海洋局正式成立,并由海军部门代管。目前,海洋管理划归到自然资源部,对外保留国家海洋局牌子。现行海洋管理相关法律主要有《海洋环境保护法》《海上交通安全法》《领海及毗连区法》《专属经济区和大陆架法》《海域使用管理法》《海岛保护法》。

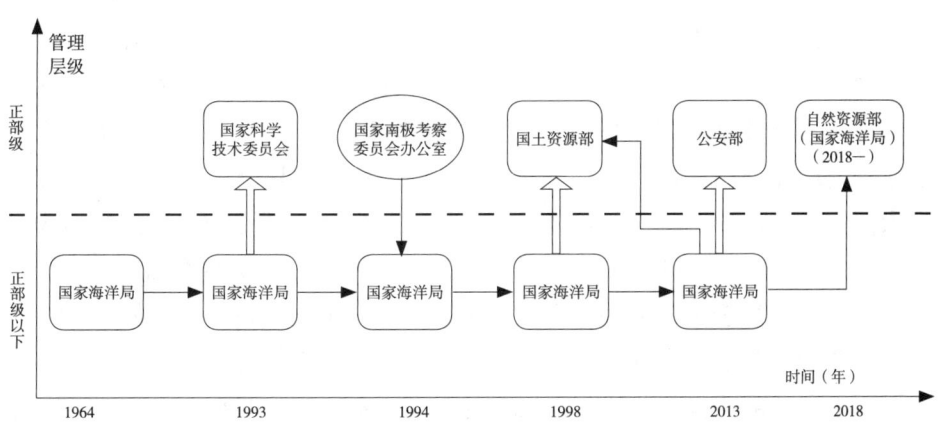

图3-6 中国海洋管理演变过程

海洋管理涉及海洋资源管理、海洋环境管理、海洋科技与调查管理、海洋权益管理、海洋执法监察管理、海洋保护区管理、公益服务管理等诸多方面,涵盖内容极其广泛。在上述管理内容中,海域使用管理、海洋环境管理以及海洋权益管理，是各国政府职能部门从国家的海洋权益、海洋资源、海洋环境的整体利益出发，负责海洋行政管理的主要内容，而对海洋权益的管理往往还需要借助军事、外交等手段来实现。

国家海洋局成立以前，中国海洋管理是以行业分头管理为主。国家根据海洋自然资源的属性与开发产业特点，参照陆地行业管理的模式，将海洋产业分门别类地与陆地上的资源开发行业进行一并管理。

当前，自然资源部既负责监督实施海洋战略规划和发展海洋经济，也负责监督管理海洋开发利用和保护。随着国家海洋管理体制改革的不断深入，原来分散在公安边防部队、海关稽查、交通海事、农业渔政等部门的职责，已逐步走向集中、统一、融合管理的时代。

七、环境管理机构的变革

中国的环境保护体制经历了一个从小到大、由弱变强的发展过程（图3-7）。1974年10月，国务院成立环境保护领导小组，负责制定环境保护的方针、政策和规定，审定全国环境保护规划，组织协调和督促检查各地区、各部门的环境保护工作。1982年5月，组建城乡建设环境保护部，部内设环境保护局。1984年12月，成立国家环境保护局，仍归城乡建设环境保护部领导和管理，同时也是国务院环境保护委员会的办事机构，负责全国环境保护的规划、协调、指导和监督工作。1988年7月，将环保工作从城乡建设部分离出来，成立独立的国家环境保护局（副部级），明确为国务院综合管理环境保护的职能部门，作为国务院直属机构。1998年6月，国家环境保护局升格为国家环境保护总局（正部级），是国务院主管环境保护工作的直属机构。2008年7月，国家环境保护总局升格为环境保护部，成为国务院组成部门。2018年，十三届全国人大一次会议表决通过了关于国务院机构改革方案的决定，将环境保护部的职责，国家发展和改革委员会应对气候变化和减排的职责，国土资源部监督防止地下水污染的职责，水利部编制水功能区划、排污口设置管理、流域水环境保护的职责，农业部监督指导农业面源污染治理的职责，国家海洋局海洋环境保护的职责，国务院南水北调工程建设委员会办公室南水北调工程项目区环境保护的职责整合，组建生态环境部，作为国务院组成部门（图3-7）。

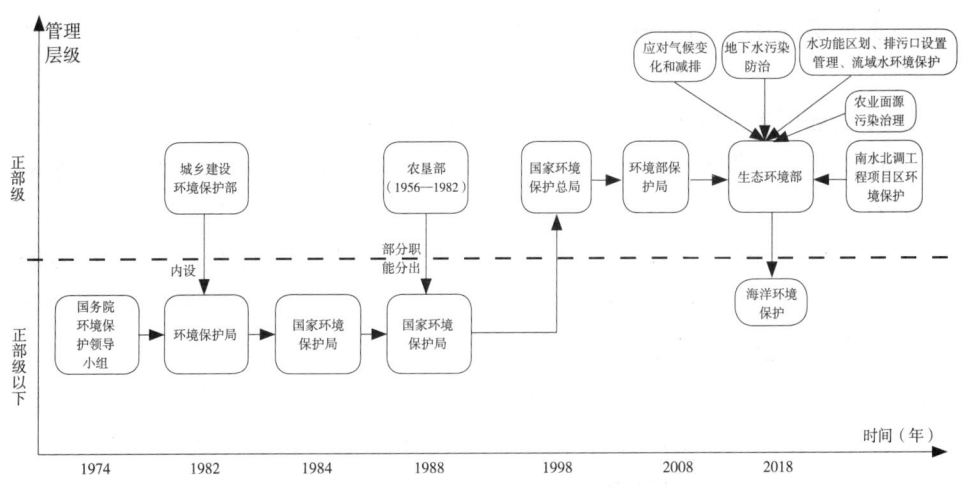

图 3-7　中国环境管理演变过程

八、中国自然资源管理开始由初步融合向深度融合迈进

总的来看，新中国成立以来，经过多轮机构改革，中国自然资源管理在分类分级管理的基础上呈现集中管理的趋势，在综合管理的基础上呈现融合管理的趋势。不仅土地、矿产和水等方面的集中管理得到强化，而且以生态文明和生态系统服务为核心的融合管理得到加强，初步形成了地质矿产与土地、林和草、土地与林草以及各类自然保护地的融合管理。

（一）单门类自然资源的整体性管理得到加强

土地是多圈层相交的自然综合体。在耕地、建设用地集中管理的基础上，土地实现了耕地、国有建设用地、林草、自然保护地、未利用地和滩涂等资源的整体性管理。土地资源的管理目标，由最初的解决温饱问题实现粮食安全，到保障发展、改善生态多目标融合的转变。地表水、地下水和大气水是一个统一的整体。水资源在地表水管理的基础上，实现了地表水和地下水的统一管理。水资源的管理目标，由最初的以防洪减灾为基本内容的安全型水利，向安全型、资源型和生态型水利转型，实现了水资源管理的多目标融合。

但是，单门类自然资源在不同部门的管理亟待加强衔接。自然资源是地球系统的重要组成要素，同一种自然资源在不同的管理部门表现出不同的属性，在部际之间需要加强统筹协调。既不能因为过度攫取经济价值而损害生态价值,也不能因为过分强调生态属性而影响资源安全。

(二)多门类自然资源的系统性管理得到初步实现

山水林田湖草是一个生命共同体。林中有草、草中有林,林草交错分布是客观存在的自然现象。林草管理由原来分散在林业和农业两个部门,发展到由林草局一个部门管理,体现了林草管理的融合。在管理目标上,由原来的发展木材生产和家庭畜牧业,向共同服务于生态建设方向转型。林草依附于土地而存在,离开土地,林草就成为无源之水、无本之木。土地与林草管理由原来分散在国土、林业、农业部门,发展到由自然资源部门统一管理。在管理目标上,实现了由最初以生产为主向生产与生态融合的方向转型。地质勘查是矿产开发的前提和基础。中国的矿产资源管理,最初隶属于地质工作计划指导委员会(1952年成立的地质部),同时,其他部委也承担单项资源的地质勘查职责。1982年,地质矿产部的成立,标志着地质和矿产实现了集中管理。目前,地质和矿产的关系更为紧密,地质工作和矿产资源管理融为了一体,共同服务于地质找矿和保障国家资源安全战略。

地质工作与土地管理息息相关。无论是地质勘查还是矿产资源开发,都需要透过地表土地探究地下和开发地下矿产资源,都离不开所依附的土地。地质矿产活动要以土地的用途管制为前提,要符合生态保护的公共利益。地质矿产与土地管理分散在两个部分,不利于管理制度的衔接。1998年,国土资源部的组建标志着地质矿产与土地管理集中在了一起,有利于地质找矿、矿产资源开发与土地管理的衔接和融合。当前,国务院明确规定由自然资源部负责自然保护区的定界工作,地质矿产工作与生态红线的划定进一步融合,有利于解决自然保护区与矿业权重叠的矛盾。海洋是陆地的自然延伸部分,陆海在空间上相互依赖。虽然2008年成立的国家海洋局是隶属于国土资源部管理的国家局,但在涉海管理上相对独立,在滩涂管理等职责上,与国土部门交叉重叠。2018年,组建自然资源部,对外加挂国家海洋局的牌子,实现了陆海的一体化管理。另外,自然资源部的组建,履行"两统一"职责,标志着土地、地矿、林草、海洋和测绘实现了统一管理,各类自然资源的管理逐步走向融合。

但是,土地与水的融合管理亟待加强。土地的命脉在水,缺少水,土地的命脉也就不复存在。较长时期以来,土地管理与水资源管理脱节,华北地区、西北地区的农业发展过度依赖抽取地下水,造成地下水位下降。土地整治对水资源的匹配性考虑不够周全，容易造成生态破坏。土地、矿产、测绘、海洋和林草的管理，虽然集中在了一起，但管理业务不融合的现象仍然存在，影响了自然资源管理的效能。

（三）自然资源管理制度的融合初现端倪

国家出台的《关于统筹推进自然资源资产产权制度改革的指导意见》，涵盖了土地、矿产、海域海岛、水域滩涂和水资源等领域的自然资源资产产权制度，在由自然资源部统一行使所有者职责的同时，体现了自然资源资产管理制度的融合，对构建统一的自然资源资产产权制度具有里程碑意义；《关于全民所有自然资源资产有偿使用制度改革的指导意见》，明确了国有土地、矿产资源、水资源、国有森林资源、国有草原资源和海域海岛有偿使用制度的改革方向，对于构建统一的全民所有自然资源资产有偿使用制度具有重要的指导意义。2018年的国务院机构改革，将国家发展和改革委员会的组织编制主体功能区规划职责、住房和城乡建设部的城乡规划管理职责集中到自然资源部，由自然资源部组织编制并监督实施国土空间规划和相关专项规划，实现了空间规划的融合和集中统一管理。这次机构改革，还将水、森林、草原和湿地等资源的调查和确权登记管理职责集中到自然资源部，实现了自然资源调查、确权登记的融合和统一管理。

但是，以土地为基础的自然资源分类标准的融合亟待形成。长期以来，由于土地、林草、湿地、河流和海域海岛分散在不同部门，各类自然资源的分类标准自成体系，相互掣肘，不利于对所有国土空间进行统一监管和生态保护修复。

第二节　推进自然资源融合管理的基本方略

一、把握生态文明思想的基本内涵

党的十八大以来，以习近平同志为核心的党中央空前重视生态文明建设和融合发展，发表了一系列重要讲话，提出了新理念、新思想、新战略，为加强自然资源融合管理指明了方向。2018年5月18—19日，全国生态环境保护大会在北京召开，习近平总书记作了题为《推动我国生态文明建设迈上新台阶》的报告，对生态文明建设做了详实系统的论述，标志着习近平生态文明思想的确立。在这次大会上，系统阐述了生态文明建设的六项原则，体现了生态衰则文明衰的深邃历史观，体现了人与自然是生命共同体的科学自然观，体现了绿水青山就是金山银山的绿色发展观，体现了良好生态环境是最普惠的民生福祉的基本民生观，体现了山水林田湖草是生命共同体的整体系统观，体现了用最严格制度保护生态环境的严密法治观，体现了生态文明建设和污染防治攻坚战的全民参与行动观，还体现了共建全球生态文明的共赢全球观。这是中国共产党的重大理论和实践创新成果，是新时代推动生态文明建设的根本遵循，对自然资源融合管理具有重要的指导意义。我们要在统筹推进"五位一体"总体布局，协调推进"四个全面"战略部署中认真学习，深刻领会，抓紧行动，用制度保障生态文明建设，用自然资源融合管理的成果促进生态文明建设。

专栏3-1：

习近平总书记对融合发展的重要论述

当今世界，开放融通的潮流滚滚向前。人类社会发展的历史告诉我们，开放带来进步，封闭必然落后。世界已经成为你中有我、我中有你的地球村，各国经济社会发展日益相互联系、相互影响，推进互联互通、加快融合发展成为促进共同繁荣发展的必然选择。

——2018年4月10日，在博鳌亚洲论坛2018年年会开幕式上的主旨演讲

融合发展关键在融为一体、合而为一。

——2016年2月19日，在党的新闻舆论工作座谈会上发表重要讲话

尽快从相"加"阶段迈向相"融"阶段，从"你是你、我是我"变成"你中有我、我中有你"，进而变成"你就是我、我就是你"，着力打造一批新型主流媒体。

——2016年2月19日，在党的新闻舆论工作座谈会上发表重要讲话

要一手抓融合，一手抓管理，确保融合发展沿着正确方向推进。

——2014年8月18日，在中央全面深化改革领导小组第四次会议上发表重要讲话

> 坚持富国和强军相统一，强化统一领导、顶层设计、改革创新和重大项目落实，深化国防科技工业改革，形成军民融合深度发展格局，构建一体化的国家战略体系和能力。
> ——2017年10月18日，在中国共产党第十九次全国代表大会上的讲话
>
> 持续推进两岸各领域的交流合作，深化两岸经济社会融合发展，增进同胞亲情和福祉，拉近同胞心灵距离，增强对命运共同体的认知。
> ——2016年3月5日，参加十二届全国人大四次会议上海代表团审议时的讲话

（一）理念更加清晰

理念是行动的先导，发展理念是否对路在很大程度上决定着发展的成败。针对因重开发轻保护、盲目攀比和追求经济快速增长造成的一系列负面影响，习近平总书记审时度势，在科学处理开发与保护关系上果断提出，"绿水青山和金山银山绝不是对立的，关键在人，关键在思路；我们既要绿水青山，也要金山银山；宁要绿水青山，不要金山银山，而且绿水青山就是金山银山；破坏生态环境就是破坏生产力，保护生态环境就是保护生产力，改善生态环境就是发展生产力；要牢固树立生态红线的观念；取之有度，用之有节"。习近平总书记在发展理念上的重要论断，着眼于自然生态系统的良性循环和动态平衡，科学回答了为什么要建设生态文明，深刻阐述了开发与保护的辩证统一关系，明确了生态文明建设的基本要求，必须树立尊重自然、顺应自然、保护自然的生态文明理念，坚持保护优先、节约优先和自然恢复为主的方针，坚持在保护中开发、在开发中保护，实现经济效益、社会效益与生态效益的协调统一。

（二）目标更加明确

目标是行动的指南，目标明确了才有前进的方向。中共十八大首次把"美丽中国"作为生态文明建设的宏伟目标，把生态文明建设摆在了优先发展的战略位置。习近平总书记对生态文明建设目标的描绘形象而具体，指出，"走向

生态文明新时代，建设美丽中国，是实现中华民族伟大复兴的中国梦的重要内容；要扎实推进生态文明建设，扩大绿色植被，让天更蓝、山更绿、水更清、生态环境更美好；形成人和自然和谐发展现代化建设新格局；让人民群众喝上干净的水，呼吸上清洁的空气，吃上放心的食物"。习近平总书记强调："顺应自然、保护生态的绿色发展昭示着未来。"习近平总书记关于生态文明建设目标的重要论述，接地气、顺民心、合民意、贴民情，科学回答了什么是生态文明和建设什么样的生态文明，描绘了今后一个时期生态文明建设的基本方向。我们要以生态文明建设目标为努力标杆，加快行动，做好自然资源融合管理，落实生态文明建设的各项措施。

（三）态度更加坚决

态度决定行为，坚决果断的态度是保障制度落实的重要基础。中国共产党在贯彻落实习近平生态文明思想，推进生态文明战略部署过程中，立场鲜明，态度坚决果断，有效地推动各项工作的落实。习近平总书记严肃指出，"要像保护眼睛一样保护生态环境，像对待生命一样对待生态环境；对破坏生态环境的行为，不能手软，不能下不为例；更加自觉地推动绿色发展、循环发展、低碳发展，决不以牺牲环境为代价去换取一时的经济增长；解决环境问题要迈出更大步伐，也要有耐心定力；经济要发展，但不能以破坏生态环境为代价；生态环境保护是一个长期任务，要久久为功"。习近平总书记深刻洞察治国理政的经验和教训，对保护生态环境，推进生态文明建设所持的果断态度和坚强决心，增强了落实各项改革的信心和决心，要以破釜沉舟的态度推进生态环境供给侧改革，治理生态退化和环境污染，实现中华民族的伟大复兴。

（四）措施更加具体

措施是达到目标的必要手段，健全机制、完善措施是提高工作成效的根本保障。中国共产党历来重视以制度为载体的措施建设，提出了要建立系统完整的生态文明制度体系。习近平总书记郑重指出，"把生态文明建设融入经济建设、政治建设、文化建设、社会建设各方面和全过程，形成节约资源、保护环境的空间格局、产业结构、生产方式、生活方式，为子孙后代留下天蓝、地绿、水清的生产生活环境；要深化生态文明体制改革，尽快把生态文明制度的'四梁八柱'建立起来，把生态文明建设纳入制度化、法治化轨道；要加强生态文明建设，划定生态保护红线，为可持续发展留足空间，为子孙后代留下天蓝地绿水清的家园；节约资源是保护生态环境的根本之策；要实施重大生态修复工程，增强生态产品生产能力；要建立责任追究制度，主要对领导干部的责任追究；建立湿地保护修复制度，加强海岸线保护与利用，事关国家生态安全；要建立健全资源生态环境管理制度，加快建立国土空间开发保护制度"。习近平总书记还指出，"我们要维持地球生态整体平衡，让子孙后代既能享有丰富的物质财富，又能遥望星空、看见青山、闻到花香"。制度建设见真章，习近平总书记在生态文明治理措施上的重要论断，准确把握时代脉搏，科学回答了怎样建设生态文明的重大问题，要求我国在生态文明体制改革背景下，构建系统完整的自然资源融合管理体系，推进国家治理能力现代化。

二、把握生态文明建设的实践要求

（一）中共十八大将生态文明建设纳入"五位一体"总体布局

中共十八大把生态文明建设提高到前所未有的战略高度，将生态文明建设融入经济建设、政治建设、文化建设、社会建设各方面和全过程，纳入中国特色社会主义事业"五位一体"总体布局，明确提出大力推进生态文明建设，努力建设美丽中国，实现中华民族的永续发展。针对资源约束趋紧、环境污染严重和生态系统退化的严峻现实，中共十八大报告确立了尊重自然、顺应自然和保护自然的生态文明理念，从优化国土空间开发格局、全面促进资源节约、加大自然生态系统和环境保护力度、加强生态文明制度建设方面做出决策部署，对加强国土资源领域的生态文明建设具有重要指导意义。自然资源主管部门要全面领会中共十八大报告关于加强生态文明建设的精神，站在中央生态文明建设全局，深刻认识抓落实促改革的重要性和紧迫性。

（二）中共十八届三中全会首次提出建立系统完整的生态文明制度体系

中共十八届三中全会围绕建设美丽中国，对深化生态文明体制改革出做了全面部署。全会通过的《中共中央关于全面深化改革若干重大问题的决定》(简称《决定》)，从完善体制机制和强化制度改革方面对生态文明建设做出具体安排，提出明确要求，《决定》首次明确提出，建设生态文明，必须建立生态文明制度体系，实行最严格的源头保护制度、损害赔偿制度、责任追究制度，完善环境治理和生态修复制度，用制度保护生态环境。站在中央全面深化改革的大局，以落实好中央生态文明体制改革任务为契机，自觉创新自然资源管理制度改革，开创自然资源融合管理工作的新局面。

（三）《生态文明体制改革总体方案》描绘了生态文明建设的基本蓝图

2015年9月，中共中央、国务院印发了《生态文明体制改革总体方案》（简称《总体方案》），对生态文明体制改革进行顶层设计和具体部署，并明确有关单位的改革任务和时间表，蹄疾步稳绘就生态文明蓝图，对建成系统完整的生态文明制度体系具有决定性意义。《总体方案》明确了生态文明体制改革的总体要求和制度建设的重点任务，提出了6大理念、6大原则、8大制度，尤其是要重点把握好8大制度，这是生态文明体制的"四梁八柱"，也是改革的核心和实质所在，是解决资源环境突出问题，建设美丽中国的治本之策。贯彻落实好《总体方案》，搭建好生态文明制度框架，对于牢固树立十分珍惜、严格保护和节约利用自然资源的理念，健全自然资源保护、开发和修复制度，完善自然资源管理体制，全面提升自然资源管理能力具有决定性意义。

（四）中共十九大提出加快生态文明体制改革

中共十九大报告提出改革生态环境监管体制，自然资源和环境污染防治的统一管理势在必行。针对自然资源和城乡污染防治分散在不同部门，不利于监管的现实，中央提出，设立国有自然资源资产管理和自然生态监管机构，完善生态环境管理制度，统一行使全民所有自然资源资产所有者职责，统一行使所有国土空间用途管制和生态保护修复职责，统一行使监管城乡各类污染排放和行政执法职责。十九届三中全会对党和国家机构改革做出全面部署，揭开了自然资源和生态环境管理体制改革的序幕，随之相应的国家管理机构应运而生。如何在机构重构的基础上实现自然资源管理的融合，是摆在自然资源主管部门面前急需解决的现实问题。

三、客观认识发展中的问题

当时，中国发展仍然面临许多问题。第一，我国经济发展不平衡、不协调、不可持续的问题仍比较突出。"工业化进程创造了前所未有的物质财富，也产生了难以弥补的生态创伤；杀鸡取卵、竭泽而渔的发展方式走到了尽头；无序开发、粗暴掠夺，人类定会遭到大自然的无情报复"。改革开放40多年来，我国经济经历了高速发展，但也付出了高昂的资源环境代价。一些地方领导干部发展观念落后，把"发展是硬道理"片面地理解为"经济增长是硬道理"，造成经济增长"决定论"根深蒂固。以GDP论英雄的政绩观，普遍存在的"重金山银山、轻绿水青山"决策导向，加之高投入、高消耗、高污染的传统生产方式的根本改变尚需时日，经济发展与生态环境保护、资源利用粗放与约束趋紧等矛盾进一步加剧，环境污染、水土流失、粮食安全、能源危机、淡水危机、气候异常、海岸线平直化和物种灭绝等全球性的生态安全难题频现，严重威胁到人类的生存和发展，群众反应强烈，已成为制约生态文明建设的重要障碍。

第二，中国经济增长的压力前所未有。中国发展正处在滚石上山、爬坡过坎、攻坚克难的关键阶段，在抗击新冠肺炎疫情的过程中，经济下行压力进一步加大，需要以自然资源融合管理为治理范式，精准施策，推动经济高质量发展。

第三，自然资源部组建以来，自然资源管理领域不融合的问题仍较为突出，在很大程度上影响管理效能。不同门类自然资源的管理政策不够衔接，造成山水林田湖草被人为割裂的问题没有得到很好解决。自然资源开发利用、保护和修复不够协调，缺少融合。部际之间（自然资源部、水利部、生态环境部、文化和旅游部、应急管理部）在考虑事关自然资源开发利用、保护和修复的重大问题上容易产生部门主义或本位主义，在生态文明建设中的战略协同性仍待提高。

民之所望，施政所向。以习近平同志为核心的党中央，遵循经济社会与自然发展规律，顺应广大群众过上小康生活的新期待，审时度势，顺势而为，对自然资源管理和生态文明建设进行再部署，从系统论角度体现了自然资源融合管理的必要性，彰显了中国共产党拯救地球、延续文明的政治担当。

四、贯彻机构职能融合的改革要求

（一）职责融合管理的行政改革依据

推进机构职能深度融合是机构改革的重要使命。自然资源部组建后，迫切需要实现思想、工作、文化等全方位的深度融合，促使管理职能的全面转型。在学习和落实习近平总书记重要批示精神过程中，将党中央对生态文明体制改革的系统性、整体性、重构性要求，转化为自然资源部各级领导班子凝聚共识的内在动力,强力推进思想的融合。抓住关键环节,明确界定职能职责。按照"连续、稳定、转换、创新"的要求,重新梳理融合管理的业务流程,全面推进管理职责的融合。贯彻党中央精神、坚持国家立场、权责对等、严起来等工作要求,着力抓好土地、地质矿产、海洋、测绘和林草等系统的文化融合,营造担当作为氛围。

"两个"统一行使是自然资源管理职责融合的基本依据:第一,统一行使全民所有自然资源资产所有者职责。自然资源部要代表国务院统一行使全民所有自然资源资产所有者的职责,对全民所有自然资源资产行使所有权并进行管理,履行占有、使用、收益和处分的权利,主要是负责各类全民所有自然资源资产的管理与保护,开展资产调查评价,统筹资产配置,统一规范标准,建立以有偿使用制度为核心的资产处置制度,依法获取自然资源资产收益并上交公共财政。第二,统一行使所有国土空间用途管制和生态保护修复职责。自然资源部要代表国务院统一行使所有国土空间用途管制和生态保护修复职责,编制统一的空间规划体系并监督实施,统一开展自然资源调查和确权登记,对各类自然资源的开发利用和保护进行监管,对全民所有自然资源资产所有者权利进行监督和制约,即全民所有自然资源资产的配置和处置要符合用途管制和生态环境保护等公共利益,实现山水林田湖草整体保护、系统修复、综合治理。

1. 作为全民所有自然资源资产的所有者

(1)负责全民所有自然资源资产调查与核算:制定并组织实施全民所有自然资源资产调查评价和核算标准;编制分级行使所有权的自然资源资产清单;开展全民所有自然资源资产调查评价和统计核算,建立资产账户;编制资产负债表,建立目录清单,开展自然资源资产统计与核算,掌握各类自然资源资产的数量、质量、价值、分布状况和变动情况,摸清全民所有自然资源资产的"家底"。

(2)负责全民所有自然资源资产的统一确权登记:制定全民所有自然资源资产登记标准,建立统一的自然资源资产登记平台,实现登记信息的统一,实现数据汇交端口的无缝对接;开展全民所有自然资源资产的登记与发证工作,明确占有、使用的权利关系。

(3)负责全民所有自然资源资产配置:建立统一规范的自然资源资产市场体系,建立全民所有自然资源资产的有偿使用制度;依法行政许可,组织实施国有自然资源资产出让;建立限制性开发自然资源保护区域特许经营权并组织实施,对资产配置登记在案。

（4）负责全民所有自然资源资产的收益管理：依法征收全民所有自然资源资产出让、出租等收益，依法征收国有土地变更用途和规划等土地收益，推动实现自然资源资产收益的全民共享；建立全民所有自然资源资产生态补偿制度。

（5）负责全民所有自然资源资产处置：制定全民所有自然资源资产处置办法，建立以有偿使用为核心的资产处置制度。

（6）负责全民所有各类自然保护地的管理：以国家公园为主体，推进各类自然保护地的清理规范和整合，统一履行国家公园等各类自然保护地的管理保护职责；承担重点国有林场、牧场、农场等实体全民所有自然资源资产出资人职责。

2.作为所有国土空间自然资源的监管者

（1）建立统一的空间规划体系并监督实施：负责制定省级空间规划技术规程，指导省级和市县空间规划的编制；建立统一的空间规划体系，厘清空间规划的层级关系，负责制定并实施全部国土空间的用途管制制度；编制并实施全国性、跨行政区的空间（区域）规划，编制并组织实施土地利用总体规划、城乡发展规划、生态保护规划、林业规划、草原规划和海洋功能区规划等专项规划，对规划的执行情况进行监督和评估考核；承担永久基本农田保护红线、生态保护红线和城镇扩展边界的划定工作，制定围填海规划；承担城市总体规划、省域城镇体系规划的编制和监督实施；制定区域发展的规划和年度计划调控政策。

（2）负责全部自然资源的统一调查和确权登记：制定土地、矿产、水资源、森林、草原和湿地等自然资源的调查评价标准，组织实施土地资源等自然资源的大调查和地籍调查，组织国家重大土地调查专项；指导地方地籍调查、登记和土地分等定级工作；拟订地籍测绘规划、技术标准和规范；制定自然资源统一确权登记的技术标准，指导并监督地方实施自然资源的确权登记发证工作。

（3）负责自然资源开发利用和保护：负责耕地保护，承担耕地的数量、质量和生态管理，负责编制和实施耕地补充和复垦方案，制定和实施休耕免耕规划，承担自然保护区、国家公园等各类保护地的设立、审批职责；负责组织拟订海岛保护及无居民海岛开发利用管理制度并监督实施；制定土地、矿产等自然资源调控政策，制定土地、矿产等自然资源的节约集约利用标准，并监督地方实施；制定资源破坏修复办法和责任追究机制。

（4）负责自然资源大数据的建设与管理：组织实施国土空间基础信息平台的建设、应用和管理；承担土地、矿产、水资源、森林和草原等各类自然资源基础数据的汇交、应用服务、维护和管理，负责自然资源的统计与动态监测；承担基础地理信息数据的汇交和应用管理，承担资源环境和经济社会等各类数据的汇交和应用服务管理。

（三）融合管理的流程再造

"优化、再造、高效"是自然资源管理职责融合的目标。应按照一件事由一个部门管理的工作思路，尊重自然资源的整体性，着力优化内设机构的设置，积极构建系统完备、管理规范、运行高效的体制。应大力合并自然资源管理职责的同类项，按照有增有压的思路，再造自然资源融合管理流程（图3-8），优化职能配置，加强管理责任的有效落实，确保权责一致，实现集中统一、运行高效、系统完备、管理顺畅。

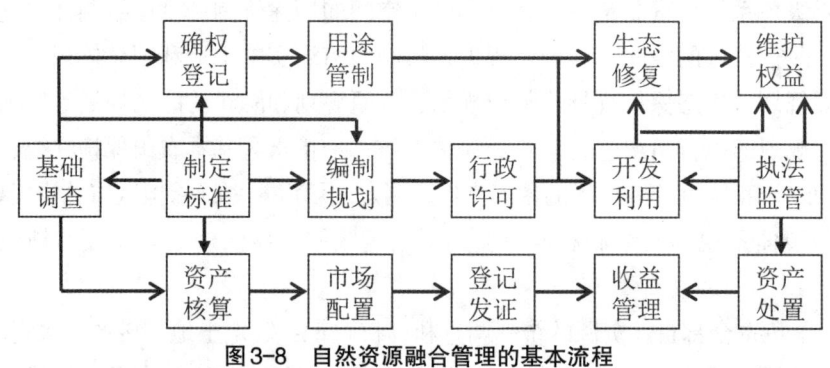

图3-8　自然资源融合管理的基本流程

第三节　推进自然资源融合管理的新任务

一、建立系统完备的自然资源资产产权制度

自然资源产权制度是自然资源资产管理的基础。应以资产的融合管理为基础，统筹推动自然资源资产管理制度改革。完善自然资源资产产权制度，应针对产权归属不清晰、权责不明、产权保护不严格、流转不顺畅、所有者权益难落实和产权制度不完善等突出问题[1][2]，构建归属清晰、权责明确、保护严格、流转顺畅、监管有效、权能丰富、规则完善的自然资源资产产权制度，使

市场在自然资源资产产权配置中发挥决定性作用，形成多样化、多层次的自然资源资产产权制度体系。具体的举措有：第一，以加快落实《关于统筹推进自然资源资产产权制度改革的指导意见》为重点，充分发挥自然资源资产产权制度在生态保护、节约资源和促进生态文明建设中重要的基础性作用。第二，健全完善自然资源资产产权体系。加快推进自然资源资产所有权与使用权分离，推行农村承包土地的所有权、承包权、经营权"三权分置"，开展经营权入股、抵押，继续探索农村宅基地"三权分置"的实现形式，保障农民宅基地所有权和资格权。探索设置油气探采合一权利制度。第三，明确自然资源资产产权主体，理顺所有权管理体系。在国务院自然资源主管部门统一行使全民所有自然资源资产所有者职责的基础上，加快制定委托地方代理行使所有权的资源清单，编制授权相关职能部门行使全民所有自然资源资产监管权的范围，落实集体所有自然资源所有权地位。第四，积极探索自然资源资产所有权的实现形式。明确占有、使用、收益和处分等权利归属和权责，适度扩大使用权的出让、转让、出租、抵押、担保、入股等权能。第五，加快推进自然资源资产确权登记。在开展自然资源统一调查的基础上，及时总结试点地区自然资源确权登记的经验，加快推进所有自然生态空间的确权登记，划清边界和权利主体。第六，探索解决国家公园集体土地权属问题的路径。对国家公园内的集体土地，可通过征收、流转和协议等方式，调整土地权属，或以地役权的形式规定土地用途。第七，在内蒙古、宁夏等缺水地区，稳步推进水权转换，提高水资源配置效率。第八，开展自然资源的"三维"调查，探索设立自然资源资产的"三维"产权，解决不同空间层次自然资源开发与保护中的矛盾。

二、建立统一的国土空间规划体系

国土是生产力布局的基本载体，统一的国土空间规划体系是生态文明建设的依据。应以各类空间规划的融合发展为基础，有效实现"多规"融合，构建全国统一的国土空间规划体系，促进自然资源的开发利用和保护。"多龙治水"的国土空间管理体制，割裂了生产空间、生活空间和生态空间的完整性，导致国土空间定位矛盾，影响了国土空间效能的提高[3][4][5]，对生态文明建设造成不利影响。地方数据标准不统一、技术难统筹、利益协调机制不完善等问题，成为编制统一国土空间规划体系的难点和堵点。建立统一的空间规划体系应立足于生态文明建设全局，牢固树立创新、协调、绿色、开放、共享的发展理念，明确建设空间、保护空间和整治空间，促进生产空间、生活空间、生态空间的协调和国土空间开发格局的优化，实现生态空间山清水秀、生产空间集约高效、生活空间宜居适度。建立统一的空间规划体系，应加快落实《关于在国土空间规划中统筹划定落实三条控制线的指导意见》和《关于建立国土空间规划体系并监督实施的若干意见》。在执行过程中，应以资源环境承载能力和国土空间开发适宜性评价为基础，科学有序地统筹生态、农业、城镇等功能空间布局，按照统一底图、统一标准、统一规划、统一平台的要求，建立健全分类管控机制，解决规划朝令夕改的问题，一张蓝图绘到底。落实《省级空间规划试点方案》，以国土规划为基础，统领各类空间规划，实现土地利用总体规划和城乡建设规划等相关空间规划的融合，形成全域覆盖、定位清晰、功能互补、衔接协调、管控有序的国土空间规划体系[6]。加强数据标准的融合，制定自然资源数据与国土空间数据的转换技术标准，使第三次全国国土调查数据真实地转换为国土空间规划的底图数据。组建土地、矿产、林草、水资源、海洋、测绘和规划等领域的专项课题，在技术方法、土地分类标准和数据融合等难点问题上实现突破，推动市县空间规划的编制。健全规划编制的传导机制，变革自上而下、任务分解式的编制机制，建立自上而下与自下而上、上下联动的规划传导机制。健全利益协调机制，统筹平衡人口、经济与用地的关系。健全从中央到地方的土地配置政策，改变市县"向上争取、向下说理"的做法，设计规划发展权，发挥国土空间规划的龙头作用。加快推进"全国国土空间规划纲要"的编制。围绕落实《自然生态空间用途管制办法（试行）》，将土地用途管制制度扩展到全部国土空间，形成以国土空间规划为基础，以用途管制为手段的管控体系。

三、健全源头严管的保护制度

严格保护自然资源是实现可持续利用的先决条件。保护自然资源就是保护生态环境，就是保护生产力。应以自然资源融合管理理念为基础，推进整体保护。立足解决自然资源管理过程中重开发轻保护和资源保护顾此失彼等问题[7][8]，树立源头保护理念，健全完善责任明确的自然资源源头保护制度：第一，建立生态红线保护制度，加快划定生态保护红线，严格落实《关于建立以国家公园为主体的自然保护地体系的指导意见》，将对区域生态功能保护和恢复具有重要价值的生态用地，划入生态红线，实施特殊保护。第二，健全耕地数量、质量、生态、人文"四位一体"保护制度。落实中共中央、国务院《关于加强耕地保护和改进占补平衡的意见》，严守耕地红线，确保耕地数量不减少、质量有提高、生态得改善。继续大规模推进高标准基本农田建设，加快划定全国永久基本农田，夯实国家粮食安全基础。推动"藏粮于地、藏粮于技"战略落地生根，确保谷物基本自给，口粮绝对安全。建立耕地占补平衡管理新机制，按照"控占用、调方式、算大账、差别化"的思路，改进与规范占补平衡管理政策。健全完善休耕轮作制度，推进耕地"休养生息"，确保耕地生态安全。全面推进建设占用耕地耕作层土壤剥离利用制度，不断探索剥离技术方法与土壤利用模式。第三，对矿业开发实行开发与保护相结合的保护制度，按照点上开发、面上保护的思路，推进绿色矿山建设。第四，按照流域管理和行政区管理相结合的思路，坚持政府主导，属地管理，分级负责，部门协作，社会共治，构建河湖保护管理工作机制；将流域管理与行政区管理融合，构建省、市、县、乡、村五级"河长"组织体系，促进江河湖海健康发展。第五，以自然资源经济价值和生态系统服务价值为依据，建立开发与保护的矛盾协调机制。

四、健全配置高效的有偿使用制度

有偿使用制度是发挥市场配置资源决定性作用、提高资源利用效率的重要途径。应以自然资源融合管理理念为基础，健全有偿使用制度。虽然我国自然资源资产有偿使用制度建设取得了显著进展，但仍然存在制度不健全、产权体系不协调、各资源类型发展不平衡、制度效力与效率还不够、利益机制不合理、监管不完善等问题，在一定程度上导致自然资源耗损严重，生态环境日益恶化。改革的重点应围绕落实国务院印发《关于全民所有自然资源资产有偿使用制度改革的指导意见》，重点突出以下几个方面：一是，加快取消土地供应双轨制的步伐。按照新施行的《土地管理法》的要求，扩大国有土地有偿使用范围，缩小非公益性用地划拨范围，除军事、国防、社会保障房等特殊用地外，各类建设用地均实行有偿出让和使用；建立健全未利用地有偿出让制度，明确未利用地开发的前提条件，不涉及改变地类性质的，原则上以租赁方式供地。二是，稳步推进集体经营性建设用地入市，开展农村宅基地有偿使用改革。三是，从严控制矿产资源协议出让，完善矿业权分区设置出让管理办法，大幅度提高矿业权竞争性出让比重。四是，明晰水、森林、草原有偿使用范围。区分经营性用水和公益性用水，重点探索建立国有森林资源景观资产有偿使用制度，严格界定全民所有草原资源有偿使用范围。五是，完善自然资源有偿使用方式，规范出让收益管理。六是，建立城乡统一的自然资源资产市场，逐步扩大集体经营性建设用地入市的试点范围。

五、完善利用高效的节约集约利用制度

节约资源是保护生态环境的根本之策。以自然资源融合管理理念为基础，健全节约集约利用制度。为促进自然资源的节约集约利用，国家有关部门在规划计划、定额标准、评价考核等方面做了大量工作，虽然初步形成了有利于自然资源节约集约利用的制度框架体系，但与中央的要求相比，还存在一定差距，主要表现在：节约集约利用的规划源头管控作用发挥不足，城镇建设规划突破土地利用总体规划的现象时常发生；自然资源节约集约制度缺少法律约束，尚没有明确突破规划、资源标准，管理粗放，资源闲置和浪费等行为的法律责任；资源配置的市场化程度低，反映资源稀缺程度、供求关系和环境损害的价格机制尚未形成；自然资源节约集约利用标准相对缺乏，覆盖资源开发利用全过程的标准体系尚未建立；节约集约利用的激励约束机制未产生实质性影响等。对此，应按照"规划管控、严格准入、激励约束、考核评价、加强监督"的思路，完善和落实最严格的自然资源节约集约利用制度。重点突出以下几个方面：一是，强化资源规划的引导控制作用。强化规划对自然资源利用的约束作用，严格执行总量控制，维护规划权威性和严肃性。二是，健全资源节约集约利用准入制度。明确自然资源产权关系，完善市场体系建设，实现资源的优化配置；抓紧编制一批急需的标准规范，提高资源开发利用准入门槛。三是，建立以市场为主的资源价格形成机制。积极推进自然资源价格的市场化改革，逐步建立能够反映自然资源稀缺程度、市场供求关系和污染环境治理成本的科学的价格形成机制。四是，完善资源节约集约利用激励约束机制。科学运用"价、税、费、金"等经济杠杆，充分调动企业和社会开展资源节约的积极性。五是，全面实行自然资源消耗总量与强度双控行动，分解落实各地区能耗、水耗、地耗的降低任务，着力提高资源利用效率。

六、健全公平合理的生态补偿制度

生态补偿制度是促进生态修复的重要手段。应以自然资源融合管理理念为基础，健全全域生态补偿制度。我国生态修复与补偿制度在补偿范围、补偿标准、补偿方式、管理体制等方面尚不完善，一定程度上影响了生态环境保护措

施实施的成效[9][10]。健全生态补偿制度，应以《关于健全生态保护补偿机制的意见》为纲领，科学界定生态保护者与受益者的权利和义务，加快形成生态损害者赔偿、受益者付费、保护者得到合理补偿的运行机制，逐渐形成"谁开发谁保护、谁受益谁补偿"的利益调节格局。重点突出以下举措：一是，加快建立生态补偿制度，在补偿途径、补偿标准和补偿方式等方面不断探索，建立反应耕地质量和粮食品质的耕地保护新机制。二是，建立地区间横向生态保护补偿机制，引导生态受益地区与保护地区之间建立横向补偿关系，完善资源消费区对资源产区、上游对下游和东部对西部的生态补偿，逐步建立体现生态价值和代际补偿的生态补偿制度，促进社会主体节约资源，保护环境，用生态补偿的制度成果保障生态文明建设。三是，逐步建立和完善重点生态区域的生态补偿机制，建立生态恢复保证金制度，完善矿山地质环境保护和土地复垦制度，形成国土综合整治和生态修复的长效机制。

七、完善过程严管的执法监督制度

执法监督制度是遏制生态破坏、强化监督的有效手段。应以自然资源融合管理为基础，健全执法监督制度。目前，我国自然资源执法监管制度自成体系，相对分散，缺乏综合监督和综合协调机制，在横向上造成部门协同难度大，执法监督成本高，监督效能低下等问题。改革自然资源执法监督体制，一要以制定综合性的自然资源管理法为基础，进一步提高监督管理的地位，整合优化耕地、林草和自然保护地的监督力量，实现垂直管理。二要健全自然资源执法监管手段，创新自然资源执法监管手段，充分利用卫星遥感监测、电子眼、物联网等现代信息技术，发挥大数据的优势，建立空地一体化的全域国土空间监测系统，实现监管的数据共享，提高监管成效。

八、构建科学完善完备的法律体系

法律体系是自然资源管理制度的有效保障。应以自然资源融合管理理念为基础，完善法律体系。经过多年的探索，我国自然资源法律体系虽然已经基本建成，但是在加强生态文明建设的新形势下，相关法律制度在不同程度上还存在"缺""散""乱""旧""软"等问题。改革的重点应突出以下两个方面：一是，稳步推行各项单门类自然资源产权法律的修改。针对法律缺失的湿地立法，稳步推进各项法律的修改工作，将相关产权的具体内容和保护措施等予以系统规定。在施行新修订《土地管理法》的基础上，加快配套条例的出台。推进《矿产资源法》修编进程，形成开发与保护合力。二是，加强研究、加快制定新法律。在建立统一的空间规划体系和自然保护地体系的基础上，推动《空间规划法》《自然保护地法》的编制。以《民法典》的颁布为契机，重新梳理自然资源相关物权体系，探索自然资源综合立法。

九、建立后果严惩的绩效考核和责任追究制度

以自然资源融合管理理念为基础，健全生态文明绩效考核和责任追究制度。针对发展绩效评价不全、责任落实不到位、责任追究缺失等问题，要完善生态文明建设考核目标体系，去除"GDP紧箍咒"，从追求"数量"变成注重"质量"。制定完善规划执行度、资源利用效率和节约集约利用制度建设等方面的考核体系，并将其纳入地方各级主要领导的离任审计。加强执法监管，建立生态环境损害责任终身追究制。对违背生态文明建设要求、造成生态环境严重破坏的行为要登记在案，供职务调整参考；对不作为造成严重后果的地方领导，交由中央纪委国家监委处理；对履职不力、监管不严、失职渎职的地方领导，要依纪依法追究有关人员的监管责任。

十、建立依靠信息化助推生态文明建设的长效机制

信息化是生态文明建设的重要手段，已覆盖到生态文明建设的方方面面。应以自然资源融合管理理念为基础，用信息技术助推生态文明建设。依靠信息化创新全部国土空间的监管方式，探索生态文明管理决策创新是深化生态文明建设的必由之路。重点突出以下举措：第一，依靠信息化促进自然资源资产产权制度改革。信息化是推动产权制度改革的技术手段，要强化不动产登记信息平台建设，坚持以不动产登记为基础，在总结国家公园、自然保护区、湿地、水流等生态空间确权试点经验的基础上，对水流、森林、山岭、草原、滩涂以及探明储量的矿产资源等自然资源的所有权进行统一登记，划清"四类"边界，使各类自然资源的坐标、空间范围、面积、数量、质量及产权边界、责任主体上图入库，从而推动自然资源资产产权制度改革。第二，依靠信息化使国土空间开发保护制度和用途管制制度落地扎根。加快推进"国土资源云"建设，强化"一张图"、国土资源综合监管平台、信息服务平台的应用，助推"三区四线"的划定，使用途管制制度的落地成为现实。第三，信息化为"源头严防、

过程严管、后果严惩"的制度体系提供技术支持。整合自然地理信息、生态评价信息和环境监测信息，完善"批、供、用、补、查、登"为手段的国土资源综合监管平台，使全部资源的开发、利用、保护和整治纳入到全流程管理，使最严格的自然资源保护制度和节约集约利用制度在技术层面上得到落实，也为责任追究制度提供技术手段。第四，依靠信息化促进自然资源管理体制改革。信息化使生态文明决策更加智慧，有利于助推自然资源管理体制改革。深化信息技术管理体制改革，及时消除了信息孤岛，尽快实现各行各业数据共享，促使自然资源管理向标准化和系统化迈进，有利于建立集中统一、监管有效、综合协调和运行高效的自然资源管理体制。

参考文献

［1］ 马永欢，刘青春.对我国自然资源产权制度建设的战略思考［J］.中国科学院院刊，2015，30（4）：503-508.

［2］ 马永欢，吴初国，黄宝荣等.构建全民所有自然资源资产管理体制新格局［J］.中国软科学，2018，11：10-16.

［3］ 中国科学院可持续发展战略研究组.2015中国可持续发展报告——重塑生态环境治理体系［M］.北京：科学出版社，2015.

［4］ 杨荫凯.国家空间规划体系的背景和框架［J］.改革，2014，8：125-130.

［5］ 祁帆，李宪文，刘康.自然生态空间用途管制制度研究［J］.中国土地，2016，12：21-23.

［6］ 李月寒，何佳，包存宽.我国现行空间规划的职责交叉与亟待正确处理的四大关系——基于《生态文明体制改革总体方案》的分析［J］.上海城市管理，2016，1：10-14.

［7］ 汪民.关于深化自然资源管理制度改革的思考［J］.中国领导科学，2016（10）：30-33.

［8］ 赵青青.资源性国有资产管理体制改革研究［D］.长春：吉林大学，2014：18-22.

［9］ DENG H, ZHENG P, LIU T, et al. Forest ecosystem services and eco-compensation mechanisms in China［J］. Environmental management, 2011, 48（6）: 1079-1085.

［10］ 尤艳馨.我国国家生态补偿体系研究［D］.天津：河北工业大学，2007.

第四章

自然资源融合管理的重大关系

第一节 系统性关系

一、自然资源与经济发展的双向制约

（一）资源与经济互为影响、双向制约

资源与经济是相互影响、相互制约的关系[1]（图4-1）。一方面，自然资源为经济发展提供基础和条件。自然资源为经济发展提供劳动对象，还提供劳动资料。不仅如此，自然资源的状况还决定一个国家或地区经济部门的分布和发展方向，成为影响劳动地域分工的基础性因素（图4-2）。然而，资源是经济发展和产业布局的前提条件，而非充分条件。经济发展离不开自然资源，但有了资源并不一定就有资源开发，有资源不能等同于发展。例如，青藏高原矿产资源丰富，由于受自然条件限制，多数地区的资源并没有得到开发；我国西北地区后备土地资源潜力巨大，但是，由于水资源极其短缺不适宜进行开垦。另一方面，重资源开发轻生态环境保护的开发方式，会成为经济社会发展的障

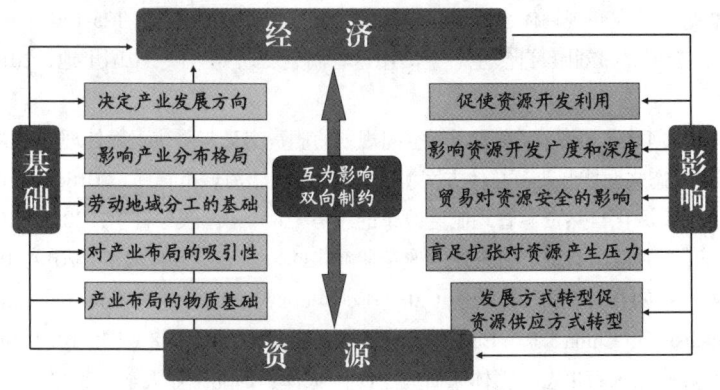

图4-1 自然资源与经济的双向制约关系

碍。自然资源对经济的影响具有强弱、主次之分（表4-1）。土地资源和气候资源对农业的影响强烈，矿产资源对采掘业的影响巨大。由此可见，进行经济开发和产业布局除了必要的自然资源外，还要综合考虑生态环境的适宜性、经济的合理性和技术的可行性。有其未必然，无其必不然，就是资源条件与经济发展、产业布局的辩证关系。

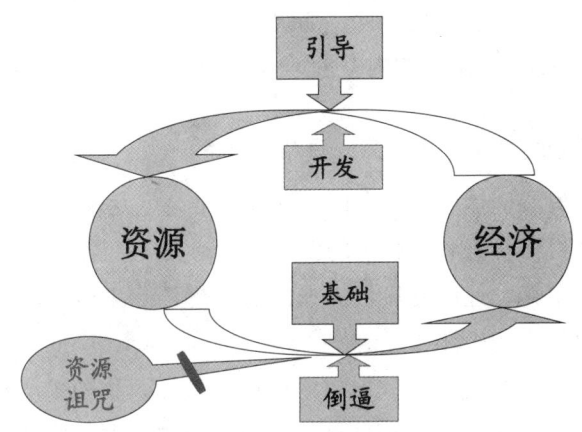

图4-2　资源与经济相互影响的关系

表4-1　影响产业分布的主要因素与次要因素

产业部门		自然条件与自然资源	位置、交通、信息条件	人口与劳动力条件	社会经济因素
第一产业	采掘业	++++	+++	++	+
	农业（种植业与畜牧业）	++++	++	+++	+
	郊区农业	++	++++	+	+++
第二产业	重型机械	++++	+++	++	+
	中轻型机械	+	++++	+++	++
	高技术工业	+	+++	++++	++
	农副产品加工业	++++	++	+++	+
第三产业	交通运输业	+++	++++	++	+
	其他第三产业	+	+++	++++	++

注："+"多少表示作用的强弱，下表同。
资料来源：陈才.区域经济地理学［M］，北京：科学出版社，2009.

丰富的自然资源可能阻碍经济的发展，产生"资源诅咒"现象。"资源诅咒"是指自然资源对经济增长产生了限制作用，资源丰裕经济体的增长速度往往慢于资源贫乏的经济体[2]。如"二战"以来，委内瑞拉、沙特阿拉伯等众多资源丰富的国家经济增长缓慢。这种现象不仅在国外存在，在我国也存在，较长时期以来，山西、新疆和内蒙古等资源省区的经济发展远不如东部快。也有很多国家或地区，加强制度设计，加快转变经济发展方式，成功跳出"资源诅咒"，如国外的挪威、中国的内蒙古。

（二）超强度的经济活动势必造成资源的破坏

经济的高速发展固然可以使我国发展成一个高度发达的工业化和城镇化国家，但是盲目的经济扩张和不合理的发展模式却大大加剧了耕地、淡水、森林和矿产等资源的消耗，经济的盲目扩张，使得人类赖以生存和发展的资源环境系统受到了十分严重的破坏[3]。

一方面，资源开采造成毗邻区资源的严重破坏。我国矿产资源富集地区，往往是水资源匮乏、生态环境脆弱区。并且，资源赋存与生产力布局不匹配，使资源开采区提供物质保障的同时承受更大的生态压力。如内蒙古呼伦贝尔等地露天煤矿的开采（图4-3），造成了河流断流的现象。

图4-3　内蒙古呼伦贝尔草原上露天开采的煤矿

另一方面，超强度的经济活动导致资源竭泽而渔式的开发方式。这种开发方式表现在违背自然规律，急功近利，过度索取。如：华北地区超量抽取地下水，造成了地下漏斗；西北地区过度开垦草地、过度抽取地下水，造成地下水位下降、植被枯死（图4-4）；过度放牧造成草地退化，这些因素的叠加效应造成土地沙漠化和水土流失等严重的生态退化（图4-5）。在青藏高原区，在人类活动和气候变化的双重影响下，生态环境压力不减，生态保护的形势依然严峻，任务仍显繁重，土地退化形势十分严重，沙漠化、水蚀、草地退化、盐渍化和冻融荒漠化退化土地分别占退化总面积的28.61%、14.27%、50.10%、2.19%和4.83%。

图4-4　过度抽取地下水造成植被退化（甘肃省民勤县）

图4-5　人类过度经济活动造成的水土流失（内蒙古自治区通辽市）

（三）妥善处理资源与经济的关系，保障经济持续发展

妥善处理资源与经济的关系，有利于形成符合生态文明要求的发展模式。虽然自然资源是经济发展最重要的物质基础，但是，通过优化资源供应的方式，能够引导需求的理性化，倒逼经济发展方式转型，有利于形成节约资源、保护环境的发展模式。清洁型、生态化发展模式的形成，有利于降低经济发展对传统资源的依赖，以最小的资源消耗，获取最大经济效益、社会效益和生态效益。二者的双向调节关系，有利于形成和谐的资源利用关系，促使经济社会全面、协调和可持续发展。

1.转变"有什么资源发展什么产业"的思想，树立"未雨绸缪"的发展观

"有什么资源发展什么产业"的思想容易诱发产能过剩。资源是产业发展的基础，但资源优势未必就是经济优势，经济优势未必就是竞争优势。近年来发展的实践表明，依赖资源优势发展的产业出现了产能过剩的问题。虽然资源始终是地区发展的重要物质基础，但丰裕的自然资源并不是可持续发展的必要条件，更不是充要条件。进行自然资源开发要树立"未雨绸缪"的发展观，要在充分考虑区域生态环境承载力的前提下，依据资源市场的长期供需形势和产品生命周期理论，研判市场需求，预测开采代价和产出效益。同时，进行矿业开发要树立可持续发展理念，建立和完善公平、公正、合理的利益分配机制和生态补偿机制，把改善民生、提高社会福祉放在优先发展的位置，妥善处理矿区与社区的关系，使"以人为本"的发展理念得到落实。

2.划定发展线和保障线，保障经济社会的合理需求

划定发展线，保障工业化、城镇化、信息化和新农村建设所需要的空间。科学划定城乡开发边界，合理控制国土开发强度。按照国土空间节约的要求，合理确定城镇与乡村的开发边界，严禁城乡建设无序扩张，促使土地城市化与人口城镇化相协调，促进城乡统筹发展，实现人口、资源、环境与发展的全面协调。科学把握国土开发的规模、时序与结构，促进人与自然和谐发展，使经济社会发展与国土空间开发利用相协调。加强城乡用地结构调整，遏制农村人口减少、居民点用地扩张的势头。加强工业用地结构调整，严格控制工矿用地规模。加强土地资源的节约集约利用，提高利用效率。加大低效闲置土地清理力度，提高供地率，落实单位GDP地耗降低任务。完善土地利用政策，严格落实土地利用标准，积极推进各大经济区的统筹协调发展，形成合理的地域分

工体系，避免盲目重复建设，逐步形成人口、经济、基本公共服务和资源环境相协调的土地开发利用格局。积极探索建设用地新空间。向地上空间要高度，向地面空间要密度，向地下空间要深度，有效保障经济社会发展的合理需求。在保障粮食安全的前提下，合理安排新增建设用地占用耕地规模；在不破坏生态环境的条件下，促进工业化、城镇化科学利用低丘缓坡、盐碱地和沙漠等未利用地。

划定保障线，构建国家矿产资源安全供应体系。提高矿产资源保障程度，确定能源矿产和其他重要矿产资源勘查、开发和保障的空间格局和时序的关系。找矿增储，提高矿产资源储采比。加强铁、铜、铝等重要金属矿产资源的勘查和开发，合理控制对外依存度，提高国内资源保障程度。坚持陆海统筹发展，加强远洋和大洋深部资源的勘查和开发利用，强化近海和海岸带的保护与合理开发利用。

3. 加强制度设计，破解"资源诅咒"

加强矿业权市场建设，完善出让、转让缓解的制度改革，完善市场配置矿业权的关键缓解设计，坚决扭转依靠行政权力获取矿业权的行为。完善矿产资源"三率"标准，坚决扭转依靠占有和使用资源获取超额利润的状况，引导市场主体节约资源、提高资源利用效率。加强政府监管，引导企业树立社会责任意识。改变地方政府监管不力、企业自律不足的现状，提高矿产资源综合利用程度，促进矿区经济社会发展，实现矿地和谐。加强资源产地原材料加工业和现代服务业发展，提高产品附加值，改变单纯依靠原材料输出的局面。理顺资源型产品的税费体制和机制，加快推进资源税改革试点，落实由从量计征改为从价计征。深化资源性产品价格和税费改革，建立反映市场供求和资源稀缺程度、体现生态价值和代际补偿的资源有偿使用制度和生态补偿制度，促进资源可持续利用，增强资源型地区的财富积累能力。强化生态保护环节的制度设计，提高自然资源的可持续利用能力，促进生态文明建设。建立和完善生态补偿制度，按照谁开发谁保护、谁受益谁补偿的原则，探索资源受益区对资源产地、下游对上游、生态受益区对生态保护区的生态保护机制，加快建立资源型企业可持续发展的准备金制度。

4. 加强差别化管理，提高经济发展质量

加强差别化管理，加快结构调整，增强经济发展的可持续性。以土地供应为抓手，重点保障科技含量高、经济效益好、资源消耗低、环境污染少的新型工业发展方式，坚决抑制产能过剩、盲目重复建设和资源消耗高、利用效率低、环境污染严重的行业用地需求，支持战略性新兴产业、新基建、自主创业、抗震救灾和保障房建设等民生用地需求。改进供地模式，推行工业用地分期出让，倒逼企业进行技术改造、产业结构调整和优化升级。以市场供需为导向，科学保障战略性新兴产业和事关工业化、城镇化、农业现代化发展的用地需求。差别化对待不用地区的用地需求。在东部地区，对达不到投入产出标准的项目，坚决不予用地保障；在中西部地区，对达不到投入产出标准的项目，实行核减项目用地的方式予以保障，倒逼企业提高用地效率。

二、自然资源与空间资源的时空匹配

（一）自然资源是实体性资源与空间性资源的统一体

自然资源总是在一定的地域空间内存在，空间是自然资源的赋存载体。随着土地资源的稀缺性日益显现，地下空间得到开发利用，成为补充土地资源存量挖潜的重要内容。航空运输业的发展，使大气层的资源属性表现尤为突出，空间的资源属性表现更为明显。自然资源具有地域性，在数量或质量上存在显著的地域差异，有其特殊的分布规律。例如，中国的煤炭主要分布在北方，水资源主要分布在南方。从全球范围来看，煤炭总储量的80%以上分布在北美、中国和前苏联；探明储量的石油一半以上集中分布在波斯湾石油沉积盆地。

（二）自然资源空间禀赋与生产力布局不匹配的问题突出

当前，经济社会发展总体上尚在资源环境综合承载能力运行的范围内，但结构不平衡，局部超载的现象十分突出。主要表现在以下几个方面：一是，水土资源空间组合不匹配。南方水多地少、北方地多水少。长江流域及其以南的地区经济发达，虽然国土面积只占全国的36.5%，但水资源量占全国的81%。二是，产业布局与水资源不匹配。在我国北方，大量钢铁、化工、印染、有色冶金和造纸等耗水工业，使得本来就缺水的干旱、半干旱地区和缺水型城市的水环境危机更加严重。三是，能源和矿产资源的分布与经济发展水平不平衡。煤炭主要集中于晋、陕、蒙三省区，占全国保有储量的68%，石油主要分布在渤海、松辽、塔里木、准噶尔四大盆地，铁矿集中于辽、冀、晋、川四省[4]，而近75%的电能消费集中在中东部地区。又由于我国电力产业注重就地发展、分区平衡布局，致使火电厂集中分布在中东部地区，形成了大规模、远距离运煤的能源输送格局，造成能源基地的产品附加值低。四是，资源分布与需求错位。从东西部地区的差异性看，东部生产力发达，工业和城市集中，能源和原材料短缺的矛盾是困扰其持续发展的关键；而西部虽然资源丰富，但生产力水平落后，开发利用程度低。从东西部的资源禀赋来看，东部地区的资源禀赋不足，中西部地区的资源禀赋相对富余，资源组合压力呈东部高、中西部低的阶梯状分布。另外，自然资源丰度与经济密度在空间上不匹配。中国煤炭、石油、铁和铜等自然资源丰度与经济密度不协调，即资源丰度高的中西部地区的经济密度低，而资源丰度低的东部地区的经济密度高。

（三）地形地貌特征决定了开发西部地区资源不具有比较优势

中国地势呈现三大阶梯状分布，地貌类型复杂多样，山地多、平原少，地表起伏大，地势西高东低的地貌特征决定了开发西部地区的自然资源不仅面临更大的生态压力（图4-6），还面临着高成本代价。依据"成本—高度"定律，在世界大陆平均海拔高度之上，海拔每增高100米，国土开发成本在原来的基础上增加2.2%—2.4%。研究表明[5]，在设定北京、天津和上海的平均发展成本为1.0的条件下，可以量化出其他省份的发展成本（图4-7）。由于我国地势西高东低，这就决定了自然资源开发成本表现为：东部地区＜中部地区＜西部地区。因此，开发我国西部的自然资源在成本方面不具有比较优势。

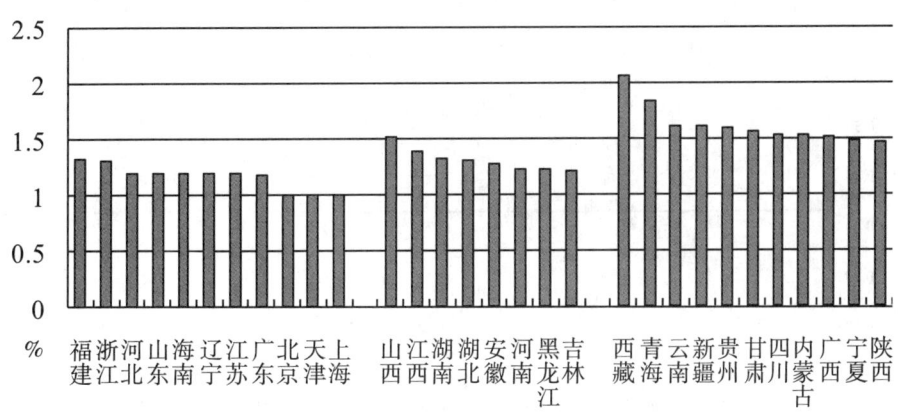

图4-6 三大阶梯示意图

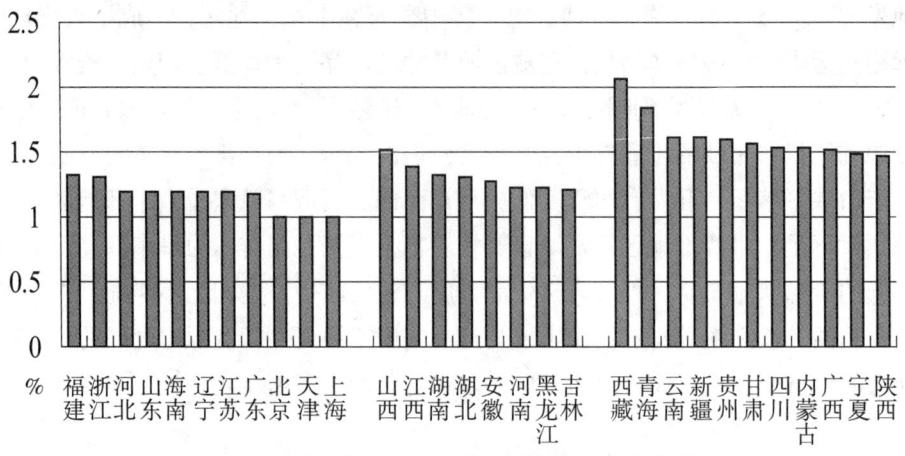

图4-7 国土开发成本的区域比较

(四)自然资源禀赋与"资源诅咒"具有空间叠加性

我国改革开放40多年的实践表明,自然资源禀赋相对丰富的中西部地区经济发展水平和财富积累的速度远远落后于自然资源相对匮乏的东部地区,这种区域发展水平的空间差异符合"资源诅咒"原理。[6][7]为进一步探讨自然资源在空间的"资源诅咒"问题,将各地区能源(煤炭、石油、天然气)、矿产资源、耕地、林地和水资源的原始数据进行标准化处理,设计自然资源禀赋指数,在此基础上绘制了"自然资源禀赋指数—经济发展水平"坐标图(图4-8)。从中

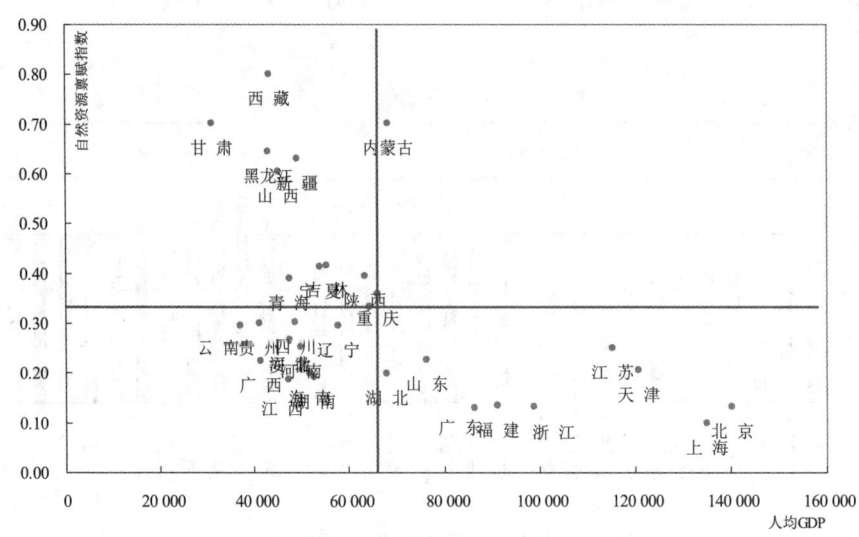

图4-8 自然资源禀赋与经济发展水平的坐标图(2018年)

可以发现西藏、甘肃、黑龙江、新疆、山西、宁夏、吉林、陕西、青海和重庆位于坐标系的第二象限,即位于资源禀赋指数高、经济发展水平低的象限。这十多个省份表现出了"资源诅咒"的特征。由于近几年内蒙古发展模式的成功实施,经济发展迅速,从"资源诅咒"区跳跃到第一象限区,表明经济增长仍未摆脱对资源巨大消耗的路径依赖。发达的东部地区位于自然资源指数低、经济发展水平高的第四象限区。

(五)促使自然资源开发与区域经济发展相协调

1. 明晰国土功能定位,促成自然资源开发与生态环境相协调

我国幅员辽阔,自然资源类型多样。无论是作为固体的煤炭、液态的水,还是作为地貌景观的冰川、沙漠、隔壁,甚至是地质文化景观,在不同的区域都将以自己特有的功能发挥着其他资源不可替代的作用。顺应工业化、城镇化、信息化、市场化和经济全球化的主流发展趋势,在国家空间规划的基础上,积极培育区域性的增长极和经济增长圈确定经济"航母"区、资源保障与产业承接区、资源供应与生态涵养区和景观保育区,以便实现自然资源的有序开发。

经济"航母"区应以提升自然资源承载力为方向,以新型工业化为动力,以经济增长极为依托,发展集群经济,通过统筹城乡一体化,优化空间布局,发展若干中心城市,在创建城市带和组团式城市群的基础上,使其成为带动全国经济发展的"心脏"。资源保障与产业承接区资源与环境的承载力较高,资源优势明显,是经济集聚和发展潜力较大的区域。实施该区的重点开发就是在沿交通干线培育更多的城市群和产业集群,在资源节约和环境友好的基础上提升自然资源支撑社会经济发展的能力,以便更好地承接优化开发区的产业转移和保护区的人口迁移。资源供应与限制区是我国重要的生态廊道。该区可适度开采对生态环境影响相对较小的矿产资源,限制水土组合较差的农牧业生产,以向全国提供更多的生态服务为目标,因地制宜发展林草业,从而达到生态得到修复、环境得到保护的目标。生态功能区生态环境极其脆弱,属于自然资源禁止开发区。该区内形态各异的自然资源本身具有不可替代的生态价值和文化价值,不但要禁止在该区从事自然开发,控制人为因素对生态系统的干扰,还要采取生物措施和必要的工程保育措施,使其生态功能得到延续。

2.走空间节约之路,使发展质量与国土承载相协调

我国人均资源占有量相对稀缺的国情决定了自然资源的空间配置要走空间节约之路。首先,新型工业化的发展要集群化、高密度化。未来我国新型工业的布局不再是追求单个企业占地规模的扩张和企业产值的增长,而是从产业布局与生产要素相协调的角度出发,将生产性质相似、产业关联度高、横向合作密切的企业在空间上安排得相对集中,共享、共用基础设施,从而形成工业布局集群化和高密度化的特征。这将极大地节省发展空间、节约原材料、能源和运输成本,避免"村村点火、户户冒烟、遍地开花"的工业发展模式,在最有利发展、最有效发展的地区充分突出比较优势,大大节约现有的发展成本,从而将更多的国土面积解放出来,以获得休养生息的机会。其次,作为承载资源开发与产业发展的城市要向立体化和组团化方向发展。城市立体化布局的显著效应就是提高人口承载力,不仅有利于节约土地资源,还有利于吸纳西部地区的超载人口。发展组团化的城市群有利于高密度地布局交通、能源、生产和生活设施,从而形成点、线、面的结构有序、功能互补、整体优化、共建共享的城市体系和产业集群,以寻求资源利用空间最大的"整合交集"为根本出发点,使经济发展与国土承载相协调,让发展红利得到充分涌流。

三、海洋资源与陆域经济的联动发展

(一)陆海一体是生命共同体的重要组成部分

1.陆海统筹是融合发展的重要内容

在全球资源紧缺、陆域发展空间受到限制、海洋受到重视的背景下,广大学者提出了用统筹的思想解决陆海协调发展问题[8][9][10][11]。陆海统筹既是区域发展的指导思想,又是区域发展的战略设计。陆海统筹是在经济社会发展的过程中,综合考虑陆地和海洋的生态功能、经济功能、社会功能,并利用二者在物流、能流等的联系性,科学开发利用蓝色国土空间[12],对陆域与海洋的发展进行通盘筹划、统一筹划、统筹安排、统一运筹和统筹兼顾,从而实现以海带陆、以陆促海、陆海统筹发展,和谐发展[13]。

2.海洋资源的开发利用与陆域经济的发展相互支撑

首先,在经济联系上,陆海产业在空间上具有相互依赖性[14]。海陆经济在空间上相互衔接,在产业上相互渗透,二者相互依存,互动发展。一方面,陆地产业的发展对海洋空间表现出越来越强的依赖性。另一方面,海洋经济是

陆地经济的延伸，海洋产业对陆地产业具有很强的依赖性。海洋捕捞、运输、油气开采等生产活动，需要陆地作依托。其次，陆海产业在技术经济上具有相互依赖性。从陆地空间向海洋空间的扩展来看，主要表现为科学技术的发展提高了人类开发利用海洋空间的能力。科学技术成果广泛应用于海洋领域，使海洋资源开发利用及生产加工趋于陆地化。目前，我国战略性海洋产业的发展和壮大，正是开发利用陆地资源的高新技术扩散的结果。

3.妥善处理陆地与海洋的关系，有利于形成符合生态文明要求的国土开发理念

陆海统筹是区域统筹发展的重要内容，陆海统筹发展是科学发展的必要要求。妥善处理陆域与海洋的开发、利用、保护与整治关系，有利于纠正"重陆轻海""重浅轻深""重近轻远"等思想观念，形成陆海联动、以陆制海、统筹发展的指导理念，推动国土开发格局的优化。

（二）统筹陆海发展，拓展发展新空间

1.加强陆海统筹发展的顶层设计，实施陆海联动发展

依据全国主体功能区战略、区域发展战略和海洋功能区规划，以生态文明理念为指导，开展陆海统筹发展规划，科学确定陆地与海洋的开发、利用、保护和整治布局。在节约集约利用陆地空间的基础上，以产业链为纽带，以陆海一体化为支撑，积极利用海洋空间，开发海洋资源，统筹安排海洋开发、产业发展、生态保护，形成近海和浅海得到保护、深海和远洋得到利用、东部沿海地区与中西部地区得到协调发展的格局。加强监管和制度供给，加快对海洋经济和陆海统筹进行动态监测与评价，提高陆海统筹的能力建设。

2.科学保护海域，合理利用海洋资源

加强海洋生态环境保护，大力推进海洋生态文明建设。严控控制围海造地，恢复重要渔场生物资源和受损近岸岛礁生态系统，确保渔民生产空间不缩小、长远生计有保障。实施以海"制"陆，促进海洋生态修复。开展重点受损近岸海域的整治与修复，提高海洋环境质量。加强海岛保护和近海海域污染综合治理，促进海岛自然生态的良性循环，维护海洋生态系统平衡。加强海洋水产种质资源培育，大力发展海洋牧场。确定合理捕捞容量，确保渔业种质不减少、产量有提高、发展能持续。大力开发近海矿产资源，强化开发深海资源。科学确定海洋矿产资源开发的规模、结构、布局和时序，合理开发油气资源和

浅海砂矿资源勘探，建设海洋油气资源开采基地。强化深海矿产资源的勘探和开发力度，建立浅海矿产资源的接替空间。

四、自然资源与生态环境的辩证统一

（一）资源与环境相互作用

自然资源与生态环境之间存在密不可分的相互作用关系。自然资源和生态环境通过人类活动紧密联系在一起（图4-9）。人类开发利用自然资源的过程中，不可避免地引起区域土地利用/覆盖和景观格局的变化，并将进一步引起区域环境承载力、生态系统服务功能和环境污染物生物地球化学循环的变化。这些变化通过交互和叠加作用，共同引起全球和区域性生态环境的变化。全球气候变化、区域生态退化和环境污染实质上是人类社会不可持续开发利用自然资源的直接或间接后果。另一方面，全球、区域环境污染和生态退化通过一系列干扰、侵占、破坏等过程反过来影响自然资源的质量和可利用自然资源的数

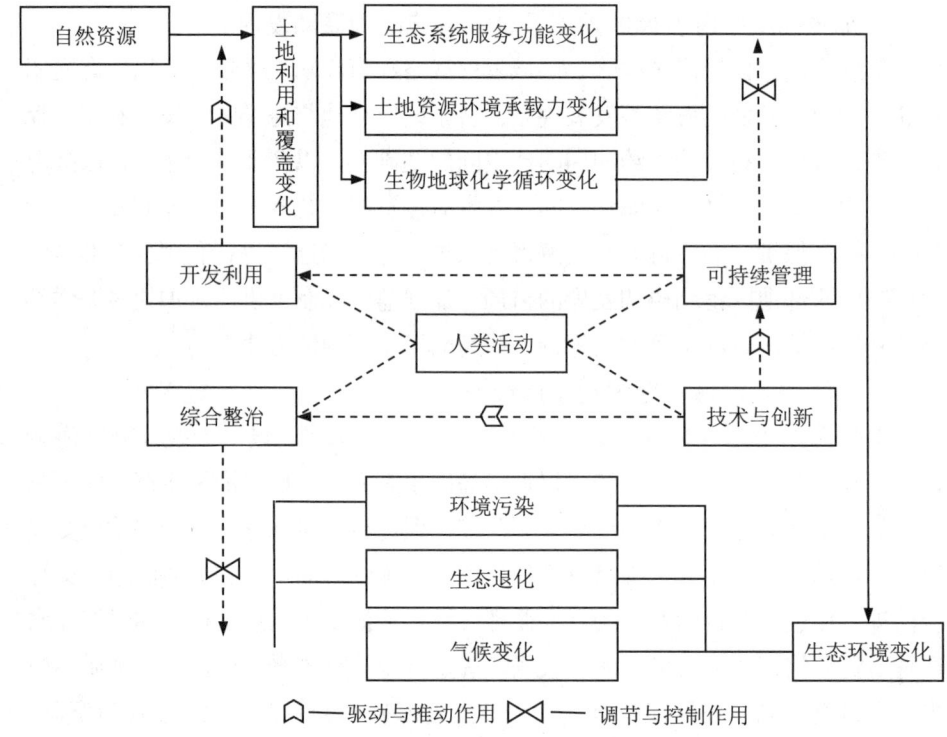

图4-9　自然资源开发利用过程中资源与环境的关系

量,危及自然资源安全。当人类社会意识到不可持续自然资源开发利用方式所造成的自然资源耗竭与生态环境退化后,希望通过自然资源的可持续管理来减轻各类开发活动对自然资源和生态环境的负面影响,并通过国土综合整治来修复退化的自然资源与生态环境。在此过程中,技术与创新能够发挥重要的作用。总的来看,自然资源开发利用带来最直接的影响是土地利用/覆盖与景观格局的变化,生态退化对自然资源质量和可利用性均造成负面影响。

(二)自然资源与环境的辩证统一关系

自然资源本身具有资源与环境的双重属性。每一块自然资源均是人类和其他生物赖以生存的物质基础,表现出资源属性。同时,自然资源也是生态系统的重要组成部分,不仅具有生态系统服务供给功能,而且对外来干扰具有敏感性,表现出环境属性。随着开发利用强度与维持区域生态安全重要程度的不同,每一块自然资源的主导功能不同。

(三)自然资源与环境关系的优化管理

1. 以环境为主导功能的自然资源可持续管理

(1)法治建设

目前,中国保护以环境为主导功能的自然资源的相关法律有《中华人民共和国自然保护区条例》《中华人民共和国森林法》《中华人民共和国草原法》等。尚缺乏专门促进以环境为主导功能的自然资源保护的法律。现行的《土地利用现状分类》分类子体系中也未列出以环境为主导功能的自然资源类型,这样的情况十分不利于以环境为主导功能的自然资源的保护。因此,需要在现行的土地利用分类标准中增加生态用地类型,并制定促进生态用地保护的法律条例与用途管制制度。为防止生态用地通过征收改为建设用地,法律必须肯定生态用地是公益性用地,如果需要征收,其目的须为高于生态利益的公共利益[15]。

(2)环境准入制度

环境准入制度是控制污染转移和防止生态破坏的一种有效手段,是从保护生态环境角度约束人类生产与消费行为的一种制度。在以环境为主导功能的自然资源领域提高企业发展、土地开发的准入门槛,严格执行环境准入制度是确保以环境为主导功能的自然资源的生态环境得以有效保护的政策措施之一。目前,我国环境准入制度尚处于探索阶段,一些地区也进行了相关尝试。但对如何根据区域资源环境与社会经济发展特征,构建科学合理的环境准入指标体系并设置门槛有待进一步深入研究[16]。

(3) 税收政策

不同的税收政策可以影响各类土地的使用价格,引导土地资源利用方向。征税压力会在很大程度上促使土地占用者改变土地利用方向,实现土地资源的可持续利用。目前我国的土地税收制度中包括:①为保护耕地而征收的耕地占用税;②为促进合理、节约使用城镇土地而征收的城镇土地使用税;③为抑制土地投机行为而征收的土地增值税。尚缺乏针对占用以环境为主导功能自然资源的税收政策。可以考虑对生态用地的生态重要性进行分级。对于一些环境功能十分重要的生态用地,采取行政强制性手段限制其开发利用。而对于一些环境功能重要性较低的生态用地,可以考虑采用生态用地占用税的方法限制其开发利用。

(4) 生态补偿政策

生态补偿是指通过对损害(或保护)资源环境的行为进行收费(或补偿),提高该行为的成本(或收益),从而激励损害(或保护)行为的主体减少(或增加)因其行为带来的外部不经济性(或外部经济性),达到保护资源的目的[17]。20世纪80年代初期,中国开始对生态补偿进行探索,积累了一定的经验。目前,我国生态补偿涉及到退耕还林、天然林保护、农村新能源建设、水土保持补贴和农田保护、退田还湖、退牧还草、饮用水源地保护、自然保护区补偿等计划和项目[18],在我国生态环境保护中发挥了一定的作用。但目前我国生态补偿政策尚存在主体不明确、范围过窄、标准制定不合理、融资渠道单一等问题[19],制约了生态补偿政策在保护以环境为主导功能的自然资源中的作用。如目前我国土地征收制度中尚缺乏生态补偿等相关制度设计[20],建设用地占用具有重要生态价值的用地的现象较为普遍,不利于以环境为主导功能的自然资源的保护。因此,需要通过多种途径,把生态补偿机制提升为改善以环境为主导功能的自然资源及其周边居民生计的激励机制,从而确保以环境为主导功能的自然资源得到保护。

2. 以资源为主导功能的自然资源可持续管理

(1) 城市建设用地的集约化管理

随着城镇化的发展,我国建设用地增长较快,而且,城镇规划较为注重外延式扩展,不重视对城市内部的改造挖潜,使得建筑密度和建筑容积率较低。目前，我国城市土地总平均容积率普遍偏低。据抽样调查，全国城市平均容积率只有0.3[21]，提高容积率有巨大潜力[22]。在当前高速发展阶段，土地资源对我国社会经济发展和城市化的约束作用日益明显。因此，加强城市建设用地的集约化管理是我国社会经济可持续发展和可持续城市化的重要保障。

建设用地节约集约利用是指通过降低建设用地消耗、增加对土地的投入，不断提高土地利用效率和经济效益，防止建设用地侵占耕地和生态用地，减轻土地利用对生态环境破坏的一种开发经营模式。制定和完善建设用地定额指标和土地集约利用评价指标体系，推行单位土地面积投资强度、土地利用强度、投入产出率等指标控制制度，进一步细化各行业用地标准，严格按标准供地[23]，是促进我国建设用地集约化管理的重要基础。

（2）工矿用地的无害化管理

长期以来，工矿用地一直是我国的用地大户。尤其是近些年来，随着我国工业化进程的加快，工矿用地增长较快。目前，我国工矿用地面积高达4.3万平方千米。工矿用地不仅存在土地利用粗放、集约程度不高的问题，而且是我国环境点源污染物最重要的来源。促进工矿用地的无害化管理是以资源为主导功能的自然资源管理的重要工作之一。工矿用地的无害化管理包括两个方面：通过产业升级、发展循环经济，促进工矿用地节能减排，控制工矿用地生态环境的进一步恶化；加强受污染工矿用地的环境污染治理和生态退化工矿用地的生态恢复。

（3）农业用地的生态化管理

农业用地是我国面源污染的重要来源。根据中国国家环保局在太湖、巢湖、滇池和三峡库区等流域的调查，工业废水对总氮、总磷的贡献率仅占10%—16%，而生活污水和农田的氮、磷流失是水体富营养化的主要原因[24]。中国农业科学院土壤肥料研究所的研究结果显示：在中国水体污染严重的流域，农田、农村畜禽养殖和城乡结合部地带的生活排污是造成流域水体氮、磷富营养化的主要原因，其贡献大大超过来自城市地区的生活点源污染和工业点源污染[25]。此外，农业用地也因为大量化肥、农药的施用以及污水灌溉出现污染问题，危及我国的粮食质量安全。通过农业用地的生态化管理，发展生态农业，是控制我国农业面源污染、改善农业土壤环境质量的有效措施。

五、自然资源与社会持续的长远谋划

（一）利益格局是资源与社会关系的核心

自然资源是经济价值、生态价值和社会价值的统一体。只要有社会经济发展，资源的消耗就不可避免。自然资源的社会问题主要表现为：资源开发的收益如何分配、生态损害如何修复和补偿机制如何建立。解决这三个方面问题的关键是处理好当前与长远的关系，实质上是自然资源的代际问题和区际问题。处理好资源与社会关系的关系，应努力实现自然资源使用减半、民生福祉倍增。解决好资源与社会的关系，本质上是在获取自然资源经济价值的基础上，显化生态价值和社会价值。自然资源开发的收益，应积极用于民生领域，促进民生改善；对于因自然资源开发形成的生态损害，应积极落实谁破坏谁修复的责任机制，促使外部不经济内部化；对于"上游栽树、下游乘凉"现象，应在完善纵向生态补偿的基础上尽快建立健全横向生态补偿机制，使外部经济性得到延续。反之，自然资源领域的民生改善也有利于形成自然资源的节约集约利用和保护格局。

（二）处理当前与长远的关系是把握资源与社会关系的关键

当前和长远的关系，即代际关系，是辩证统一的关系。当前发展是长远发展的基础，长远发展是当前发展的目标。立足当前实际，解决自然资源领域的突出问题和主要矛盾，实现区际公平，是长远发展的重要前提和基础；着眼长远发展是解决所有问题的重要目标和方向。如果只顾当前利益忽视长远发展，发展就会迷失方向；如果脱离当前实际只讲长远，发展就会根基不牢。只有把当前与长远紧密结合起来，才能做到统筹兼顾。当前和长远关系的核心是代际之间的公平[5][26]，主要涉及的是当代人与后代之间的福利和资源分配问题，强调"代际多数"[27]。因此，代际公平就是一种不以牺牲后代人的发展机会和发展权力，保证后代人的发展机会与当代人一样多的发展能力。自然资源在保障经济发展的过程中，必须妥善处理当前和长远的关系，立足当前，着眼长远，统筹谋划、协调推进，保持资源供需的基本平衡，在代际区际间实现持续利用。

妥善处理当前与长远的关系，就是要做到既要满足当代人的需求，又不能损害后代人的需求。当代人的发展不能以牺牲后代人对资源的需求为代价，也不能把局部地区人口的发展建立在牺牲其他地区的利益为代价。当代人对资源的利用和消耗应以不对后代人的发展产生约束为前提，从而实现资源利用的代

际公平;发达地区对资源的消耗也应该以不能损害资源产区的合理收益为前提,从而实现资源利用的区际公平。只有妥善处理好资源利用的代际公平和区际公平,才能实现资源的公平配置。当前,应牢固树立"天人合一"的生态文明价值观,科学处理资源与社会的关系,不仅有利于确立可持续发展的资源发展观,还有利于妥善处理资源配置的代际公平和区际公平问题。

(三)把握当前,谋划长远,促资源与社会关系的和谐

1.把握当前,提高自然资源保障能力

科学把握当前的经济发展速度和节奏,确保经济社会的平稳发展。从"三维"国土理念出发,加大地质探矿和找矿力度,挖掘深陆、深海和外部空间的资源,维持、扩大和保护自然资源的发展基础,不断消解生态"赤字",实现国土承载与经济发展的动态平衡。加快转变经济发展方式,发展新型工业化,走工业化、信息化、城镇化和农业现代化协调发展之路,构建经济规模与资源总量、环境容量相适应,经济持续发展、资源永续利用、环境不断改善、温室效应不断降低和生态良性循环的经济发展形态,满足人口和经济增长对资源的刚性需求,使"以人为本"的基本发展在代际之间得以公平实现。

2.谋划长远,加快建立体现生态价值和代际补偿的资源有偿使用制度

加强资源需求侧管理,加快制定资源消耗的行业标准,强化财税等经济杠杆,提高资源利用效率,不断降低经济增长过程中的能源、土地、水和矿产资源消耗。完善征地补偿制度,提高补偿标准,延长补偿年限。实行农用地社会价值评估,保障当代人的发展权。建立当代人对后代人的补偿机制,保障子孙后代的发展权益。完善矿山补偿基金,建立和完善反映生态损害和矿业生命周期的代际补偿机制,避免出现财富拿走、贫困留下,资源拿走、污染留下的现象。建立反映资源消耗的代际财富转移专项基金制度[28],实现代际财富的均衡。

第二节 持续性关系

一、开源与节流是技术关系的统一

(一)开源与节流是辩证统一的关系

资源开源与节流是同一个问题的两个方面,是保障自然资源可持续利用

的两种途径，二者是辨证统一的关系。"源"是收入，"流"是支出。如何"量入为出，以入养出"，是自然资源支撑社会经济可持续发展的关键所在。在开源与节流这对矛盾中，节流是矛盾的主要方面，居于支配地位、起主导作用。现阶段，资源开源压力不断加大，资源节约将是直面资源问题的最有效方式之一，也是处理当前开源与节流关系的主要方面。从科学决策的角度来看，应从长远战略的眼光看待开源与节流的关系，为保证未来资源能够持续供应，要不断加大资源开源力度。但是，如果节流没有到位，开多少浪费多少，事实上是透支了未来的资源潜力。因此，需要从以下两方面来着手处理开源与节流问题。一是加强开源，通过增加资源供给，缓解当前的资源紧张问题。只有开源，才能从根本上解决资源的可持续利用问题，减少资源短缺对经济发展的约束。二是强化节流，通过采用先进技术和方案实现资源节约。只有节流，才能降低资源消耗的速度，以提高资源利用效率的方式为开源赢得时间。

（二）开源与节流并重，防止资源短缺

1. 加强开源，扩增量

从长远来看，加强开源，不断寻找新的资源保障空间，是防止资源供应短缺的根本出路。虽然现阶段资源节流是开源节流关系的主要方面，但是，随着资源需求量的增加，对外依存度居高不下，必然导致原材料价格上涨过快，国民经济发展的可持续性受到严重干扰。在国际市场上，我国缺少话语权，在价格谈判上容易受制于人。从谋划自然资源长期的发展战略来看，仅靠节流这一手段难以达到保障国家经济发展安全的目的，必须从全方位寻求资开源的路径。突出以下几个方面的举措：第一，依托技术进步，增加资源储量。技术水平决定资源开源的广度与深度，技术进步同样可以不断提高资源勘探水平，降低开发利用难度或开发利用品位更低的资源，从而达到资源开源的目标，勘探技术水平的提高会逐步增加我国传统能源和矿产资源的储量。第二，提高勘查储量。加强国内资源的勘查是提高我国资源保障程度的一项重要途径。第三，发展替代资源。寻找和发展替代资源是开发资源潜力的必由之路。以工业的血液石油资源为例，发展生物质能被认为是替代石油的最佳途径。第四，资源产地延续。通过充分挖掘资源原产地的深部潜在资源，可以延续资源开发利用时间，维系城市或区域的持续发展，为资源型城市的经济转型赢得时间。第五，

利用国际市场。我国除加大国内矿产资源的勘查力度，增加储量，有效节约资源外，要充分利用"两个市场，两种资源"，实施资源全球化战略，博采众"源"，为我所用。

2.强化节流，缓解资源供需矛盾

资源的粗放利用是导致供需矛盾的重要因素。近年来，我国城市与农村争地、工业与农业争地、燃料与粮食争地、住房与庄稼争地；矿产资源消费快于生产、生产快于勘查，国内供需失衡。据统计[29]，在20世纪的100年里，全世界消耗石油天然气2460亿吨、煤炭1420亿吨，应用的钢材380亿吨、铝7.6亿吨、铜4.8亿吨。而整个21世纪，全球财富总量将比上个世纪高出3—4倍，如果继续沿用传统的资源利用方式，需要三到四个地球才能满足资源需求。因此，节流对于转变经济发展方式、降低经济增长过程中的资源消耗就显得极为重要。一方面，要调整产业结构，淘汰落后产业，从源头上节流。大力淘汰环境污染严重、生态损害大的高能耗、水耗、原材料消耗产业，发展科技含量高、经济效益好、资源消耗低、环境污染小的新型工业化道路，逐步实现经济增长与物质消耗和环境退化的"分离"。另一方面，发展循环经济，提高资源再利用程度，在生产过程中节流。强化循环经济的技术设计，以园区为载体，以集群经济为平台，以产业链为纽带，提高废弃资源的综合利用程度，提高资源利用效率，建设资源节约型、环境友好型社会。

二、国内与国外是市场关系的统一

（一）国内与国外关系的核心是保障资源的可持续供应

妥善处理国内与国外的关系，即开拓国内国外两个市场，利用国内国外两种资源，防止资源供应短缺，实现自然资源的可持续供应。在立足国内资源供应的基础上，善于利用国外市场和国外资源，在平等互利的前提下，实施"走出去"战略，积极融入经济全球化，实施矿产资源、能源资源等自然资源利用的全球配置战略。

（二）处理好国内与国外关系，充分利用两个市场、两种资源

提高国外矿业权控制能力，维护我国发展权益。我国正处于"四化"加快发展的重要时期，矿产资源的供需缺口不断加大，对外依赖程度逐步上升。在国际矿产品市场上，我国大国效应显现，即卖啥啥便宜，买啥啥贵。石油、铁

矿石、铜等大宗矿产资源对外依存度居高不下，矿产品价格整体上处于高位运行[30]，进口成本不断增加，致使经济发展承受巨大的资源成本。要降低经济发展过程中的资源成本，需要积极学习国际矿业权的交易规则，加强与国外矿业大国的合作，积极参与国外矿产资源勘查、开发，从源头上提高我国在矿产品市场上的话语权，维护我国在矿产品市场上的权益。重点突出以下几个方面：

第一，走出去与引进来相结合，实施技术共享。中国在积极利用国外矿产资源，分享"走出去"成果的基础上，要注重引进发达国家在矿产资源开发利用中的先进技术和经验，积极吸纳美国等先进国家在保护性耕作等方面的先进做法。我国矿产资源富集区与生态脆弱区多有重叠，矿产资源开发的生态风险大、经济代价也大，过度开采矿产资源会造成严重的地面沉降和水系断流等生态破坏。中国的矿产资源开采中的安全事故防范措施较为落后，容易造成严重的人员伤亡和经济损失。因此，要大力实施"引进来"战略，特别是要积极引进、吸收国外的先进技术和成功经验，借鉴国际先进管理理念、制度，实现自然资源开发与生态保护并重，自然资源开采与安全生产并重。

第二，实行包容性增长[31]，实现互利共赢发展。我国的"走出去"战略与西方国家对外输出资本、殖民掠夺资源有本质性的区别[32]。西方发达国家的资本输出是凭借技术、资本优势，甚至是强权政治控制资源开采与运输格局，带有资源掠夺特征，严重损害资源输出国的经济发展和社会进步。而中国的自然资源领域的"走出去"战略，是在坚持平等互利、共同发展的基础上，积极帮助东道国发展经济，改善民生，促进社会进步，构建互利共赢的发展格局。

第三，开展风险评估，保障投资权益。中国矿业"走出去"的前景虽然广阔，但亦荆棘密布，政策变动、货币汇率、自然灾害、企业投资决策以及经营管理等诸多风险如影相随[33]，更有甚者，东道国的政治动荡、政权更迭造成投资血本无归。利比亚等东道国的社会动乱致使中方人身和财产安全造成重大损失，大型合作项目由于各种原因遭遇毁约等现象屡见不鲜。对此，要开展"走出去"的社会风险评估，做到趋利避害，保障中资机构"走出去"的合法权益。

三、开发与保护是辩证关系的统一

（一）开发与保护是辩证统一的关系

自然资源开发与生态环境保护之间是一种双向制约的辩证统一关系。合理的开发是实现科学保护自然资源的有效方式，比如合理地划区轮牧有利于草原植被的恢复，也有利于草原畜牧业的可持续发展。自然资源的合理开发是经济社会发展的物质基础，没有自然资源的开发利用，人类就无法生存和发展，也就不能为生态环境保护提供物质基础。保护是开发的前提，保护的目的是为了更可持续的开发。开发和保护既相互区别，又相互对立。在不同的条件下，自然对人类的功能不同。资源强调的是实体功能，体现为自然对于人类实体的直接有用性；生态环境强调生态属性，体现为接受并容纳生产和消费所排放的废弃物，以及为包括人类在内的所有生物提供生存、繁衍、栖息的场所。从某种程度上说，开发意味着一定程度的破坏。对自然资源开发利用不当，只注重索取、不加强保护的开发，必然会造成生态环境的严重破坏。过度保护妨碍开发，片面保护易忽视资源开发，也就不能全面体现自然资源本身的价值。

人为地将开发与保护分离，会给人类带来灾难性后果。例如，美国拓荒时期过度开垦土地造成植被破坏，于1934年发生了震惊世界的"黑风暴"事件。因此，既不能只片面追求自然资源开发而忽视生态环境保护，又不能只重视生态环境保护而抑制自然资源开发。要坚持在开发中保护，在保护中开发，树立保护自然资源就是保护生态环境的理念，最大限度降低自然资源开发对生态环境的负面影响。

（二）"两山"论科学反映了开发与保护的辩证统一关系

"生态就是资源、生态就是生产力"，"只要勤劳肯干，守着绿水青山一定能收获金山银山"。"两山"论反映了自然资源开发与保护的辩证统一，是新发展理念，是科学发展观的重要理论创新。

"既要绿水青山，也要金山银山"是指，在经济社会发展过程中既要开发资源，也要保护生态；"宁要绿水青山，不要金山银山"是指，当开发与保护发生矛盾时，要坚持生态保护优先，把生态保护放到突出的位置，决不能因为短期的经济效益而忽视长远的生态效益；"绿水青山就是金山银山"指的是自然价值与自然资本的统一。自然生态是有价值的，保护自然就是增值自然价值和自然资本的过程，就是保护和发展生产力，就应得到合理的回报和经济补偿。这一理念深刻阐明了经济发展与生态保护的辩证关系，科学阐述了自然资源是多重属性的统一体，充分体现了党对自然规律、经济社会发展规律认识的深化，具有重大的理论和实践指导意义，极大地影响和改变了我国的发展理念和发展方式。

(三）坚持开发与保护相统一，统筹自然资源管理

自然资源开发与生态环境保护的矛盾，是人类社会进入工业社会以后，人地矛盾尖锐的具体表现。直到今天，人地矛盾仍然存在。在思想上，片面追求资源的经济价值，忽视其生态价值和社会价值，重开发轻保护，致使资源利用粗放。在决策上，虽然在主观层面上重视生态环境保护，但在客观行动上仍是重开发、轻保护。在管理体制上，保护自然资源的监管体制不完善，促使市场主体节约资源、保护环境的激励机制还未形成，生产经营的违法成本小于生态环境治理成本。在制度上，自然资源的产权制度、规划制度和用途管制制度还没有得到全面落实，致使乱开、乱垦的现象没有得到有效遏制，生态破坏严重。

世界经济发展史表明，任何一个国家都不可能全部依靠国外的资源发展本国经济。我国很多地区离全面实现工业化还有很长的路要走，因此，要正确处理开发与保护的关系，坚持二者的统一。重点突出以下几个方面的举措。

一要转变传统发展观。全面贯彻落实习近平生态文明思想，树立尊重自然、顺应自然、保护自然的生态文明理念，牢固树立"节约资源就是保护环境、保护环境就是保护生命"的发展理念。

二要推行"多规合一"。加强各类资源规划、生态保护规划与国土规划的衔接，形成以国土空间规划为基础的空间规划体系。严格落实各项规划，确定保护对象。不仅要将耕地、湿地、重要生态保护区、水源地作为保护主体，还要将各类公园纳入国家公园管理体制，实行统一管理和保护。同时，将战略性矿产资源作为重要保护对象，实行总量控制性保护开发，维护国家权益。

三要实行红线管理制度。要以资源环境承载力为底线，以生产发展、生活富裕、生态良好为目标，确定开发强度，确保资源开发对环境的影响不超过生态阈值。积极制定和完善资源开发与节约集约利用标准，实施生态环境影响评价和预警机制。

四要制定生态环境损害补偿制度与责任追究机制。发挥经济杠杆作用，使资源开发的外部不经济性内部化。按照"谁破坏谁恢复，谁开发谁保护，谁受益谁补偿"的原则，将资源开发的生态环境损害纳入开发总成本。健全责任追究制度，完善资源开发与生态环境保护离任审计制度。严格落实离任审计制度，对因决策失误造成的生态破坏，要严格追究地方主要领导的责任，甚至是法律责任。

五要加强对自然资源开发利用的监管。加强统筹协调，强化自然资源产权

保护，形成从中央到地方全覆盖的监管体制。进一步理清自然资源管理体制，实现开发主体与监管主体的分离，合理划分资源开发、监管的责任主体。

第三节　治理性关系

一、正确处理政府与市场的关系

（一）政府与市场相互补充

处理好政府与市场的关系是经济体制改革的核心问题。政府与市场是资源配置的两种手段，二者各有长处，相互补充。正确处理政府和市场关系，就是要尊重市场经济规律，充分发挥二者的优势，取长补短，既要发挥市场在资源配置中的决定性作用，又要更好地发挥政府的作用。应科学划清政府与市场的边界。该由市场发挥作用的，要杜绝政府乱干预，特别是要避免政府对矿业权配置的行政干预；当市场失灵时，要更好地发挥政府在规划计划、用途管制、确权登记、资源保护、节约集约利用、资源安全、总量控制、供需双向调节、差别化管理和资源收益分配等方面的作用。

（二）市场是资源配置的有效手段，但单独使用具有很大的负面效应

市场经济的发展历程表明，市场决定资源配置是市场经济的本质特征和基本规律，应充分发挥市场在资源配置中的决定性作用，特别是让价值规律、竞争规律和供求规律等市场经济规律在资源配置中起决定性作用。企业是市场经济的主体，完全可以根据市场需求决定生产什么、生产多少、为谁生产等行为。市场是配置资源的有效方式，可以根据市场需求提高配置效率和利用效率，有利于鼓励企业进行技术创新，促进优胜劣汰。价格形成机制是市场经济的基本机制。在市场竞争过程中，价格成为调节供求关系的纽带，而供求关系的变动也会影响自然资源的价格。例如，当我国经济发展速度较快的时候，铁路、公路等基础设施建设对钢铁的需求量大，国际市场上铁矿石的价格就容易水涨船高。

单纯依靠市场机制配置资源具有很大的负面效应。由于市场主体的微观性、市场主体行为的盲目性、自发性和逐利性，自然资源市场的垄断性、自然资源收益市场分配的分化性，以及市场本身的滞后性、失灵性，全面认识单纯依靠市场配置资源的负面效应十分重要。主要有以下几个方面：一是如果自然

资源产权不清，会造成自然资源的无序利用，造成利用粗放，甚至是滥用，极易引发生态环境与社会矛盾；二是市场不能从区域布局上对自然资源开发利用作出合理安排，容易引发生产力布局的失序；三是市场可能造成资源开发的供需失衡，对全国乃至全球产生影响，容易造成国有自然资源资产权益的损害；四是市场会使垄断企业获取超额利润，造成收益分配不合理，引发社会矛盾；五是资源开发具有典型的外部不经济性，市场会使企业单纯追求经济效益，可能会造成资源的过度消耗和浪费，更容易产生严重的生态环境问题。因此，纠正市场的负面效应需要更好地发挥政府的宏观调控作用。

（三）克服市场的负面效应需要政府更好地发挥作用

正确处理政府与市场的关系，使市场在资源配置中起决定性作用，不等于政府不发挥作用，绝不是否定或弱化政府的作用，相反，要更好地发挥政府的作用。具体突出以下几个方面：第一，政府要在调查评价的基础上对自然资源的开发、利用、整治和保护作出规划和年度计划，并实施用途管制，促进全部国土空间的保护；第二，政府要在明确产权的基础上，履行全民所有者的职责，对自然资源的开发利用依法进行监管，建立自然资源的有偿使用制度，全额征收资产收益；第三，政府要在总量控制、双向调节、差别化管理方面积极作为，促进资源开发利用与经济社会发展相协调，促使资源利用方式和经济发展方式转型，确保资源安全和经济社会发展安全；第四，政府要对自然资源收益再分配进行调节，及时化解社会矛盾，促使社会公平正义；第五，政府要制定资源保护和节约集约利用标准，促使资源保护和节约集约利用；第六，政府要对资源开发的生态环境问题进行监管，制定生态补偿机制，促使资源开发的外部性内部化；第七，政府应履行市场体系建设和监管职责，完善资源性产品价格形成机制，重点推进土地、矿产和水等自然资源资产领域的价格改革，加快建立反映市场供求关系、资源稀缺程度、环境损害成本的价格形成机制，坚决遏制依靠垄断或占有的方式使用自然资源获取超额利润的现象，更好地实现自然资源的最优配置，更好地体现自然资源资产价值。

二、合理界定中央与地方的关系

（一）依据事权匹配相应的财权是中央与地方关系的本质

中央与地方的关系，是指中央政府和地方政府在管理自然资源事务过程中所产生的纵向权力关系,处理中央与地方的关系,实质上是协调中央政府与地方政府在自然资源管理事务中形成的事权和财权关系。正确处理中央与地方的关系,就是形成二者合理分工、上下互动、形成合力的工作格局。依据各级政府的事权匹配相应的财权对于科学划分中央与地方的权利与责任具有重要意义,也是推进国家治理能力现代化的重要标志。

(二) 中央与地方的事权财权划分问题较为突出

我国自然资源管理领域的事权财权关系还存在一些突出问题,成为制约中央与地方协调发展的障碍。一是中央与地方的事权责任与财权不匹配。1994年分税制改革以来,中央与地方事权财权不匹配的现象较为突出。目前,中央与地方的预算收入大约各占一半,但地方政府承担的事权支出比重超过80%。这势必会影响到地方对自然资源资产保护的积极性。二是中央与地方分级行使自然资源资产所有权的边界模糊。虽然中央要求编制全民所有自然资源资产委托代理行使所有权的资源清单,但迄今为止,仍只是原则性的规定,中央与地方分级行使所有权的边界不清晰。三是自然资源资产保护的财政支出责任划分不合理。对于国有天然林管护费,中央的投入强度偏小,明显低于地方的投入。四是省以下的垂直管理体制不完善。自然资源管理本来是全国一盘棋,但省以下自然资源管理部门主要服从于地方经济社会发展,容易出现规避中央政策约束等问题。

(三) 合理划分中央与地方事权边界

正确处理中央与地方的关系,重点要明确中央政府在自然资源管理中的事权。在规划编制和实施上,中央政府要积极制定全国性的空间规划和专项规划,承担宏观调控职能,以便对全国范围内的自然资源开发、利用、保护、整治和供需平衡作出合理部署,积极制定跨流域、跨行政区的战略规划,协调各流域、各行政区的关系;地方政府要依据全国性规划,积极制定地方性规划。在审批上,中央政府要积极简政放权,把权利和责任放下去,把服务和监管抓起来。同时抓好石油、天然气、铀矿等战略性矿产资源的勘查、开发和重大项目的审批和规划建设;地方各级政府要从建设服务型政府、法治政府的要求出发,加快推进自然资源行政审批制度改革,简化流程,提升服务能力。在自然资源资产管理上,中央政府要加快改革,细化资产的所有权、使用权和处置权,确保国家所有的自然资源资产保值增值;地方政府要依据自然资源管理权限,依法行使国务院赋予的各项权利。在自然资源监管上,中央政府起主导作用,主要是制定全国性的工作规则,明确监管对象、目标和责任追究的各项措施,并对省级政府实施监管;地方政府起主导作用,落实各项监管要靠各级地方政府,并确保政令畅通,真正把监管抓起来。在不动产统一登记上,中央政府要加强不动产统一登记的协调和信息化建设,为地方的确权登记创造条件;地方政府要加强基础数据库建设,依据中央的不动产统一登记要求,制定统一登记机构、统一登记依据、统一登记账簿、统一登记信息平台,对水流、森林、山岭、草原、荒地、滩涂等自然生态空间进行统一确权登记。在资源安全上,中央政府要从国家安全角度,制订油气等战略性资源的开发与储备规划,保障国家资源安全、经济安全;地方政府要依据中央的资源安全战略部署,加强本行政区的资源储备库建设,制订储备计划,加强保护。在资源保护上,中央政府要对永久基本农田、战略性矿产资源、重要江河源头、天然林保护工程和国家公园等重要资源实行统一管理;地方政府要按照中央政府分解的任务加强资源保护,同时强化对耕地、水源涵养区、大江大河的管理。

三、处理好分类管理与集中管理的关系

(一)以分类为基础的集中管理是国际自然资源管理的基本趋势

从发达国家的先进管理经验来看,自然资源的分类分级管理是基础,集中管理是发展趋势。正确处理分类管理与集中管理的关系,就是在实行分类管理的基础上,根据不同门类自然资源之间的系统性、关联性和集中管理的趋势,强化集中统一管理。从全球的资源管理体制来看,集中管理作为一种发展趋势,既是为了提高管理效率、降低成本,也是为了实现资源开发与生态保护的协调。但目前还没有一个国家真正实现对全部自然资源的集中统一管理。实行集中管理的资源门类并不是越多越好,过分强调集中管理往往适得其反,带来行政管理效率低下的问题。

(二)自然资源的集中管理尚有继续完善的空间

本轮机构改革成立了自然资源部,重新组建了水利部,土地、地质、矿产、林草和水资源的集中管理得到进一步加强,自然资源的集中管理正朝着生态文明体制改革的要求发展,但仍有继续完善的空间,主要表现在以下三个

方面：一是自然资源的调查职责仍未实现完全意义上的集中管理。从自然资源部、水利部的"三定方案"来看，水资源的调查职责仍然分散在这两个部门，未实现实质意义上的集中管理。二是能源资源离实现集中管理尚有很大差距。煤炭、石油、天然气的探矿权与采矿权的行政管理属于自然资源部，而能源的生产许可、综合利用、消费总量控制职责属于国家能源局，这样的现状不利于实现勘探开发与市场需求的协调。三是集中统一的自然保护地体系尚未形成。虽然中央明确了新组建的国家林业和草原局负责管理自然保护区、风景名胜区、自然遗产、地质公园等，但各类自然保护地的监管和生态保护红线的划定工作仍由生态环境部负责。并且，对于湿地的管理职能划分仍较为混乱，分散在农业农村、水利、生态环境和林草等部门，难以形成管理合力。

（三）以分类管理为基础加强集中管理

正确处理分类管理与集中管理关系的关键，就是要在分类管理的基础上加强集中统一管理。重点突出以下几个方面：一是依据自然资源基本属性，加强分类分级管理。自然资源具有共性，也有个性。应针对不同门类资源的属性差异，以单门类的自然资源为分类管理对象，研究单要素自然资源的利用和管理规律，建立分类、分级的资源管理政策、制度和措施。二是加强自然资源综合调查管理。以单门类自然资源的基本属性为基础，强化对自然资源的综合调查和评价。三是强化能源资源的集中管理。将能源的勘探、采矿许可与生产许可职责集中到一个部门，由自然资源管理部门统一行使，可更好地实现对能源资源的总量控制、双向调节和差别化管理。四是加强自然保护地的集中统一管理。从优化部门职责角度出发，将生态保护红线的划定职责和自然保护地的监管职责从生态环境部门分离出来，由自然资源管理部门集中统一行使，从体制上实现对自然保护地的集中管理。

四、行使好资产管理与资源监管

（一）资产管理与资源监管是自然资源部行使"两统一"职责的具体表现

自然资源资产管理与自然资源监管是一个问题的两个方面。自然资源资产源于自然资源，是指具有稀缺性、有用性和产权明确的自然资源。自然资源一经行政许可，为特定主体所占有便成为自然资源资产。但自然资源资产管理与自然资源监管又有区别。2013年11月19日，习近平总书记在十八届三中全会上指出,"国家对全民所有自然资源资产行使所有权并进行管理和国家对国土范围内自然资源行使监管权是不同的,前者是所有权人意义上的权利,后者是管理者意义上的权力。这就需要完善自然资源监管体制,统一行使所有国土空间用途管制职责,使国有自然资源资产所有权人和国家自然资源管理者相互独立、相互配合、相互监督"。

(二)自然资源资产管理与资源监管既有联系又有区别

自然资源资产管理与资源监管既有联系又有区别,具体表现在以下两个方面:一是全民所有自然资源资产管理是所有者意义上的权利。全民所有自然资源资产管理是国家作为自然资源所有权人,依法对国家所有的自然资源行使占有、使用、收益、处分等权利,统一资产管理标准,统筹资产配置、处置和收益管理等行为。自然资源资产管理是国家对国有自然资源行使的用益物权的管理。国家自然资源资产管理的行政主体包括国务院、地方政府、授权的特定组织机构和企业,管理的目标需要综合考虑经济、社会、国防和生态等因素,以社会公共利益最大化为根本原则。二是自然资源监管是管理者意义上的权力。自然资源监督管理是国家作为行政管理机关,依法对全部国土空间自然资源的保护和开发利用活动行使用途管制、市场准入、执法监督等行为,也包括对全民所有自然资源资产的配置和处置进行监督和制约。

总的来看,两项职能性质不同,管理目的、管理对象、影响领域、管理手段都存在明显不同,不可混为一谈。但同时也要看到,二者之间的联系极为密切,在某些环节,管理主体存在重合,在某些领域,存在业务交叉。

(三)加强一个机构统一行使自然资源资产管理与资源监管

统一行使全民所有自然资源资产管理和所有国土空间用途管制是自然资源部的两项基本职责,在具体管理工作中要加强二者相互的配合。全民所有自然资源资产管理要以自然资源监管为基础,资产配置和处置要符合以规划为基础的用途管制规范,符合国家生态保护的公共利益需要。自然资源监管就是在构建统一的国土空间规划体系的基础上,严格实施用途管制,实现全国国土空间自然资源的可持续利用和生态环境保护,使国家生态安全至上的理念得到实现。妥善处理自然资源监管与资产管理的关系,就是要在一个自然资源管理机构内部使二者相互协调、相互配合、相互监督,实现信息共享,确保管理目标的统一。

参考文献

［1］ 杨万钟.经济地理学导论［M］.上海：华东师范大学出版社，1999.

［2］ AUTY R M. Sustaining Development in Mineral Economies: The Resource Curse Thesis［M］. London: Routledge,1993.

［3］ 洪保麟，周蕾.强化科技知识在资源开发中的作用［N］.中国国土资源报,2009-2（06）.

［4］ 胡鞍钢，胡联合.转型与稳定［M］.北京：人民出版社，2005.

［5］ 牛文元.中国可持续发展总纲［M］.北京：科学出版社，2007.

［6］ ADAMS D, ADAMS K, ULLAH S, ULLAH F. Globalisation, governance, accountability and the natural resource 'curse': implications for socio-economic growth of oil-rich developing countries［J］. Resour. Policy, 2019, 61: 128-140.

［7］ GRANT M N, GRAHAM A D. Neither Dutch nor disease?—natural resource booms in theory and empirics［J］. Mineral economics, 2018, 31（1-2）: 35-59.

［8］ 张海峰，杨金森，徐质斌等.到2020年把我国建成海洋经济强国——论建设海洋经济强国的指导方针和目标［J］.海洋开发与管理，1998（1）：20-21.

［9］ 张耀光.我国海陆经济带的可持续发展研究［J］.海洋开发与管理，1996（2）：75-80.

［10］ 栾维新.海陆一体化建设研究［M］.北京：海洋出版社，2004.

［11］ 叶向东.构建"数字海洋"实施海陆统筹［J］.太平洋学报，2007（4）：77-86.

［12］ 侯永志，刘云中.坚持陆海统筹　科学开发利用蓝色国土空间［N］.人民日报，2012-10-18.

［13］ 韩增林，狄乾斌，周乐萍.陆海统筹的内涵与目标解析［J］.海洋经济，2012，2(1)：10-15.

［14］ 李文荣.加快海陆互动　建设沿海强省［EB/OL］.（2007-05-15）［2020-06-07］. http://www.people.com.cn/.

［15］ 唐双娥，郑太福.我国生态用地保护法律制度论纲［J］.法学杂志，2008，176（5）：138.

［16］ 赵海霞，朱德明，曲福田等.环境准入门槛设置与指标体系构建实证［J］.城市环境与城市生态，2009，22（2）：37-40.

［17］ 毛显强，钟瑜，张胜.生态补偿的理论探讨［J］.中国人口·资源与环境，2002，2（4）：38-42.

［18］ 孙新章，谢高地，张其仔等. 中国生态补偿的实践及其政策取向［J］.资源科学，2006，28（4）：25-30.

［19］ 孙新章，周海林.我国生态补偿制度建设的突出问题与重大战略对策［J］.中国人口·资源与环境，2008，18（5）：139-143.

［20］杨永芳，艾少伟.生态补偿在征地补偿中的缺失及路径选择［J］.中国土地科学，2007，21（6）：53-57.

［21］龚义等.城市土地集约利用内涵界定及评价体系设计［J］.浙江国土资源，2002（1）：46-49.

［22］隆宗佐.城市土地资源高效利用研究［D］.湖北：华中农业大学，2008.

［23］梁帅.土地资源的开发与利用［J］.科技创新，2009，349（4）：16.

［24］李贵宝，尹澄清，周怀东.中国"三湖"的水环境问题和防治对策与管理［J］.水问题论坛，2001（3）：36-39.

［25］张维理，武淑霞，冀宏杰等.中国农业面源污染形势估计及控制对策：I．21世纪初期中国农业面源污染的形势估计［J］.中国农业科学，2004，37（7）：1008-1017.

［26］王军.可持续发展［M］.北京：中国发展出版社，1998.

［27］颜俊.可持续发展中的代际关系研究［J］.中国人口·资源与环境，2007，17（3）：24-27.

［28］舒基元，姜学民.自然资源代际转移模型研究［J］.中国人口·资源与环境，1997，7（1）：54-58.

［29］牛文元.要把节能作为整个发展主线［N］.北京日报，2012-03-11（02）.

［30］中华人民共和国国土资源部.中国矿产资源报告［R］.武汉：地质出版社，2012.

［31］方大春.包容性增长的内涵：天地人和［J］.红旗文稿，2011，10：20-22.

［32］徐则荣.企业"走出去"需防范风险、提高水平［J］.红旗文稿，2011，14：21-24.

［33］翁阳.利比亚乱局警示中资企业"走出去"风险［EB/OL］.（2011-03-31）［2020-06-20］.https://www.chinanews.com/cj/2011/03-31/2944274.shtml.

第五章

国土空间规划的融合

第一节 空间规划发展的基本态势

一、我国国土空间规划体系现状

（一）空间规划的编制深受现行国家的影响

空间规划及其体系，是一个国家工业化和城镇化发展到一定阶段，为协调各级空间规划的关系，实现国家竞争力、可持续发展等空间目标而建立的空间规划系统。对大多数国家而言，国土空间规划是完善国家市场体系、提高竞争力、进行宏观调控不可缺少的手段，是中央政府站在国家立场，防止和纠正完全自由经济体制下的市场失灵、进行政府干预的一种手段。由于空间规划体系与每个国家的国情有极大的相关性，空间规划体系建立的初衷、管制手段、主要内容和实施效果也不尽相同，政权组织形式、规划和法律传统、行政区划变更、内部和外部的经济社会发展态势以及空间规划体系建立的时间长短都会成为影响因素，这些因素在具体作用过程中有强有弱，并交互影响[1]。

20世纪初期，无论是发达的资本主义国家，还是刚刚诞生的社会主义国家，纷纷将国土空间规划作为推行中央政府调节和干预国土开发和空间秩序管治的政策工具[2]。20世纪50年代，我国引入了以生产力布局为主要特征的区域规划，开展了以功能和布局为主要内容的经济区划。我国确立了以东北地区为主发展重工业和重点开发西部落后地区的发展思路，部署苏联156个援建项目。20世纪80年代，我国借鉴国外，尤其是日本的经验，着手开展国土规划的编制工作。德国和荷兰等国家在编制国土空间规划方面积累了丰富的经验，特别是在国土空间的合理分区、实施国土空间的可持续发展、保持生产空间、生活空间和休闲娱乐空间的稳定性和开展规划的实施评估等方面，形成了可借鉴的经验做法，深刻影响着中国的国土空间规划编制与实施（表5-1）。

表5-1 空间规划体系分类

划分标准	类型	代表国家
以规划内容为标准	区域经济发展政策型	法国、葡萄牙
	综合型	荷兰、德国
	土地利用型	英国、爱尔兰
	城市设计与环境美化型	意大利、西班牙
以规划目的为标准	引导发展型	日本
	控制不平衡型	韩国
	综合治理型	中国、新加坡
以规划体系结构网络为标准	垂直型	德国、中国
	网络型	日本
	自由型	美国、加拿大

（二）空间规划的编制职责深受管理体制影响

受不同历史阶段行政管理体制影响，我国的主体功能区规划、区域规划、城市规划、国土规划和土地利用规划等共同作用于国土空间，相关规划编制与实施工作长期由不同部门共同管理。1981年，中共中央发出要搞好国土整治的通知，国家基本建设委员会（以下简称"国家建委"）随即组织开展了相关研究和探讨。1982年，国家建委与国家计划委员会（以下简称"国家计委"）合并后，国土规划职能也随国土局转到了国家计委。1982—1984年，国家计委在京津唐、湖北宜昌等十多个地区开展了地区性国土规划试点。1987年，国家计委印发《国土规划编制办法》，确定了国土规划的主要任务。1990年，原国家计委组织编写了《全国国土总体规划纲要（草案）》，就国土开发中的水资源、耕地资源、城市化等问题给出对策，并提出了资源承载能力、未利用土地开发等有待进一步研究的问题。但由于种种原因，这个纲要（草案）没有得到实施[3]。20世纪90年代，中国处于市场经济体制建立的起步阶段，国土规划编制工作基本处于停顿或半停顿状态，规划的实施也受到极大影响。1998年，国务院进行了机构改革，将国土规划职能划到新组建的国土资源部。2014年，按照中共中央办公厅、国务院办公厅有关工作部署，国家发展和改革委员会、国土资源部、环境保护部、住房城乡建设部等部委将联合开展市县"多规合一"试点工作，4个部委分别牵头指导7个市县开展"多规合一"试点，取得了积极进展[4]。2017年，国务院发布《全国国土规划纲要（2016—2030年）》，这是我国首个全国性国土开发与保护的战略性、综合性、基础性规划。2018年，国务院再次进行了机构改革，组建自然资源部，承担统一编制空间规划的职责（表5-2）。

表5-2　国家规划体系的演进历程

	初始阶段	分异阶段	冲突阶段	融合阶段
规划背景	实施156项重大工程；在将要开辟为新工业区或新工业城市的地区进行全面规划	改革开放后，经济快速发展，发展与保护、生产与生活的矛盾凸显；三大规划各自侧重点不同	政府从批项目向批规划转变；各类建设对空间资源的竞争越来越激烈	理顺国家规划体系；明晰规划定位；满足规划在推进国家治理体系和治理能力现代化中的要求
主要规划依据	《关于加强新工业区和新工业城市建设工作几个问题的决定》	《城市规划工作条例》《城市规划法》《土地管理法》	《关于国土规划试点工作有关问题的通知》《关于开展全国主体功能区规划编制工作的通知》《城乡规划法》	《中共中央国务院关于统一规划体系更好发挥国家发展规划战略导向作用的意见》《中共中央国务院关于建立国土空间规划体系并监督实施的若干意见》
主要措施	发展计划重点谋划"干什么"，城市规划主要落实"在哪干"	城市规划要"不断改善城市的生活条件和生产条件，促进城乡经济和社会发展"；"合理利用土地，切实保护耕地"；确立了"指标+分区"土地利用总体规划编制模式	开展国土规划试点和省级层面主体功能区规划试点	探索开展"多规合一"试点；自然资源部整合各部委的规划职能；加快规划体系改革
主要问题	发展计划与城市规划的衔接主要局限在工业项目或工业区的布局上，是低层次的合作	目标的差异导致发展计划和空间性规划的演进路径逐渐分离，慢慢发展成并行的两大体系，规划之间没有形成合力	发展规划向空间规划延伸、城乡规划向区域规划延伸、土地规划向国土规划延伸，越位缺位并存，功能交叉重叠，协调成本高昂，法律定位不清	规划融合的标准、实施等有待明确和完善

二、"多规合一"实践的总体进展

（一）"多规合一"的实践探索

21世纪以来，在规划类型越来越多、规划数量越来越大的形势下，一些地方自主探索，试图改变"多规"重叠矛盾、影响效率的不利局面，组织开展了不同形式的"多规融合"或"多规合一"探索，出现包括"两规合一""三规合一""四规合一""五规合一"等在内的大量实践。这些地方实践以"多规"合作或融合为主，侧重规划衔接协调，弥补现行规划体系的不足。

早期的"多规合一"探索，大多依靠单个部门推动，难以调动城乡规划和土地利用规划行政主管部门的积极性，且在当时的快速城镇化阶段，规划管理处于相对松散和不规范的状态，部门之间规划冲突不太明显，地方政府改革意愿也并不强烈，所以未能取得实质性效果。其中，较为典型的包括：2003年广西钦州提出"三规合一"的规划编制理念；2004年国家发展和改革委员会在江苏苏州、福建安溪、广西钦州、四川宜宾、浙江宁波和辽宁庄河开展了有关的试点工作。

"十一五"之后，随着新一轮城市总体规划和土地利用总体规划修编启动，一些地方结合经济社会发展和城镇化推进需要，相继开展了"两规合一""三规合一""四规合一""五规合一"等实践活动。某种意义上，"多规合一"是在现行规划体系日益混乱的状态下，地方自发开展的规划体系改革活动。这一时期，"多规合一"探索主要集中在一些较为发达的大城市和地区，地方政府一方面期望通过改革创新，解决在城市发展和规划管理过程中面临的突出问题；另一方面，也试图通过自身的突破和尝试，向相关部门争取更多的"政策红利"。其中，较为典型的包括：浙江、武汉和上海探索推进的"两规合一"；太原、广州探索的"三规合一"；以重庆为代表的"四规合一"；以北京为代表的"五规合一"。

2013年，中央城镇化工作会议提出"建立空间规划体系，推进规划体制改革，加快规划立法工作"，《国家新型城镇化规划（2014—2020年）》提出推动有条件的地区经济社会发展总体规划、城市规划、土地利用规划等"多规合一"。2014年，中央全面深化改革工作部署中，明确要求开展市县经济社会发展规划、土地利用规划、城乡发展规划、生态环境保护规划等"多规合一"试点；同年8月，国家发展和改革委员会、国土资源部、环境保护部、住房和城乡建设部联合下发通知,确定28个"多规合一"市县试点。2015年9月,中共中央、国务院发布《生态文明体制改革总体方案》,要求整合目前各部门分头编制的各类空间规划,编制统一的空间规划,实现规划全覆盖;支持市县推进"多规合一",统一编制市县空间规划,逐步形成一个市县一个规划、一张蓝图。

(二)"多规合一"的试点实践

2014年,国家发展和改革委员会、国土资源部、环境保护部、住房和城乡建设部确定开展28个市县"多规合一"试点。从2015年起,海南等部分省级"多规合一"试点启动,空间规划体制改革进程进一步加快。"多规合一"试点的实践主要突出以下几个方面:

第一,规划性质和功能定位。综合来看,空间规划的性质:一是要适应经济社会持续健康发展,满足生态文明建设的需要,具有长远性、综合性和约束性;二是空间规划是空间资源保护、开发的上位规划,是编制各类专项规划的基本依据;三是与经济社会发展规划既相互联系又相对独立,分属不同规划类型。空间规划的功能:一是战略引领,促进国土空间开发格局优化;二是底线管控,划定生态保护红线、永久基本农田、城镇开发边界;三是开发统筹,协调生产、生活、生态空间;四是公益保障,合理配置基础和公益设施空间;五是综合整治,科学安排城乡土地整治和生态环境修复;六是政策引领,制定实施差别化土地利用和生态环境政策。

第二,规划体系。各试点在明确综合性空间规划功能定位的基础上,进一步提出了空间规划的具体组成及其纵向、横向关系,初步建立了统一的空间规划体系。首先,均将"形成一套多规共遵的综合性空间规划"作为"多规合一"的基本目标。规划具体成果包括:统一的发展理念(生态优先、资源节约、协调发展等),统一的规划目标(经济发展、社会发展、生态环境、土地利用),统一的规划基础(数据基础、制图基础),统一的规划标准(用地分类、用地标准),统一的规划蓝图,统一的信息平台,统一的管理机制(管理规则、组织机制、绩效管理)等。其次,综合性空间规划在空间规划中处于核心地位、起总控作用,注重规划过程的充分融合、规划方案的衔接一致和规划实施的协同高效;规划成果不排斥或取代任一法定规划,必要时可进一步制定专项规划、详细规划。最后,遵循上级规划控制下级规划的原则,上下结合、由粗到细;跨行政区域的空间规划,在总体规划控制下,编制单元规划或分类规划。

第三,规划任务与主要内容。"多规合一"的内容设计体现在"重基础、明目标、划底线、优空间、建保障"5个方面。"重基础",即在明确国家要求和地方需求、国土空间现状分析、多规差异比较分析的基础上,开展资源环境承载能力评价,明确区域短板要素和适宜开发空间,科学把握规划基础。"明目标",即衔接"多规"发展战略定位,统一确定城市性质与定位、发展战略、规划目标和指标体系。"划底线",即综合考虑产业、城镇、综合交通、资源能源、生态环境等多种要素,确定国土空间开发格局,划定生态保护红线、永久基本农田、城镇开发边界等三条控制线,明确土地用途。"优空间",即通过优化生态空间、乡村空间、城镇空间,实现开发与保护互促共赢。"建保障",即通过各项设施配套、空间修复整治、重点地区安排、规划实施保障等多项举措,保障规划有效实施。

(三)"多规合一"的改革特征

第一,在试点地区的改革探索中,规划碎片化问题得到了有效缓解。以厦门市为代表,试点区普遍梳理了相关规划的矛盾图斑,构建起覆盖全域、用地属性唯一的"一张图",盘活了存量土地,优化了土地利用格局;以空间性规划信息整合为切入点,搭建了统一的信息平台,重构了审批流程,全面缩短了审批时间。如厦门市项目立项申请,到用地规划许可证核发的时间仅为原来的20%;整合后的空间布局图作为各部门编制规划的基础底图,推动"一张蓝图干到底"。从问题导向看,试点地区的探索实践在很大程度上缓解了现行规划体制的碎片化问题及其负面影响。

第二,初步探索出一系列具有参考价值的改革经验。各地按照用地分类标准、基础数据、技术规程等统一的要求,形成了统筹空间性规划的操作方法,如宁夏自治区开发了用地矛盾斑图的检测平台和软件;各地普遍对协调用地差异的工作机制和处理原则进行了探索。一些试点地区还进行了较大力度的体制改革,例如海南省成立了全国唯一的省级规划委员会,调整了分散在各部门的空间规划权限,集中到一个机构统一行使规划职责。

第三,虽然试点经验颇有成效,但在大规模推广时面临着巨大挑战。鉴于试点地区取得了一定成效,一些省份继而寻求在全省范围推广"多规合一"的经验做法,但进展不顺。如:宁夏作为省级空间规划试点省份,迫不得已采取督查的方式推动市县"多规合一";福建省试图在全省范围内推广厦门市的经验,扩大改革成效覆盖面,但改革推进进展非常缓慢。

(四)"多规合一"存在的问题

"多规不合"的矛盾由来已久,表面看上去是各类规划之间图斑的不协调,实质则是因为各类规划遵循的上位法律、管理体制相互掣肘。以技术突破为主的试点经验更多的是现行体制束缚下小范围内的特定探索。因此,简单地将试点经验做法进行推广,难以全面推广"多规合一"。目前,推广工作的难点主要在以下几个方面:

一是,现有改革试点的探索以技术手段和行政协调突破为主,"多规合一"试点经验不够丰富。试点地区"多规合一"总体具有以下特征:一是尝试通过技术手段来协调规划之间冲突,但不突破既有规划体系,规划职能重叠、边界不清的问题并未得到有效解决;二是应地方需求而生并呈现典型的地方主官驱动特征,采取行政协调的方法,即地方一把手在协调有关用地差异和凝聚共识方面发挥了主导性作用。三是一些改革成果,如规划期限、审批流程以及各类控制线和衔接协调机制,尚没有在有关法律法规中予以确认。

二是,规划冲突的本质是体制和政策冲突,冲突图斑的数量大,大范围推广"多规合一"不可一蹴而就。从试点地区来看,差异图斑所占比例并不小,不可能仅仅通过用地差异的技术手段解决,而必须求助于约束性指标的调整。据统计,厦门市城乡规划和土地利用总体规划的差异图斑合计306平方千米,泉州永春县有关规划的用地差异图斑406.11平方千米,海南省为3244平方千米,分别占到辖区面积的18%、28%、9.2%。这些差异主要集中在基本农田、林地、建设用地、矿区等之间。因此,在更大范围内推广"多规合一",必须全方位地调整各约束性指标的设定和配置。

三是,在原有冲突未解决的情况下,各部门又开展了新的空间开发保护改革任务,给推广工作带来不确定性。2014年,"多规合一"试点启动,当时许多相关改革任务都尚未部署,这实际上为有关试点地区解决规划冲突的方案探索提供了便利。但是,永久基本农田、城市扩张边界和生态保护红线分散在国土资源部门、环境保护部门,不可避免地造成边界冲突。这个新制度代表了各部门在管控空间发展方面所具有的话语权和影响力。逻辑上,在已有规划的空间性冲突尚未解决的情况下,新空间管制制度有增加新矛盾的风险。地方普遍认为，这些制度的实施增加了"多规合一"改革的复杂性，增加了部门之间以及不同层级政府之间协调的难度。

因此，"多规合一"试点以技术手段和行政协调为主的做法绕开了规划冲突的根源。在用地差异较大的情况下，自下而上的行政协调方式难以推广至其他地区，同时，新空间管制制度也增加协调难度。虽然试点做法能够很好地解决其辖区内国土空间事权划分不清的问题，但也不难理解有关省份在大规模推行该做法时面临的各种挑战。

三、国土空间规划面临的诸多挑战

（一）规划指导理念的变化

空间规划体系的发展理念由"重视经济发展"向国土空间规划的"以人为本"与"生态文明"转变[5]。纵观中国空间规划体系的发展，特别是改革开放初期，社会矛盾仍然是落后的社会生产力和人民日益增长的物质文化需求之间的矛盾，"发展是硬道理"指引下的规划体系更加重视城市发展和经济增长。进入新时代，中国社会的主要矛盾转化为人民日益增长的美好生活需要和不平衡不充分的发展之间的矛盾，规划的终极目标应当是提高人民的幸福感和安全感。"生态文明"的本质要义是"以人为本"，通过规划的优化配置实现人与空间、人与资源的和谐共生，从而实现人的健康安全与代际公平。国土空间规划应当以生态保护优先，划定生态保护红线，建立底线管控体系与实施机制，以"山水林田湖草"生命共同体为出发点，结合国土空间管制制度、国土空间开发、资源节约利用，系统性保护生态空间，促进生态空间与生产、生活空间协调共存。《生态文明体制改革总体方案》提出要构建以空间治理和空间结构优化为主要内容的空间规划体系，到2020年构建起由自然资源资产产权制度、国土空间开发保护制度、空间规划体系等8项制度构成生态文明制度体系，从生态文明的角度对空间治理体系现代化提出了具体的要求。

（二）规划战略地位的变化

空间规划体系的战略地位由"促增长工具"向国土空间规划的全局性"宏观指导"与"战略引领"转变[6]。1990年以后的空间规划以城市规划为主，服务于地方经济增长；2000年以来，空间规划衍生出一系列多主题的区域型规划，包括旨在促进区域城市间协调发展的城市群与都市圈规划等，成为促进区域发展的重要工具。而国土空间规划立足国家层面，对促进生态文明建设、维护国土空间开发市场秩序、优化国土空间开发格局以及推进空间治理现代化等具有宏观指导性。通过战略引领、开发布局、底线管控、资源利用、公益保障以及国土整治6大功能的实现，国土空间规划必将成为新时代谋划国土空间开发保护格局、合理布局生产、生活、生态"三生"空间、促进政府治理机制完善、保障经济社会可持续发展的重要战略工具，具有高位统筹战略规划的地位。

（三）规划结构体系的变化

空间规划的结构体系由各个规划"局部谋划"向国土空间规划的"整体布局"与"分级管理"转变。纵观中国空间规划体系从"多规并行"向"多规合一"发展，直到构建国土空间规划体系，充分体现了从"局部谋划"向"整体布局"的演变历程[7][8]。"多规并行"规划体系的"局部谋划"，一方面表现为各类规划在内容和操作上的"局部性"。如城乡规划侧重于规划区内城乡建设的空间谋划，较少体现对地域空间的全局考虑，城镇体系规划、城市群规划侧重于一定区域或部分城市（镇），较少考虑更大尺度范围其他城市的协调分配问题，土地利用规划侧重于耕地保护与建设用地布局，对非耕农地、生态用地等的研究深度不够。另一方面表现为各类规划在空间上的"局部性"。如城市规划研究对象是点状的城市，城镇体系规划研究的是点轴网络关系，国土规划侧重于协调城市之间、城乡之间的面状问题，土地利用规划也是对土地利用结构和布局等面状问题的统筹安排。当前正在构建的国土空间规划体系充分体现了"整体布局"与"分级管理"的特征。一方面，以陆海全域一张图作为国土空间总体规划的规划区范围，统筹部署国土空间保护、开发、利用、修复的整体布局与结构，充分体现其"整体性"。另一方面，国土空间规划体系的"分级管理"结构亦充分体现"整体性"与"局部性"的统一。纵向5级规划以及上级规划对下级规划的管控和下级规划对上级规划的落实，体现了全国一盘棋的"整体性"和各种地方规划实践"局部性"的有机统一。国土空间规划将通过规制调整、规划制定、实际反馈等环节改变中央与地方博弈的格局，从而达到责、权、利之间新的平衡，同时政府、市场以及社会间关系也将因国家治理体系的变革而发生改变，进一步影响空间规划的组织行为与管理规则，从而实现"整体性"国家利益和"局部性"地方利益的协调统一。

(四)规划传导机制的变化

规划衔接机制方面的问题是,空间类规划对其他规划编制缺乏实质性的约束,上级对下级规划主要侧重规划衔接协调论证的程序性审查,缺乏实质性内容审查。由于很少在编制过程中开展足够的衔接,实施阶段各个规划的冲突就显现出来,导致规划之间广泛存在冲突。从部门关系看,规划冲突是部门协调不足导致的部门政策和目标冲突,这又影响空间规划传导机制的有效运行。当前,中央各部门普遍制定了各类资源环境管控政策和约束性指标,并通过相关规划来落实。不同部门基于各自的管理职能对同一个空间要素,进行了相应的空间属性规定和空间管控行为[9],就可能导致规划冲突的产生,最终体现为不同规划对同一地块做出不同的用途规定。由于部门协调不足,相关分区划分标准就有可能不同,从而产生各种冲突。从央地关系看,以地方为主体的规划实施机制导致责任层层下放,并因"信息不对称"而降低规划的约束力。中央普遍拥有空间规划的指标下达和政策制定权限,具体的政策执行则在地方政府。换言之,空间规划确定的各类任务的落实实施,是通过不同层级政府在层层委托代理关系中实现的[10]。这包括指标一定会分解落实到基层政府;基于国家生态安全划定的保护区的保护职责也是地方政府责任。在这种情况下,空间规划的实施效果究竟如何,很大程度上取决于基层政府的努力。从发展保护关系看,不同的利益相关方之间存在较大冲突,现行规划编制方法难以协调矛盾,降低了规划实施的效力。不同用途定位的国土空间有着完全不同的价值体现。一些国土空间如自然保护区核心区和缓冲区以提供生态产品和服务为主,经济价值不足;还有些国土空间如城市商业性住宅建设用地,可用于融资,兴建各类园区招商引资,具有较大的经济价值。高速公路穿越自然保护区的建造成本较低,但绕开自然保护区就会增加很多额外投资。又比如,当前优质耕地分布、重要生态区域与城镇化地区高度重叠,而随着土地价格的升温,旧城改造难度和成本很大,各地方倾向于选择设立新区推动城市发展,从而侵占耕地和生态用地。因此,国土空间的定位及相应的管制措施会对各方利益造成巨大影响和冲击,发展和保护的不同代表方可能会产生一定的冲突。

第二节 国际发展趋势与典型经验

一、国土空间规划的国际趋势

(一)国土空间规划的理论从争鸣走向融合

研究表明,在国土空间规划理论的发展过程中,各家各派既相互补充,又相互对立(图5-1),各种不同派别的规划理论之间展开了长达半个多世纪的大辩论。[11]但进入21世纪以来,经济全球化的趋势日益明显,国际联络日益密切,海洋对经济发展的吸引力进一步加强,国土空间结构发生显著变化,国土空间规划的理论在继承中取长补短,呈现出融合的趋势,在诸多方面达成共识:一是,国土空间规划只有与信息技术相融合,规划实施才可以监督、监控和评价;二是,国土空间规划不仅仅是技术性规划,更是政府纠正市场失灵的管控性规划;三是,国土空间规划是全社会的规划,是空间治理的一个重要政策工具,既需要政府主导,又需要公众参与;四是,坚持开门编规划,国土空间规划的编制广泛吸纳各方面的意见。

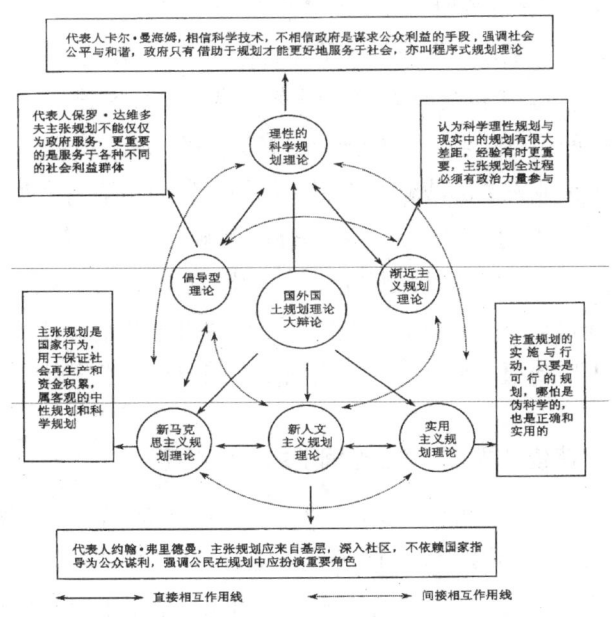

图5-1 不同学派规划理论的主要观点及相互关系

资料来源:吴次芳,潘文灿.国土规划的理论与方法[M].北京:科学出版社,2003.

（二）实现空间协调发展是国土空间规划的重中之重

解决国土空间发展平衡、不协调和不可持续问题，实现国土空间的协调发展是国土空间规划的重要任务。国外发达国家在编制空间规划的过程中，重视提高地区的综合竞争力，带动落后地区发展，增强基本公共服务供给能力。由于历史文化和政治原因，德国十分重视人口和经济国土空间总体上的均衡。联邦空间规划部门在国土空间的各大区域，选择了11个欧洲层面的都市圈作为增长极和创新点，在每一都市圈内部，也有若干城市作为核心区域，是人口、经济集聚的主要区域。统一后的德国意识到，要提高区位质量，改善地区自我组织（区域治理），提高和强化在欧洲乃至全球经济竞争中的水平和能力。20世纪90年代以来，英法等国出台国土规划的法律政策，重在实现国土空间的协调发展、缩小地区发展差距、实现区域的可持续发展。荷兰着力建设和优化国土空间结构，就是要能够与伦敦、纽约、巴黎、东京等国际大都市相抗衡，以城市群的整体优势参与国际竞争，提高荷兰在国际竞争中的地位和层次，同时，避免单核国际大都市带来的"膨胀病"，创造一个生产、生活和生态协调发展的宜居空间。

（三）国土空间规划的基本属性更加突出

空间规划具有基础性、综合性和战略性的特点，涉及国土空间的开发、利用、保护和整治。欧美和亚洲等发达国家在编制和实施国土空间规划的过程中，普遍重视空间规划对经济、社会和生态保护的基础性作用，强调发挥国土空间规划对各项事业发展的战略性作用。例如，韩国在编制第四次国土空间规划（2000—2020年）的过程中，不断提高空间规划的管制年限，由10年扩展到20年，更加强化国土空间规划的战略性和影响力。美国编制了2050年空间规划展望，把规划年限扩展至本世纪中叶。从本世纪开始，日本就提出国土空间综合规划与土地利用规划合一，突出国土空间规划的综合性。

（四）实施可持续发展成为国土空间规划的新亮点

随着生态环境问题的出现，发达国家在编制和实施国土空间规划的过程中，普遍重视解决发展与环境保护的矛盾，体现生态保护的理念，实施可持续发展。1997年，德国修改《联邦空间发展法》，增加了"对下一代负责的可持续发展"的国土开发理念。2016年，德国的空间战略增加并强调了应对气候变化的目标，力图持续减缓气候变化对人类经济社会活动、健康与安全的不利后果与影响。1988年，荷兰的第四个国土规划就已经特别强调提高日常生活环境质量，把"可持续发展"作为编制和实施国土空间规划的基础出发点。荷兰的国土空间规划强调重组经济的同时必须加强空间规划的协调，重视环境保护，将居住生活中心全部布局在"绿心"之外，改变都市增长方式，实行紧凑都市政策。

（五）重视功能分区成为优化国土空间结构的重要手段

发达国家在编制国土空间规划的过程中，重视优化国土空间结构，形成科学合理的生产空间、生活空间和生态空间，促进国土空间开发格局的优化。荷兰的国土空间规划重视发展边界与保护边界的控制，划定了"红线"和"绿线"。"红线"被用来划定城市及其发展区，以控制城市蔓延，同时避免中心区的"绿心"被蚕食。"绿线"被用来划定城市发展过程中要保护的特殊生态或景观。凡是在绿线范围内的地域都是受保护的区域，禁止任何违规的开发建设。"红线"和"绿线"的划定，既有利于控制城市发展边界，又有利于保护生态景观[12]。欧盟根据各成员国不同发展阶段和政策导向，进行标准地域单元划分，划分标准如下：一是依据成员国习惯划分；二是排除特殊单元，并照顾一般性特点；三是实行三级分类。根据最新的欧盟标准地区统计单元目录（NUTS），2003年欧盟分为72个NUTS1区域、213个NUTS2区域和1091个NUTS3区域，其主要特点是注重区划本身的长效性，偏小的基本地域单元利于不同的功能组合和区域政策的调整，规划实施以来，取得了较为显著的效果。在空间管理和政策制定中，按照分类指导、区别对待的原则，制定实施更有针对性的区域财政、产业发展、城镇建设、土地资源、环境保护等政策，增强空间管控的有效性和针对性。

（六）加强生态环境保护正在成为国土规划新特色

随着可持续发展理念日益深入人心，各国（地区）普遍重视国土资源的可持续利用，并在国土规划中对生态环境保护给予了充分关注。1997年德国在修改基本法《联邦空间发展法》时，增加了"对下一代负责的可持续发展"的国土开发理念。当前法国的国土规划实际上已与地区环境治理、经济发展相融合，成为一个涉及地区社会、经济、资源、环境等方面的可持续发展规划。荷兰1988年公布的第四个国土规划报告就已经强调提高日常生活环境质量，并把"可持续发展"作为基本的出发点之一。在奥地利国土规划管理过程中，重视环境保护、关注发展的可持续性是中央和地方的一致选择，尤其是近十多年来，生态环境保护越来越得到重视,并与国土资源整治管理工作日趋融合。日本1995年开始编制的新国土形成规划法,以人为本,强调生活稳定、环保安全的人居环境的建设。韩国的第四次国土综合规划(2000—2020年),就把"绿色国土"列为四大基本目标之一。

二、国际典型案例与经验

目前,大部分发达国家都有空间规划,如英国的区域空间战略和近期的大伦敦规划、德国的联邦空间规划、法国的空间规划指令、日本的国土形成计划、韩国的国土建设综合规划等[1]。由于体制和发展水平的差异,各国的国土空间规划在形式、内容和影响力上也各不相同,形成了不同的实施机制。

(一)德国:地方自治型联邦制空间规划

德国实行联邦制,《基本法》确定了联邦—州—地方的分权体制,在空间规划层面上,地方政府具有自主的立法权,以编制自己的具有法律效力的空间规划。德国规划中,分别从欧洲层面、联邦层面、州域层面、区域层面和地方层面五个不同尺度以及侧重对土地利用空间作出系统安排。从纵向关系看,联邦政府设置空间规划体系的总体框架和政策,来保证州、地区和地方规划的整体连贯性,而州、地区等通过统一的价值诉求来影响联邦的规划导引和愿景,通过自上而下的引导与自下而上的反馈形成协调的规划衔接机制。低层次规划一般要服从高层次规划基本目标的要求,低层次规划是高层次规划的依据、补充和具体化,实现国家与地方、宏观与微观的高度结合(表5-3)。

表5-3 德国空间规划与规划任务一览表

权限划分	行政区域层次	法律基础	规划任务
战略指导性规划	联邦	联邦宪法空间规划法	制定联邦全国空间协调发展原则和方向,纲领性、总体性的愿景;协调全国的专业部门规划
	州 州域规划	空间规划法、空间规划条例、州空间规划法	协调各州的空间规划;制定州空间协调发展的原则和目标;协调州的专业部门规划;规定各区域的发展方向和任务;审查和批准区域规划
	区域规划	州空间规划法	制定区域空间协调发展的具体目标;制定各城镇的发展方向和任务;审查城镇规划

（续表）

权限划分	行政区域层次		法律基础	规划任务
建筑控制性规划	地方	预备性土地利用规划	建设法典、建设利用条例、州建设利用条例	调整城镇行政小区内的土地利用和各项建设使用，实现城市建设的可持续发展目标
		建设规划		

（二）日本：引导发展型空间规划

日本是亚洲最早开展空间规划的国家，构筑合适的国土空间结构是其规划的重要内容。早在明治维新时期，日本政府便开始针对性地开展国土开发与建设，二战前形成了从东京到大阪的太平洋沿岸"西日本国土轴"雏形，到20世纪60年代，基本形成了以东京为一极、太平洋沿岸地带为一轴的"一极一轴"型国土空间结构。

1962年，日本发布"一全综"，核心思想是采取重点项目的开发方式，打造国土的均衡开发，即在原有旧工业地区之外，选择"新产业城市"和"工业建设特别地区"进行重点开发；1969年发布的"二全综"，提出"大规模项目开发"构想；1977年发布的"三全综"，提出建设"定居圈"。从施策方向上看，这些均未对"一极一轴"的国土空间开发格局造成影响。为纠正不合理的国土空间开发结构，"四全综"提出要形成"多极分散型国土结构"，通过疏散工业、政府和公共设施等途径改善东京一极集中的现象。从"五全综"到"七全综"，日本的国土空间结构不断完善，新型管制模式和对流与促进思想，最终完成了从点、线（轴）到面（圈）的发展历程。

日本基本形成"一级政府，一级事权，一级规划"的空间规划体系，各级政府权责明晰，各自负责其职权范围内的规划编制及实施，如表5-4。日本实行地方自治制度，都道府县及市町村被称为地方自治体，中央政府与地方公共团体之间的事务配置基本上遵循市町村优先原则和效率原则，空间规划也越来越强调"地方事务归地方治理"，试图提高地方的自治权，逐步形成国家层面国土形成规划、地方层面土地利用规划共同作用的规划体系。《国家空间规划法》将国家、区域、都道府县、市町村4个层级的空间规划体系简化为全国和区域两个层级。全国规划的主要内容是空间发展的基本方针、目标和全国性政策措施。区域规划(包含两个以上都道府县的规划)主要内容包括制定区域空间发展基本方针、目标和区域重大政策措施等。

表5-4 日本空间规划保障体系

	行政体系	法律体系		运作体系	
国家	运输省、建设省、北海道开发厅	《国土综合开发法》《国土利用规划法》《土地利用基本法》	国土形成规划	——	土地利用规划
区域	中央与地方形成的合作机构	区域开发的相关法律	区域综合开发规划	——	——
都道府县	城市规划局、建设局、住宅局、交通局、供水局和城市规划审议会等	《城市规划法》《农业振兴区域开发建设法》《森林法》《自然公园法》《自然环境保护法》等	都道府县综合开发规划	土地利用基本规划；城市、农业、森林、自然公园、自然保护地区域规划	国土利用规划
市町村	市町村行政机构	《城市规划法》《建筑基准法》	市町村综合开发规划	城市规划控制区、城市规划实施项目	国土利用规划

（三）欧洲：地方分权导向但保留中央干预权利

欧洲国家的空间规划体系属于指导型规划体系，地方规划拥有较大的自由裁量权。基于"地方当局对地方问题的理解更深入"的认识，欧洲国家基本确立了"尽可能分权，必要时集权"的原则。分权政策的好处是多方面的：首先，在保护民主制度下，公众参与机制具有意义；其次，分权政策可以简化空间规划的编制程序，降低行政成本，从而增强地方经济发展的活力。在当前欧洲的地方分权化趋势下，空间规划主要为地方政府事权。

但为了确保国家规划实施，欧洲各国也采取了多种方法和措施，保留中央干预地方规划建设管理的能力，主要包括以下几种。

第一，立法明确下位规划要符合上位规划的原则。如法国《城市更新与社会团结法》（2000年）要求地方城市规划必须与上位规划国土协调纲要一致；德国《联邦空间规划法》也要求市镇层面的土地利用规划和建设规划与州制定的区域规划一致。

第二，中央向地方派驻官员或机构。如英格兰国务大臣有权通过国家级重大基础设施项目的上诉和介入过程直接影响少数地方规划决策；规划督察可代表国务大臣对大多数规划上诉做出决定，在国家级重大基础设施和规划编制中发挥重要作用。法国中央政府也向大区和省级地方政府派驻了官员、设置了机构，负责落实国家政策、监督地方行为、与地方政府协商和签订协议等。

第三，直接干预地方规划编制。如荷兰近年的规划改革虽然强化了地方规划决策权，但在国家或省相关利益受到损害时，中央与省政府仍有权直接编制整合规划来取代市镇编制的分区规划。法国中央政府可直接为特定地区编制空间规划指令、或为尚无能力编制城市规划的市镇制定城市规划国家规定。瑞典在1987年《自然资源法》中规定以下情况中央政府有权干预地方城市规划：未考虑"国家利益"；未协调城市间规划问题；未遵守环境质量标准；与海岸线保护存在冲突；存在健康、安全、灾害等方面的危险。

第四，对地方规划进行审查。荷兰2008年以前的《空间规划法》要求市级土地利用规划需获得省政府批准，其修改也要由市政府提出申请、经省政府批准后方能实施。德国的规划事务属于地方自治范畴，但《建设法典》同时也规定了上级机关能够对规划制定的程序进行审查。

第五，国家层级政府与地方政府签署协议。如法国中央政府通过与大区政府签署"国家—大区规划/项目协议"（CPER），明确大区空间开发与项目建设的行动计划和财政分配计划。

第六，加强国家层级的投资政策和项目引导。如瑞典基于欧盟的融合政策（Cohesion Policy）制定了《区域竞争力、企业和就业国家战略（2007—2013）》，构建了"国家战略性参考框架"（NSRF）作为欧盟区域发展基金和瑞典政府资助的国家基金结构项目的实施框架，为国家、区域、城市层级的区域发展提供指导。

第七，建立空间规划实施的监测体系。英国以因地制宜、综合、系统的空间规划目标为基础，以政府规划部门为责任主体，通过目标导向的监测指标体系和可操作的监测框架，形成了制度化、常态化的动态监测机制。其动态监测框架的核心在于，通过定期测量监测指标变化来确保各项规划政策没有在实施中偏离其既定目标，从而在下一步实施中做出积极响应、理性调整和科学引导。

（四）国际经验借鉴与启示

一是国家对于空间发展格局的干预与发展阶段有关。发达国家空间规划轨迹表明，通常城市化水平达到30%的时候，会出现城市问题，城市规划会相应产生，规划的重点是在生活生产空间的布局。当城镇化水平超过50%，会出现城乡或区域空间协调、经济发展与环境保护的矛盾等问题，耕地保护和生态空间保护就成为较为突出的问题，就越需要自上而下的空间管控；而当城市化水平达到70%时，空间布局基本定型，地方的自主权又进一步扩大。

二是各层级空间规划应明确各自的定位和侧重点，事权划分明确，并相互衔接。国家层级应强调总体和战略性，把控关键和核心要素，如发展战略和方针、总体空间格局、重点发展区域和需要保护的区域、区域协调等。区域层级承上启下，主要发挥协调作用。地方层级则具体实施空间管控和建设管理，同时遵守上位规划提出的原则和要求。尽管一些国家实施规划审查制度，但并不会过多关注地方具体事务，如德国的审查侧重空间规划的编制程序是否符合规范。

三是国家和区域层级规划的落实，主要依靠两个途径。一方面，通过理顺相关部门职能、制定专项规划和政策、建立协调和监督机制并予以细化和落实，如国家层面机构整合、编制重大基础设施和公共服务设施规划、通过投资政策和项目引导等做法。另一方面，通过下位空间性规划实施，这就需要建立上下相协调的规划体系、上级对下级的约束机制以及有关奖惩措施，共同发挥作用。

四是建立明确的法律保障体系。纵观案例国家，法律是空间规划制定和实施的基石。规划权的实质是行政机关行使公权力，从而达到干预市场、优化发展的目的，必须以法律为依据。比如德国，《空间秩序法》与《建设法典》明确了联邦及州政府监管地方规划的责任和权利范围，《州域规划法》是州内区域及地方规划的法律基础，《基本法》与《建筑法典》则确立了地方规划的法律地位，不同层级政府的规划行为都有相应的法律加以规范和约束。中央对地方空间行为的约束主要通过相关的空间规则和标准，而这些规则和标准通常是以法律法规的形式出现。因此成熟的市场经济国家主要依赖空间性的法律法规，来约束不同主体的空间行为，从而保障空间规划体系的纵向约束力。

第三节　国土空间规划融合的新要求

一、全力遵循和践行生态文明思想

（一）坚持习近平生态文明思想

中共十八大以来，我国经济社会发展的宏观视野发生了重大转移，发展思路的变迁直接影响了国土空间规划体系的内在范畴与价值取向[13]。面对资源约束趋紧、环境污染严重、生态系统退化的严峻形势,把生态文明建设放在突出地位,始终坚持人与自然和谐共生的基本方针、绿水青山就是金山银山的发展理念、良好生态环境是最普惠的民生福祉的宗旨精神、山水林田湖草是生态共同体的系统思想、用最严格制度最严密法制保护生态环境的坚定决心和共谋全球生态文明建设的大国担当,聚焦开放协调、生态保护、共融合作,成为新时代国土空间规划的内在价值核心[14]。

2018年的国家机构改革,进一步明确了自然资源部主要职责之一是建立并监督实施空间规划体系。构建覆盖全域的空间开发利用保护框架,不仅是对空间规划体系的一次重塑整合,其本质上更是对纵向中央—地方责权关系、横向政府—市场—社会关系,即垂直治理与水平治理体系的全面重构。国土空间规划是国家空间发展的指南、可持续发展的空间蓝图,是各类开发保护建设活动的基本依据,对国土空间规划性质、地位、实施及保障做出总体部署和要求。国土空间规划是当前中国空间规划体系的整合重塑,是社会经济发展阶段的需求,更是当前空间治理现代化要求的必然选择。国家空间规划体系的重构不仅仅是技术优化的问题,是更高层面上保障国家战略有效实施、促进国家治理体系和治理能力现代化的必然要求。

(二)把握改革发展核心要义

一是,国土空间规划应当具备战略性和管控性。首先,国土空间规划体现国家层面的重大战略性部署。构建统一的国土空间规划体系是国家推进生态文明建设、健全国土空间开发保护制度的重大战略部署,是解决工业化、城镇化快速发展带来的诸多环境问题及其根源——国土空间无序、过度开发以及粗放浪费的关键举措。其次,以国土空间规划为蓝图实现全域全覆盖的国土空间管控。通过开展第三次国土资源调查,以及资源环境承载能力与国土空间开发适宜性评价,摸清国土空间资源及利用的"底盘"。在国土空间规划基础上,合理划定城镇开发边界、生态保护红线以及永久基本农田等管控边界,并实施分区分类用途管制。在城镇开发边界内,通过"详细规划+规划许可"管制措施,引导边界内部建设活动转向集约与内涵式发展;在城镇开发边界外,按照主导用途分区,通过"详细规划+规划许可"和"约束指标+分区准入"措施,限制边界外部的建设占用。

第二,国土空间规划应当具备权威性与法律性。首先,国土空间规划是

"发展的指南"和"基本依据",对各专项规划具有指导约束作用,要确立国土空间规划的权威性。一方面,国土空间规划一经批复,不得违规变更,并且各类开发建设活动必须在规划限定范围内进行;另一方面,下级国土空间规划要服从上级国土空间规划并具体落实,相关专项规划、详细规划要服从总体规划。其次,国土空间规划的权威性要以完善健全的法律体系来授权并保障实施。规划本质上是公权力对私权利的干预,其合法性来源于国土空间规划立法。一方面,国土空间规划法律授权规划,通过公权力干预私权利的土地利用,调节土地利用关系,减少负外部性,促进社会公平;另一方面,又通过相关法律限制公权力的过度扩张。

第三,国土空间规划应当具备系统性与科学性。首先,国土空间规划的系统性不仅表现在规划体系上,更表现在整个规划体系总体构建设计上。国土空间规划实现了"五级三类"新体系的整合。纵向上,建立"国家—省—市—县—乡(村)"5级规划体系,国家级和省级规划重在体现政策导向和区域协调,市、县级规划侧重底线管控和结构引导,乡镇级规划重在体现灵活性与实施性;横向上,以国土空间规划为总体性规划,建立"总体规划—详细规划—相关专项规划"3类规划体系,其中国土空间总体规划是详细规划的依据、相关专项规划的基础,相关专项规划要相互协同,并与详细规划做好衔接。国土空间规划体系构建的系统性更体现在规划体系框架、实施监管制度建设、法律法规保障体系、技术标准体系及国土空间基础信息平台等体系的综合打造和集成上。其次,国土空间规划的科学性以前述宏观整体构建的系统性为基础,进而体现在局部微观的设计和布局上。如"三区三线"的科学划定和管理实施体现了对规划的"刚性""弹性"协调难题的解决。生态保护红线、永久基本农田和城镇开发边界"三条红线"划定体现为严格的"刚性"约束。而在生态、农业、城镇"三类空间"内则采取差异化的管制规则,实现"刚性"和"弹性"的协调,如在城镇开发边界内的建设,实行"规划许可"的管制方式,主要体现规划的"刚性";在城镇开发边界外的建设,按照主导用途分区,通过"约束指标"的差异,体现了"刚性"管控下的"弹性"。

(三)着力贯彻新的发展方向

1.关注人的全面发展

新时代国土空间规划,要坚持以人为中心的发展思想,以区域—城乡生命共同体的角度和人性化的尺度，塑造人文品质的生活圈。关注人口结构的优化和人民福祉的提升，加大优质生态产品供给，提高城乡空间品质，加快补齐民生短板，实现区域有机更新和基本公共服务均等化。

2. 坚持生态优先

在规划编制与实施国土空间规划过程中，生态优先贯穿全过程，统筹划定落实生态保护红线、永久基本农田、城镇开发边界三条控制线，建生态廊道和生物多样性保护网络[15][16]，将需要保护的地方保护好。加强生态修复，统筹山水林田湖草等生态要素，协调处理好生态保护与经济社会发展的关系。重视以生态单元分析解决问题，识别生态问题不能仅仅立足经济区，还要从行政单元分析；根据自然生态系统的完整性、系统性识别分析问题，解决生态环境问题。

3. 扎实基础工作

体现基础数据的真实性、现时性，处理好国家统计数据权威性和海量、多源、高精度大数据的有效衔接。确保第三次国土调查数据的实时和精准，用好政府统计口径的有关数据。利用好大数据和移动互联网技术，科学模拟预测城市等中等尺度国土空间发展变化，准确掌握和有效认知大量个体日常行为和活动规律。兼顾"以空间为基"与"以人为本"，提供新的空间分析手段与可视化表达方式，建立适应资源环境承载能力的生态—农业—城镇格局，推动规划编制方法、管理模式加速转型和创新。实施监测技术手段应用创新，推进国土空间基础信息平台建设。

4. 创新政策精准有效

一要注重存量减量优先。严格实施水资源、能源资源总量和强度双控，严控建设用地规模，推动超载区域建设用地规模负增长。加大存量用地盘活力度，提高"增存挂钩"奖励比例，腾退的用地优先用于提升城市环境品质、发展先进制造业和高端服务业。通过对北京、上海等特大城市土地的功能改变、增量控制、存量优化，优化提升城市核心功能；以城市功能"量"的减法，换来发展势能"质"的提升，从而实现城市更高水平、更高质量的发展。

二要支持优势地区有更多发展空间。在考虑城乡发展空间融合、人地融合的基础上，加快生态保护红线的划定，增强高质量发展的环境支撑能力。鼓励城市群内部共建产业园区，由国家、省、共建地区分摊用地指标，实行台账核销制管理，建立税收分享与征管协同机制，促进优势地区通过"飞地经济体系"建设增加发展空间,带动落后地区共同发展[17]。完善价格形成机制与测算标准,建立指标交易中心,允许增减挂钩节余指标在城市群范围内流转使用,增加优势地区流量发展空间,促进区域、城乡之间资源、资金要素合理流动、高效集聚。

三要创新国土空间规划协调机制。更加关注区域自然和人文的禀赋、人的生产和生活活动以及空间权益和运行机制,强调在环境共治的合作方案、跨界发展的空间构建、区域互助的多方面途径、公共服务的全面均等化以及区域规划编制管理等方面,建立区域协调机制[18]。

四要建立市场化、多元化生态补偿机制。鼓励引导受益地区与生态保护地区、流域上下游之间,采取资金补助、对口协作、产业转移、共建园区、技术和智力支持、实物补偿等方式实施横向生态补偿。开展生态产品价值实现机制试点。

二、着力解决改革发展的三大任务

(一)主体功能类型分区

全国主体功能区由国家级主体功能区和省级主体功能区组成,省级主体功能区包括省级城市化发展区、农产品主产区和重点生态功能区,以及自然保护、战略性矿产保障区、特别振兴区等重点区域名录(图5-2)。

1. 城市化发展区

城市化发展区指经济社会发展基础较好,集聚人口和产业能力较强的区域。该类区域的功能定位是,推动高质量发展的主要动力源,带动区域经济社会发展的龙头,促进区域协调发展的重要支撑点,重点增强创新发展动力,提升区域综合竞争力,保障经济和人口承载能力。

主导因素判别:短板因素包括地质灾害高易发、地震灾害危险性较大、水污染严重、不具备大规模开发条件的海岸带和海岛等;比较优势包括国家和区域城市群、都市圈的中心和节点城市,人口、产业集聚度较高,人口密度较大,具备就地就近城市化发展潜力,交通和区域优势较显著,经济水平、科技创新能力、公共服务能力较强。不具备大规模开发条件的海岸带和海岛地区,不应确定为城市发展区。

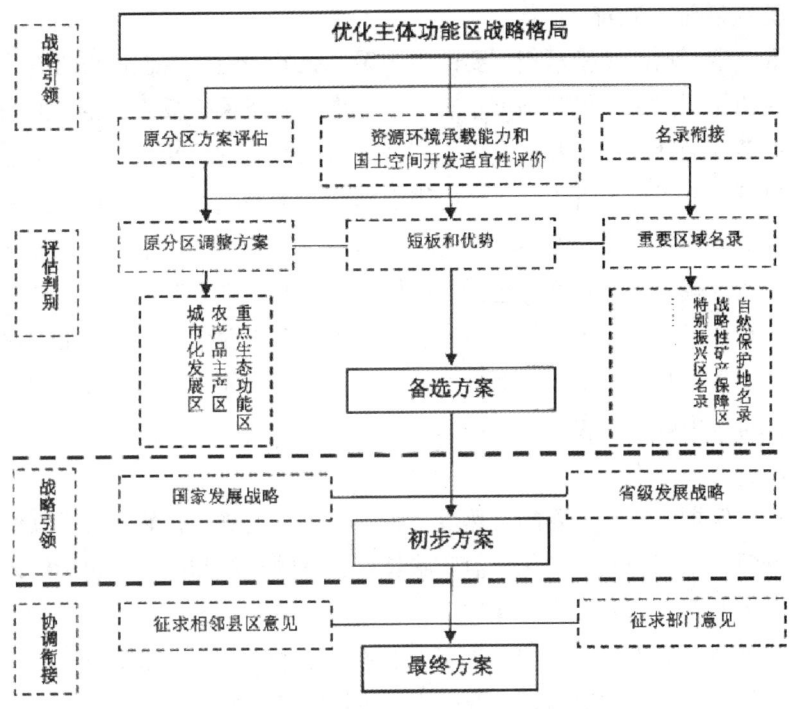

图5-2 主体功能区划定路线图

2.农产品主产区

农产品主产区指农用地面积较多，农业发展条件较好，保障国家粮食和重要农产品供给的区域。该类区域的功能定位是，国家农业生产重点建设区和农产品供给安全保障的重要区域，现代化农业建设重点区，农产品加工、生态产品和县域特色经济示范区，农村居民安居乐业的美好家园，社会主义新农村建设的示范区。

主导因素判别：短板因素包括水资源超载、土壤和水污染严重、耕地锐减等；比较优势包括国家或省的粮食、经济作物、畜牧业和海洋水产品养殖的主要保障区，列入国家或省产粮大县、畜牧大县、水产养殖大县名单，粮食产量、肉产品产量、水产品产量之一高于省平均水平，国家优质粮食基地县（场），以及其他农业资源条件好、增产潜力大的地区等关系农产品供给安全的地区。

3. 重点生态功能区

重点生态功能区指承担重要的生态系统服务功能、生态脆弱的区域。该类区域的功能定位是，保障国家生态安全、维护生态系统服务功能、推进山水林田湖草系统治理、保持并提高生态产品供给能力的重要区域，推动生态文明示范区建设、践行绿水青山就是金山银山理念的主要区域。

主导因素判别：短板因素包括石漠化、水土流失、荒漠化面积占比较大，林草湿地锐减等；比较优势包括生态保护红线的集中分布区占比不低于省平均水平，水源涵养、水土保持、防风固沙、生物多样性维护、海岸维护功能的生态安全重要屏障区，天然林保护地区、退耕还林还草还湿地区、草原"三化"地区相对集中或占比较大。

4. 自然保护地

自然保护地指对重要的自然生态系统、自然遗迹、自然景观及其所承载的自然资源、生态功能和文化价值实施长期保护的陆域和海域，包括纳入自然保护地体系的国家公园、自然保护区和自然公园三类区域。该类区域的功能定位是，守护自然生态，保育自然资源，保护生物多样性与地质地貌景观多样性，维护自然生态系统健康稳定，提高生态系统服务功能；服务社会，为人民提供优质生态产品，为全社会提供科研、教育、体验、游憩等公共服务；维持人与自然和谐共生并永续发展。

5. 战略性矿产保障区

战略性矿产保障区指为经济社会可持续发展提供战略性矿产资源保障的区域，主要包括全国和省级战略性矿产资源分布的国家规划矿区、能源资源基地、重要价值矿区和重点勘查开采区。该类区域功能定位是，关系国家和区域经济社会发展的战略性矿产资源科学保护、合理开发利用和供给安全的重要区域，落实矿产资源节约与综合利用、实现矿产开发与环境保护协调发展的示范区域。

6. 特别振兴区

特别振兴区指因资源枯竭、人口收缩等原因致使发展活力不足、关系国家边疆安全，以及需要国家特别扶持的区域，主要包括边疆重要城市、资源枯竭型城市、传统工矿城市等。该类区域功能定位是，边疆重要城市是落实国家对外开放战略的重要区域，资源枯竭型城市和传统工矿城市，是培育接续替代产业、实现城市精明发展的主要区域。

（二）统筹划定三条控制线

1.划定总体原则

将生态保护红线、永久基本农田、城镇开发边界等三条控制线作为调整经济结构、规划产业发展、推进城镇化不可逾越的红线。结合生态保护红线和自然保护地评估调整、永久基本农田核实整改等工作，统筹陆海空间界线，确定三条控制线的总体格局和重点区域，明确各级国土空间规划划定的任务，提出管控规则和要求，使三条控制线的成果在国土空间规划中落地。实事求是解决历史遗留问题，协调解决划定矛盾，做到边界不交叉、空间不重叠、功能不冲突。各类线性基础设施应尽量并线、预留廊道，做好与三条控制线的协调衔接。

2.协调边界矛盾

三条控制线出现矛盾时，生态保护红线要保证生态功能的系统性和完整性，确保生态功能不降低、面积不减少、性质不改变；永久基本农田要保证适度合理的规模和稳定性，确保数量不减少、质量不降低；城镇开发边界要避让重要生态功能，不占或少占永久基本农田。目前已划入自然保护地核心保护区的永久基本农田、镇村、矿业权逐步有序退出；已划入自然保护地一般控制区的，根据对生态功能造成的影响确定是否退出，其中，造成明显影响的逐步有序退出，不造成明显影响的可采取依法依规相应调整一般控制区范围等措施妥善处理。协调过程中退出的永久基本农田在县级行政区域内同步补划，确实无法补划的在市级行政区域内补划。

3.科学处理差异图斑

解决各类空间规划图斑的矛盾和冲突，是实现多规融合的关键。海南、福建等地在实践中不断深入研究，探索出了解决差异图斑的方法。主要有以下几个方面：一是解决规划林地和基本农田图斑的冲突。海南省以第一次地理国情普查阶段性成果中现状地表覆盖为依据，现状为耕地、草地、园地的认定为基本农田，现状为林地的认定为林地；对于基本农田与林地缺口部分，从规划耕地和规划林地外的地块中补充。其中林地从现状地表覆盖为林地、园地（橡胶园、果园、茶园等）、草地的地块中补充；耕地从现状地表覆盖为耕地的地块中补充。在具体处理时，要注意公益林地、天然林地和已核发林权证林地不宜保留为基本农田。二是解决规划林地和一般耕地的冲突。现状为林地的，予以保留，并调出耕地。现状为耕地，且不属于毁林开垦，国土二类调查数据为耕地的，要求调出林地。三是解决城规建设用地和规划林地的冲突。已依法办理占用征收林地手续的，无论现状是否为林地，要求林地调出；现状已为非林地（水域、村庄、道路、建筑物、矿山等），且无法恢复林业生产条件的，要求调出林地；规划为建设用地，且已取得建设用地土地证的，要求调出林地。

4.统一数据基础

在统一数据基础方面，以目前客观的土地、海域及海岛调查数据为基础，形成统一的工作底数底图。已形成第三次国土调查成果并经认定的，可直接作为工作底数底图。相关调查数据存在冲突的，以过去五年真实情况为基础，根据功能合理性进行统一核定。在自上而下、上下结合实现三条控制线落地方面，国家明确三条控制线划定和管控原则及相关技术方法；省(自治区、直辖市)确定本行政区域内三条控制线总体格局和重点区域，提出下一级划定任务；市、县组织统一划定，在市、县、乡镇国土空间规划中落实三条控制线和乡村建设等各类空间实体边界。跨区域划定冲突由上级政府有关部门协调解决。

(三)区域协调与规划传导

1.国土空间总体规划传导总体策略

一是建立层次分明、协调互补的编制体系。我国国土空间规划编制体系为"五级三类"构架。其中，"五级"为国家、省、市、县、乡镇的国土空间总体规划，三类为总体规划、详细规划和专项规划。纵向上，各级规划应注重空间尺度，由粗到细，一个层级的规划既要延续深化上位规划的刚性内容，同时为下位规划延续深化预留空间。横向上，各类规划各有侧重、协调互补。总体规划体现战略性，落实国家重大决策部署，对空间发展做出战略性系统性安排；专项规划体现专一性，要对重要领域和区域进行补充和深化完善；详细规划体现实施性，要落实总体规划的强制性内容，指导建设实施。

二是权责对等，创新规划编制审批体系。事权指一级政府在公共事务和服务中应承担的任务和职责，政府公共事权与规划事权协调一致，才能使得规划有效实施[19]。按照一级政府、一级事权、一级规划的要求，各级规划在编制时，以事权对应规划内容，明确规划的实施、管理和监督的主体。将规划内容分为全局性事务和地方性事务，其中全局性事务由上级政府进行审批监督，做到管什么，批什么；地方性事务为政府能够自行决定和实施的事务，不再由上级政府审批。如市县规划对省级规划的强制性要求进行落实，安排全局性事务并报上级政府审批，对于城镇内部结构优化和品质提升，自行提出要素管控以及具体行动计划。

三是加强规划的刚性约束和弹性引导。刚性约束方面，各层级规划必须实现"刚性链接"，维护国土空间规划体系整体权威性、严肃性。处理好政府与市场关系，加强弹性管制和引导，要通过多种方式预留"空白区"和弹性管制措施，增强规划的灵活性、可调整性，适应经济社会动态发展。要强化规划的政策和制度属性，通过政策落地确保国家重大战略实施，避免事无巨细的管制[20]。

2.国土空间规划综合传导机制

建立"指标+分区（用途）+控制线+名录"的综合传导体系。指标传导是最为直观和刚性的约束，应该进一步延续与优化；分区（用途）传导体现空间差异化管制和国土空间用途管制要求，是核心的传导要素；控制线传导是在分区（用途）基础上，对核心空间要素管控的强化和约束，上位规划应当加强统筹，协调矛盾，制定划定标准和管控要求，下位规划应当科学划定，精确落地；名录传导主要针对空间难以落地的要素，加强保护和弹性管制（表5-5）。

表5-5 国土空间规划底线传导管控

规划分级		底线管控		
		生态保护红线	永久基本农田	城镇开发边界
国家级	划定范围	国家级生态保护红线	国家—省—市—县—乡镇	国务院审批的城市规划边界
	划定要求	精准落地	精准落地	精准落地
	管控类型	空间用途管控	空间用途管控	空间用途管控
	管控方式	约束指标+分区准入	约束指标+分区准入	约束指标（规模与强度）
	管控策略	禁止开发	禁止开发	优化开发或重点开发
	传导类型	向下边界线一致型	向下边界线一致型	向下边界线一致型
省级	划定范围	国家级和省级生态保护红线	国家—省—市—县—乡镇	国务院和省级人民政府审批的城市规划边界
	划定要求	精准落地	精准落地	精准落地
	管控类型	空间用途管控	空间用途管控	空间用途管控
	管控方式	约束指标+分区准入	约束指标+分区准入	约束指标（规模与强度）
	管控策略	禁止开发	禁止开发	优化开发或重点开发
	传导类型	承上规模范围落实型 接下边界落线一致型	承上规模范围落实型 接下边界落线一致型	承上规模范围落实型 接下边界落线一致型

（续表）

规划分级		底线管控		
		生态保护红线	永久基本农田	城镇开发边界
市级	划定范围	国家级、省级和市级生态保护红线	国家—省—市—县—乡镇	国务院、省级和市级人民政府审批的城市规划边界
	划定要求	精准落地	精准落地	精准落地
	管控类型	空间用途管控	空间用途管控	空间用途管控
	管控方式	约束指标+分区准入	约束指标+分区准入	约束指标（规模与强度）
	管控策略	禁止开发	禁止开发	优化开发或重点开发
	传导类型	承上规模范围落实型接下边界落线一致型	承上规模范围落实型接下边界落线一致型	承上规模范围落实型接下边界落线一致型
县级	划定范围	国家级、省级、市级和县级生态保护红线	国家—省—市—县—乡镇	国务院、省级、市级和县级人民政府审批的城市规划边界
	划定要求	精准落地	精准落地	精准落地
	管控类型	空间用途和地类用途管制	空间用途和地类用途管制	空间用途管控
	管控方式	约束指标+分区准入	约束指标+分区准入	详细规划+用途许可
	管控策略	禁止开发	禁止开发	优化开发或重点开发
	传导类型	承上规模范围落实型接下边界落线一致型	承上规模范围落实型接下边界落线一致型	承上规模范围落实型接下边界落线一致型
乡镇级	细化、深化和落实县级国土空间规划。面积较小、城乡一体化水平较高的市县，可将县级与乡镇级国土空间规划合并，不再单独编制乡镇国土空间规划			

参考文献

［1］翟国方，顾福妹.国土空间规划国际比较［M］.北京：中国建筑工业出版社，2018：20.

［2］王金岩.空间规划体系论——模式解析与框架重组［M］.南京：东南大学出版社，2011：6-16.

［3］张晓玲，赵雲泰，贾克敬.我国国土空间规划的历程与思考［J］.中国土地，2017（1）：15-18.

［4］董祚继，吴次芳，叶艳妹，等."多规合一"的理论与实践［M］.杭州：浙江大学出版社，2017:273-321.

[5] 强海洋.供给侧结构性改革的北京方案[J].前线,2018(11):69-71.

[6] 顾林生.国外国土规划的特点和新动向[J].世界地理研究,2003,12(1):60-70.

[7] 强海洋,兰平和,张宝龙.中国国土规划研究综述及展望[J].中国土地科学,2012,26(6):92-96.

[8] 强海洋.中国空间规划体系构建研究[J].发展研究,2015(5):20-23.

[9] [法]亨利·列斐伏尔.空间、空间的生产和空间政治经济学[J].李春,译.城市与区域规划研究,2012(2):159-177.

[10] 宣晓伟.中国空间规划体系的构建和完善——以中央与地方关系为视角[J].区域经济评论,2019(02):15-31.

[11] 吴次芳,潘文灿.国土规划的理论与方法[M].北京:科学出版社,2003.

[12] 王晓俊,王建国.兰斯塔德与"绿心"——荷兰西部城市群开放空间的保护与利用[J].规划师,2006(03):90-93.

[13] 习近平.决胜全面建成小康社会,夺取新时代中国特色社会主义伟大胜利[M].北京:人民出版社,2017:10-11.

[14] 强海洋.生态文明视野下的国土空间规划再认识[J].中国土地,2020(1):26-28.

[15] 卢明华.荷兰兰斯塔德地区城市网络的形成与发展[J].国际城市规划,2010,25(6):53-57.

[16] 王晓俊,王建国.兰斯塔德与"绿心"——荷兰西部城市群开放空间的保护与利用[J].规划师,2006,22(3):91-93.

[17] 邓兴栋.空间规划实践的重心转移:从用地协调到共治规则的建立[J].规划师,2017,33(7):55-60.

[18] 李鑫,蔡文婷.政府管制视野下德国空间规划框架及体系特点与启发[J].城乡规划,2018.3:90-95.

[19] 宣晓伟.中国空间规划体系的构建和完善——以中央与地方关系为视角[J].区域经济评论,2019(2):15-31.

[20] 郭锐,陈东,樊杰.国土空间规划体系与不同层级规划间的衔接[J].地理研究,2019,38(10):2518-2526.

第六章

自然资源监管体制的融合

第一节 自然资源监管体制的基本情况

一、自然资源监管的体制架构

改革开放以来，中国经济社会管理体制经历了从计划经济到市场经济一系列的变迁，传统的计划经济体制在各利益主体的碰撞中逐步发生变化，在自然资源管理领域，也同样出现了行政力量与市场机制并行作用的局面。自然资源的融合管理、资源管理与生态保护相协调、资源管理与资产管理相耦合以及在自然资源监管中加强市场手段，成为当前自然资源管理体制改革的主要方向。

随着我国进入体制转型期，以精简机构和人员、转变职能（重在经济调节、市场监管、社会管理和公共服务四个方面）、推进大部门制改革以及建立健全新型治理体系、促进治理能力现代化成为经济社会管理的主要内容，1982—2018年共进行了八次政府机构改革。自然资源领域，借鉴欧美等西方国家典型经验模式，如集中管理模式、相对集中管理模式、分散管理模式等，并结合澳大利亚、加拿大对自然资源的分类管理，对中国自然资源管理部门进行了整合。1998年，国土资源部在第四次中央政府机构改革中按"中方案"成立，实为"准大部门"。2008年，为强化能源管理机构职能，第六次中央政府机构改革建立了高层次议事协调机构——国家能源委员会，在国家发展和改革委员会下设国家能源局（表6-1）。2018年，中共十九届三中全会审议通过了《中共中央关于深化党和国家机构改革的决定》和《深化党和国家机构改革方案》，十三届全国人大一次会议批准的国务院机构改革方案提出，将国土资源部的职责，国家发展和改革委员会的组织编制主体功能区规划职责，住房和城乡建设部的城乡规划管理职责，水利部的水资源调查和确权登记管理职责，农业部的草原资源调查和确权登记管理职责，国家林业局的森林、湿地等资源调查和确权登记管理职责，国家海洋局的职责，国家测绘地理信息局的职责整合，组建自然资源部，形成了现阶段自然资源管理体制集中统一管理与分部门管理、中央政府与地方政府分级管理相结合的多元分治架构格局。

表6-1 中国能源管理机构变动情况

年份	变动情况
1949	成立燃料工业部，下设煤炭管理总局
1950	设立石油管理总局和电力管理总局，归属燃料工业部
1954	撤销燃料工业部，成立煤炭工业部、石油工业部、电力工业部
1958	电力工业部与水利工业部合并为水利电力部
1970	撤销煤炭工业部、石油工业部、化学工业部，成立燃料化学工业部
1975	撤销燃料化学工业部，恢复煤炭工业部，成立石油化学工业部
1978	撤销石油化学工业部，成立石油工业部和化学工业部
1979	撤销水利电力部，成立电力工业部和水利部
1982	撤销电力工业部和水利部，合并为水利电力部
1988	撤销煤炭工业部、石油工业部、水利电力部、核工业部，将水利电力部的电力部分、核工业部的职能集中在一起，成立能源工业部
1993	撤销能源工业部，恢复煤炭工业部、电力工业部
1998	撤销煤炭工业部和电力工业部，成立煤炭工业局、石油和化学工业局，归国家经济贸易委员会（以下简称"国家经贸委"）管理，并在国家经贸委设立电力公司
2001	撤销煤炭工业局、石油和化学工业局，成立国家安全生产监督管理局
2002	成立国家电力监管委员会
2003	成立国家发展和改革委员会
2008	成立国家能源局
2010	成立国家能源委员会
2013	将国家能源局、国家电力监管委员会的职责整合，重新组建国家能源局；不再保留国家电力监管委员会；国家能源局继续由国家发展和改革委员会管理

总体上看，中国自然资源管理表现为各部委多元分治，共同构成了土地资源、矿产资源、水资源、林地、草地、海域、海岛的管制格局。凡是比较重要的自然资源在我国都分门别类地建立了相应的职能部门对其进行管理。如土地、矿产、海洋等一部分资源，实行资源管理与产业管理分开，单设资源管理机构，相对独立于矿业采掘、房地产开发和海洋开发部门。如水、草、森林等一部分资源，实行资源管理与产业管理相结合的方式，由一个部门既管资源又管产业。在中央层面，土地、矿产、森林、草原和海洋等资源中的大部分由自然资源部集中统一管理；而水、石油、天然气、气候等资源，则相对独立地分

别由水利部、国家能源局、国家气象局等部门和机构进行管理。

二、自然资源监管体制的基本特征

（一）实行分类分级的专业化管理

我国对重要门类的自然资源实行分类分级的专业化管理。现行自然资源管理体制相对独立，针对不同的资源类型，尤其是那些重要的、对国计民生影响大的、支柱性的自然资源，国家制定相应的法律、成立专门的机构、执行不同的政策来进行管理。在实践中，一些地方资源管理机构的职能设置由多部门管理逐步向分层次集中管理的方向演化。根据自然资源整体性、系统性和地域性的特点，联系紧密的自然资源管理在中央和地方层面都越来越向综合化管理方向转变，已经出现了关联性较强的国土与房屋、国土与规划、土地与矿产、资源与环境，归到一个部门进行集中管理的体制。

（二）实行分段分领域的行业管理

我国对从自然资源调查评价到开发利用监管的全流程实行分段分领域的行业管理。对自然资源的管理，涉及资源的调查评价、监测预警、规划管控、用途管制、确权登记、开发利用、市场配置、对外贸易、整治保护、执法督察、离任审计和责任追究等基本环节的管理，管理职能分散在自然资源、发改和审计署等不同部门。

在我国现行多元化的管理体制下，各资源管理部门实行分段分领域管理，相互协作配合，各司其职、各管一段。如矿产资源的开发利用，自然资源部和地方国土资源主管部门主要负责探矿、采矿权许可管理和矿产资源政策执法监督，大型项目审批及矿业政策制定则由国家发展和改革委员会负责，煤炭、电力、石化、钢铁、有色、建材等涉矿行业运行形势日常监测由工信部负责，矿产品对外贸易监督由海关总署负责，大型矿企监督由国务院国有资产督管理委员会负责，其他涉矿部门还有环境保护、安全生产和公共安全等部门，相关行业协会负责研究本行业的市场并提出发展建议。这种以市场为导向的行业管理模式培育出了一批具有一定规模和竞争力的矿业企业，极大地推动了我国矿业的发展。目前，水、土、林、草和海洋资源，并不是由一个部门管到底，都需要其他部门的协调和配合。

(三)管理宗旨具有一定的多样性

自然资源管理都带有一定的综合性,包含开发利用资源以支撑经济发展、稳定社会秩序和保护资源环境的多重目的,只不过在不同的发展时期,具有不同的出发点与侧重点,有的时期强调经济和社会发展的目标,有的时期侧重保护资源与生态环境的目标,反映出人与自然关系的变化。党的十九大报告再次强调,人与自然是生命共同体,人类必须尊重自然、顺应自然、保护自然。人类只有遵循自然规律才能有效防止在开发利用自然上走弯路,人类对大自然的伤害最终会伤及人类自身,这是无法抗拒的规律。因此,要切实坚持节约优先、保护优先、自然修复为主的方针。

自然资源管理之所以要兼顾多重目标,是由自然资源所固有的自然和社会属性所决定的。自然资源的规模和容量有一定的限度,决定了对自然资源的开发利用必须合理、适度。大部分自然资源有多种用途,决定了综合开发、优化开发是利用自然资源的重要方向。我国发展仍处于转型升级的关键阶段,许多关于资源管理的改革还没有到位,一些重大关系如政府与市场、开发与保护的关系等还没有完全理顺。因此,在实践中如果不统筹兼顾多方面的实际需求,既不科学也不现实。

第二节 辨析自然资源监管的主要问题

适应生态文明要求的自然资源融合管理监管体制尚需加强。2018年国务院机构改革之前,我国土地、矿产、水资源、森林、湿地、草原、滩涂、海洋和自然保护区等自然资源的规划、开发利用和保护职能分散在国土、水利、林业、农业、海洋和环保等部门,割裂了生态系统的完整性,监管起来容易顾此失彼,致使生态系统受到严重破坏。

一、管理职能存在交叉

很长一个时期以来,自然资源监管体制重单门类资源管理,轻多门类资源融合管理,造成资源管理交叉重叠、管理职能分散、条块分割、界限不清[1][2][3][4][5]。经过2018年的国家机关改革,虽然自然资源主管部门的职责得到优化,但仍存在管理职责重叠的问题。水资源本来就是一个整体,但水资源调查，地表水与地下水开发利用、保护与过量开采监督管理等紧密相关的工作却分属水利部和自然资源部管理。地质公园、风景名胜区、湿地公园和森林公园等各类国家公园数量多，分散设立（表6-2），分别由原国土资源部、住房和城乡建设部、国家林业局等不同部门主管，造成管理上的混乱。十三届全国人大一次会议审议通过了《国务院机构改革方案》，决定组建国家林业和草原局，加挂国家公园管理局的牌子，由该局负责管理国家公园等各类自然保护地。但从2018年下半年各部委陆续公布的"三定"方案来看，生态环境部设置自然生态保护司，负责自然保护地等方面的监管。因此，在保护地管理职能上仍存在交叉重接的问题，导致出现多头管理、监管能力弱、矛盾突出等问题。例如，同一个湿地生态系统保护区，水文、水位由水利部门管理，渔类资源和水生动物保护由农业（水产）部门管理，候鸟与陆生野生动植物由林业部门管理；如果该区域还是风景名胜区，旅游部门也要参与行政管理。另外，虽然耕地保护的目标和职责非常明确，但自然资源部负责耕地占补平衡和高标准基本农田建设，农业和农村部部门负责中低产田改造，水利部门负责水土流失治理及淤坝地建设，增加了管理上的协调成本。自然资源监管职能仍存在不同程度的分散和界限不清的问题，既增加了管理成本，也影响了监管效能。

表6-2 我国现行自然保护地的基本架构

类型	总数量（个）	国家级数量（个）	第一批建立时间	主管部门
自然保护区	2740	446	1956	原环境保护部
风景名胜区	962	225	1982	原住房和城乡建设部
森林公园	3234	826	1982	原国家林业局
地质公园	485	240	2001	原国土资源部
湿地公园	979	705（含试点）	2005	原国家林业局
水利风景区	2500	719	2001	水利部
沙漠公园	55	55（含试点）	2013	原国家林业局
海洋公园	33	33	2011	原国家海洋局

数量截止2016年6月；705处国家湿地公园中，52处为正式授予，其余为试点；55处国家沙漠公园中，9处为正式授予。资料来源：国家发展和改革委员会，国家旅游局.全国生态旅游发展规划（2016—2025年）[R].2016.

二、有效的综合协调机制不健全

长期以来，现行自然资源监管部门之间缺乏有效的综合协调机制，各自为政，分散用力，突出部门利益，总体利益保护缺位问题严重，政出多门，造成资源管理上的内耗，综合效益难以有效发挥，严重影响了自然资源监管成效。在国土空间布局上，相关资源管理部门各管一片，空间布局冲突问题普遍存在。同一片区的未利用地，国土部门规划为耕地后备资源的"未利用地"，林业部门规划为"宜林地"，而城乡部门确定为"建设预留区"[6]。林地、草地划分标准不统一，造成林草地的空间范围交叉重叠范围过大，严重影响了林草地的监管。目前，内蒙古自治区的林地和草地重叠面积高达3.6亿亩，造成重叠的土地重复得到生态补偿，农牧民既能得到草原奖补政策补贴，又能得到天然林保护政策补贴，致使国家权益损失。

三、国土空间规划体系亟待建立

我国堪称世界上规划最多的国家，但空间规划体系混乱[7]，既影响了资源的统筹开发利用和保护，损害了生态系统的完整性，又损害了空间规划的形象和效力[8]。长期以来，受部门利益固化影响，很多具有空间规划职能的部门在制定专项规划时，热衷于管理空间的扩大，行政职能的增加，不仅与其他空间规划缺少衔接，还有意突破其他规划的限制，导致国土空间被人为割裂[9]。虽然土地利用总体规划、城乡规划、国土规划、主体功能区规划和生态环境规划等都带有空间规划性质，但各类规划缺少统一的"底图"和"底线"，总体上还没有脱离部门分割、指标管理的特征，造成规划管理部门分割现象严重，各类规划之间交叉重复，相互掣肘。各类空间规划的数据不统一，"相互打架"，使得一些空间规划难以真正落地和实施[10][11][12]。例如，《土地利用总体规划纲要》统计2020年的林地面积为37.49亿亩，《林业十三五规划》统计的规模为46.85亿亩，二者相差近10亿亩。

四、国土空间用途管制尚未全覆盖

用途管制制度重点突出保障国家粮食安全，但维护生态安全、覆盖全部国土空间的用途管制制度供给不足[13][14][15]。我国用途管制在耕地保护方面落实较好，有效地遏制了耕地数量过快减少的势头，为粮食连续丰产奠定了基础。但是，用途管制制度没有扩展到占用其他自然生态空间，致使一些地方在建设用地需求不断扩大的情况下，盲目转向开发山地、林地、湿地、湖泊、滩涂和地下空间，造成生态空间被不断挤压和蚕食的现象较为严重。研究发现，2000—2010年，我国分别有2.82万和1.16万平方千米生态用地（包括林地、草地和湿地）被转换为农业用地和建设用地（表6-3），自然生态空间的丧失和破碎化十分严重。另外，陆河海缺乏统筹、地上地下缺少兼顾，地下空间的使用缺乏管制措施，带来了一些不容忽视的次生地质灾害和生态环境问题。目前，我国湿地总面积536026平方千米，占国土面积的5.58%；与第一次调查同口径相比，湿地面积减少了33963平方千米，超过海南省的国土面积，造成生物多样性锐减，生态系统的功能受到严重损坏。

表6-3 2000—2010全国土地利用转移矩阵（万平方千米）

2000\2010	林地	草地	湿地	农地	建设用地	其他
林地	253.55	0.59	0.18	0.89	0.49	0.11
草地	1.65	187.48	0.40	1.11	0.39	0.27
湿地	0.08	0.30	31.85	0.82	0.29	0.23
农地	2.45	1.41	0.74	168.65	4.19	0.19
建设用地	0.01	0.02	0.01	0.05	19.45	0.00
其他	0.54	1.13	0.61	0.91	0.24	264.64

资料来源：全国生态环境十年变化（2000—2010年）遥感调查与评估项目

五、自然资源监督管理脱节

自然资源的开发利用和保护的监管职责分散在不同部门，导致山水林田湖草生命共同体被割裂，生产空间、生活空间、生态空间相互影响、相互交错，开发利用效率低，保护难度大。监管呈现出上下游分离、源头与结果分开、权责不对称的特点，加上部门之间缺乏及时有效的沟通协调，往往带来监管重复、监管缺位、监管真空的问题。自然资源监管力量普遍不足，监管手段落后。地方基层监管人员少，力量薄弱，信息化技术手段应用不足，监管方式单一，加之一些地方政府主导、默许、纵容违规违法现象比较普遍，违法成本小于守法成本，部门联合监管打击不力，资源开发利用的乱象还比较严重，开发利用秩序有待进一步整顿和规范。

这些问题是我国所处特定经济发展阶段的产物，与长期以来重开发轻保护、管理体制不完善、监管不到位等现象密切相关。推进自然资源监管体制改革，必须要重点解决这些问题，破除体制机制障碍。

第三节 国外自然资源监管体制主要做法

一、典型国家管理模式

(一)美国集中管理模式

美国属于联邦制国家,联邦政府管理联邦一级的公有土地、矿产、森林以及全国的海洋资源,州级政府负责州级公共土地、矿产及森林资源,两者相互补充。美国各州政府设立有诸如自然资源部等部门,来管理州所属土地及附属的矿产、水、森林资源。但各州的管理体制并不完全一致,可以分为相对分散管理、相对集中管理和一体化管理三种类型(表6-4)。

表6-4 美国50个州自然资源管理模式

相对分散管理(10)	相对集中管理(21)		一体化管理(19)	
阿肯色	阿拉斯加	肯塔基	佛罗里达	俄亥俄
爱达荷	亚拉巴马	路易斯安纳	佐治亚	罗德爱兰
堪萨斯	亚利桑那	马里兰	夏威夷	南达科他
密西西比	加利福尼亚	马萨诸塞	缅因	田纳西
北达科他	科罗拉多	密歇根	密苏里	得克萨斯
俄勒冈	康涅狄格	明尼苏达	蒙大拿	犹他
俄克拉何马	特拉华	内布拉斯加	内华达	西弗吉尼亚
佛蒙特	伊利诺伊	新墨西哥	新罕布什尔	威斯康星
弗吉尼亚	印第安纳	宾夕法尼亚	新泽西	
怀俄明	爱荷华	南卡罗来纳	纽约	
	华盛顿		北卡罗来纳	

相对分散型管理,即州政府根据资源门类的不同,分设不同的部门进行专业化管理。如南部的阿肯色州,对外宣传称其是"自然之州""机会之地",有数百个湖泊和溪流,51个州级公园,3个国家森林,农牧业、林业和旅游业发达,经济高度多元化、多样化。因此,它对重要的资源门类基本上都同等对待,设置了环境质量部、土地办公室、狩猎和渔业委员会、水土保持委员会、能源办公室等多元化的管理机构,分别管理环境污染、土地、野生动物、水土保持、可再生能源发展等方面的事务。

相对集中型管理,即州政府把对经济贡献不大的资源管理权限授权给一个综合性的管理机构,但保留特定的机构来管理对经济发展、社会民生具有重要影响的资源。主要包含阿拉斯加等21个州。石油、捕渔业、旅游和航空货运是阿拉斯加州的四大支柱产业，该州既设有自然资源部（Alaska Department of Natural Resources）负责农业用地、林地、矿产用地管理，又设有专门负责渔业管理的渔猎部（Alaska Department of Fish & Game）。弗吉尼亚州设立矿山、矿产与能源部管理矿产资源及相关产业，设立森林部专门负责管理州所属土地上的森林。亚利桑那州设立矿山和矿产资源部管理矿产，设立水资源部管理水资源。俄勒冈州设立水资源部管理本州所有水资源，设立土地保护与开发部开发土地。密西西比州设立海洋资源部管理海洋资源[16]。

一体化管理，是仅设置一个机构集中管理本州的自然资源，主要包含佛罗里达等19个州。1993年以前，佛罗里达州还分别设立环保部和自然资源部。1993年，整合了自然资源部与环保部的职责，组建为环保部，负责环境保护、土地管理、海岸带和矿山复垦等自然资源管理事务。

（二）德国相对集中管理模式

德国的自然资源管理采用相对集中的管理模式，即介于集中管理模式和分散管理模式中间的一种资源管理模式，中央政府部委以下二级机构管理或少数专门的中央政府部委对土地、矿产、海洋、森林、水等主要资源进行管理。德国自然资源管理包括联邦政府和州政府两个主体。联邦政府14个部门中，与自然资源管理相关的部门有经济合作与发展部，经济技术部，财政部，环境保护部，司法部，食品、农业和消费者保护部。农业和林业由食品、农业和消费者保护部负责管理，其他自然资源如矿产、海洋、水、土地等则没有设立单独的管理机构，仅设立了相关部门内部的司或管理部门。联邦政府的自然资源管理部门中，地球科学和自然资源研究所隶属于联邦经济合作与开发部，其前身是联邦地质调查所，主要任务是开展全国地学领域的咨询工作。德国技术合作公司是一个非营利性公司。联邦环境、自然保护和核安全部负责制定国家环境政策。环境部则从环境保护视角出发，参与水域（含海洋）资源、能源和矿产等资源的管理等。经济和技术部的部分职能也是对能源进行管理。

各州政府是管理德国自然资源的具体单位。各州地质调查所负责国土规划，即对地区内的地表资源、地上和地下的自然资源及水资源进行总体上的规划。其中，州一级的规划每隔10年更新一次，区一级的规划每隔4年更新一次。除此之外，地质调查所还进行金属、天然气等矿产的勘察，对地质和土地利用工作进行调查。各州的土地管理主要是州政府的职责，如在黑森州，地籍管理、土地管理、土地评价等管理工作分别由州政府的经济技术部、粮食农林部、财政部主管，土地登记由法院主管。基层法院设立土地登记局，承担地产、房产以及其他项权利的登记业务。

（三）日本低级别集中型能源管理模式

日本政府对能源采用低级别集中型能源管理模式，能源管理工作主要由政府内设机构来承担。经济产业省是日本政府的能源主管部门。日本经济产业大臣负责能源管理工作。经济产业省下设若干职能部门，如资源和能源厅、核能和工业安全厅等，分别管理与能源相关的某一和某些方面的事务。厅下再设若干部、处负责相关的具体事务。除了专门的管理机构之外，日本政府还设立了能源管理协调机构，如能源咨询委员会、新能源和工业发展组织、日本核能安全委员会等。另外，日本政府还通过一些行业监管机构行使能源方面的监管职能。

二、要素融合管理模式

（一）以分类为基础的融合管理

资源大国的自然资源管理体制是以分类为基础的融合管理。自然生态系统的整体性决定了自然资源管理的综合性，单门类资源的特殊属性决定其专业管理的必要性，专业管理有助于提升管理的精细化水平，融合管理更有利于实现自然资源的最优利用。所以，自然资源管理的特殊性与综合性的平衡是个难点，也是个战略问题。从美国、俄罗斯等资源大国自然资源管理体制的发展历程来看，皆采用了"多门类资源融合管理"的体制架构，以消除部门冗余和职能重叠，呈现出以分类为基础的融合管理趋势，有力地促进了自然资源的规划与开发利用，也利于生态环境的系统性保护。

美国内政部肩负联邦政府所属土地资源（包括联邦所属或管辖的海洋水域）、矿产资源、能源、森林资源、水资源和野生动物资源的管理。在50个州的自然资源管理体制中，有40个州采取了相对综合的自然资源管理体制。加拿大自然资源部对能源、矿产和金属资源、森林资源及地学研究方面的事务进行集中管理。俄罗斯自然资源与生态部负责矿产资源、油气地质、水资源、森林资源的管理、林用地、动物及其生存环境、水文气象、生态的监督与监测等，以及自然资源领域内相关的法律法规制定、国家政策调整、政策实施监督与评价。

（二）资源与产业实现融合管理

资源管理与产业管理相融合，以加拿大和澳大利亚为代表。这种模式既负责广义的自然资源监管，也负责资源产业政策的研究、制定与执行。加拿大把矿产、森林、能源与核安全的管理职能集中到自然资源部。该国的自然资源丰富，大宗产品是其贸易之本。为促进资源产业可持续发展，1995年，克雷蒂安政府把"能源、矿物及资源部"以及"林业部"这两个部门合并到自然资源部，对能源、矿产、森林资源进行统一管理。直到今天，自然资源部仍然是加拿大联邦政府中最为稳定的一个大部，与农业和农产品部、渔业和海洋部、环境部等部门进行协作，一起应对资源与环境的挑战（表6-5）。1987年，澳大利亚第三届工党霍克政府上台后，为打造有竞争力的资源产业，增强经济活力，将原国家发展部、矿产能源部、初级产业部的职能全部合并到新成立的工业、旅游和资源部，由该部负责制定和实施统一的资源产业政策改革和规划项目。该部门管理的跨度较宽，从矿产和矿业管理、能源和环境管理、旅游和小产业管理、到工业项目管理和产业服务，都由工业、旅游和资源部负责。2007年，工党陆克文政府执政后，将工业、旅游和资源部进一步升级为资源、能源与旅游部，不仅继承了原工业、旅游和资源部的全部职能，而且还整合了原环境与水资源部的资源管理职能，成为一个对多门类自然资源进行集中管理的大部门。

表6-5 加拿大自然资源十项关键性数据（2017）

序号	指标	数据
1	就业	自然资源直接或间接为加拿大提供了174万份工作，其中有超过88万份的直接就业和近86万份的间接就业
2	GDP	自然资源部门产出占加拿大国内生产总值的16%
3	资本支出	2016年，加拿大在自然资源领域投资额达到900亿加元，占加拿大非居民类投资总额的38%，其中：能源类740亿加元、矿产金属类130亿加元、森林类20亿加元
4	大型工程	未来10年内，在建或筹建超过470个大型自然资源类工程，总投资额达6840亿加元
5	政府税收	自2011年到2015年，平均每年产生约250亿加元的税收收入
6	出口	自然资源出口额超过2010亿加元，主要出口至美国、英国和中国
7	境外贸易和投资	2015年境外贸易总额达5820亿加元，其中：在124个国家中有2260亿加元的境外投资
8	全球能源需求	据IEA数据显示，2014—2040年，全球对加拿大能源需求将增加31%
9	能源（依赖）强度	自1990年至2014年，加拿大每1加元GDP中来自能源的比重下降了25.5%
10	森林资源	加拿大171个市级行政单位中，有超过20%的收入直接来源于林业部门

(三)资源与生态实现融合管理

资源管理与生态管理相融合,以美国、俄罗斯为代表。这种模式在资源利用和管理过程中强调资源的合理利用、生态环境保护和资产管理。在美国,内政部主要负责管理联邦所有的公共土地和自然资源,兼有资源开发利用管理、生态保护和资产管理等基本职能。该国有超过25个州设立自然资源部,统一管理州所属土地及附属的矿产、水、森林等。1993年,佛罗里达州整合了自然资源部和环境部,成立环境保护部,不仅负责土地管理,还肩负州级公园、环境、岛屿、湖泊、矿山复垦等管理职责。在俄罗斯,于2008年成立自然资源和生态部,下设矿产开发署、水资源署、水文气象和环境监测局、生态及原子能署[16]。另外,日本、德国、英国等发达国家,为顺应资源大国自然资源横向拓展的发展趋势,实行了资源监管、产业管理和生态管理一体化的模式,受到一些发展中国家借鉴和效仿。

三、特色做法

(一)美国损害赔偿制度

美国自然资源损害赔偿的框架由《清洁水资源法》《综合环境应对、赔偿和责任法案》以及《石油污染法》构成。《清洁水资源法》的赔偿主体包括排放石油或危险物质的船舶,岸上设施的所有者、营运者或直接控制人以及特别情况下的第三方。1972年《清洁水资源法》规定,在一定限额之内,政府可以就处理油类泄露而发生的费用得到补偿,但没有明确提到生态损害赔偿。1977年《清洁水资源法》(修正案)扩大了可以取得自然资源损害赔偿的范围,特别是联邦政府和州政府有权就"由于油或其他有害物质的泄露导致的自然资源进行重建和重建引起的成本和费用得到赔偿",可得到赔偿的成本被定为"包括为了最小化或降低对公共福利的损害而采取的一切行动所产生的费用,包括但不限于拯救鱼类、野生动物以及公共和私人财产、海岸线和海滩的费用"。《综合环境应对、赔偿和责任法案》第107条规定:"泄露有害物质的船舶拥有者和运营者需要负责赔偿对自然资源的损害、破坏或损失以及评估这种损害、破坏或损失的费用和成本,得到的赔偿金只能用来重建、更换或取得与该自然资源类似的等同物"。《石油污染法》中规定,引起自然灾害的主体,如船舶的所有者或营运人、临岸设施的所有者或营运人、海上设施所在地的承租人或许可证持有人等,就修复、恢复、替代或获取受损自然资源的类似等价物的成本、自然资源在修复期间价值的减少以及评估这些损害赔偿的费用,向联邦政府、州政府以及联邦自然资源管理机构等托管者予以赔偿。

(二)日本自然资源物权制度

日本采取通过民法典规定、特别法规定和判例法承认地方习惯等立法方式,构建了较为完善的自然资源物权制度。从立法和司法实践来看,日本将人民对自然资源利用与保护的权利,作为民法上的一种私权划,归为所有权、地上权、永佃权、地役权等用益物权类型,按照民法原理进行交易。同时,结合社会实践的需要,日本又通过特别法和判例法的方式,适当对民法典的规定进行补充,承认了矿业权、租矿权、采石权、渔业权、入渔权、流水利用权、温泉权等与用益物权相类似的具有特殊内容的物权,既扩大了人们对自然资源利用与保护的权利和义务,又弥补了日本民法物权法定主义原则的不足。

日本在鼓励开发利用自然资源的同时,为了避免对生态环境、自然资源造成污染和破坏,通过公权力的介入,采取特别法方式,限制或禁止对自然资源盲目和过度开发和利用,并通过经济手段对保全自然资源有贡献者实行补助制度,最终实现自然资源保全目的。重点突出以下措施:一是实行许可证制度。在自然资源开发利用方面,日本实行许可证制度,目的在于通过限制开发利用,实现资源环境保全。如温泉开采许可证制度、矿业开采许可证制度、狩猎许可证制度、林地开发许可证制度。二是实行自然保护制度。为保护自然资源,日本实行了由自然公园制度、自然地域的保全制度、鸟兽保护制度、珍稀动植物保护制度、濒危动植物保全制度等组成的自然保护制度。由于贯彻与实施这些制度,需要花费一定费用,因此,日本通过相关立法明确这类费用的具体承担方法。具体而言,在贯彻自然公园制度中,明确了确保用地费用、规则特定行为造成损失的补偿费用(森林法35条、自然公园法35条、44条、自然环境保全法33条、48条)、环境管理的费用(自然公园法14条、15条、25条、26条、30条等)。在野生动植物保全方面,规定了由国家和地方公共团体担负有关对野生动植物生存状态调查研究的费用(自然环境保全法5条)、野生动植物生存地保护需要的费用(鸟兽保护法8条、物种保存法44条)、国内珍稀野生动植物物种保存的人工繁殖费用(物种保存法46条)等。在对濒危动植物保全方面,明确了管理、修复费用的负担、损失补偿方法(文物保护法72条、74条、75条、78条)。三是采取经济手段,保护自然资源。基于日本环境基本法第22条的规定，日本加强对自然资源的保全，对自然资源保护者实行补助制度。如在森林保全方面，建立了林业补助金制度，即针对林业生产周期长、投资投劳大、林业内部收益率低、公益性强等特点，日本实行了由国家对造林、育林给予高额补贴的补助制度。林业补助金制度是根据《森林法》实施的一项长期制度，补助金的来源和分担比例均有明确规定。林业普及与指导的全部费用由国家承担；造林、林道、地方林业科研的费用由国家和地方政府各负担一部分，其中造林费补助比例为：一般造林补助40%，瘠薄地和水源地造林补助68%；编制和实施地区森林计划、森林实业计划及防护林事务等费用由地方政府负担，国家补助50%；被划定为防护林后，因木材生产限制承受的经济损失由国家补偿；在保安设施区域内，因造林及森林土木工程等设施及管理承受的损失由国家负担三分之二，地方政府负担三分之一。

完善特别立法，加强对自然资源的保护。日本先后制定了《河川法》《森林法》《濑户内海法》《自然公园法》《自然环境保全法》《林业基本法》《生物多样性国家战略》《物种保存法》《鸟兽保护狩猎法》《文物保护法》《外来物种法》《自然再生推进法》等，对自然资源的利用与保护制度进行创新，扩大自然资源保全范围。如日本对国有林采取独立核算制度下产生了巨额亏损、原生森林地域的采伐和道路建设等问题，20世纪80年代日本全国各地的国有林都面临着巨大问题，针对这样的现象，政府采取了根本性政策转变措施，实行了保护林制度。即在自然维持森林与人的共生林之中，在考虑动植物的生息、生育状态、地域实情等基础上，对于特别有利于维持原生性森林生态系统发展的自然环境、保护动植物，以保存生物多样性、促进施业及管理技术的发展等为目的进行管理的被认为是适当的国有林选定的制度。此外，日本林业收支状况平衡性恶化、对林业收入依存度低下等现象，导致森林所有者经营积极性降低、林业劳动力减少与高龄化等，从而使得未获得充分管理的森林数量增加，因保全国土、保护森林自然环境以及防止全球变暖等促使国民高度关注森林多种功能发挥等问题，日本修改了"森林资源基本计划"，并在推进完善森林计划之际，将其重点定位在"水土保全""森林与人共生"以及"资源的循环利用"等三个方面，并于2001年制定了《林业基本法》。2001年《林业基本法》根据森林功能的不同，将森林分为"水土保持林""森林与人共生林""资源的循环利用林"等进行保全。

（三）自然资源国有基础上的市场化运营

在自然资源的商业化管理方面，中国可以借鉴加拿大、日本等发达国家的相关经验。重点突出以下几个方面：第一，在吸引外资方面。加拿大、新加坡、日本都十分欢迎市场投资商前来投资，除在有限的领域内汽油、农业、矿产、渔业等资源受到制约外，市场投资商可以自主选择所要涉入的领域，政府给予优惠的条件，获得的利润可以自由汇往国外、对设备折旧率给予优惠、贷款担保、资助研究与发展基金等。通过以上国家的发展模式可以看出，通过大胆吸引市场经济行为主体参与，保障了自然资源开发与管理的巨额资金需求，在确定私有产权的基础上，不仅转移了风险，还降低了管理成本。第二，政府还通过间接融资的方式筹措资金。采用这种方式之前，一般要进行自然资源资产的评估，由专门从事该项服务的中介机构来完成，大致从自然资源种类、等级地域、规模等多方面综合评估。在加拿大，资源公司都是上市公司，而为上市公司服务的证券或股票交易所，其使命就是满足自然资源开发的资金需求，扶持小型企业的生产。第三，政府对需要鼓励的行业和地区，如对偏远地区的伐木、采矿，给予一定的优惠条件，如低息、无息贷款、减税、利率补贴等，从而有助于自然资源的全面开发与整治。澳大利亚的国有资源企业转让、租赁都是有偿的，而且是以中介机构评估基础上的市场竞价方式转让，不仅维护了国家权益，还增加了收入，盘活了存量。纵观各国的自然资源管理模式，无不表现为商品化、价值化、资产化管理。

第四节 完善自然资源融合监管的发展设想

一、推进自然资源融合监管的基本思路

自然资源部组建以来，虽然初步实现了土地、矿产、海洋和测绘地理信息等自然资源主要门类的相对集中统一管理，为经济社会发展提供了支撑和保障。但随着生产力的发展，资源管理体制仍然存在诸多与新形势新任务不相适应的问题，特别是多头管理、职权交叉、管理碎片化等"短板"问题突出，与自然资源融合管理的要求相差甚远，难以适应生态文明体制改革的需要。健全自然资源监管体制，实现监管的融合管理，应全面贯彻落实十九届三中全会精神，借鉴资源大国的监管经验，按照山水林田湖草是一个生命共同体理念[17]，

在组建自然资源部的基础上统一行使所有国土空间用途管制职责，对山水林田湖草进行统一保护、系统修复，以便转变职能，加强统筹协调，形成监管合力，推进自然资源的融合管理上台阶。

二、实施自然资源融合监管的主要措施

（一）建立高级别国家集中型管理模式

自然资源监管是当今世界各国（地区）进行自然资源立法的核心内容，它的基础性、战略性和高度统筹性要求国家在中央层面进行统一的规划和部署，强化监管。其中，能源资源在自然资源领域内无疑具有非常强的代表性。实行高级别的国家集中型管理模式，对于能源资源生产和消费大国尤为关键。实行高级别的国家集中型管理模式，有利于从最高层面制定顶层设计和战略政策，保证国家的能源资源安全；有利于优化能源资源产业结构和经济结构，促进能源资源的有效开发与合理利用；有利于理顺国家能源资源管理体制，提高国家能源资源管理能效，降低协调和交易成本。

（二）健全自然资源监管机构，理顺监管职责

健全的监管机构是实现自然资源全域保护的根本保障。以组建自然资源部为契机，对土地、林地、草地、湿地和各类自然保护地实行集中统一管理，实现国土空间用途管制的全覆盖。新组建的自然资源监管机构，应从国土空间保护的公共利益出发，既负责统一国土空间规划体系的编制、实施和评估，又承担用途管制制度的执行等职责。而自然资源所有者的开发利用行为应当接受自然资源监管机构的监督，应符合用途管制和生态保护的公共利益需要。

（三）构建统一的空间规划体系，规范国土空间开发秩序

统一的空间规划体系是落实用途管制的基础。规划科学是最大的效益，规划失误是最大的浪费，规划折腾是最大的忌讳[18]。应以国土规划为基础，理顺各类空间规划的层级关系，协调主体功能区规划、城乡规划、土地利用总体规划、林业规划和环境保护规划等各类空间规划，科学合理划定永久基本农田保护红线、生态保护红线和城市发展边界，"三线"一经划定，未经法定程序不得更改[19][20]，实现生产空间集约高效、生活空间宜居适度、生态空间山清水秀，形成全域覆盖、定位清晰、功能互补、衔接协调、管控有

序的国土空间规划体系。对于生态空间和农业空间，应按照限制开发区的要求进行监管；对于永久基本农田保护红线和生态保护红线，应按照禁止开发区的要求进行监管。在国家和省级层面，以统一的空间规划体系为基础，编制土地、林业、城乡和环保等各类专项规划。在市县层面，以"多规合一"理念为基础，积极编制统一的市县空间规划，为节约资源，可不编制各类专项空间规划。

（四）健全用途管制制度，促进国土空间全域保护

健全的用途管制制度是促进国土空间全域保护的基本抓手，实施用途管制是国际通行的做法，也是加强自然资源综合监管、规范开发行为、优化开发格局的重要手段。以土地用途管制制度为基础，将用途管制的范围扩大到林地、草地、河流、湖泊、湿地、滩涂和自然保护区等所有自然生态空间，严禁任意改变用途。建立自然资源开发许可制度和用途转用审批制度[21]，严禁在各类保护区随意设置矿业权，严格保护自然资源，从严控制随意开发行为。有序推进国家级自然保护区矿业权的清理整顿，稳步落实核心区矿业活动的清退工作。推进用途管制从平面向立体转变，促进地下空间的保护和合理开发利用，促进国土空间全域保护。

（五）搭建统一的国土空间基础信息平台，实现监管的信息化

统一的国土空间基础信息平台是建立"用数据决策、用数据管理"新机制的基础，是向政府、企业、科研机构提供丰富、可靠、全面的信息和应用服务的门户。建立统一的国土空间基础信息平台，为国土空间的开发、利用、保护和整治提供基础载体。整合汇交分散在各部门的各类基础地理信息和土地资源、矿产资源、水资源、林业资源、草地资源、基础地质和自然资源产权等现状数据，形成统一的国土空间工作"底图"，作为国土自然生态空间全域保护的基本依据。整合永久基本农田保护红线、生态保护红线、城市发展边界、国土规划等约束管控性数据，形成统一的国土空间工作"底线"，作为落实用途管制制度的基本依据。通过国土空间基础信息平台统一的数据和信息化应用服务，为各类专项规划、用途管制、日常监管和分析决策提供信息化的工作平台，形成统一的国土空间工作"底板"，作为各类国土空间开发科学决策的基本依据。

(六）借鉴发达国家国土空间规划法的编制经验，开展我国国土空间规划法的立法工作

开展国土空间规划立法是发达国家提高空间治理能力的重要表现。日本是亚洲最早开展空间规划编制的国家，在编制国土空间规划法方面积累了丰富的经验[22]。其中，重点突出以下几个方面：一是在纵向上简化空间规划的关系，将国家、区域、都道府县、市町村4个层级的空间规划体系简化为全国和区域两个层级，突出政策导向。二是在横向上加强相关法律的协调，如空间规划的实施应与《国土利用规划法》衔接，规划中的保护应与《专属经济区和大陆架法》相协调，规划评估应与《政府政策评估法》衔接等。三是在中央与地方的关系上，由中央指导为主转化为以中央与地方合作为主，注重激发地方活力。

坚持用法治的思维和方式推进我国国土空间保护。在借鉴日本等国家国土空间规划法编制经验的基础上，我国国土空间规划法的编制应按照十八届四中全会"用严格的法律制度保护生态环境"的要求，加快《土地管理法》《矿产资源法》《海洋环境保护法》《海域使用管理法》和《测绘法》的全面修订，积极开展空间规划法的立法工作，明确空间规划的功能定位、规划体系和层级关系、规划编制审批主体、城乡实施监管主体和规定、规划调整修订程序、法律责任等，作为空间规划统一遵循的基础性法律。

（七）发展绿色金融

绿色金融关注环境保护和社会效益，将对环境保护和对资源的有效利用程度作为计量金融机构活动成效的标准之一，追求金融活动与环境保护、生态平衡的协调发展，实现对社会资源的引导和再配置。绿色金融及其背后的绿色项目可以为全社会带来有益影响。要保障绿色金融的健康、规模化发展，并借此推动可持续发展和低碳经济转型，需要政府与市场密切配合，将环境外部性收益内部化，从而使绿色金融产品相比于其他金融产品具有相当或者更高的市场吸引力，引导更多资金进入绿色相关领域。内部化环境收益的路径包括两方面：一是通过政策干预，调整绿色项目或绿色企业投融资工具的货币收益；二是借助污染排放总量限制等政策约束，将有限的环境承载力具体化为具有稀缺性的环境资产及其金融市场。通过创新性金融制度安排，引导和激励更多社会资金投资于环保节能、清洁能源、清洁交通等绿色产业，落实中国绿色经济发展目标，探索绿色金融市场对外开放的新格局。

参考文献

[1] 汪民.关于深化自然资源管理制度改革的思考[J].中国领导科学,2016(10):30-33.

[2] 马永欢,吴初国,苏利阳,林慧.重构自然资源管理制度体系[J].中国科学院院刊,2017,32(7):757-765.

[3] 北京大学城市与资源学院课题组.完善自然资源监管体制的若干问题探讨[J].中国机构改革与管理,2016,5:22-24.

[4] 陈进.从审计视角看地方政府自然资源资产管理和监管体制建设[J].审计月刊,2014,11:11-13.

[5] 唐明.建立统一的自然资源管理机构[N].中国国土资源报,2015-03-16(05).

[6] 王卫华.关于优化国土空间开发利用和理顺自然资源管理体制的几点思考[EB/OL].(2015-02-17)[2020-05-16].http://gtzyt.shaanxi.gov.cn/info/2733/9120.htm.

[7] 黄征学,王丽.加快构建空间规划体系的基本思路[J].宏观经济研究,2016(11):3-12,41.

[8] 杨荫凯.国家空间规划体系的背景和框架[J].改革,2014(8):125-130.

[9] 梁军.健全完善国土空间开发利用体制机制问题研究[J].理论学刊,2016(4):17-19,23.

[10] 中央编办二司课题组.关于完善自然资源管理体制的初步思考[J].中国机构改革与管理,2016(5):29-31.

[11] 马永欢,李晓波,陈从喜等.对建立全国统一空间规划体系的构想[J].中国软科学,2017(3):11-16.

[12] 杨荫凯,刘洋.加快构建国家空间规划体系的若干思考[J].宏观经济研究,2011(6):17-19.

[13] 张晓玲.市场经济下的国土空间用途管制[J].中国地产市场.2014(8):30-31.

[14] 祁帆,李宪文,刘康.自然生态空间用途管制制度研究[J].中国土地,2016(12):21-23.

[15] 周璞,刘天科,靳利飞.健全国土空间用途管制制度的几点思考[J].生态经济,2016(6):201-204.

[16] 何国祥,宋国民.美国的国土资源管理体制[J].国土资源情报,2003(3):54-55.

[17] 关于《中共中央关于全面深化改革若干重大问题的决定》的说明[N].人民日报,2013-11-16(01).

[18] 规划失误是最大浪费 规划折腾是最大忌讳[EB/OL].(2015-10-29)[2020-06-21].http://www.chinanews.com/gn/2015/10-29/7594594.shtml.

[19] 林坚,骆逸玲,吴佳雨.自然资源监管运行机制的逻辑分析[J].中国土地,2016(3):

17-19.

［20］李月寒，何佳，包存宽.我国现行空间规划的职责交叉与亟待正确处理的四大关系：基于《生态文明体制改革总体方案》的分析［J］.上海城市管理，2016（1）：10-14.

［21］孟祥舟，林家彬.对完善我国土地用途管制制度的思考［J］.中国人口·资源与环境，2015，25（5）：71-73.

［22］黄宏源，袁涛，周伟.日本空间规划法的变化与借鉴［J］.中国土地，2017（8）：30-32.

第七章

自然资源资产管理的融合

第一节　构建自然资源资产融合管理体制

一、推进实施融合管理的基本依据

（一）法律层面的依据

由自然资源部统一行使全民所有自然资源资产所有者职责有法可依、于法有据。《宪法》第9条第1款规定："矿藏、水流、森林、山岭、草原、荒地、滩涂等自然资源，都属于国家所有，即全民所有。"《物权法》第45条规定："法律规定属于国家所有的财产，属于国家所有即全民所有。"《矿产资源法》《土地管理法》《森林法》《水法》等单门类自然资源法也规定了自然资源的国家所有权。如《矿产资源法》规定："矿产资源属于国家所有，由国务院行使国家对矿产资源的所有权。"现行的法律不断完善，已经初步具备统一行使全民所有自然资源资产所有者职责的法律依据。坚持健全和完善现行法律与自然资源资产管理体制改革相衔接、相融合，在法治的轨道上推进统一行使全民所有自然资源资产所有者职责。

（二）理论层面的依据

由自然资源部统一行使全民所有自然资源资产所有者职责的理论依据充实，有理可循。自然资源国家所有权是我国所有权制度的重要组成部分。按照国家所有权的内在逻辑，国家作为所有权人对自然资源资产享有占有、使用、收益和处分的权利，对各类全民所有自然资源资产的数量、质量、范围、用途进行统一管理，实现权利、义务、责任的统一。国家所有权可通过代表人、委托代理人的形式行使所有者职责，从而使所有权的权益得以实现。地球系统的整体性是建立统一行使所有权的又一理论基础。地球上各类自然资源之间不是孤立存在，而是相互联系、相互制约，形成的一个复杂的资源系统。遵循地球系统的整体性规律，将分散在各部门的全民所有自然资源资产所有者职责进行整合，由一个部门集中统一行使，可以更好地发挥协同融合效应。

（三）实践层面的依据

公平享有全民所有自然资源资产收益等方面的社会呼声，从民生角度提出了重构全民所有者职责的改革要求和需求。改革的关键既要完善全民所有自然资源资产的所有权和使用权权能，也要区分所有权人意义上的权利与管理者意义上的权力。全民所有自然资源资产的所有权是国家所有人依法对财产所享有的占有、使用、收益和处分的权利；使用权是在不改变全民所有本质的前提下依法加以利用的权利，可依照法律、政策或所有权人之意愿转移给他人。管理者的权力是全民所有权人所授予的、对全民所有自然资源资产进行占有和处分等方面的权力。全民所有自然资源资产所有权与使用权相分离，有利于创新全民所有自然资源资产所有权的实现形式，丰富使用权的类型。

二、我国自然资源资产管理的基本情况

（一）逐步形成了以有偿使用制度为核心的管理体制

新中国成立以来，我国自然资源资产管理体制大致经历了三个发展阶段。产权制度从单一权利逐步转向多种权能，使用制度从无偿取得逐步转向有偿使用，即国家在行使自然资源资产所有权的同时，逐步呈现出所有权与使用权相分离及自然资源资产有偿使用的格局。20世纪50年代到70年代末，处于自然资源资产管理体制缺失阶段。国家全面直接行使自然资源资产所有权，禁止自然资源流通，政府通过行政划拨的方式负责资源配置，资源被无偿使用。20世纪70年代末到90年代初，处于自然资源资产管理体制的探索阶段。虽然国家在制度层面提出了所有权与使用权相分离，创设了探矿权、采矿权、林权、土地承包经营权等，但自然资源资产却被无偿地授予开发者和利用者。20世纪90年代中期至今，处于自然资源资产管理体制逐步形成阶段。在自然资源资产所有权与使用权相分离的基础上，实行自然资源资产的有偿使用制度，奠定了自然资源资产产权制度的基础，形成了当前自然资源资产管理体制的雏形，但并未设立独立的自然资产管理机构[1]。目前，按照"有偿使用是原则，无偿使用是例外"的要求，我国土地、矿产、水、海域海岛等主要自然资源资

产已经建立了有偿使用制度，自然资源资产出租、转让、抵押等二级市场逐步发展，市场交易平台和相应的管理体系正在逐步完善[2]。

（二）自然资源管理部门行使资产管理的职责

目前，我国尚未设立单独的自然资源资产管理机构，自然资源管理部门承担着资产管理和资源监管的双重职责，呈现管理相对集中、分类分级的特点。铀矿等重要的自然资源资产由中央政府代表国家行使所有权，一般的自然资源资产由地方政府代表国家行使所有权。例如，自然资源部门在履行用途管制的同时，负责土地、矿产等资产管理职能，在矿产资源资产管理方面负责行政许可，依法管理矿业权的审批登记发证和转让审批登记，征收资源收益[3]。总的来看，我国自然资源资产管理体制呈现横向适度分离、纵向相对独立的特点。但管理体制不完善等深层次的症结逐步显现，不断暴露出全民所有自然资源资产所有权人不到位、所有者权益不落实等问题。

三、自然资源资产管理中存在的主要问题

（一）所有权人不到位，所有者权益不落实

1. 所有者的地位模糊，产权主体被虚置

全民所有自然资源资产产权主客体与权利内容不够明确[4]，造成所有者被虚置、弱化。我国《宪法》《物权法》等现行法律规定了自然资源属于国家所有（法律规定属于集体所有的森林和山岭、草原、荒地、滩涂除外），由国务院代表国家行使所有权，但国家作为全民所有自然资源所有者的地位模糊，产权主体不够明确，各种产权关系缺乏明确的界定。在实际操作过程中，由于事实上存在的委托代理制和分级管理，各级政府行政管理部门行使所有者代表的职能，国有自然资源资产往往被地方、部门、社团或个人实际占有[5]。自然资源所有权边界不够清晰[6]，全民所有与集体所有、全民所有中央政府直接行使所有权与全民所有地方政府代理行使所有权的边界模糊，致使国有自然资源产权主体被虚置。

2. 所有者权益维护不够严格，造成资产收益流失

自然资源资产所有权人不到位，造成所有者权益不细化、不落实。国有自然资源资产所有者的权益保护不严格，被固化为部门和地区利益。市场化出让程度较低，资产收益不断流向某些地区、部门和集体，甚至是个人的口袋，造

成国有自然资源资产大量流失。目前，全民所有自然资源资产主要由地方人民政府代理行使所有权，国家所有权的大部分收益归地方所有，如水资源使用费除北京等南水北调受水区外，90%归地方支配[7]，国家作为全民所有自然资源资产所有者的地位没有得到充分体现。在土地资源领域，国有建设用地尚未充分体现全民所有权益，国有农用地和未利用地所有权管理制度缺失，资源权益不细化、难以落实。新增建设用地的土地有偿使用费，仅有30%上缴中央财政，70%留给地方人民政府。一些地方以划拨方式取得国有农用地和未利用地的使用权，实际却成为土地所有权行使主体，享有土地所有权人拥有的占有、使用、收益和处分等各项权利，基本上是"谁占有、谁处置、谁收益"，国家作为法定所有者代表并未享有相应收益。一些国有农场、林场、草场的土地，所有权人虽然是国家，但实际上却沦为地方和企业自管自用，地方和企业以事实拥有者的身份占据着利益。全民所有自然资源资产产权内容不完整，对土地使用权到期如何续期等问题，没有得到根本解决。全民所有自然资源资产产权权利保护不充分，对于不顾资源环境承载力、违背自然规律、盲目决策造成的生态破坏问题，缺少最严厉的责任追究机制和赔偿机制。

（二）中央与地方的财权事权不够对等，影响了自然资源资产保护

分税制改革以来，中央政府与地方政府之间的事权财权不匹配的现象较为突出[8]。据统计，2017年，中央与地方的一般公共预算收入分别为81119亿元和91448亿元，占全国一般公共预算总收入的比重分别为47%和53%，与1997年相比，中央的占比增加了25个百分点，而地方的占比则减少了25个百分点。从2017年我国财政支出来看，中央的占比为14.7%，地方的占比为85.3%，与1997年相比，中央的财政支出责任降低了12个百分点；而地方的财政支出责任提高了12个百分点。这表明，中央和地方财政收入与事权支出不匹配的问题越来越严重，势必影响到全民所有自然资源资产的保护。央地事权财权不匹配，中央审批事项多，事中事后监督管理不到位[9]；自然资源资产收益分配在各级政府之间不合理，资源所在地政府往往要承担更多事权。对于全民所有重要的自然资源资产保护，中央承担的财政支出责任过低，地方政府承担的财政支出责任过大，与自身财权不匹配，为了获取资产收益，生态保护往往为资源开发让路，经济活动不断占用生态属性较强的天然湿地、海域滩涂等生态空间。对于重要生态功能区的国有公益林，地方承担了较大比重的管护费用，中

央财政划拨的管护费过低。据统计，福建省国有公益林的管护费中，地方财政支出为17元/亩，中央财政支出仅为5元/亩。《中华人民共和国自然保护区条例》规定："我国自然保护区所需经费，由保护区所在地的县级以上地方人民政府安排，国家仅对国家级自然保护区给予适当的资金补助。"受经济利益驱使，个别自然资源资产的实际控制人片面追求自然资源资产的经济价值，忽视其生态价值和社会价值，在自然保护区内矿产开采、地产开发等商业行为时有发生，造成了严重的生态破坏。对于自然资源资产的行政许可，中央审批权限大，甚至存在以审批代替监管的现象，在一定程度影响了地方的积极性。资产收益分配不合理，很多地区的全民所有自然资源资产管理仍然沿袭传统的"谁开发、谁所有、谁受益"原则，导致了无偿、低价、过度、无序开发的乱象，资产收益在中央与地方、企业与资产所在地之间的分配不合理，收益分配机制亟待完善。

（三）重审批轻监管，造成资产监督管理不到位

自然资源资产开发利用的前期审批程序设计相对复杂、严谨，但一旦进入开发利用环节，部门之间缺少统筹协调，许多监管不到位、难落地，甚至存在以批代监管的现象，容易产生少批多用、合同约定履行不严格等问题。以划拨形式配置的公益性土地，在某些地区存在变更用途的现象；以出让形式配置的土地，存在供而不用等闲置问题。矿业权出让后监管不到位，存在越层越界开采等违法活动；矿产资源开发过程中对矿山复垦的合同约定不履行，造成"资源拿走污染留下、财富拿走贫困留下"等问题。海域使用权重审批轻监管的现象较为突出，海洋行政主管部门往往没有对海域使用权配置后的情况进行必要的跟踪管理，导致少批多用或改变填海用途等现象的发生。

（四）管理标准缺少衔接，统一的资产管理技术体系尚未形成

目前，我国的自然资源资产管理标准缺少衔接，统一的资产管理技术体系尚未形成，主要表现在以下几个方面：一是我国自然资源资产管理的信息化系统相对独立。自然资源部组建之前，土地、矿产、水、林、草等自然资源资产的管理分散在国土、水利、林业和农业等部门，虽然建立了土地市场动态监测与监管系统、水权交易平台等信息化的资产管理载体，但各系统建设具有相对独立性，系统之间缺少关联性，数据之间缺少共享，资产"家底"不清。以自然资

源资产云为基础、以大数据为手段的技术管理体系改革尚未取得实质性进展。

二是我国自然资源资产的分类标准不统一，自然资源资产的边界不够清晰，林草重叠的现象比较突出。例如，内蒙古自治区草地和林地重叠面积高达3.6亿亩。由于认定标准不统一，加之部门利益驱使，分头确权发证，出现"一地两证"的现象，造成农牧民同时领取草原奖补和公益林补助，也给土地的确权登记带来了困扰。

三是我国自然资源资产规划与用途管制缺少衔接，甚至存在冲突。目前，我国400多个国家级自然保护区内探矿权、采矿权的设置数量超过5000个，平均每个国家级自然保护区内设置的矿业权数量超过10个。某些自然保护区长期大规模违法违规探矿、采矿，搞水电建设，有的甚至搞地产开发，造成保护区内植被破坏、水土流失、水源污染和地表塌陷等严重的生态环境问题。

四、国外自然资源资产管理的若干经验

（一）以理论研究为基础，推动实践应用

自然资源资产管理思想源远流长，可以追溯到17世纪70年代。1662年，威廉·配第（William Petty）[10]出版著名的《赋税论》，提出"劳动为财富之父，土地为财富之母"的经济思想，这是资源价值论的最早萌芽。随后，亚当·斯密（Adam Smith）等学者从自由市场的稀缺层面研究了经济与自然资源的关系，开始研究自然资源的资产化管理问题。1924年，美国经济学家伊利（R. T. Ely）和莫尔豪斯（E. W. Morehous）[11]专门研究了自然资源资产，这被认为是自然资源资产管理思想的发轫。20世纪60年代，学术界提出了自然资本的概念，标志着自然资源资产化进入了新阶段。20世纪80年代以来，自然资源资产管理的理论研究趋于成熟。1981年，美国阿兰·兰德尔（Alan Randal）[12]利用经济学理论和定量分析的研究方法揭示了资源环境政策，自然资源资产的价值研究趋于深入。

国际上对自然资源资产核算的探索开始于20世纪70年代。1971年，美国麻省理工学院研究了经济增长与资源环境压力之间的关系，其被誉为布伦特兰报告的思想源泉。20世纪80年代，挪威等高收入国家从建立资源核算账户角度出发，对资源与环境进行核算。1989年，联合国统计署为建立绿色国内生产总值（GDP）核算总量、自然资源账户和污染账户提供了一个共同的框架。1993年，日本对环境经济综合核算进行了系统的构造性研究，核算了1985—

1990年本国的绿色GDP。1997年，罗伯特·科斯坦萨（Robert Costanza）发表了《全球生态系统服务价值与自然资本》，对生态系统服务进行了核算[13]。面对自然资源的稀缺性，自然资源资产的管理体制与相关制度安排也成为学术界讨论的焦点。

（二）以产权为工具，形成了较为完善的资产管理制度

产权制度是发达国家管理自然资源资产的重要工具。发达国家通过立法规定资源的占用、使用、收益和处分权利，并建立了完善的自然资源资产产权制度。1968年，哈丁（Hardin）[14]提出的"公共地悲剧"，是产权制度的理论基础。一系列的环境危机促使发达国家的生态保护意识不断增强，这些国家通过两种方式对自然资源资产进行管制：一是为公共目的保留一部分自然资源资产为政府所有；二是对自然资源资产的利用方式实行一定的行政限制和管制，在私人财产权上形成一定的公共权利[15]。此外，发达国家自然资源资产管理的调查评价、开发许可和收益分配等制度体系逐步完善，其核心是明晰产权，确定资产配置区位和开发区位，维护所有者的权益。

（三）以维护国家利益为基础，加强自然资源资产的收益管理

国际上，澳大利亚等国家把自然资源资产纳入政府资产进行统一管理[16]。政府为确保法律和财务管理的规范与统一，制定一些相关的财务管理规则，对各类自然资源资产的收益作出指导性规定。自然资源管理部门负责征收资产收益并上缴财政。美国内政部在矿产资源管理局以外单独设立自然资源收益办公室，负责对矿产和原油开采征税。在自然资源资产收益的收支模式和管理上，主要有"收支两条线""收支一体"两种模式。"收支两条线"是国际通行的做法，该模式由资源管理部门负责征收自然资源资产收益，并全额上缴财政管理部门，自然资源资产管理的公共性开支则由财政管理部门拨付，用于自然资源资产管护。资产征收与支出相分离，提高了资金使用效益，有效防止了贪污腐败。在"收支一体"模式下，自然资源资产收益和公共性支出全部由资源管理部门负责[17]。

（四）以公共利益为前提，实现资产管理与生态保护的同步发展

生态保护优先是发达国家自然资源资产管理的基本理念。自然资源资产的

私有化带来了环境问题的激化[18]。美国等发达国家率先实现了自然资源管理与生态保护融合发展,资产管理与生态保护同步进行。20世纪70年代末,随着国际环境保护运动的发展,发达国家逐步强化自然资源资产的管理,在保留部分自然资源资产为政府所有的同时,加强对私有自然资源资产的管制,即在私人所有权的基础上附加了生态保护和用途管制等方面的限制。例如,英国国家林业委员会既负责国有林采伐的行政审批,又负责对私有林采伐颁发许可证,确保森林生态系统健康发展。

(五) 以信息化为手段,支撑自然资源资产管理

加快大数据发展是自然资源管理创新的关键。大数据发展至今,带来的不仅是技术的变革,还深刻地改变了自然资源资产的管理模式。发达国家利用现代云计算和大数据等应用技术[19],为政府提供自然资产资产调查、产权登记、行政许可、收益管理等多元化服务,促进了资源行业与信息化的深度融合,驱动政府决策向着更灵活、更市场化、更科学化的方向发展。另外,国外自然资源资产调查注重监测台站建设,为自然资源资产评估及其科学决策积累了长期数据[11]。

五、完善自然资源资产管理体制的基本思路

集中统一行使全民所有自然资源资产所有者职责,实现资产管理的融合是我国自然资源管理体制发展新阶段的要求。笔者认为,应从以下5个方面构建全民所有自然资源资产管理体制改革的基本思路(图7-1)。第一,以十九届三中全会审议通过的《中共中央关于深化党和国家机构改革的决定》《深化党和国家机构改革方案》和十三届全国人大一次会议表决通过的《国务院机构改革方案》为依据,积极顺应自然资源部统一行使两项基本职责的要求,通过完善资产管理体制的方式,着力解决自然资源资产所有者不到位、保护不严格的问题。第二,跟踪美国、加拿大、澳大利亚和俄罗斯等资源大国自然资源资产管理新动向,梳理完善自然资源资产管理体制的演变态势,总结基本特点,提炼可供我国借鉴的典型经验。第三,在总结我国自然资源资产管理体制历史沿革的基础之上,深度剖析存在的突出问题,构建系统完整、运行高效的自然资源资产管制体制。第四,加快落实中共中央办公厅、国务院办公厅关于印发《自然资源部职能配置、内设机构和人员编制规定》的有关要求,强化全民所

有自然资源资产管理职责的整合力度,确保按期到位,细化全民所有自然资源资产所有者的基本职责,制定职责清单。第五,深化自然资源资产管理的有关理论研究,夯实理论基础,构建以产权理论为基础的自然资源资产产权体系。

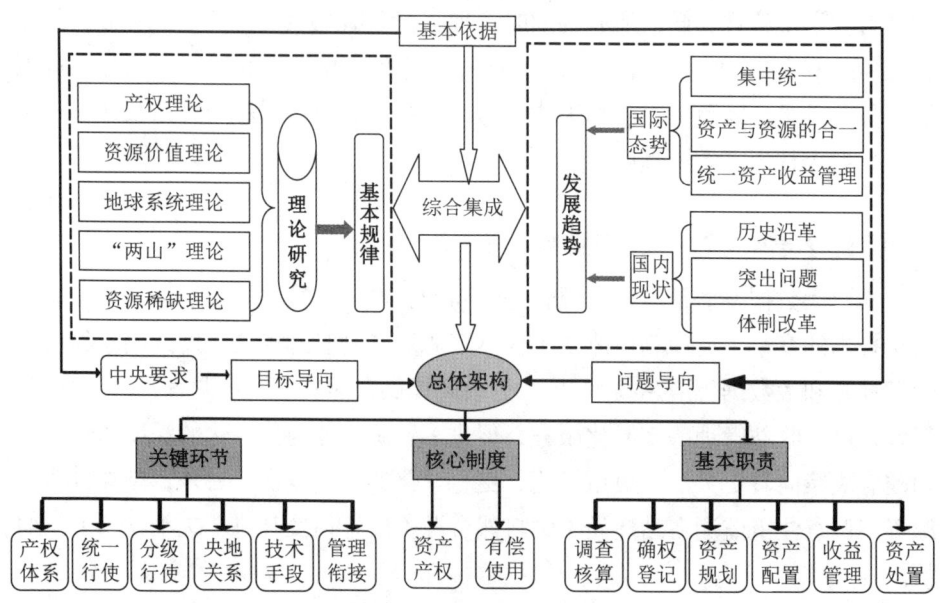

图7-1 完善全民所有自然资源资产管理体制的基本思路

六、统一行使自然资源资产融合管理的基本格局

统一行使全民所有自然资源资产所有者职责,应深刻领会党的十九大精神,全面贯彻落实中央生态文明体制改革总体部署,坚持资源公有、物权法定的原则,厘清全民所有自然资源资产所有则职责,以健全完善自然资源产权制度为基础,以统一行使与委托代理改革为主线,以资产全程监管为保障,在中央与地方两个层面积极构建公平合理的责权利体系,着力解决所有权人不到位、所有者权益不落实的问题。依据党的十九大、十九届三中全会决定,统一行使全民所有自然资源资产所有者职责的体制,应夯实五大基础、构建三大体系和确立两大机制。

(一)夯实统一行使所有权的五大基础

1. 以强化资产管理职能为基础,集中统一行使所有者职责全面总结国家生态文明实验区、三江源国家公园和东北国有林区等国有自然资源资产管理体制改革试点经验，及时上升为全民所有自然资源资产管理体制改革的具体措施。以组建自然资源部为契机，完善内部机构设置，强化全民所有自然资源资产所有者职责的集中统一行使。重点突出以下几个方面：一是摸清资产底数，建立自然资源统一调查监测评价体系，定期开展全国国土调查和水、湿地、海洋等专项调查，掌握各类自然资源的权属、分布、数量、质量、保护和开发利用状况等。在此基础上，逐步建立资产台账和动态监测机制，及时掌握资产变动情况，筑牢自然资源资产管理的基础。二是开展确权登记，推进自然资源所有权和所有自然生态空间的统一确权登记，逐步实现自然资源确权登记全覆盖。明确界定各类自然资源资产的所有权主体，划清全民所有和集体所有之间、全民所有和不同层级政府行使所有权之间、不同集体所有者之间、不同类型自然资源资产之间的边界，解决长期以来所有权主体虚化、权属不清、责任不明等问题。三是建立健全自然资源资产规划和配置制度。坚持保护优先、利用合理、配置高效的原则，逐步建立"资产规划+具体政策"的资产配置制度，提高资产使用效益。在严格遵守国土空间规划和自然资源用途管制规定的前提下，充分考虑资源环境承载能力、现有自然资源资产结构等因素，编制自然资源资产保护和使用规划，明确资产保护和可持续利用的目标、具体配置计划和政策措施等，进一步优化资产结构和使用效益，实现自然资源资产在经济价值、生态价值等方面的保值增值[20]。

2.以编制委托代理行使清单为基础，合理划分中央与地方的权利边界

区分资产所有者权利和监管者权力，研究建立国务院自然资源主管部门行使全民所有自然资源资产所有者职责、委托省级和市（地）级政府代理行使所有权的资源清单和管理体制。根据在国家战略需求、经济社会发展、生态环境保护等方面的重要程度，明确中央直接行使所有权的资源种类，包括军事、国防、外交占用的自然资源、石油天然气、贵重稀有矿产资源、重点国有林区、大江大湖和跨境河流、部分国家公园等，划定其空间范围、权利义务，加强对上述重要自然资源资产的管理和保护。明确委托地方代理行使所有权的资源范围，建立全民所有自然资源资产管理的委托代理制度，进一步明确权责边界，强化保护责任，提高资产管理效率。

3.以健全产权制度为基础，落实所有权人的权利

针对自然资源资产所有权人不到位、权益不落实、相关权利人的义务和保

护责任不明确等问题，强化统一行使全民所有自然资源资产所有者职责的整体设计，明确自然资源资产"归谁有""归谁管"和"归谁用"，构建归属清晰、权责明确、监管有效的自然资源资产产权制度[21][22]。加快划清不同权利主体之间的边界，特别是划清全民所有和集体所有之间的边界、全民所有不同层级政府行使所有权的边界、不同集体所有者之间的边界、不同类型自然资源的边界。创新自然资源全民所有权和使用权的实现形式，除生态功能重要的自然资源之外，可推动所有者和使用者相分离，明确占有、使用、收益、处分等权利归属关系和责任，使自然资源资产产权人在资源开发利用中实现权利和义务相统一，形成权利人保护和合理利用自然资源的内生机制。

4. 以编制自然资源资产负债表为基础，全面掌控自然资源资产"家底"

自然资源资产负债表是全面掌控全民所有自然资源资产的重要工具。统一自然资源资产调查的技术标准，开展自然资源资产综合调查，为自然资源负债表的编制提供可靠"本底"。以《国务院办公厅关于印发编制自然资源资产负债表试点方案的通知》为依据，提炼呼伦贝尔、湖州和娄底等试点地区编制自然资源资产负债表的基本做法，总结可复制、能推广的典型经验。在土地资源、林木资源和水资源核算的基础上，探索编制矿产资源资产负债表，将自然资源资产的核算范围扩大到全部国有自然资源资产。完善自然资源资产核算的技术方法，强化自然资源、水利和林草等部门的数据共享，充分利用云计算、大数据等信息技术，建立全民所有自然资源资产核算平台，及时上传增减变化，实时掌控资产"家底"，为地方各级领导干部的离任审计提供决策参考。

5. 以信息技术为基础，搭建自然资源资产统一管理平台

（1）搭建统一的全民所有自然资源资产管理信息平台。以统一的不动产登记平台为基础，搭建涵盖全民所有自然资产调查、评估、核算、登记、配置、收益、处置和监管等内容的自然资源资产管理信息平台。以自然资源资产登记为基础，统一资产调查与核算标准，充分利用云计算、大数据等现代信息技术手段，加快资产数据的集中统一汇交和核算，编制自然资源资产负债表，实时掌控资产"家底"。完善全民所有自然资源资产登记内容，建设涵盖资产数量与质量、实物与价值、权益与义务等内容的登记清单。

（2）建设统一规范的全民所有自然资源资产管理系统。规范全民所有资产出让行为，集中土地市场交易系统、矿业权交易市场系统、林权交易系统和水权交易平台等分散的自然资源资产交易系统，建设规范统一的全民所有自

然资源资产管理系统。加强全民所有自然资源资产收益征缴与分配系统建设，在"收支两条线"的管理体制下，确保资产收益全额征收，资产分配公平合理。建设全民所有自然资源资产处置系统，全面监测资产处置流向，维护国家权益。强化全民所有自然资源资产监管系统建设，搭建从"源头"到"末端"、从"入口"到"出口"的资产监管系统，助推全流程严管体制的落实。

（二）构建统一行使所有权的三大体系

1. 以法治化为保障，完善自然资源资产法律政策体系

以健全自然资源资产产权制度为导向，全面梳理并消除现行各项自然资源管理法律规范之间存在的重叠和矛盾冲突，加强法律条款的对接与协调，加快推进现行法律法规的"废、改、立、释"进程。推动研究制订自然资源基本法，加快修订矿产资源法等专门法律，重点完善自然资源的产权法律体系、有偿使用法律体系、监督管理法律体系，形成以自然资源法为龙头，单行法为主体，部门规章和地方性法规为配套，与生态文明体制改革相适应的自然资源资产管理法律体系。强化法律法规条款的健全与完善，将中央与地方委托代理的自然资源资产以法律的形式予以规定，实现统一行使全民所有自然资源资产所有权的法治化、规范化。

2. 以市场化为手段，健全自然资源资产市场体系

健全统一规范的自然资源资产市场体系，推动将全民所有自然资源资产有偿使用逐步纳入统一的公共资源交易平台。深化自然资源资产价格市场化改革，发挥市场在资产配置中的决定性作用，实现要素自由流动、价格反应灵活、竞争公平有序。扩大有偿使用范围，全面建立覆盖各类全民所有自然资源资产的有偿出让制度，鼓励自然资源资产竞争性出让，减少和规范协议出让，支持探索出让、转让、出租、担保、入股等多样化的有偿使用方式。以市场化为导向，完善自然资源资产出让价格形成机制，推进建立反映市场供求关系、资源稀缺程度、环境损害成本和代际关系的价格形成机制，坚决遏制依靠垄断或占有的方式获取超额利润的现象，更好地实现自然资源资产的最优配置，更好地体现自然资源资产的经济价值和生态价值。全面实施自然资源资产市场准入负面清单制度，明确全民所有自然资源资产有偿使用的准入条件、方式和程序，清理废除妨碍统一市场和公平竞争的各种规定和做法。建立健全自然资源资产有偿使用信息公开和服务制度，确保国家所有者

权益得到充分有效维护。

3.以事权与财权相对等为目标，健全责权利体系

按照责权利相统一的原则，实现自然资源资产保护事权与财政支出相对等，形成科学合理的责权利体系。坚持自然资源资产公有制，合理划分中央与地方的事权和财权，做到权责明确，实现职权与责任的对等。对于自然资源资产的调查、评价、规划和保护等事权、财权，该由中央政府承担的事权要上收，并由中央承担相应的财政支出；该由地方政府承担的事权要下放，并由地方承担相应的财政支出；该由中央政府与地方政府共同承担的事权，依据自然资源资产的受益范围和影响程度，权衡中央与地方的事权及财政支出比重。下放自然资源资产处置权，使地方掌握必要的施政权限。通过责权利的统一，形成科学合理、权责清晰、财力协调、管理高效的全民所有自然资源资产责权利划分体系。

（三）重塑统一行使所有权的两大机制

1.以过程严管为导向，构建全流程的自然资源资产监管机制

按照事前规范制度、事中加强监控、事后强化问责的思路，加强国家资产管理机构对自然资源资产的监管。依据全生命周期理论，从"入口"到"出口"构建过程严管的自然资源资产监管体制。加强自然资源资产配置环节的监管。资产管理机构应严格规范行政许可范围，优先配置涉及国计民生、国家重点领域、战略性新兴产业和国家安全等行业需要的资源，防止资产流向"两高一低"等落后产能，维护资产所有者的权益。加强自然资源资产使用环节的监管。按照权利与义务相一致的要求，资产管理机构应采取定期检查与抽查相结合的方式，强化对资产使用权人履行合同约定和遵守市场交易规则的监管，使资产利用符合用途管制和生态保护等公共利益需要，落实资产使用权人的义务。加强自然资源资产收益环节的监管。按照实物管理与价值管理、资产管理与财务管理相结合的思路，严格监管全民所有自然资源资产的出让、出租和处置等资产收益，严禁隐瞒、截留和挪用，确保足额上缴公共财政，切实保护全民所有者的权益。加强自然资源资产处置环节的监管。按照先许可后处置、先资产评估后处置的思路，严格执行国有资产处置审批手续，监督资产处置要符合用途管制等公共利益需要。严格规范资产处置行为，在资产评估的基础上通过拍卖、招投标等公开进场的交易方式处置，对

暗箱操作等行为，要严格追究当事人的法律责任。此外，应加强资产管理与资源监管的衔接，使二者相互衔接、相互配合、相互监督，实现信息共享，确保管理目标的统一。

2.以维护全民所有者利益为核心，完善资产收益征缴与利益分配机制

建立全民所有自然资源资产收益共享机制，实现事权与财政支出对等，提高政府宏观调控能力。规范自然资源资产收益征缴管理[23]。中央自然资源资产管理机构制定资产征收标准规范、政策法规、分配方案、分配比例和激励措施。地方资产管理部门负责全额征收自然资源资产收益，并上缴国库，保障国家权益不流失，实现全民所有者的合法权益。优化资产收益分配管理，优化支出结构。自然资源资产的收益分配既应体现资产的全民所有，也应体现资产分布的特殊性，重点向资源产地倾斜。对于自然资源资产收益的初次分配，应将一定比例的分成留给市县人民级政府，调动资产收益征收的积极性，切实保障全额征缴。在此基础上，进行资产收益的再次分配，在地方有相应的财政支出用于自然资源资产调查、评价、规划和保护的基础上，将剩余收益用于征地安置等公共事业支出等方面。

第二节　委托代理自然资源资产行使所有权体制

一、委托代理的基本内涵

所谓委托代理全民所有自然资源资产所有权体制改革，实质是国有资产管理体制改革在自然资源资产领域的应用。针对国有企业改革，党的十六大报告提出国有资产实行统一所有、委托代理体制，其中关系国民经济命脉和国家安全的大型国有企业、基础设施和重要自然资源资产等，由中央政府代表国家履行出资人职责，其他国有资产由地方政府代表国家履行出资人职责。当时该项改革主要聚焦于经济领域，包括经济属性较强的自然资源资产，如石油、天然气等。相较而言，2017年《建立国家公园体制总体方案》（以下简称《总体方案》）提出的全民所有自然资源资产的委托代理体制改革，其涵盖的范畴不仅包括了以经济开发为主要功能的自然资源资产，还充分考虑了当前资源与生态环境趋紧的情况，将以提供生态服务为主要功能的自然资源资产也纳入其中。

委托代理全民所有自然资源资产所有权体制是一项极为重要而复杂的改革任务。一方面，从所有权包括的占有权、使用权、收益权和处置权等四大权益看，该项改革无疑将会涉及这四种权益在中央和地方的配置问题，关系到各方切身利益的调整[24]，处理不当势必引起不公正问题。另一方面，这项改革还与自然资源产权体系改革、确权登记、国家公园体制、中央地方事权划分等改革任务息息相关。因此，必须将相关改革纳入一个整体进行设计和实施。具体而言，委托代理体制改革至少涉及以下三大相互联系的改革任务。

（一）按照在生态、经济和国防领域的重要程度，研究编制分别由中央和地方行使所有权的自然资源资产清单和空间范围

《总体方案》提出，要按照不同资源种类及其重要程度，研究实行中央和地方政府分级代理行使所有权职责的体制。因此，编制分别由央地行使所有权的自然资源资产清单和空间范围是委托代理体制改革最为基础的任务。这意味着，必须研究建立分类标准体系，有效区分具有不同时空尺度和战略意义的自然资源资产，兼顾中央和地方、局部和整体的利益。这其中，对以生态属性为主的公益性自然资源资产，应当按照其外部性和公共物品属性的地域范围，评估哪些自然资源具有全国性公共物品属性；对以经济属性为主的经营性自然资源资产，应当按照国防保障，以及地方和国家经济发展对其的依赖程度，评估事关全国国民经济和国防安全的资源资产种类。一般性自然资源资产则由地方来行使所有权。

（二）根据公平和效率兼顾的要求，研究建立由中央政府直接履行自然资源资产所有者职责的管理体制

编制自然资源资产清单仅仅是建立委托代理体制的基础，更重要的是在体制机制上作出相适应的安排，确保中央能够对重要自然资源资产直接行使所有权。这就需要建立完善的相关管理体制及其职能。作为资产所有者，中央政府需要履行对经营性自然资源资产开展资产规划、使用权出让或审批许可、收取资产收益、资产核算和考核等职责；需要对公益性自然资源资产开展发展规划和资源保护等。当前，需要按照所有者和管理者分开的原则，建立垂直管理体制，进而负责全国各地资源资产开发、资源保护和监管监测等日常管理工作，对其履行所有权职责。其中，垂直管理体制有助于实现全面管理，但体制成本

较高；另一种方式则是上收使用权出让或审批许可，由地方负责日常监管监测，这种方式成本较低，但容易出现管理上的漏洞。

（三）依据财权和事权相匹配的原则，建立与委托代理相适应的收益分配机制和财政支出责任体系安排

自然资源资产收益管理是行使所有权的重要内容。以开发和使用为主的经营性自然资源，一般具备较为完整的占有、使用、收益和处分权；以生态属性为主的自然资源主要是为社会提供生态系统服务，以保护为主，在所有权行使上受到严格管控。在委托代理方面，前者涉及的核心问题是收益分配，后者则是财政支出责任（表7-1）。需要研究是否按照"谁所有、谁收益"的原则，由中央占有经营性资源的收益和承担公益性资源的财政支出责任。这个问题必须在充分考虑资源所在地利益和央地财权配置的基础上，认真加以研究。只有确立合理的收益和支出分配机制，才能为实现高效的自然资源资产管理奠定基础。

表7-1　全民所有自然资源资产委托代理体制改革的要点

要点	经营性	公益性
属性	具有较强经济属性，开发为主	具有较强生态属性，保护为主
所有权实现	具备完整占有、使用、收益和处分权	使用、处分特别是收益权实现上受严格管控
中央直接行使所有权的资源	具有战略性地位、事关国民经济安全	具有全国性公共物品属性，事关国家生态安全
地方行使所有权的资源	非战略性地位的自然资源资产	具有地方性公共物品属性
委托代理时的焦点	使用、处置、特别是收益权的分配	保护责任、财政事权和支出责任分配

总体而言，只有在自然资源资产清单编制、管理体制、收益分配机制和财政支出责任体系等各方面都做出相互衔接的安排，才能最终确立委托代理体制。此外，作为资产管理体制的一部分，委托代理体制改革以资产管理和监督管理职能的分离为前提，有赖于产权制度的完善，意味着这项改革不可能一蹴而就，只能在改革过程中不断完善。

二、我国自然资源的产权体系现状

我国全民所有自然资源资产委托代理的体制，是在历次经济体制和行政体制

改革进程中,伴随着市场化进程和中央地方关系的调整而逐步形成的。随着社会主义市场经济的发展,我国在自然资源全民所有和集体所有的基本制度基础上,依照用途和功能分区,初步形成了具有不同经营性和公益性属性的自然资源类型,同时在土地、林地、矿产、水等资源领域,推动所有权和占有、使用和收益权逐步分离(表7-2),进而形成和确立了不同层级政府对各种自然资源的实际占有、收益权,建立了复杂的分级管理全民所有自然资源资产体系[25]。

表7-2 我国各类自然资源的产权体系

自然资源类型	所有权	使用权以及用益物权
土地	集体所有和国家所有	土地使用权、承包权、经营权
林地、森林林木	集体所有和国家所有	林地使用权、森林承包权、经营权
矿产	国家所有	探矿权和采矿权
水	国家所有	取水权、水域使用权
海洋	国家所有	海域使用权

为了较为全面地掌握现行全民所有自然资源资产所有权的委托代理情况,本书选择了比较有代表性的全民所有自然资源资产,对其所有权委托代理情况进行研究。需要指出的是,由于产权制度体系不完善,资产管理和行政管理的界限并不十分清晰,以行政审批等手段代替资产管理的情况比比皆是。

(一)土地资源资产

全民所有的土地资源资产中,城镇建设用地、国有农用地等为代表性的经营性资源。建设用地所有权行使主要包括开展资产规划、出让使用权获取收益。目前,城镇建设用地的管理和运营收益集中在市县一级,并主要通过出让使用权等方式来实现收益权,即地方政府享有建设用地的占用权和收益权,负责出让使用权。同时,中央政府通过建设用地总量和强度控制、基本农田占用审批等方式对地方用地行为进行管控。国有农用地中,新疆垦区、黑龙江农垦和广东农垦为中央直属垦区,实行省部共管的体制。

全民所有土地资源资产中具有代表性的公益性资源主要是各类保护地,包括我国出于保护生物多样性和自然遗产等目划定和形成的自然保护区、风景名胜区、地质公园、湿地公园、森林公园等。从实际运行情况看,各类保护地一般都分为国家级和地方级。国家级保护地的设立、调整、撤销等事项由国务院或国务院有关部门审批,如建立和调整自然保护区范围需由国务院审批。国家级保护地的自然资源管理一般被视为中央和地方共同事权,中央通常设立财政专项或者一般性转移支付,为国家级公益性自然资源提供补贴,如2016年中央财政转移支付给725个重点生态功能区(县)总计570亿元,但主要经费仍由保护区所在地县级及以上人民政府承担。国家级保护地的日常管理采取属地管理的方式,由地方政府主导,同时相关旅游开发收益由地方政府收取,即地方政府享有收益权(表7-3)。

表7-3 代表性土地资源的委托代理情况

代表性土地类型	中央权限	地方权限	收益分配或事权
建设用地	实行建设用地总量控制,对占用的基本农田等实行审批	享有建设用地的占用权和处置权,负责出让使用权	地方收取相关土地出让金
国家级保护地	负责设立、调整、撤销等事项,对保护效果进行督察	负责日常管理,对违法行为进行行政处罚	旅游开发收益由地方收取,日常经费由地方负责;中央设立财政专项或者一般性转移支付

(二)矿产资源资产

矿产资源均为全民所有,除了分布在保护地之内的资源外,基本上都是经营性自然资源。矿产资源资产的所有权行使主要包括资产规划、出让探矿权开采权、收取使用费等进而实现收益权。当前,探矿权由国家、省两级管理,开采权由国家、省、市、县四级管理,按照相应的资源种类及规模区分中央和地方的权限,如根据有关规定,中央负责石油、天然气等6种矿产的探矿权采矿权审批。在收益分配上,矿业权出让收益(即探矿权采矿权价款)央地分享比例确定为4∶6,矿业权占用费(即探矿权采矿权使用费)央地分享比例确定为2∶8,矿产资源税收入全部为地方财政收入。

(三)森林资源资产

国有森林资源主要为分布在国有林区和林场中的森林、林木和林地资源。由于历史遗留原因,我国国有森林资源的管理仍实行政资合一的体制,通过建立直属企业,林业主管部门直接参与国有森林资源资产管理。这其中,主要依靠中央投资形成的重点国有林区分布在东北三省和内蒙古自治区,实际上由五大森工集团（即大兴安岭林业集团公司、内蒙古森林工业集团、中国吉林森林工业集团有限责任公司、黑龙江省森林工业总局、长白山森工集团）承担实际的占有权和收益权。中央政府负责有关监督管理工作。此外，为了加强对重要生态区位森林资源的保护，国家还划定国家级和地方级公益林。其中，国家级公益林的设立、调整等事项由国务院林业主管部门审批，并被视为中央和地方共同事权，中央按照一定标准为国家级公益林提供专项财政补贴（2015年标准为每年每亩6元），但主要经费仍是由保护区所在地县级及以上人民政府负责，并采取属地管理的方式。

（四）水资源资产

水资源属于国家所有。国家按照水资源的自然属性和社会属性，依据其水域确定其具有的某种应用功能和作用，并划分为二级功能区划，共11类功能，规定不同区域的水资源适用不同的功能及标准。水资源所有权行使主要包括取水许可、水域滩涂养殖使用、水资源有偿使用、水利水电开发等，进而实现资产收益权[26]。当前，国家规定按照不同范围的江河以及相关取水量，分由相关流域委员会、地方水主管部门负责审批、收取取水费（表7-4）。在收益分配上，国家规定，除北京、天津、河北、江苏、山东、河南等南水北调受水区外，县级以上地方水行政主管部门征收的水资源费，将按照1∶9的比例分别上缴中央和地方国库。

表7-4 长江水利委员会取水许可管理权限（长江干流）

范围	管理权限
宜宾（含宜宾）—南京	地表水日取水量10万立方米以上的工业与城镇生活取水或设计流量20立方米每秒以上的农业取水
南京（含南京）—南汇咀	地表水日取水量15万立方米以上的工业与城镇生活取水或设计流量20立方米每秒以上的农业取水
宜宾—南汇咀	地下水（含群井）日取水量2万立方米以上的取水

资料来源：水利部.关于授予长江水利委员会取水许可管理权限的通知[EB/OL].（1994-10-07）[2020-01-20].http://www.mwr.gov.cn/zwgk/gknr/201707/t20170727-1442641.html.

（五）海洋资源资产

海洋资源包括沿海滩涂、海岛资源、海洋生物资源、海洋油气和矿产资源，属于国家所有。国家根据不同海域资源环境承载能力、现有开发强度和发展潜力，确定了不同海域主体功能，其中具有代表性的经营性海洋资源主要为位于优化和重点开发区域的资源。海洋资源所有权主要通过出让海域使用权、无居民海岛使用权，收取资源有偿使用费等方式来实现。当前，国家规定，符合一定条件的项目用海、海岛使用须由中央审批和出让。海洋资源中的公益性资源主要以海洋自然保护区为代表，包括国家和地方各自设立的自然保护区。国家级海洋自然保护区的管理模式与陆地保护区类似。

（六）现行体制难以实现资源开发与保护的双重目的

在现行全民所有自然资源资产所有权的委托代理方面，中央主要负责重要矿产资源的探矿采矿、对大江大河一定规模以上的取水等，承担国家级公益性自然资源资产的设立、调整、审批以及部分财政支出责任。相较而言，地方在土地、林业、一般矿产资源方面的管理权限相对较大，承担国家级公益性自然资源资产的大部分财政支出责任和日常管理工作。

但总体而言，现行体制难以有效实现资源开发和保护的目的。一方面，经营性自然资源资产的中央和地方所有权不明确，地方对重要国有自然资源资产的垄断和破坏性开发问题突出；借行政权力干预正常的资产出让和转让过程，无偿或低价出让自然资源资产，损害了国家使用权人的权益和社会公共利益。另一方面，公益性自然资源资产的中央和地方事权划分不清，中央对国家级公益性自然资源资产的管理存在严重的重审批轻监管问题，承担的财政支出责任过低；地方政府在公益性自然资源资产方面承担的财政支出责任和自身财权不匹配，地方为了获取资产收益不断占用生态属性较强的天然湿地、海域滩涂等生态用地，自然保护地内矿产开采、地产开发等商业行为时有发生，造成严重的生态破坏。

三、委托代理的自然资源资产清单编制

（一）基本原则

中央提出，对全民所有的自然资源资产，按照不同资源种类和在生态、经济、国防等方面的重要程度，编制资源种类和国土空间范围清单，为推进下一步工作指明了方向。按照生态学、管理学和经济学有关理论，编制由中央直接行使所有权的自然资源资产清单应当遵循以下原则。

1.坚持国家安全至上原则，事关国家经济安全、国防安全和生态安全的自然资源资产所有权由中央政府直接行使。国家安全是委托代理全民所有自然资

源资产所有权改革的前提。对于铀矿等稀有、稀缺矿产资源和在国家经济安全和国防安全中具有举足轻重地位的重要能源资源,应坚持中央政府直接行使所有权,确保维护国家利益和国家安全。三江源等重要保护地在保障国家生态安全中具有不可替代的战略地位,应坚持中央政府直接行使所有权。一般性的国有建设用地等自然资源资产可委托地方政府代理行使所有权。

2.坚持简政放权原则,充分发挥中央和地方的积极性。对于全民所有的自然资源资产,应积极落实由国务院自然资源管理部门统一行使所有权职责的体制。对全民所有自然资源资产应充分调动中央与地方两个方面的积极性,按照经济、生态、国防等重要程度和区域分布等特点,实行中央与地方政府分级代理行使所有权职责的模式。重要自然资源资产由中央政府直接行使,但资产出让、资产增值的收益要上缴公共财政,并向地方分成,调动地方政府主动保护自然资源资产的积极性,推动实现全民所有自然资源资产收益的全民共享。顺应"放管服"改革需要,一般性的自然资源资产可委托地方政府代理行使所有权。

3.坚持责权利相统一原则,实现保护事权与财政支出相对等。对于自然资源资产的调查、评价、规划和保护等事权财权,该由中央政府承担的事权要上收,并由中央政府承担相应的财政支出;该由地方政府承担的事权要下方,并由地方政府承担相应的财政支出;该由中央政府与地方政府共同承担的事权,依据自然资源资产的受益范围和影响程度,区分和明确中央与地方的事权及财政支出责任和比重。

(二)由中央直接行使所有权的自然资源资产清单编制

《总体方案》提出,中央政府主要对石油天然气、贵重稀有矿产资源、重点国有林区、大江大河大湖和跨境河流、生态功能重要的湿地草原、海域滩涂、珍稀野生动植物种和部分国家公园等直接行使所有权。

1.军事等国防用地

军事用地包括设防、海防、空防、通信、火箭军阵地和军队人防工程,包括陆军试验场地、试验基地、训练场和靶场等国防工程用地,包括军用仓库用地、军用铁路专用线、公路支线、输水输油输气管线用地以及军队系统的工厂等国防用地。这些土地是维护国防安全的核心,应由部队行使使用权、中央政府直接行使土地所有权。如:新疆生产建设兵团的土地,是屯垦戍边、增进新疆民族团结和维护社会稳定的重要资产,要由中央政府直接行使所有权。

2.战略性能源与矿产资源

由中央直接行使所有权、以经营性为主的能源与矿产资源,应具有经济和国防战略意义。借鉴国内外研究,有关文件文献初步明确了战略性能源与矿产资源的基本特征:事关国民经济命脉、国家经济安全和稳定的资源;对战略性新兴产业、全球尖精科技发展和参与全球竞争具有重要意义的资源;事关国防安全的资源。据此,2016年11月颁布的《全国矿产资源规划(2016—2020年)》将战略性矿产目录分为能源矿产、金属矿产、非金属矿产三类,总计24种矿产,基本上明确了对我国经济发展具有重要意义的战略性矿产(表7-5)。

表7-5 战略性矿产资源

矿产分类	具体矿产
能源矿产	石油、天然气、页岩气、煤炭、煤层气、铀
金属矿产	铁、铬、铜、铝、金、镍、钨、锡、钼、锑、钴、锂、稀土、锆
非金属矿产	磷、钾盐、晶质石墨、萤石

资料来源:国土资源部.全国矿产资源规划(2016—2020年)[EB/OL].(2016-12-06)[2020-02-12].http://www.cgs.cn/tzgg/tzgg/201612/t20161206-418714.html.

理论上,这些战略性能源与矿产资源的所有权均应由中央直接行使。但如前所述,还应适当考虑简政放权和地方发展的需求。结合有关文件,中央可负责这些战略性能源与矿产资源的资源规划、矿业权权益金收取,特别是矿业权出让、转让审批,包括石油、天然气、页岩气、放射性矿产、钨、稀土等6种矿产的探矿权采矿权审批,以及资源储量规模10亿吨以上的煤、资源储量大型规模以上的煤层气、金、铁、铜、铝、锡、锑、钼、磷、钾等11种矿产的采矿权,并按照一定比例划分中央和地方在自然资源资产上的收益。

3.重点国有林区中的森林、林木资源

我国重点国有林区主要指东北国有林区、内蒙古国有林区中国家重点森工企业的施业区。据最新资源普查数据,两大重点国有林区的森林面积为3.9亿亩,森林覆盖率为80%,森林蓄积量为23.8亿立方米,占全国森林蓄积量的17.4%,是我国重要的生态安全屏障和森林资源培育战略基地,兼具公益性和经营性。按照《总体方案》有关规定,中央将直接对重点国有林区行使所有权。

需要指出的是,重点国有林区内除了拥有森林、林木、林地资源外,还有在森林生态环境下形成的、归全民所有的野生动植物资源和景观资源等。因此,在明确中央对重点国有林区的直接所有权的同时，还需要明确在森林生态环境下形成的各类资源的所有权归属。从山水林田湖系统治理的角度看，应当由中央负责对林区内的山水林田湖等所有生态资源进行系统规划和综合治理。但考虑到重点国有林区内将近500万的人口依赖于当地资源生存，发展任务较为繁重，因此，建议按照这些资源的生态重要性，以及对当地社会经济发展的重要程度，将其中重要的自然资源资产归属中央所有，其余由中央委托地方进行管理。

4.大江大河大湖和重要跨境河流

《总体方案》提出由中央对大江大河大湖和跨境河流直接行使所有权。目前，国家规定的大江大河大湖包括长江、黄河、淮河、松花江、辽河、海河、珠江等；我国和周边国家共享有40余条跨国界河流，其中最主要的有16条，包括黑龙江、鸭绿江、图们江、乌苏里江、绥芬河等界河，以及额尔齐斯河、伊犁河、乌伦古河、澜沧江—湄公河、雅鲁藏布江、元江、怒江、独龙江、印度河、北江、北仑等跨境河流[27]，主要分布在东北地区、西北地区（主要是新疆地区）、西南地区（主要是云南、广西和西藏等地区）。这些水资源同样兼具公益性和经营性属性，既有重要的经济价值，也有较高的生态价值。

对于大江大河大湖而言，中央已经建立各大流域委员会，由中央直接行使所有权的体制转换成本较低。考虑到地方经济社会发展以及简政放权的要求，建议中央负责大江大河大湖里一定水量以上的取水许可或取水权出让，制定跨省江河水量分配方案，同时将一定水量以下的取水许可或取水权出让交由地方政府负责行使。但对跨境河流而言，目前尚未建立中央直属的管理机构，中央建立派出机构来直接行使所有权的体制转换成本较高。因此，建议通过上收取水许可审批权等方式来行使所有权。

5.生态功能极其重要的公益性资源

中央提出，具有重要生态功能的湿地草原、海域滩涂、珍稀野生动植物种、部分国家公园等公益性自然资源资产将由中央直接行使所有权。当前，我国各类重要公益性资源的日常管理和主要财政经费均由地方政府承担，被视为央地共同事权。按照中央要求，需要认真评估生态功能极其重要的公益性资源，进而由中央承担事权和财政支出责任。

目前，国家对各类保护地的国家级标准做了相关界定，并划定了各类国家级保护地。如划定173个国家重要湿地（包括49处国际重要湿地），划定34处国家级海洋自然保护区，发布了规定Ⅰ级和Ⅱ级国家重点保护野生动植物名录，在各类保护地的基础上整合设立国家公园体制试点区。总体上，通过设立自然保护区、森林公园等各类保护地，当前具有重要生态功能的湿地草原、海域滩涂、珍稀野生动植物种等均已被纳入保护地体系。但由于多头管理，各种保护区缺乏总体、科学、完整的技术规范体系。因此，亟需研究制定统一的保护区分类和技术规范体系，重新评估和调整我国现行的各种保护区，建立起从严格保护区、国家公园到可持续利用区域的分类管理体系[28]。

当前，国家已明确三江源国家公园以及东北虎豹、大熊猫、祁连山等国家公园内全民所有自然资源资产所有权归由中央行使。这些国家公园通常具有极为重要的全国性公共物品属性，或者拥有极为重要的珍稀野生动植物，或者是跨行政区域（表7-6）。综合已有研究，可以判断，由中央行使所有权的公益性自然资源资产应当具有以下特征：第一，以现行国务院及其组成部门划定的国家级公益性自然资源为基础，进一步研究评估具有全国性公共物品属性、事关国家生态安全的资源，特别是象征着一定国家形象、独特的地理要素、自然景观、生态系统、生物多样性的资源；第二，从生态系统完整性看，保护区范围涉及跨省级行政区域的公益性自然资源资产，应当由中央直接行使所有权；第三，保护区域内集体土地占比较低、人口数量较少或对资源的依赖程度较低。

表7-6 由中央直接行使所有权的国家公园

名称	地域	面积	生态重要性
三江源国家公园体制试点区	青海	12.31万平方千米	是长江、黄河、澜沧江的发源地，是亚洲最重要的生态安全屏障和全球最敏感的气候启动区，有藏羚羊、雪豹等大量珍稀的野生动物，是中国乃至亚洲最重要的水源地
东北虎豹国家公园体制试点区	黑龙江、吉林	1.46万平方千米	全国重要的野生动植物分布区，也是欧亚东大陆北半球生物多样性最丰富的地区之一，其中国家一级保护野生植物有东北红豆杉、长白松等，国家一级保护野生动物有东北虎、东北豹、梅花鹿、紫貂、原麝、金雕、中华秋沙鸭、丹顶鹤等
大熊猫国家公园体制试点区	陕西、四川、甘肃	2.71万平方千米	是全球地形地貌最为复杂、气候垂直分带最为明显的地区之一，拥有包括大熊猫、川金丝猴、牛羚、朱鹮等在内的8000多种野生动植物，被誉为"天然基因库"，具有全球意义的保护价值
祁连山国家公园体制试点区	青海、甘肃	4.7万平方千米	对加强青藏高原生态屏障和河西走廊重要水源地保护具有重要意义

四、深入实施委托代理的自然资源资产体制改革建议

（一）建立与委托代理相适应的自然资源资产管理体制

对全民所有自然资源资产的管理，已有研究提出各种不同的方案，包括是否设立独立的资产管理机构，以及经营性和公益性自然资源资产所有权是否分别由不同部门来行使。从我国政治体制和历史经验看，建议根据自然资源资产的基本属性，成立专门的自然资源资产管理委员会负责对具有战略性的经营性自然资源资产直接行使所有权；而全国性的公益性自然资源资产所有者职责由自然资源资产行政管理机构承担，并采用行政管制措施进行管理。这是因为公益性自然资源资产的效益主要体现为公共生态服务效益，其属性、功能和管理目标不同于经营性自然资产，不宜由自然资源资产管理委员会行使所有权。

在委托代理体制上，建议分类采取以下举措：一是可充分利用现行的派出机构，实现低成本的体制转化，包括利用七大流域委员会对大江大河大湖实行资产管理；二是对于一些极其重要的自然资源资产，可增设直属于中央的资源管理机构，包括设立中央直属的各个国家公园管理局等；三是通过上收相关的审批权、出让权实施管理，同时建立配套的垂直监测、调查、遥感体系实行监管，这在跨境河流、战略性矿产资源或者以央企为主要资源开发单位的领域较为适用。

（二）建立与事权财权相匹配的收益分配机制和财政支出责任体系

中央对战略性自然资源资产直接行使所有权，并不意味着全部资产收益均由中央占有。这是因为中央直接行使所有权的目的不是为了实现中央自然资源资产收益的最大化，而是要实现长远利益和全国一盘棋的目的。此外，战略性自然资源的开采、开发均会占用资源所在地的土地等资源，需要对此进行补偿。因此，这意味着需合理划分经营性自然资源资产收益的分配机制。当前，国家在矿业权收益金的分配、水资源费的分配方面均考虑了地方的利益，并非由中央占用全部收益。未来，需要在央地财权事权改革框架下，进一步合理划分经营性自然资源资产收益的分配机制。而对于由中央直接行使所有权的公益性自然资源，则应由中央承担全部财政支出（表7-7）。

第七章　自然资源资产管理的融合

表7-7　建议由中央行使所有权的自然资源资产清单

类别	中央直接使用所有权的自然资源种类	中央直接行使所有权的体制安排	收益分配机制、财政支出责任体系
能源与矿产资源	**能源资源**：石油、天然气、煤、页岩气、煤层气 **矿产资源**：放射性矿产、钨、稀土、金、铁、铜、铝、锡、锑、钼、磷、钾等10种矿产	**探矿权采矿权审批**：石油、天然气、页岩气、放射性矿产、钨、稀土6种矿产 **采矿权审批**：资源储量规模10亿吨以上的煤炭，资源储量大型规模以上的煤层气、铁、铜、铝、锡、锑、钼、磷、钾等11种矿产	矿业权出让收益中央占比40%；矿业权出让费中央占比20%；资源税全部归地方；海洋石油资源税归中央
重点国有林区	**重点国有林区**：东北（黑龙江、吉林）、内蒙古重点国有林区的森林、林木、林地资源，以及森林生态环境下形成的重要资源	**建立垂直管理体制**：对重点国有林区的森林、林木、林地资源直接行使所有权 **使用权出让审批**：中央负责森林生态环境下形成的使用权出让审批，其他一般资源交由地方负责	森林生态环境下形成的一般资源的收益，由地方政府收取
大江大河大湖	**大江大河大湖**：长江、黄河、淮河、松花江、辽河、海河、珠江等 **重要跨境河流**：黑龙江、鸭绿江、图们江、乌苏里江、绥芬河等界河，以及额尔齐斯河、伊犁河、乌伦古河、澜沧江—湄公河、雅鲁藏布江、元江、怒江、独龙江、印度河、北江、北仑等跨境河流	**建立垂直管理体制**：依托现行流域委员会，对大江大河大湖行使所有权；流域机构负责一定水量以上的取水许可或取水量分配方案，并制定跨省江河水量分配方案，将一定水量以下的取水许可或取水权出让交由地方政府负责 **取水许可审批或水权出让、入河排污口审批**：对跨境河流的管理采取中央直接行使取水许可审批权等方式	水资源费中央占比10%；入河排污费由地方政府收取
生态功能重要的湿地草原、海域滩涂、珍稀野生动植物种、部分国家公园	**国家公园**：三江源国家公园、东北虎豹国家公园、大熊猫国家公园、祁连山国家公园，以及昆仑山可可西里、神山圣湖、雅鲁藏布大峡谷等跨省级行政区国家公园 **珍稀野生动植物种**：97种I级国家重点保护野生动物、254种II级国家重点保护生物，以及涉及多个珍稀野生动植物种的保护地 **湿地和海洋**：独龙江三江并流、澜沧江源、水上雅丹、海西盐湖等173个国家重要湿地和34个国家级海洋自然保护区中符合有关标准的保护地	**重要国家公园和珍稀野生动植物、湿地、海域滩涂的保护地等**，建直接对中央负责的相关派出机构，对相关国家公园、保护地进行管理	由中央承担全部财政支出费用

193

（三）逐步修订、完善委托代理相关法律

目前，各项资源保护法律普遍规定，自然资源国家所有权由国务院代理，实际上是授权国务院行使国有自然资源资产的占有、使用、收益、处分等各项管理权。但总体上，法律关于各类自然资源国家和集体所有权的代理规定过于笼统，没有明确规定全民所有自然资源资产由哪级政府和哪个部门代理或者托管，在法律上，自然资源资产缺乏明确的主体代表。实际上，自然资源资产通常分属各级地方政府的资源行政部门管理。

在依法治国导向下，必须以法律形式为委托代理全民所有自然资源所有权提供支持。这需要逐步建立中央政府和地方政府分级代理国有资源所有权的法律制度体系，在法律上明确规定各级政府代理的自然资源资产的具体对象和权限范围。修订水法、森林法、草原法、渔业法、野生动物保护法、矿产资源法中关于自然资源资产所有权及代理权的规定，补充制定自然保护地法、国土空间规划法等重要法律，真正建立起有法律保障的自然资源产权体系。

（四）健全完善自然资源资产收支管理体制

建立全民所有自然资源资产收益共享机制，规范自然资源资产收益征缴管理。国务院自然资源主管部门负责制定资产收益的政策法规、分配方案和激励措施，地方资产管理部门负责全额征收自然资源资产出让、出租等收益，并全额上缴国库，坚决杜绝坐收坐支行为，保障全民所有权益不流失，实现全民所有者的合法权益。此外，健全资产收益分配管理体制。全民所有自然资源资产的收益分配既要体现资产的全民所有，也要体现资产分布的特殊性，重点向资源所在地倾斜，调动地方保护的主动性，使其有相应的财政支出用于自然资源资产调查、评价、规划和保护。

（五）建立公益性资产与经营性资产动态分类调整机制

自然资源资产往往同时兼具公益性和经营性的特征。在不同的经济发展阶段，公益性资产与经营性资产处于动态变化之中，有时会表现出公益性强、经营性弱的特征，有时公益性弱、经营性强。因此，需要依据全民所有自然资源资产在国防、经济和生态等方面的重要影响程度，建立动态分类调整机制。为保证资产归属主体的相对稳定性，不应因为资产属性的调整而改变行使所有权的主体。

第三节　自然资源资产负债表编制

一、编制自然资源资产负债表的重大意义

（一）编制自然资源资产负债表是科学把握资源国情的现实需要

我国资源总量大，人均少，是一个资源禀赋先天不足的发展中大国。耕地保有量135万平方千米（20.3亿亩），但有灌溉设施的耕地61.076万平方千米，占45.1%，无灌溉设施的耕地73.309万平方千米，占54.9%（表7-8）。人均耕地1000平方米，不到世界平均水平的1/2、发达国家的1/4，只有美国的1/6、阿根廷的1/9、加拿大的1/14。我国矿产资源储量虽居世界前列，但人均占有量少。已查明的矿产资源总量和20多种矿产的查明储量居世界前列，煤炭查明资源储量居世界第3位，铁矿居第4位，铜矿居第3位，铝土矿居第5位，铅锌、钨、锡、锑、稀土、菱镁矿、石膏、石墨、重晶石等居第1位。但是，主要矿产人均占有量低于世界平均水平，其中，煤炭、石油、铁矿石和铜分别为世界平均水平的2/3、1/6、1/2和1/4。

表7-8　全国有无灌溉设施的耕地分布

地　区	有灌溉设施耕地		无灌溉设施耕地	
	面积（万平方千米）	占耕地比重（%）	面积（万平方千米）	占耕地比重（%）
全　国	61.076	45.1	74.309	54.9
东部地区	18.125	68.9	8.172	31.1
中部地区	18.670	60.8	12.044	39.2
西部地区	20.043	39.7	30.392	60.3
东北地区	4.238	15.2	23.701	84.8

资料来源：国土资源部，国家统计局.关于第二次全国土地调查主要数据成果的公报［EB/OL］.（2013-12-30）［2019-12-30］.http://www.gov.cn/jrzg/2013-12/31/content—2557453.html.

我国自然资源的质量总体不高。中低产田比重高，耕地质量普遍偏低。人多地少，可供开发利用的宜农后备耕地资源数量不乐观。我国耕地后备资源约0.8亿亩，主要分布在生态脆弱的西北地区。适合大规模、高强度工业化、城镇化开发的陆地国土约182万平方千米，占国土总面积的19%左右。矿产资源品质偏差，贫矿多、富矿少，节能减排的压力前所未有。许多资源开发区与生态脆弱

区高度重合，造成严重的土壤污染。部分地区的开发已经逼近资源环境承载极限，生态退化问题不断加剧，危及到国家的经济安全、粮食安全和生态安全。

自然资源的有限性决定其稀缺性。我国的资源国情决定了不允许无节制的使用和消耗自然资源，必须使自然资源既能满足当代人的发展需要，又不损害后代人满足自身的发展需求。因此，编制自然资源资产负债表，准确摸清资源家底，是科学认识自然资源的保有量、储量和开采年限的基础，也是增强忧患意识，走资源节约型、环境友好型社会的必要要求。

（二）编制自然资源资产负债表是倒逼经济发展方式转型的需要

从根本上说，我国粗放型的经济发展方式没有得到根本转变，经济的快速增长主要是靠拼资源、拼环境、拼投资，高投入、高消耗、高排放、低效益的增长方式依然严峻，土地、能源等自然资源的供需矛盾突出，生态环境损害严重。传统的经济发展方式难以为继。

土地利用粗放，经济社会发展对土地资源消耗的依赖没有得到根本改观。一方面，地方盲目拉大城镇建设框架，某些地区建了不少脱离实际的宽马路、大广场、大草坪、工业园；有的地方频繁调整行政区划和土地利用总体规划，不切实际地扩大城市边界和建设规模，导致土地城镇化速度过快于人口城镇化速度，造成土地利用粗放。目前，人均城镇用地142平方米，较2005年增加12平方米，不仅高于世界平均水平，而且大大高于其他东亚国家和地区的水平。另一方面，农村居民地用地与人口迁移逆向发展，居民点散、乱、空的现象普遍存在，农村居民点用地约2.5亿亩，人均农村居民点用地达214平方米，远超150平方米的国家标准上限。据保守估计，我国村庄空置面积超过1亿亩。

矿产资源消耗强度高，经济增长对矿产资源的消耗依赖性强。2000—2010年，我国累计消费的粗钢、精炼铜、原铝、水泥，分别为39亿吨、43亿吨、91亿吨、62亿吨，分别是新中国成立50年来（1950—1999）累计消费量的1.9倍、2.5倍、3.1倍、2倍[29]。虽然我国经济增长出现放缓的趋势，但土地、能源和矿产资源消费的最大峰值仍未到来，需求量仍在上涨。我国矿产资源消费弹性系数平均达到1.2—1.5，而美国大体上为0.5—0.8，欧盟和日本为0.3—0.6。矿产资源综合利用率平均只有30%—35%左右，比发达国家先进水平低20%左右。单位GDP消耗能源1.75吨标准油/万美元，超过世界平均水平，也高于中等收入国家（表7-9）。

表7-9　我国能耗消耗强度对比（单位：吨标准油/万美元）

国家和地区	2000年	2005年	2010年	2013年	2014年
世　　界	1.54	1.47	1.38	1.30	1.27
高收入国家	1.40	1.31	1.23	1.15	1.13
中等收入国家	1.75	1.67	1.52	1.43	1.38
中　　国	2.43	2.44	2.05	1.85	1.75

资料来源：世界银行WDI数据库

资源的粗放利用使我国经济发展付出了沉重的资源环境代价，不仅加剧了资源供需矛盾压力，还造成了严重的生态破坏。编制自然资源资产负债表是落实总量控制的重要依据，是倒逼经济发展方式转型的重要手段。编制自然资源资产负债表，就是要以自然资源的存量和生态环境容量为基础发展经济，走以资源和生态定产业的发展模式。这不仅要控制各省（自治区、直辖市）的资源消耗总量和污染物排放量，还要控制资源消费重点企业的消费量和污染物排放量，从而使经济增长转移到依靠科技进步和创新驱动上来，转移到提高经济发展质量的轨道上来，使我国的经济增长真正实现绿色发展、循环发展、低碳发展和可持续发展。

（三）编制自然资源资产负债表是转变领导干部政绩观的现实需要

目前，能够综合衡量一个国家或地区财富积累的最佳指标，仍然非GDP莫属。一些地方和领导干部片面以GDP论英雄，造成许多官员的"GDP崇拜"观念盛行，将经济增长放到首位，片面追求经济增长的速度和规模，忽视资源和生态环境成本及民生改善，对资源、环境的破坏已造成严重的增长"后遗症"。这种急功近利的错误政绩观，是以自然资源的巨大消耗、环境的巨大破坏为代价，是一种污染环境、牺牲生态和损害民众福祉的发展方式。为了追求GDP，有的官员不惜一切代价，搞大拆大建，在统计数字上弄虚作假，而轻视当地的生态建设和民众福祉的改善，造成了经济前进了"一小步"，生态环境质量和群众生活水平倒退了"一大步"。

编制自然资源资产负债表，是落实不以GDP论英雄政绩观的重要抓手。不以GDP论英雄，就是要求广大干部科学认识GDP，树立正确的政绩观，抛开 GDP 的束缚，既不盲目崇拜，也不盲目抛弃，要使经济增长全面反映资源消耗、环境损害，不断追求少用资源、少牺牲环境，综合降低自然成本、生产成本、社会成本、制度成本，追求"高品质"的 GDP，要让居民"望得见山，看得见水，记得住乡愁"。编制自然资源资产负债表，就是要从根本上落实科学发展观和生态文明理念，告诫各级领导干部，不能再简单地拿经济增速来衡量工作成绩，而必须与资源环境、社会民生等各方面挂钩，全面地考量一个干部的政绩。

二、自然资源资产负债表的主要内涵

（一）自然资源资产负债表反映资源禀赋、资源消耗与环境损害

自然资源负债表是将某个国家或地区的自然资源禀赋、开发规模、消耗程度、生态破坏程度以及破坏生态环境的责任方进行确定。自然资源资产负债表包括资产、负债和净资产三部分。自然资源的资产是指资源禀赋和生态环境容量，负债是指资源消耗和生态破坏程度，而净资产是指自然资源的存量和生态环境的剩余容量。通俗地说，编制自然资源资产负债表，就是要核算自然资源资产的存量及其变动情况，以全面记录当期（期末—期初）自然资源和各经济主体对生态资产的占有、使用、消耗、恢复和增殖活动，评估当期生态资产实物量和价值量的变化，消耗了多少，有没有超出极限[30]。

在编制自然资源资产负债表的基础上，进行资产负债核算与评价，既能衡量一个国家或地区自然资源禀赋、开发程度和利用效率，又可判断一个国家或地区生态系统的胁迫状态，为健全国家自然资源资产管理体制提供科学基础，为人类合理开发利用资源、保护生态环境，实施区域可持续发展提供科学依据。

自然资源资产负债表的主要功能有：

（1）描述功能：定量表述自然资源和生态环境的本底现状，定量表达自然资源可持续发展的优势与劣势，为调控区域可持续发展提供决策依据。

（2）解释功能：从本质上揭示自然资源可持续发展的整体质量及动态演变规律。

（3）评价功能：可进行同一个区域不同发展阶段比较（时间比较）和同一时间不同区域比较（空间比较）研究，有助于研究区域发展的时间动态规律和横向比较；参与地方官员的政绩评价和离任审计，纠正单纯以经济增长速度评

定政绩的偏向，有利于树立科学的政绩观。

（4）监测功能：清晰表达自然资源消耗、环境损害与经济增长的关系，便于进行自然资源的资产管理，有利于构建符合生态文明要求的绿色GDP核算体系，为政策和法规的制定提供必要依据。

（5）预警功能：预测自然资源可持续发展的趋势，为落实自然资源的用途管理、总量控制、双向调节和差别化管理提供服务平台。

（二）自然资源资产负债表是科学管理资源的主流工具

自然资源资产负债核算将成为全球经济决策的主流工具。世行主管可持续发展事务副行长蕾切尔·凯特认为，自然资源是积累各种财富的基础，不少国家表示，如果没有数据表明经济增长在多大程度上依靠自然资产，就无法在发展与实现绿色、包容性增长之间作出抉择。自然资源资产负债核算恰恰能够为政府做出这一抉择提供所需的数据。

编制自然资源资产负债表是绿色GDP核算和实施资源科学管理的基础。虽然国际上通用的国民总产值、国内总产值等宏观经济指标对于国家的经济决策有重要影响，但这些指标并未体现自然资源的变化与生态环境容量状况，更没有反应经济增长对资源的消耗程度与生态损害强度。目前，联合国、世界银行等国际组织和各国研究机构都在积极开展这方面的研究。例如，美国世界资源研究所对印度尼西亚国内净产值进行了计算，即从国内总产值中减去自然资源的减少和退化部分的价值。结果表明，从1971年到1984年，印尼国内生产总值的年均增长率超过7%，但国内净产值的年均增长率仅为4%。

核算自然资源资产负债是进行资源管理的核心抓手。在编制自然资源资产负债表的基础上，将自然资源和生态环境的价值纳入国民经济核算体系，建立国家统一的绿色GDP核算制度，完善发展成果考核评价体系，有助于纠正单纯以经济增长速度评定政绩的偏向，纠正那种竭泽而渔、片面追求产值而不顾及发展可持续性的倾向，有利于自然资源的保护与可持续利用。

三、编制自然资源资产负债表的主要困境

（一）自然资源统计调查基础相对薄弱，难以支撑现实工作需要

自然资源调查、统计和监测是自然资源管理的基础。过去几十年，虽然我国自然资源管理相关部门依照管理需要，逐步建立起以分类为基础的调查、统

计和监测体系，但仍难以满足新时代编制自然资源资产负债表和开展离任审计的需要。当前，各地区在编制自然资源资产负债表或开展领导干部自然资源资产离任审计时，大多数会在水资源、土地资源核算之外，根据实际情况纳入矿产、海洋、草原等自然资源，个别地区甚至推算的自然资源种类齐全，涵盖沙滩、珍稀濒危物种、古树名木等。但由于基层自然资源部门统计基础薄弱，监测样本少、监测频率低，部分指标很难获得确切的实物量数据，一些指标数据没有调查作为支撑，影响自然资源资产负债表的编制，大大降低了审计的效率。审计部门开展审计时，基础数据通常缺乏时效性，并且与领导干部任期并不匹配。如：耕地质量等级及变动表5年为一个周期，森林、水等资源5年甚至10年进行一次普查，平常年份只能推算，部分业务数据还可能涉密，部门之间难以实现共享。

（二）自然资源资产负债表不涉及权属关系，责任界定困难

当前，各地开展自然资源资产负债表编制，不涉及自然资源的权属关系和管理关系，未区分界定所有权、使用权、用途管制权等权利主体的贡献与责任，审计时难以准确界定领导干部履职责任情况。在所有权方面，既有全民所有自然资源资产，也有集体所有自然资源资产；在国有自然资源资产中，还涉及了中央和地方各级政府分级行使所有权的情况。在所有权与使用权相分离的情况下，各个主体可通过出让、转让等方式取得自然资源使用权，其开发利用方式也会影响自然资源的数量与质量。各级政府履行的国土空间用途管制职责同样是自然资源资产变化的重要因素。与之相对应的，则是当前自然资源资产负债表未按照权属关系和管理关系细分，不能直观反映不同主体在保护自然资源、维护生态平衡方面的责任与义务，使得责任界定困难。

（三）部分地区自然资源负债表编制偏重价值量核算，难以直观体现自然资源资产状况

2015年，国务院办公厅印发的《编制自然资源资产负债表试点方案》明确提出，自然资源资产负债表编制主要反映自然资源实物存量及变动情况。但部分地区开展试点工作时，为了体现与GDP对应的生态系统服务价值（GEP），普遍偏重于价值量核算。这种做法偏离了试点方案中反映自然资源实物存量及变动情况和建立"期初存量+本期增加量–本期减少量=期末存量"的基本平

衡关系的要求。同时，以价值量来表现自然资源资产存量及变动情况存在不合理因素，主要是从实物量到价值量，需要繁杂的核算，而目前并没有形成统一规范的核算方法体系，价值量核算结果可信性不高。

四、编制自然资源资产负债表的基本框架

（一）编制自然资源资产负债表的基本要求

1. 先实物核算后价值核算

首先要进行自然资源的实物核算，摸清自然资源的家底，严格管控各类资源的消耗及环境影响和生态保育水平。在此基础上，要进行自然资源的价值核算，即利用价值评估方法对自然资源的实物量进行货币化评价，包括其资产及提供的生态产品两个层面，掌控其资产价值变化。在条件成熟的基础上，进行将自然资源的价值纳入国民经济核算体系的探索，使经济增长全面反映资源消耗、环境损害和财富增长。

2. 先单要素核算后综合核算

自然资源主要包括土地、水、能源、矿产、森林等资源。虽然对耕地、林地等资源的实物核算比较容易定量化，但对生态环境领域的核算就比较困难，比如生态退化和环境污染的影响可能要若干年后才能显现出来，因此，修复成本就更难定量化。又由于自然资源的赋存状态多样，计量单位也不统一，有的还具有流动性，国际上还未形成比较统一、标准、成熟的统计核算体系，对整体自然资源进行数理化和价值化的核算难度较大。因此，宜先进行单要素自然资源的实物与价值核算，待技术方法有进展后，再考虑整个自然资源系统的综合核算。

3. 指标的选取应具有代表性

指标具有清晰、明确的内涵与意义，并能充分反映自然资源的基本属性与特征。编制自然资源资产负债表既要立足国土资源部的管理职责，选取耕地、能源等典型指标，又要跳出资源管理部门，站在国家层面谋划指标的遴选，选取水资源、森林资源等典型指标，从而使资产负债表指标的构建能够具有典型代表性。

4. 指标的可操作性原则

自然资源资产负债表指标的选取，应充分考虑指标数据的可获取性，特别是定量表达指标的数据应易于搜集，数据的统计过程简洁，计算方便，可以定

量描述，对于难以统计或计算工作非常复杂的指标，不应采用。除此之外，自然资源资产负债表的指标还应考虑能够分解到各个地区，落实到各省、自治区、直辖市，便于分类、分区进行监测、评价和考核。

（二）自然资源资产负债表的指标框架

1.代表性自然资源的资产负债表框架

在理解自然资源资产负债表内涵的基础上，结合编制时应考虑的基本原则，选取了耕地、建设用地、林地、草地和水资源五类资源，构建了代表性自然资源资产负债表指标体系的基本框架（表7-10）。

耕地是实现中华民族生存发展的基础，是最重要的自然资源之一。在耕地类别的指标选取中，既注重继承国家现有的考核指标，如耕地保有量，又突出耕地质量和粮食自给程度，如粮食单产和粮食自给率。另外，国际粮农组织将人均耕地的警戒线规定为0.8亩，在指标遴选过程中也充分考虑了这个因素。

表7-10 我国代表性自然资源资产负债表的指标框架

类别	指标	资产	负债	净资产
耕地	耕地保有量			
	高标准基本农田面积			
	人均耕地面积			
	粮食单产			
建设用地	建设用地规模			
	单位GDP地耗降低			
	城镇人均用地面积			
	农村人均用地面积			
林地	森林覆盖率			
	森林蓄积量			
	林地保有量			
	森林植被总碳储量			
草地	草地面积			
	草地生物量			
水资源	地表径流量			
	万元国内生产总值用水量			
	万元工业增加值用水量			
	农业灌溉用水有效利用系数			

建设用地是保障工业化、信息化、城镇化和农业现代化发展的空间载体。在耕地用地类别的指标选择中，考虑了土地利用总体规划纲要的控制指标，如

建设用地规模和城乡人均建设用地面积,还考虑了节约集约用地任务的指标分解,如单位国内生产总值地耗降低。

林地是促进生态修复、保障生态改善的物质基础。在林地类别指标的选取中,不但考虑了国民经济和社会发展规划领域中的森林覆盖率、森林蓄积量两个约束性指标,还从林业规划特别是二氧化碳减排角度,选取了林地保有量、森林植被总碳储量两个指标。

水是生命之源、生产之要、生态之基,是延续生态文明的命脉。在水资源类别指标的选取中,充分贯彻党中央、国务院关于加快水利改革发展的决定,特别是落实水资源的用水总量控制、用水效率控制和限制纳污控制"三条红线",选取了用水总量、万元国内生产总值用水量等指标。除此之外,还吸纳了国际社会选取的人均水资源占有量这个重要指标。

能源是工业的血液,是工业化、城镇化持续发展的动力。在能源类别指标的选取中,既立足于能源消费的总量控制,选取了能源消费总量和能源自给率,还充分考虑落实国民经济和社会发展规划,选取了非化石能源占一次能源消费比重、单位GDP能耗降低这两个约束性指标。

钢铁是工业化、城镇化发展的骨架。在钢铁类别指标的遴选上,主要面向落实国家转变经济发展方式,淘汰落后产能和压产的需要,选取了钢铁消费量和单位GDP钢材消耗两个指标。同时,考虑了铁矿石的国内保障程度,设置了铁矿石自给率这个指标。

2. 生态环境要素的资产负债表的框架

从自然资源系统的角度来看,生态环境要素也是重要的自然资源。从理顺自然资源管理体制、加强自然资源的集中统一管理角度来看,有必要编制生态环境领域的资产负债表(表7-11)。

表7-11 典型生态环境要素的资产负债表

指标	资产	负债	净资产
碳源			
碳汇			
化学需氧量			
二氧化硫排放量			
氨氮排放量			
氮氧化物排放量			

在坚持代表性原则的基础上,主要是从国家国民经济与社会发展规划,特

别是从落实减排的角度,典型生态环境要素资产负债表指标选取了碳源碳汇等6个指标。

五、编制实施自然资源资产负债表的主要建议

（一）加强自然资源资产负债的信息化建设

根据离任审计要求,加快实施自然资源调查统计监测的信息化建设。建议结合自然资源的产权管理、日常监管、审计等需求,实施自然资源资产数据标准化和规范化建设,着力构建符合领导干部自然资源资产离任审计要求的自然资源数据采集机制。主要突出以下几个方面:一是优化《自然资源资产负债表编制指南》,建议尽快完善土地、水、森林等资源的统计规范,优化统计报表及其指标设置、统计标准和口径、统计范围等,建立数据质量管控体系。二是建立基于审计周期的补充性调查制度,简化统计报表指标和数据反馈工作流程,尽量采用可以从业务部门基础资料上直接获得的数据。近期内,各试点地区要以土地、林木和水资源为基础,以实物量体现自然资源资产家底及其变动情况；在此基础上,优先核算具有重要生态功能、具有较好理论基础的自然资源价值量,逐步过渡到覆盖全部自然资源的价值量核算。三是探索搭建统一规范的自然资源资产和生态环境大数据平台,整合由原国土资源部、水利部、环保部等部门各自负责推进的信息平台。通过上述举措,解决领导干部自然资源资产离任审计的技术瓶颈,为全面开展经常性审计奠定基础。

（二）制定差别化的分区方案

我国各地区的差异显著,自然条件复杂多样,自然资源的禀赋各具特色,客观上要求划分不同的区域,因地制宜指导不同区域自然资源资产负债表的实施。要依据各地区的自然资源禀赋、资源利用效率、环境容量、生态环境质量和资源环境承载能力等要素的相似性和差异性,突出地区比较优势,进行科学分区,促进区域间合理的分工与协作,为国家制定自然资源资产负债表的分区考核方案提供依据。

（三）衔接自然资源资产产权制度,明确被审计领导干部主体责任

自然资源资产负债表的功能定位是全面掌握地区自然资源家底,服务于评估、审计、管理等工作。相应地,对地方各级领导干部实行自然资源资产离

任审计，既要考察其作为所有者，履行全民所有自然资源资产所有者职责的情况，也要考察其作为监管者，履行全部自然资源的开发和保护监管职责的情况。这就需要创新自然资源资产负债表的报表形式，将自然资源资产权属和管理关系纳入到自然资源资产负债表。建议以自然资源部统一负责自然资源确权登记、全民所有自然资源资产负债表编制为契机，加强部门衔接，逐步将自然资源资产负债表的编制与自然资源资产产权制度对接；在此基础上，合理区分各相关主体在自然资源资产管理中的责权利，探索自然资源资产所有者、监管者、使用者及其责任在自然资源资产负债表的表现形式，体现每一类自然资源资产责任人的职责履行情况，反映资源与生态环境保护变化情况及其原因，进而明确领导干部履行自然资源资产管理的责任。

（四）加强自然资源资产负债表核算的应用

探索自然资源资产负债表的编制试点。当前，无论是编制自然资源资产负债表，还是领导干部自然资源资产离任审计，都没有现成的、直接可供操作的成型模式，需要不断探索，大胆创新，针对典型的自然资源开展资产负债表编制的试点实施工作，并制定差别化的考核制度。

加强自然资源资产负债表的推广。在成功试点的基础上，向全国推广实施，实行领导干部自然资源资产和资源环境离任审计和终身追究制。不仅要关注自然资源净资产的数量变化，更要关注质量变化，如耕地质量、水环境质量、空气环境质量、土壤环境质量变化情况。

自然资源资产负债表的实施，一定要树立底线思维，特别是切实坚持最严格的耕地保护制度、最严格的资源节约制度、最严格的水资源管理制度、最严格的生态环境保护制度。对于任期内耕地、水资源、能源和生态环境等自然资源保护不力的领导，坚决不予重用；对生态环境、生态补偿、生态服务价值等造成恶劣影响的领导，要严格落实终身责任追究，使自然资源资产负债表真正成为领导干部离任审计的基础和依据。

参考文献

[1] 李维明，谷树忠.自然资源资产管理体制改革之管见［N］.中国经济时报，2016-2-19（14）.

[2] 李兆宜，苏利阳.绩效导向的自然资源资产管理与改革［J］.中国行政管理，2019，9：29-34.

[3] 中央编办二司课题组.关于完善自然资源管理体制的初步思考［J］.中国机构改革与管理，2016，5：29-31.

[4] 张惠远，郝海广，范小杉.我国自然资源资产管理存在的问题与对策建议［J］.环境保护，2015，43（11）：30-33.

[5] 张容华.我国自然资源产权制度的完善思考［C］.生态文明法制建设——2014年全国环境资源法学研讨会（年会）论文集（第一册），2014，267-269.

[6] 杨伟民，建立系统完整的生态文明制度体系［N］.光明日报，2013-11-23（02）.

[7] 苏利阳，马永欢，黄宝荣等.分级行使全民所有自然资源资产所有权的改革方案研究［J］.环境保护，2017，45（17）：32-37.

[8] 陈少强，姜楠楠.规范中央和地方财政关系的新举措［J］.中国发展观察，2016，17：8-11，22.

[9] 胡祖铨.关于我国中央与地方财权事权问题的思考［EB/OL］.（2014-06-25）［2020-07-21］.http://www.sic.gov.cn/News/81/2969.htm..

[10] PETTY W. A Treatise of Taxes and Contributions［M］. Berkeley: University of California Press, 1662.

[11] 伊利，莫尔豪斯.土地经济学原理［M］.腾维藻，译.北京：商务印书馆，1982.

[12] 阿兰·兰德尔，资源经济学：从经济学角度对自然资源和环境政策的探讨［M］.施以正，译，北京：商务印书馆，1989.

[13] COSTANZA R, d'ARGE R, dE GROOT R, et al. The value of the world's ecosystem services and natural capital［J］. Nature, 1997, 387: 253-260.

[14] HARDIN G. The tragedy of the commons［J］. Science, 1968, 162: 1243-1248.

[15] 王尔德.自然资源资产应按公益类和经营类分类管理——专访全国人大环资委法案室副主任王凤春［J］.中国环境管理，2016，8（1）：20-22.

[16] AUSTRALIAN BUREAU OF STATISTICS. Australian system of government finance statistics: concepts, sources and methods 2015［EB/OL］.（2015-12-23）［2020-08-31］. http://www.abs.gov.au/ AUSSTATS/ abs@.nsf/allprimarymainfeatures.

[17] 谢花林，舒成.自然资源资产管理体制研究现状与展望［J］.环境保护，2017，45（17）：12-17.

[18] ANDRE F J, CARDENETEE M A, VELAZQUEZ E. Performing an environmental tax

reform in a regional economy—a computable general equilibrium approach［J］. The Annals of Regional Science, 2005, 39（2）: 375-392.

［19］JETZEKT, AVITALM, BJQRN-ANDERSENN.The value of open government data: a strategic analysis framework［EB/OL］.（2016-08-10）［2020-04-21］. https://www.researchgate.net .

［20］李兆宜, 苏利阳.绩效导向的自然资源资产管理与改革［J］.中国行政管理, 2019, 9: 29-34.

［21］MA Y H, WU C G, LIN H, et al. Insights for conservation and utilization: Reconstruction of China's natural resources management system［J］. International journal of science, Technology and society, 2018, 6（3）: 52-62.

［22］马永欢, 吴初国, 林慧等.完善全民所有自然资源资产管理体制研究［J］.中国科学院院刊, 2019, 1: 60-70.

［23］刘灿, 吴垠.分权理论及其在自然资源产权制度改革中的应用［J］.经济理论与经济管理, 2008, 11: 5-11.

［24］陈少晖.国有资产"分级所有"体制的建构依据和划分标准［J］.财经科学, 2005,（2）: 23-28, 40.

［25］中国科学院可持续发展战略研究组.2014中国可持续发展报告——重塑生态环境治理体系［M］.北京: 科学出版社, 2014.

［26］陈建明, 周校培, 袁汝华, 朱凯晔.水资源资产管理体制研究［J］.水利经济, 2016, 34（5）: 18-22.

［27］何大明, 刘昌明, 冯彦, 等.中国国际河流研究进展及展望［J］.地理学报, 2014, 69（9）: 1284-1294.

［28］中国可持续发展战略研究组.2015中国可持续发展报告: 重塑生态环境治理体系［M］.北京: 科学出版社, 2015.

［29］黎斌林, 申维, 单胜召.应用实物期权理论修正矿业权评估中的折现金流法: 以山东某金矿投资项目为例［J］.中国矿业, 2013, 22（33）: 34-37, 75.

［30］王玮.自然资源资产产权制度十问［N］.中国环境报, 2013-11-29（03）.

第八章

生态产品价值实现机制的融合

第一节 空间属性下的生态产品理论认知
一、生态产品内涵研究与政策实践

生态产品的概念，在政府文件中首次出现是在《国务院关于印发全国主体功能区规划的通知》。应当说，生态产品概念的提出，是国家从生态文明与物质文明、精神文明并列的角度提出的，与物质产品、文化产品相同层面的概念。按照《国务院关于印发全国主体功能区规划的通知》的定义[1]，生态产品是"维系生态安全、保障生态调节功能、提供良好人居环境的自然产品，包括清新的空气、清洁的水源、茂盛的森林、适宜的气候等"。物质产品、文化产品主要满足人们物质和精神层面的需求，生态产品则主要维持人们生命和健康，共同构成支撑现代人类社会生存和发展的三大类产品[2]。在某种程度上，"生态产品"这一概念总体上是政府决策提出的，被视为人类所必需的自然产品，也可以使用如"自然产品""环境产品"等其他名词。因此，严格来讲，生态产品概念本身没有严格的学术传承，与之相似的概念，是西方学界提出的生态系统服务功能(ecosystem service)。后者指良好的自然生态系统具有调节局部气候、稳定物质循环、持续提供生态资源、为人类提供生存条件等多种功能[3][4]。

就生态产品概念本身而言，生态产品是指通过生态友好型方式生产或消费的物质产品与服务。在这个意义上，生态产品与绿色产品、有机产品、节能降耗类产品同义，属于工业产品范畴[5]。人类在生产消费活动中，自觉利用生态规律，遵循生态原则，尽量采用生态设计方法，降低物质产品和服务的生产和消费对生态环境的负面影响，维持和促进生态平衡。

从《国务院关于印发全国主体功能区规划的通知》界定的生态产品的外延看，基于清新的空气、清洁的水源等生态产品开发和发展的商品或服务，也可被视为生态产品的一种，比如基于清洁水源开发的矿泉水、基于良好生态系统开发的旅游观光服务等。这些商品或服务也对维持人们生命和健康具有重要意义。

二、生态产品价值属性与特性转化

（一）资源属性

生态产品的资源属性是指具有较为直接的经济价值。作为一种重要的自然资源或工业产品，生态产品可以作为原材料通过人类经济活动，进而产生资源产品价值，如水资源在开发利用后将作为生产生活资料参与生产和消费的经济活动，具有较大的经济利用价值。又比如符合生态设计的工业产品，也能够通过市场交易，赢得经济价值，但由于其较低的资源环境影响，此类产品的价格较高，成为价值实现的障碍。

（二）生态属性

生态产品的生态属性是指具有较为显著的非经济价值。生态产品还具有生态服务功能，包括调蓄洪水、调节气候、土壤保护、养分循环、净化环境、维持生物多样性等，这些构成人类生存与发展的基础。这一属性下，由于外部性、公共产品属性等原因，虽然消费者都消费了这类产品，但其经济价值很难实现，突出表现为非经济价值。西方学界提出生态系统服务功能，意在强调自然界虽然是自在的，并非人类劳动所创造的，但它同样具有价值，人类在享用这些服务时，要像享受市场上提供的其他服务一样支付费用，用于养护和恢复生态系统的功能，防止对生态系统的透支[6]。

（三）社会属性

生态产品具有精神服务功能，主要体现在生态系统具有的美学景观服务功能。消费者要欣赏美景、体验生态休闲游憩就应付出一定的费用。

从理论角度来看，生态产品的这三种属性在一定程度上呈现消长与竞争关系。突出生态产品的资源属性，导致其生态属性和景观价值的降低，即以牺牲生态环境为代价求发展（毁绿求富），对后两者的追求在一定条件下会限制资源属性的发挥。因此，"求绿"与"求富"是一对矛盾，应妥善处理好绿水青山与金山银山的关系。

三、生态产品基本特征与内涵探析

（一）（准）公共产品属性和外部性

对不同种类的生态产品而言，其所具有的公共产品属性和外部性有所不同，有一定的差异（表8-1）。

对生态产品中的自然产品，如国家公园、清洁的空气等，这类产品通常具有公共产品属性。空气、碳汇以及良好宜人的气候、宁静的环境，其消费都是自由公开的，难以像物质商品那样计量或分配式地消费，因此具有非竞争性和非排他性。

对基于生态产品发展的商品和服务，通常不再是公共产品，而是私人产品或者准公共物品。比如来自重要水源地的矿泉水，通常是私人产品，消费过程中具有竞争性和排他性；又比如将开发成旅游观光的风景名胜区，具有竞争性和非排他性，是一种准公共物品。

对为保护和改善环境、维护生态平衡而生产的各种产品和服务，则通常是私人产品，但具有强烈的正外部性，即生态产品的生态服务功能的外溢能够使社会收益大于私人收益。这种正的外部性如果不能得到及时相应的补偿，则容易打击提供该类产品的积极性。以新能源汽车为例，工业和信息化部委托的一项研究显示，各级别纯电动汽车的碳排放都比相同级别的汽油车要低，平均减少35%的碳排放；纯电动车还可以显著降低PM2.5和NOx的排放。但这种外部经济性，是以较高的新能源汽车成本和价格作为代价来实现的。

表8-1 生态产品的基本属性

类别	生态产品	公共产品属性和外部性
1	维系生态安全、保障生态调节功能、提供良好人居环境的自然产品	公共产品
2	基于生态产品开发和发展的商品或服务	私人产品、准公共物品
3	为保护和改善环境、维护生态平衡、保障人体健康而生产和提供的各种产品和服务	私人产品，消费具有排他性和竞争性；具有外部性，因其较少的资源环境影响

（二）稀缺性

生态产品具有稀缺性，并不是无限供应。从人类文明发展程度看，生态产品的稀缺性主要是在工业文明时代出现的。在原始文明、农业文明时期，清新的空气、清洁的水源、茂盛的森林的供应是充足的，国家公园、自然保护区这种以保护自然生态系统为目的而人为划定的生态产品是不存在的。只有在工业文明时期，人类利用高生产力技术大规模地利用大自然，占用土地、开发资源能源、排放污染物和温室气体等，生态产品的稀缺性日益凸显。

一般而言，生态产品的稀缺性主要体现在生态产品中的自然产品上，比如清洁的空气。在我国，由于长期以来高污染物的大量排放，我国PM2.5年平均浓度远高于世界卫生组织确定的空气质量准则值（PM2.5为10）。全国仅有少数部分地区空气质量达到世界卫生组织的标准，优质生态产品供应不足，仅有少部分人能够享受优质生态产品（表8-2）。

表8-2　我国三大区域PM2.5年度平均浓度

区域	2013年	2015年	2017年
京津冀	106	77	64
长三角	67	53	44
珠三角	47	34	34
全国平均	N.A.	50	43

3.生态产品的价值实现具有动态性、地域性

不同发展阶段和社会经济条件下生态产品的价值是不一样的。当地的经济水平、科技水平、居民收入水平不同，生态产品的价值实现程度及效率也有不同。一般情况下，经济发展水平越高，人们对优质生态产品需求越强烈，支付意愿越高，生态产品的价值就越凸显。

除了全球性公共物品之外，多数生态产品都只能在一定的空间单元范围发挥作用，很难运输到异地消费。例如海南岛的清洁空气，其发挥的作用，即可供消费的范围总体上是有限的。但由于碳排放具有全球效应，大片森林所形成的碳汇能够在全球发挥作用。这意味着对于一些局地污染物，在产权交易的范围上应当有所限制。

第二节　生态产品价值实现的现实方位

一、生态产品价值实现的原则取向

（一）党和国家对生态产品价值实现做出了一系列部署要求

进入新时代，站在新起点、新征程，党和国家积极推进生态文明建设，贯

彻新发展理念，为提升生态产品生产能力和价值作出了一系列部署要求。2010年12月，国务院印发的《全国主体功能区规划》中首次从国家顶层设计层面提出生态产品权威概念并对生态产品进行界定。而后，党的若干重大文件中连续使用该概念。

  2012年11月，党的十八大报告首次提出要"增强生态产品生产能力"。2015年9月，《生态文明体制改革总体方案》中提出"树立自然价值和自然资本理念，自然生态是有价值的"。2015年12月，中共中央、国务院《关于加快推进生态文明建设的意见》提出，"良好生态环境是最公平的公共产品，是最普惠的民生福祉"。2016年8月，中共中央办公厅、国务院办公厅下发《关于设立统一规范的国家生态文明试验区的意见》，提出了"探索建立不同发展阶段环境外部成本内部化的绿色发展机制""为企业、群众提供更多更好的生态产品"，建立健全生态产品价值的实现机制，率先在贵州、浙江、江西和青海四个省份开展生态产品市场化先行试点工作。随之福建、海南两省分别被列为生态产品价值实现的先行区、试验区，推行生态产品市场化改革，探索充分体现生态产品价值、绿水青山生态产品价值转化为金山银山的发展路径。2017年10月，《中共中央 国务院关于完善主体功能区战略和制度的若干意见》中首次提出"要建立健全生态产品价值实现机制，挖掘生态产品市场价值""科学评估生态产品价值，培育生态产品交易市场"，首次对生态产品价值实现工作提出了具体要求。2017年10月，党的十九大报告中对生态产品的要求进一步深化，明确提出"既要创造更多的物质财富和精神财富，也要提供更多优质生态产品以满足人民日益增长的优美生态环境的需要"。2017年2月，国务院印发的《全国国土规划纲要（2016—2030年）》提出，"建立健全国土空间开发保护和用途管制制度，全面实行自然资源资产有偿使用制度和生态保护补偿制度，将资源消耗、环境损害、生态效益纳入经济社会发展评价体系"。2018年4月，习近平在深入推动长江经济带发展座谈会上强调，"选择具备条件的地区开展生态产品价值实现机制试点，探索政府主导、企业和社会各界参与、市场化运作、可持续的生态价值实现路径"。2018年5月，习近平总书记在全国生态环境保护会议上强调，"要加快建立健全'以产业生态化和生态产业化为主体的生态经济体系'"。2019年5月，中共中央、国务院发布的《关于建立健全城乡融合发展体制机制和政策体系的意见》中进一步提出"探索生态产品价值实现机制"改革事项。2019年6月，中共中央办公厅、国务院办公厅印发《关于建立以国家公园为主体的自然保护地体系的指导意见》的总体要求中提出，"提升生态产品供给能力，维护国家生态安全，为建设美丽中国、实现中华民族永续发展提供生态支撑"。

基于以上党和国家陆续出台的这些决策部署，顺应生态文明建设的时代要求，生态产品价值实现从"大写意"到"工笔画"，将不断深化改革与管理体制机制创新有机结合，为今后一个时期自然生态空间管理明确了指针。随之，向纵深推进生态产品价值实现"高频率"细化政策陆续出台，一系列部署要求措施逐步落地，立柱架梁，对承载发展的生态产品要素形成了有效的正向激励机制，充分体现出我国生态文明建设的重大变革，也是我国生态文明管理制度改革的一项重大举措，即国家对自然资源由实物占有逐步向价值占有转变，也蕴含着从所有到利用的转变，换言之，就是国家对自然资源所有权不仅仅固守在对实物形态的拥有，也更加注重于价值形态的持有。因此，健全生态产品价值实现机制、探索优质生态产品供给问题是新时代生态文明建设做出的重要政策方略，更彰显了新时代、新的发展周期生态文明建设制度安排的关键所在。

（二）自然资源管理过程中亟需探索生态产品价值实现路径

自然生态资本是地球的自然资源储备，自然生态是有价值的，其价值实现是我国生态文明建设在理念上的重大变革，也是新时代抓主要矛盾带动全局工作的重要基础。党的十八大以来，党和国家始终坚持底线思维的价值目标，生态产品已成为生态文明建设的关键词，并对此提出了一系列生态文明建设新理念、新思想、新战略，对生态文明各项工作的部署均体现了这些基本要求，把探索"生态产品价值实现"作为全面深化改革总体部署、长远规划的一项重要内容，充分体现了新时期生态文明建设的新高度。满足人民群众的合理需求应是任何时期任何国家社会建设的重要功能。当前，我国社会生产能力在许多方面迈入世界前列，社会主要矛盾也已转变为人民日益增长的美好生活需要和不平衡不充分的发展之间的矛盾，这发展阶段正推动着自然资源的供给从满足"生存机会"转向满足"生活品质"的需求，突显了全方位、多层次的生态产品需求与目前生态产品供给总量趋紧的矛盾辩证意蕴，解决新发展理念下的生态产品开发、利用、保护、修复中客观存在的不平衡、不充分的矛盾和问题，具有重要的理论意义和现实意义。

进入新时代，国内发展环境和条件深刻变化，我国经济正由高速增长阶段转向高质量发展阶段,奏响了高质量发展的最强音。优美生态环境既是引领高质量发展的结果,也是缔造高质量发展的标准、建设美好家园的重要手段,同时又是影响高质量发展和高质量生活的内在有效变量。当前处于发展关键期、改革攻坚期以及矛盾凸显期同步交织阶段,国内生态产品的供给体系、需求体系对生态系统服务要求升级,需求结构和消费结构需要生态产品更加适配,构建生态产品价值实现机制是国势所趋,民意所系,不仅是高质量发展的生态要求,也是高质量现代经济体系的必然要求,更是人民日益增长、不断升级和个性化的优美生活向往需求对嵌入的生态产品供给能力和质量提出的更高期望和诉求。

生态产品的本质是自然要素,与自然资源不可分割。生态产品是践行"绿水青山就是金山银山"的有形物质,山水林田湖草生命共同体是生态系统的重要组成部分,内嵌于生态系统并在生态产品供给方面发挥着极为重要作用。推进国家治理体系和治理能力现代化是中共中央提出全面深化改革的总目标之一,随着新时期自然资源统一管理职能的调整和机构合并,新时代党中央赋予了自然资源管理部门作为全民所有自然资源"大管家"的职责,统一行使所有国土空间用途管制和生态保护修复的职责,通过深化改革让土地、矿产、森林、草原、湿地、水流、海洋等自然资源资产管理回归到适应国家治理体系和治理能力现代化的建设目标上来。由此可见,夯基垒台,构建彰显自然资源供应新模式,加快探索生态产品价值实现机制与路径,履行好提供生态产品公共服务职责,统筹推进自然资源优化配置和资产保值增值,为推动高质量发展添薪续力。这不仅是建立系统完备的生态文明制度体系的内在要求,也是现行自然资源管理体制机制的逻辑起点和基点,契合做好新时代自然资源管理工作的根本遵循,直接承载着不断推进全面深化改革总目标实现的重大职责。

二、生态产品价值实现面临的问题与挑战

(一)产权不够明晰,统一的自然资源资产产权制度亟待健全

生态产品的基本属性决定其产权边界的界定比较困难。在很多情况下,生态产品的产权边界难以界定[7][8],例如清新的空气、清洁的水源和适宜的气候;在有些情况下,生态产品的边界不够清晰,例如林草在不同所有者之间的边界存在争议的现象时有发生。如何科学合理划定生态产权的边界,构建统一的自然资源资产产权制度,是生态产品价值实现的关键。

（二）市场机制发育不充分，统一的交易市场体系尚未形成

生态产品价值实现手段，可分为政府和市场两种途径。但在实践中，我国生态产品价值实现的方式多以政府手段为主，市场手段运用较少。前者包括基于政府定价的税费手段，以及基于中央和地方、地区之间、流域上下游协商的生态补偿机制。后者包括基于环境产权的交易机制和基于生态溢价的市场机制。在一些地方，生态产品"有价无市"，金融抵押、流转和股本认定困难重重，难以实现山林"活树变活钱、资源变资产、叶子变票子"。另外，反映生态产品质量的价格机制发育不够成熟，林权、水权、排污权、用能权和碳排放权等交易市场自成体系，相互割裂，统一的生态产权交易市场体系尚未形成。

（三）生态产品价值难以精准计算，统一的价值核算标准体系尚未形成

迄今为止，尚未形成国际公认的、精准的生态价值核算方法。生态产品价值评估是一项系统、复杂的长期工程，目前评估理论、方法基础相对薄弱，尚没有形成公认、规范的评估框架，仍处于发展和完善之中。生态产品对人类福祉的影响将是长期的，难以长时期、大尺度地精准定量计算。与此同时，忽视生态系统的自我恢复能力，过度开发造成的水土流失和生态环境破坏，对人类健康的影响也将长期存在，其至会影响到几代人，同样也难以准确核算。此外，生态产品的调查、统计和监测体系还不健全，数据的完整性、精确性和及时性都有待提高。统一的价值核算体系还未形成，在很大程度上给生态产品价值核算带来困难。

（四）重经济价值轻生态价值，造成生态产品生产有效供给能力不足

在人与自然的关系中，存在着两种物质生产——自然物质生产和社会物质生产。改革开放40年以来，随着经济和社会发展政策的实施，我国物质产品生产能力不断增强，相反，长期以来的"经济至上"主义、多层次的"需求外溢"及私欲膨胀下的生态产品原始动力"滥用"等问题，过于单纯重视资源的经济价值，自然界从"自在之物"嬗变为"为我之物"，承载的生态环境容量无限放大，"牧童经济"发展模式势必造成自然资源无偿占有、掠夺性开发和浪费使用，带来生态产品"木桶容量"供给能力持续减弱。自然生态产品供给的数量锐减、质量退化、分布萎缩，满足大众需求良好生态产品服务的"短板"日益突出和显化，生态产品差距已成为我国与世界发达国家最大差距之一。另

外，囿于"易碎品"生态的使用者无成本或低成本"外部化"长期延续的思维定势，制约了生态产品的价值实现，也折射出森林、草原、河流、湖泊等自然生态服务功能的经济价值难以显现，从而导致生态产品总量供给越发不足。

（五）生态产品的价值实现程度受限于发展阶段

生态产品的价值实现具有条件性。无论是根据自然资源经济学理论，还是基于国内外实践经验，都可以发现经济发展程度越高、人均收入水平越高，居民对生态产品的需求就越大、支付意愿也越高。这在很大程度上决定了生态产品的价值实现程度。从收入水平看，2018年我国人均GDP接近1万美元，尚未进入高收入国家行列，远低于发达国家的平均水平，这就构成了我国生态产品价值实现的经济发展基础。在我国经济发达地区，生态产品价值实现多元化和市场化趋势均较欠发达地区更为明显。我国14个连片贫困区大多与生态脆弱区、重点生态功能区等在地理空间上高度重叠，反映出这些地区丰富的生态产品，大多没有给当地居民带来良好的经济价值和收益。

（六）理论认知程度不高难以支撑起生态产品的价值实现

生态产品价值实现是个极其复杂的人与自然关系互动和协调的过程，需要在一系列理论上得到突破。从内涵界定看，生态产品既涉及完全不包含人类劳动的自然生态系统，也涉及凝聚了人类一般劳动力的生态衍生品，还包括为保护和改善环境、维护生态平衡而生产和提供的各种绿色产品和服务。这些不同种类的生态产品，具有不同程度的外部性和公共产品属性，拥有不同的所有者、支付者、受益方和收益方（即收益权），需采取不同的价值实现途径和制度安排方式。与之相对应的，则是当前生态资产产权理论体系不尽完善、资产核算理论与现实要求有较大差距。

第三节 国外生态产品价值实现研究及政策实践

一、国外理论研究和基本做法

（一）建立生态补偿制度实现外部经济性

生态补偿是实现外部经济性的重要手段。生态补偿是以防止生态环境破坏、增强和促进生态系统良性发展为目的，以经济手段为主，调节相关者利益关系，促进补偿活动、调动生态保护积极性的各种规则、激励和协调的制度安排，促使外部不经济性内部化，使得外部经济性得到推广，绿水青山得到延续。生态补偿的概念和相关理论起源于西方国家。美国、德国、澳大利亚等国家早在上个世纪中叶就已经形成了比较成熟的生态补偿理论，并且在众多的实践中得到了广泛运用，获得了很多成功的经验。建立以政府为主导的生态补偿机制是国际上生态产品价值实现的重要方式[9][10]。美国是较早实施生态补偿的典型国家之一。1956年，美国联邦政府通过《美国农业法案》，鼓励农场主短期或长期退耕，由政府给予经济或政策补偿。1987年，美国政府实施了"耕地保护性储备计划"[11]，对农民实施10—15年的休耕还林还草等措施进行补偿。此外，美国纽约市为解决农场经营活动污染城市引用水源问题，于1992年与水源地的居民签订了生态补偿协议，每年向采用最佳生产模式（不破坏水源水质）的奶农和森林经营者提供400万美元的补偿金，并向重建城市污水处理厂、改进供水设备或者大坝的地区支付4.7亿美元的补偿。德国和捷克签署双边协调，由德国向上游的捷克支付了2000万马克，以用于建设污水处理厂、关闭一些污染企业，并共同开展对易北河的检测、保护，易北河的水质得到明显改善。澳大利亚为了解决新北威尔士地区森林植被覆盖不足的问题，由新南威尔士地区多家农业经营企业共同向新北威尔士的农业部门支付费用，用于植树造林。

专栏8-1：

美国湿地缓解银行运行机制

湿地缓解银行是由湿地缓解银行主办者通过恢复、保护现有湿地或新建湿地产生湿地信用，通过市场化手段将湿地信用出售给对湿地造成损害的开发者，并从中盈利的生态补偿机制。

一、湿地缓解银行的运行离不开湿地事务管理体系的审核与监管

湿地缓解银行的设立、银行客户与信贷内容的确定、湿地补偿

监测与评估、开发者的湿地治理顺序均要受到美国湿地事务管理体系的审核与监管。美国湿地事务管理体系是由陆军工程兵团、环境保护署、自然资源保护局、鱼类和野生动物管理局、国家海洋和大气管理局、农业服务局等,州政府等机构组成。

二、湿地缓解银行主办者承担长期维护和管理湿地的职责

湿地缓解银行的主办者,即湿地信用的卖方,可以是政府部门、私人实体、非盈利性组织或政府部门与私人实体间联合等。湿地缓解银行由银行主办者所有和经营。其中,私人商业湿地缓解银行是最主要的湿地信用信贷库。

湿地缓解银行的发起人向陆军工程兵团提交湿地缓解银行设立申请、湿地补偿计划草案(图8-1)。由湿地缓解银行审核小组进行审核,该审核小组是由湿地事务管理体系的机构代表组成,由陆军工程兵团代表担任审核小组组长。审核通过后,湿地缓解银行发起人签署湿地缓解银行协议书,协议书涉及湿地补偿目标、补偿湿地场址选址、补偿途径、湿地信用测定、补偿项目详细实施计划、财务保障、湿地信用发放时间表、服务区域、违约和中止情形等十余项内容,湿地银行主办者要按照湿地补偿计划和湿地缓解银行协议书进行履约管理,具有长期维护和管理湿地的职责,要在开发活动对湿地造成损害前完成湿地建设,创造湿地信用,并将湿地信用出售给需要补偿的开发者,以此获得收益。

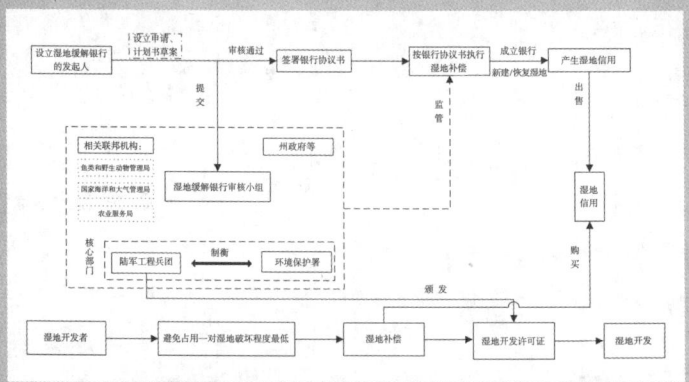

图8—1 美国湿地缓解银行运行机制

三、湿地开发者要遵循严格的开发顺序

湿地开发者是湿地信用的买方。开发活动前，湿地开发者应尽量选择避免破坏湿地或将湿地损害程度降到最低的方案，对于无法避免且湿地损害程度无法降到最低的，需要购买湿地信用以补偿开发项目所引起的湿地损失或破坏，由陆军工程兵团核实湿地开发顺序并颁发湿地开发许可证。

四、湿地缓解银行链条式的资金保障机制

湿地缓解银行具有链条式的资金保障路径，主要通过履约保证金、保险费或借助抵押银行的方式，确保补偿湿地到位。美国湿地事务管理体系自1995年起，允许湿地缓解银行在补偿湿地建造、恢复完成之前出售湿地信用。同时为确保湿地补偿的有效性，湿地缓解银行要向管理部门缴纳履约保证金和保险费。履约保证金是湿地缓解银行提供的财务保障，只有当湿地事务管理机构确定湿地缓解银行成功补偿湿地后，履约保证金才可返还湿地银行。保险费是湿地缓解银行和银行客户缴纳给湿地事务管理机构的一项不可退还费用，如果湿地缓解银行未能成功建造、恢复湿地，保险费则纳入基金，由湿地事务管理部门使用来代替湿地补偿银行完成湿地信用买方的湿地补偿。此外，还可以借助抵押银行。湿地缓解银行根据可贷出湿地信用，在抵押银行租赁信用，当湿地缓解银行成功新建、恢复湿地，租赁信用费用将返还；若湿地缓解银行未能成功补偿湿地，则由抵押银行完成湿地补偿。

资料来源：赵晓宇，李超."生态银行"的国际经验与启示[J].国土资源情报，2020，4：24-28.

（二）开展生态产权交易实现由产权到货币的转型

排污权、碳排放权、用能权和用水权是生态产权的重要内容。开展生态产权交易是发达国家转变经济发展方式，实现由产权到货币转型的有效路径。排污权、碳排放权和用水权是生态产权的重要内容。排污权交易起源于美国[12]。1968年，美国经济学家戴尔斯最先提出了排污权交易的理论。面对二氧化硫

污染日益严重的现实，美国联邦环保局为解决通过新建企业发展经济与环保之间的矛盾，在实现《清洁空气法》所规定的空气质量目标时提出了排污权交易的设想，允许不同工厂之间转让和交换排污削减量，这也为企业如何进行费用最小的污染削减提供了路径。排污权交易对企业的经济激励在于，排污权的卖出方由于超量减排而使排污权剩余，之后通过出售剩余排污权获得经济回报，这实质是市场对企业生态保护行为的补偿。而后，德国、英国、澳大利亚等国家相继实行了排污权交易，有力地促进了生态保护。1997年，全球100多个国家因全球变暖签订了《京都议定书》，该条约规定了发达国家的减排义务，同时提出了三个灵活的减排机制，碳排放权交易是其中之一。2005年，伴随着《京都议定书》的正式生效，碳排放权成为国际商品，越来越多的投资银行、对冲基金、私募基金以及证券公司等金融机构参与其中。基于碳交易的远期产品、期货产品、掉期产品及期权产品不断涌现，国际碳排放权交易进入高速发展阶段。据智研数据研究中心统计，2016年的全球碳排放权交易规模将达到8 225.14亿英镑。水权交易是指水权在水权市场主体（水权用户）之间的转让（买卖），双方遵循的是水资源循环自然规律与市场经济价值规律。澳大利亚是一个淡水资源缺乏的国家，联邦政府允许永久和临时性的水权交易。1997年，澳大利亚实行取水量"封顶"政策，任何新用户（农田灌溉开发、工业用途和城市发展）的用水都必须通过购买（交易）现有的用水权来获得，以提高水资源的利用效率。

专栏8-2：

生态权益交易

生态权益交易是指生产消费关系较为明确的生态系统服务权益、污染排放权益和资源开发权益的产权人和受益人之间，直接通过一定程度的市场化机制实现生态产品价值的模式，是公共性生态产品在满足特定条件成为生态商品后，直接通过市场化机制方式实现价值的唯一模式，是相对完善成熟的公共性生态产品直接进行市场交易机制，相当于传统的环境权益交易和国外生态系统服务付费实践的合集。生态权益交易可以分为正向权益的生态服务付费和减负权益的污染排放权益和资源开发权益三类。如法国毕雷矿泉水公司为保持水质向上游水源涵养区农牧民支付生态保护费用。哥斯达黎加EG水公司为保证发电所需水量、减少泥沙淤积购买上游生态系统服务。污染排放交易主要包括排污权和碳排放权,资源开发权益主要包括水权、用能权等。浙江东阳、义乌两市水权交易虽在法律上还存在一些产权困境和问题,但为准公共生态产品的权益交易提供了有价值的参考借鉴。

资料来源:张林波、虞慧怡、郝超志等.国内外生态产品价值实现创新实践与模式.生态产品价值实现理论与实践(公众号),2020-05-09.

(三)建立林权抵押贷款制度使林木由资源变成资本

林权抵押是实现林木资源经济价值的重要方式。20世纪以来,美国森林资源的开发开始注重其生态功能的保护。为解决中小家庭农场和小私有林主贷款难的问题,联邦政府安排了专项贷款扶持,由农业部负责发放,利率在5%—6.5%之间,低于私人银行的商业性贷款,而且贷款期限较长。同时,美国根据森林资源的不同用途采用不同的补贴标准,而且林业的税收政策优越,这在一定程度上刺激了林农进行林权抵押发展林业经济的积极性,同时也为林权抵押贷款创造了良好的制度环境。日本为林业的可持续发展提供林权抵押贷款。日本在加快林业经济发展的过程中,建立了林业信贷体系,推动林业的产业化发展,日本的林权抵押种类繁多,金融机构稳定,为林业的产业化发展提供了强有力的资金保障。另外,日本坚持为林农提供长期低利的信贷支持,其中包括由财政直接提供的贷款项目和由财政给予贴息的贷款项目[13]。经营中遇到困难的林主可随时向国家申请林业专项贷款,依法办事的林主还可多贷或减息,而造林贷款的利率为1.3%左右,偿还期限定为30—35年。

(四)打造国家公园品牌实现绿色产品增值

立足本区自然地理环境条件发展独具特色的生态产业,是发达国家实现绿色产品增值的重要途径。法国以国家公园产品品牌增值为核心,推动当地绿色发展和特许经营，实现了"绿水青山"的生态经济价值。该国通过打造国家公园品牌，发展绿色农副产品、民宿和旅游等生态产业，使自然资源获得了明显的增值效果。在法国，参与加盟的地区和企业可以享受国家公园品牌所带来的福祉。这种绿色发展增值体系的构建使得国家公园对法国周边市镇的态度从抵触转变为合作，找到了管理方和社区的利益共同点，最大程度地平衡了保护与发展的关系。瑞士充分利用多山的地形特点，在历史文化的基础上充分挖掘自然景观，走出一条特色生态旅游之路，实现了绿色生态产品增值。

二、国外政策实践经验的启示

（一）借鉴发达国家的生态补偿制度，完善我国的公共支付制度

美国、德国等国家的生态补偿制度，实现了植树造林和流域保护的经济价值，值得学习和借鉴。主要突出以下几个方面：一是，建立健全生态补偿制度，在补偿途径、补偿标准和补偿方式等方面不断探索，逐渐形成"谁开发谁保护、谁破坏谁治理、谁受益谁补偿"的利益调节格局，避免出现生态改善而农民贫困的局面。二是，建立地区间横向生态保护补偿机制，引导生态受益地区与保护地区之间、完善资源消费区对资源产区、上游对下游和东部对西部的生态补偿，逐步建立体现生态价值和代际补偿的生态补偿制度。三是，强化耕地保护，建立反映耕地质量和农产品品质的耕地补偿制度。四是，逐步建立和完善重点生态区域的生态补偿机制，建立生态恢复保证金制度，完善矿山地质环境保护和土地复垦制度，形成国土综合整治和生态修复的长效机制。

（二）借鉴发达国家生态产权交易，完善我国生态产品价值实现形式

美国、英国等国家实行排污权、碳排放权等生态产权交易，节约了资源、保护了生态环境，实现了生态产权的价值，对完善我国生态产品价值实现形式具有重要意义。具体表现在以下几个方面：一是建立健全统一的生态产权交易市场体系，为不同市场主体之间的排污权、碳排放权、用能权和用水权交易提供公开公平的市场环境。二是强力推进生态产权改革，使污染排放和破坏生态环境的外部不经济性内部化，使经济发展的同时，给子孙后代留下天蓝、地绿、水净的生产和生活环境。三是大力发展碳源市场，更好地实现植树造林、保护草原和湿地等自然生态的经济价值。

(三）借鉴发达国家的林权抵押贷款，扩展金融机构服务领域

美国、日本等国家的林权抵押贷款，解决了林农资金不足、林业保护和林农发展的难题，对我国建立绿色金融银行，发展林权抵押贷款，具有重要借鉴意义。主要表现在以下几个方面：一是深入推进集体林权改革，划清不同类型所有者的边界范围，加快森林、林木确权登记发证，保障林农的合法权益。二是拓展商业银行服务领域，在评定林农信用等级、林木资产评估的基础上，按照"一户一档"的原则建立林农信息档案，精准放贷。三是有条件的地区成立绿色银行，专门支持森林、林木和草原的抵押贷款，使植树造林、保护草原的农牧民有盼头。

(四）借鉴发达国家的绿色产品增值模式，发展我国生态产品增值路径

法国以国家公园建设为载体，推动建立以国家公园为品牌的增值体系，实现了生态产品的增值，值得我国借鉴。主要突出以下几个方面：一是积极探索生态产品的产业化路径，发展更多的生态业态，包括绿色农产品、有机农产品生产标准和检测标准以及生态旅游、森林康养、避暑疗养、温泉养生等产业、产品和服务。二是在建立以国家公园为主体的自然保护地体系建设的过程中，积极引导社区居民发展高附加值的无公害农产品，实现保护地与社区的双赢发展。三是发展"互联网+"生态产业模式，积极发展农业新业态，释放绿水青山的经济价值。

第四节　生态产品价值实现路径与机制

一、生态产品价值实现机制的方法探索

近10年来，全国上下的生态意识不断觉醒，"绿水青山就是金山银山"的生态文明理念不断深入人心，生态文明建设已经成为国人的自觉行动，生态产品价值实现路径初现端倪。

（一）通过林权抵押实现了林木的经济价值

2003年以来，在福建等地方试点的基础上，以"明晰产权、减轻税费、放活经营、规范流转"为主要内容的林权改革不断提速，由局部试点转向全国推

进,林木和森林资产的经济价值不断显现。通过明晰林权,保障林农的收益权,实现还权于民,达到了"山定权、树定根、人定心"的林权改革效果,产生了良好的生态产品保护效果。福建省的林权改革不断深入,推出了普惠林业金融"福林贷"、重点生态区位商品林赎买和林权收储担保等措施。通过林权抵押,解决了林农贷款难、担保难等问题,实现"生态资产能盘活、银行风险能防范、村民组织能发展、林农个人能得利、森林资源得保护",使山林变成"摇钱树"。据调查,福建省林权抵押贷款的期限可长达30年,月息不高于0.6%。

(二)通过生态补偿实现了生态系统的服务价值

生态系统为人类福祉提供供给服务、调节服务、文化服务和支持服务[2-3]。通过财政转移支付的方式对生态保护者予以补偿,使绿水青山的守护者有盼头,是实现生态系统服务价值的重要手段。2011年,在财政部等中央有关部门的推进下,我国在新安江流域开展了全国首个跨省流域生态补偿试点,实行谁受益谁补偿的机制。实施流域生态补偿以来,新安江水质保持为优,浙江千岛湖水质富营养化问题得到根本性改善。据初步核算,2017年,新安江生态系统服务价值总计246.5亿元,其中水生态服务价值总计64.5亿元[14]。

(三)通过提供绿色农产品实现了生态产品增值

提供安全、绿色的有机农产品是满足人民群众日益增长的美好生活需要的重要内容,也是实现生态产品价值的重要形式。福建省南平市依托生态优势和武夷山"双世遗"世界级品牌优势,严抓生态保护,突出绿色生态品牌内涵,把打造"武夷品牌"作为实现经济动能转换的重要抓手,从推动绿色产业发展的战略高度来谋划品牌建设,推动"绿水青山"向"金山银山"转化。2017以来,福建省共梳理编制了50多个品类的农产品标准体系,制定了系列"武夷山水"品牌的特色质量标准。桃花源基金会依托四川省平武县老河沟国家级自然保护区的独特生态优势,在周边社区发展无公害蜂蜜、有机猪肉和花生等绿色农产品,直接带动了保护区周边的农民致富增收。据调查,桃花源基金会组织生产的蜂蜜酒实现年产值200万元,生产的无公害蜂蜜的价格是市场价格的8倍左右。江西赣南利用独特的富硒地理标志,发展有机脐橙,实现了绿色有机农产品增值(图8-2)。

图8-2　江西省赣南有机脐橙园

（四）将生态优势转化为产业优势

积极探索生态产品的产业化路径，发展更多的生态业态，包括生态旅游、森林康养、避暑疗养、温泉养生等产业和服务，使生态优势转化为产业优势和经济优势。浙江省湖州市依托宜人的绿水青山发展民宿经济，走出了一条扶贫富民强市的发展之路。据研究[15]，2017年，该市水口乡民宿旅游直接带动户均收入增长30%，户均营业额达73万元，净收益达22.5万元，实现了绿水青山的经济价值。贵州省利用独特的自然地理环境和红色革命文化，大力发展生态旅游。据统计，2018年全省旅游收入突破9400亿元。赤水市紧紧抓住"绿水青山就是金山银山"的生态文明理念，以生态优势带动了第三产业发展，农家客栈和自行车、赛车服务以及民宿等生态旅游业态遍地开花。据统计，2017年该市第三产业增加值突破43亿元，同比增长18.1%，贫困人口发生率降至1.5%。

二、生态产品价值实现机制的构建

（一）完善自然资源资产权能，建立有利于生态产品价值实现的产权制度

完善自然资源资产权能，建立有利于生态产品价值实现的产权制度，主要突出以下几个方面：一是加快推进自然资源资产产权制度改革，明晰生态产品

的所有权及其行使主体,规范使用权,保障收益权,激活转让权,理顺监管权。按照产权规律和不同生态资源的类型,进一步分类实行所有权、承包权、经营权三权分离。完善生态产品资产权能,明确"归谁有""归谁管"和"归谁用"。二是强力推进生态产权改革,以污染排放和破坏生态环境的外部不经济性内部化为动力,完善自然资源节约集约综合利用标准,使经济发展的同时,给子孙后代留下天蓝、地绿、水净的生产和生活环境。在重点流域和大气污染重点区域,推进跨行政区排污权交易,扩大排污权有偿使用和交易试点。三是深入推进集体林权改革,加快推进确权登记,着力根治林草图斑重叠的矛盾,彻底解决"一地两证"的问题。探索生态产品的产业化路径,发展如绿色有机农产品等更多生态业态。在国家公园等保护地建设中,采取多种产权模式,引导社区资本参与市场运营,将森林生态服务的公益性和集体林权的市场化经营有机结合。

(二)完善财政投入制度,建立有利于生态产品价值实现的补偿机制

完善财政投入,建立有利于生产产品价值实现的补偿机制,主要突出以下几个方面:一是健全生态补偿制度,重点在补偿途径、补偿标准和补偿方式等方面不断探索,逐步形成"谁开发谁保护、谁破坏谁治理、谁受益谁补偿"的利益调节格局,避免出现生态改善而群众贫困的困境。二是完善中央财政投入制度,健全纵向的生态补偿制度,加强中央对重点生态功能区、自然保护地和大江大河上游等重要地区的补偿,实现保护生态环境的经济价值,使绿水青山的守护者和保护者有更多的获得感。三是完善地区间的横向生态保护补偿机制,建立健全流域下游对上游、生态受益区对保护区、自然资源消费区对资源产区、东部对西部的横向生态补偿机制,逐步建立体现生态价值的生态补偿制度。四是完善耕地休耕制度,强化耕地保护补偿,在中央对地方补偿的基础上,开展粮食主销区对主产区的补偿试点,建立反映耕地质量和农产品品质的耕地补偿机制,激励农民保护耕地的积极性。

(三)加强市场体系建设,建立有利于生态产品价值实现的价格机制

市场的发育程度决定生态产品的供给和消费,而生态产品的供求关系进一步影响其价格[16]。健全完善统一规范的自然资源资产市场体系,将生态产品纳入统一的公共资源交易平台,为不同市场主体之间的用能权、用水权、排污

权和碳排放权等生态产权交易提供公开公平的市场环境。大力发展碳汇市场，更好地实现植树造林、保护草原和湿地等自然生态的经济价值。发挥市场在生态产品配置中的决定性作用，实现生态产品自由流动、价格反应灵活、竞争公平有序。全面实施生态产品市场准入负面清单制度，明确生态产品的准入条件、方式和程序，全面清理和废除妨碍统一市场和公平竞争的各种部门规章和不当做法。以市场化为导向完善生态产品价格形成机制，探索建立反映市场供求关系、资源稀缺程度、环境损害成本和代际关系的价格形成机制，更好地实现生态产品的经济价值和生态价值。

（四）发展生态产权抵押贷款，建立有利于生态产品价值实现的金融机制

发展生态产权抵押贷款，建立有利于生态产品价值实现金融机制，主要突出以下几个方面：一是积极探索绿色金融融资渠道，加强税费减免支持，更好地吸引社会资本融资。积极借鉴内蒙古亿利集团治理库布齐沙漠的经验，引导资金更好地投向植树造林、守护绿水青山等领域。二是拓展商业银行服务领域，在评定林农信用等级、林木资产评估的基础上，按照"一户一档"的原则建立林农信息档案，发展林权抵押贷款，精准放贷。三是有条件的地区成立绿色金融银行，专门支持森林、林木和草原的抵押贷款。探索建立财政贴息制度，使植树造林、保护草原的农牧民有盼头。

（五）健全基础标准体系，建立有利于生态产品价值实现的核算机制

健全基础标准体系，建立有利于生态产品价值实现的核算机制，主要突出以下几个方面：一是建立符合科学规律的生态产品价值核算制度。基于生态产品的大数据分析结果，加快建立科学、统一的规范标准，确定不同类型生态产品的核算方法和技术规范。二是完善生态产品调查评价制度。制定统一的调查和监测标准体系，及时汇交各类生态产品类别、数量和空间分布的数据库。三是开展生态产品认证体系建设，制定生态产品分类清单。四是建立生态产品价值评估制度。加快自然资源资产核算由实物向实物与价值兼顾转变[17]，建立生态产品价值定期评估制度。逐步建立以生态产品价值核算为基础的绿色税费体系和生态补偿体系。对现存税种进行细化优化，施行差别税负政策，给予生态产品一定的税收优惠；推行自然资源全成本核算定价方法。生态补偿机制要"以满足受限制对象发展需求为导向"，加强精准施策。五是编制生态产品资产

负债表。在土地、水资源等试点的基础上，积极探索编制生态产品资产负债表，及时掌控各类生态产品数量和价值的变化，服务于地方各级领导干部的离任审计，确保生态产品价值实现机制能够持续。

参考文献

[1] 国务院关于印发全国主体功能区规划的通知［EB/OL］.（2011-06-08）［2020-05-10］. http://www.gov.cn/zwgk/2011-06/08/content_1879180.htm.

[2] 王金南，苏洁琼，万军."绿水青山就是金山银山"的理论内涵及其实现机制创新［J］.环境保护，2017，45（11）：13-17

[3] 蔡晓明，蔡博峰.生态系统的理论与实践［M］.北京：化学工业出版社，2012.

[4] 赵士栋，张永民.千年生态系统评估报告集（一）［M］.赖鹏飞，译，北京：中国环境科学出版社，2007.

[5] 曾贤刚，虞慧怡，谢芳.生态产品的概念、分类及其市场化供给机制［J］.中国人口·资源与环境，2014，24（7）：12—17.

[6] 夏光.增强生态产品生产能力意义何在？［N］.中国环境报，2012-11-30（2）.

[7] 刘庆宝，臧凯波.如何实现生态产权的合理界定［J］.环境保护，2013，41（13）：47-48.

[8] 季凯，齐江波，王旭伟.生态产品价值实现的浙江"丽水经验"［J］.中国国情国力，2019（2）：45-47.

[9] 虞慧怡，张林波，李岱青，等.生态产品价值实现的国内外实践经验与启示［J/OL］.环境科学研究：1-8［2019-11-20］.https://doi.org/10.13198/j.issn.1001-6929.2019.08.13.

[10] KATHARINE N F, DAVID L B. Producing the ecological economy: A study in developing fiduciary principles supporting the application of flow-fund consistent investment criteria for sovereign wealth funds［J］. Ecological economics, 2019, 165: 1-14.

[11] 钱文荣.发达国家城市化过程中耕地保护的实践及其启示［J］.经济问题，2000（7）：48-50.

[12] SOLOMON B D, LEE R. Emissions Trading Systems and Environmental Justice［J］. Taylor journal, 2000（42）: 32-45.

[13] 李华晶，李永慧.国外私有林发展比较分析及对我国集体林权改革的启示［J］.北方

经济，2011（20）：80-81.
［14］中共黄山市委理论学习中心组.争当践行"两山"理论的样板区：习近平生态文明思想的新安江实践［N］.安徽日报,2018-07-25（06）.
［15］过卓琳.民宿经济辐射明显 两山实践样本升级：湖州长兴县民宿发展调查报告［J］.统计科学与实践，2017（12）：52-54.
［16］刘尧飞，沈杰.新时代生态产品的内涵、特征与价值［J］.天中学刊，2019（1）：77-80.
［17］孙志.生态价值的实现路径与机制构建［J］.中国科学院院刊，2017，32（1）：78-84.

第九章

中国绿色发展的融合

第一节 中国绿色发展的演化历程

1962年《寂静的春天》的出版为人类单纯追求经济的发展模式敲响了警钟，唤醒了人们的环保意识。1987年《我们共同的未来》发布，在全球范围内掀起可持续发展浪潮。我国传统思想学派自古以来便存在可持续发展的思想，绿色发展理念的萌芽甚至早于其他国家。新中国成立以来，我国的绿色发展大致可以分为三个阶段：理念形成时期、目标明确时期、战略布局时期。

一、理念形成时期

新中国成立后，连年战争导致的资源和环境问题受到关注。长期乱砍滥伐导致植遭到严重破坏，森林覆盖率仅为8.6%[1]，土壤侵蚀和水土流失严重，自然灾害频发。当时中国经济社会发展落后，1952年国内生产总值仅679.1亿元，人均国内生产总值仅为119元，因此，解决人民生存问题、改善民生是国家的头等大事。在此背景下，促进经济发展、提高人民的生活水平以及改善生态环境，成为迫不及待的任务。

（一）绿化祖国是绿色发展理念的先河

1955年，以毛泽东为代表的党中央领导集体，提出"绿化祖国""实行大地园林化"。1956年1月，《一九五六年到一九六七年全国农业发展纲要（草案）》提出"从1956年开始，在12年内，绿化一切可能绿化的荒地、荒山"，目标是"基本上消灭荒地荒山，在一切宅旁、村旁、路旁、水旁，以及荒地荒山上，即在一切可能的地方，均要按规格种起树来，实行绿化。"1958年8月，毛泽东明确指出"要使我们祖国的河山全都绿起来，要达到园林化，到处都很美丽，自然面貌要改变过来。"1958年12月10日，"大地园林化"号召首次以中央文件的形式完整发出。1959年3月27日,《人民日报》登载了《向大地园林化前进》一文。这是我国绿色发展理念的先河,标志着当前中国"绿色发展"理念逐步形成。

(二)自然资源合理利用和保护工作开始起步

1956年,我国建立了第一个国家自然保护区——鼎湖山自然保护区。1956年12月17日,我国发布《矿产资源保护试行条例》,明确要求针对矿产资源的不可再生性,保护和合理利用矿产资源。1957年7月25日,国务院发布《中华人民共和国水土保持暂行纲要》,旨在合理利用水土资源,根治河流水害,开发河流水利,发展农、林、牧业生产。1963年5月27日,国务院发布我国首部《森林保护条例》,从护林、管林、火灾预防和扑救、病虫害防治等方面明确了保护森林的要求。1975年,国务院发布《关于积极保护和合理利用野生动物资源的指示》,针对乱捕滥猎稀有动物的情况作出规范。

二、目标明确时期

随着社会的发展,我国人口快速增长,从新中国成立初期的5亿人增长到改革开放初期的10亿人,人均资源相对短缺,同时随着改革开放的推进,我国经济发展达到前所未有的速度,使得资源无序利用和生态破坏问题更加凸显,我国开始重新审视经济发展和资源环境保护的关系,探索社会经济发展的新目标。

(一)将节约资源和保护环境确立为基本国策

1978年12月,中共中央批准的国务院环境保护领导小组关于《环境保护工作汇报要点》强调,消除污染,保护环境,是进行社会主义建设、实现四个现代化的一个重要组成部分,绝不能走先污染、后治理的弯路。1981年2月,《国务院关于在国民经济调整时期加强环境保护工作的决定》指出:"管理好我国的环境,合理地开发和利用自然资源,是现代化建设的一项基本任务"。1983年12月31日,第二次全国环境保护会议召开,会议郑重宣布:保护环境是我国必须长期坚持的一项基本国策,是我国现代化建设中的一项战略任务。1990年《国务院关于进一步加强环境保护工作的决定》中再一次强调,"保护和改善生产环境与生态环境、防治污染和其他公害,是中国的一项基本国策"。1997年全国人大通过、2007年修订的《中华人民共和国节约能源法》第四条指出,"节约资源是中国的基本国策。国家实施节约与开发并举、把节约放在首位的能源发展战略",改变我国资源消耗大、浪费大的粗放型经济增长模式。1979年我国制定《中华人民共和国环境保护法(试行)》,并于1989年进行了修订,简称环境保护法,也称环境与资源保护法。

(二)将可持续发展确定为国家战略

1992年里约地球峰会,各国通过《21世纪议程》,中国政府就可持续发展原则作出承诺。1992年8月,《中国环境与发展十大对策》最早提出可持续发展原则。1994年3月,国务院审议通过了《中国21世纪议程》(又称《中国21世纪人口、环境与发展白皮书》)。这是我国第一个可持续发展方面的综合性文件,该文件确立了我国可持续发展的总体战略框架,针对可持续发展的各个领域提出了指导原则、具体措施和优先项目。在此后出台的很多法律法规中,都在立法指导思想和法律条文中体现了可持续发展原则。"九五计划"将可持续发展战略纳入其中,"十五计划"提出"加强生态建设,保护和治理环境"。

(三)绿色发展目标逐步明确

中共十六大到十七大,以胡锦涛同志为总书记的党中央提出了"科学发展观",统筹人与自然和谐相处,绿色发展被逐步纳入经济发展的目标体系。2011年,"十二五规划"正式提出"绿色发展,建设资源节约型、环境友好型社会",这是"绿色发展"首次正式被列入国民经济和社会发展规划,"两型社会"也成为我国"绿色发展"的目标。

三、战略布局时期

(一)绿色发展理念地位不断提升

2012年,党的十八大把生态文明建设纳入中国特色社会主义"五位一体"总体布局,将生态文明建设提到前所未有的战略高度。这表明党和国家对生态文明建设和绿色发展重要性的认识达到了新的高度,标志着我国绿色发展进入战略布局期。

(二)全方位打造绿色发展战略布局

2015年,"十三五"规划将"绿色发展"作为五大发展理念之一,对绿色发展进行了多领域、全方位、全生命周期的战略布局、制度安排和目标指向,是绿色发展制度体系完善过程中的一大步。规划中涉及的绿色发展布局按照从宏观到微观可以分为3个层面。

宏观上，建设沿江绿色生态廊道、建设绿色城市、建设绿色港口。中观上，大力发展绿色产业、建立健全政府绿色采购制度、绿色标识和认证。绿色产业包括绿色农业、绿色制造业（实施绿色制造工程，推进产品全生命周期绿色管理，构建绿色制造体系）、中药种植业、绿色环保产业、绿色供应链产业、绿色物流、绿色交通体系、绿色金融（发展绿色信贷、绿色债券，设立绿色发展基金，建立覆盖资源开采、消耗、污染排放及资源性产品进出口等环节的绿色税收体系）、绿色建筑（实施建筑能效提升和绿色建筑全产业链发展计划）等。微观上，强调绿色生产方式和生活方式，鼓励绿色出行，促进大型煤炭基地绿色化开采和改造，大力发展绿色农产品加工，大力推进绿色矿山和绿色矿业发展示范区建设，完善煤矸石、余热余压、垃圾和沼气等发电上网政策。

（三）各部门不断细化绿色发展要求

"十三五"时期以来，在绿色发展理念的宏观框架下，经济社会各主体逐步采取措施，将绿色发展融入到经济生活的各个方面。2017年，中共十九大报告把污染防治纳入三大攻坚战，把坚持人与自然和谐共生纳入新时代坚持和发展中国特色社会主义的基本方略。在中央的指引下，各级政府陆续出台相关文件和政策（表9-1），进一步完善绿色发展战略布局。

表9-1 十八大以来绿色发展各领域相关文件和要求

领域	绿色发展相关文件和要求
绿色农业	创建了农业可持续发展试验示范区，启动实施农业环境突出问题治理专项，对农业面源污染、东北黑土地、农牧交错带已垦草原综合治理试点的支持力度加大。2017年，农业部发布《关于实施农业绿色发展五大行动的通知》，2018年印发《农业绿色发展技术导则（2018—2030年）》，2019年发布《农业农村部关于加快推进水产养殖业绿色发展的若干意见》，就农业绿色发展给出指导。2020年，中央发布《关于创新体制机制推进农业绿色发展的意见》，农业部制定了《2020年农业农村绿色发展工作要点》《农业绿色发展先行先试支撑体系建设管理办法（试行）》，将在国家农业绿色发展先行区试点县，探索建立绿色农业技术、标准、产业、经营、政策、数字体系，集中连片开展绿色种养技术应用试验，建设一批农业绿色发展长期固定观测试验站，总结不同生态类型、不同作物品种的农业绿色发展典型模式。组织举办农业绿色发展先行先试支撑体系建设工作研讨班。组织开展畜牧业绿色发展评价指标体系研究。2020年3月4日，农业农村部《2020年渔业渔政工作要点》中提出："宣传贯彻《关于加快推进水产养殖业绿色发展的若干意见》，发布实施《水产养殖业绿色发展宣传方案》。"

(续表)

领域	绿色发展相关文件和要求
自然资源	2017年，原国土资源部发布《绿色矿业发展示范区建设要求》，2018年6月22日颁布、10月1日起实施了《非金属矿行业绿色矿山建设规范》等九大行业绿色矿山建设规范，自然资源部每年遴选年度绿色矿山，以推动绿色矿山建设工作。国家发展和改革委员会发起重点用能单位"百千万"行动和能效"领跑者"引领行动。
环境保护	深入实施大气、水、土壤污染治理"三大行动计划"。生态环境部印发《"无废城市"建设试点实施方案编制指南》和《"无废城市"建设指标体系(试行)》。
绿色产业	2016年，工信部发布《工业绿色发展规划（2016—2020）》《绿色制造2016专项行动实施方案》，发布《工业节能诊断服务行动计划》，推动落实工业、制造业绿色发展。2016年，工信部发布《工业节能与绿色发展评价中心名单（第一批）》，包括35家企业单位。2019年1月1日实施的《电子商务法》要求"支持、推动绿色包装、仓储、运输，促进电子商务绿色发展。"2019年12月20日发布工信部、国家药监局等4部门联合印发的《推动原料药产业绿色发展的指导意见》。国家发展和改革委员会、工业和信息化部、自然资源部等印发《绿色产业指导目录（2019年版）》。2019年10月24日，农业农村部、国家发展和改革委员会、科技部等关于公布第二批国家农业绿色发展先行区名单的通知，第二批共41个国家农业绿色发展先行区。
绿色金融	2015年国家发展和改革委员会印发《绿色债券发行指引》。2016年中国人民银行、财政部、国家发展和改革委员会等发布《关于构建绿色金融体系的指导意见》。国家绿色发展基金将于2020年正式运营。
绿色生活	2019年10月29日国家发展和改革委员会发布《绿色生活创建行动总体方案》，开展节约型机关、绿色家庭、绿色学校、绿色社区、绿色出行、绿色商场、绿色建筑创建活动。商务部公布了2019年绿色商场创建单位名单。2016年统计局发布《2016年生态文明建设年度评价结果公报》，首次公布了2016年度各省份绿色发展指数，排名前5位的地区分别为北京、福建、浙江、上海、重庆。2018年，中国民用航空局印发《深入推进民航绿色发展的实施意见》，推动绿色出行。
绿色技术	国家发展和改革委员会、科技部发布《关于构建市场导向的绿色技术创新体系的指导意见（发改环资〔2019〕689号）》，提出到2022年，基本建成市场导向的绿色技术创新体系。

一系列文件的出台是绿色发展战略布局逐步完善的象征，随着政策的进一步具体化和发布机关的扩大，绿色发展政策体系日渐完善，逐渐渗透到我国经济生活的各个方面。如今，中国绿色发展理念深入发展，人与自然的关系发生了历史性、转折性、全局性变化，生态文明建设不断迈上新台阶，建设美丽中国被摆在前所未有的高度。

第二节　中国绿色发展的问题与挑战

随着绿色发展理念不断深化、绿色发展精神不断升华，我国绿色发展政策体系不断完善，绿色发展理念贯穿于经济生活的方方面面。据测算，"十三五"期间我国绿色经济每年需投入约3%的GDP规模，年均在2万亿元以上，在全部绿色投资中，政府出资占比约为10%至15%，社会资本占比约为85%至90%[2]。逐渐增加的绿色发展投资使得我国生态文明建设取得重大进展和积极成效。

一、绿色发展的成效变化

（一）资源节约和保护成果显著

在生态文明建设和绿色发展理念的引领下，我国资源节约效果显著，生态环境得到明显改善。2012年以来，单位国内生产总值能耗和万元国内生产总值用水量连续下降（图9-1），单位GDP城市建设用地面积逐年下降（图9-2），累计造林总面积呈上升趋势（图9-3），奠定了绿色发展的基础。

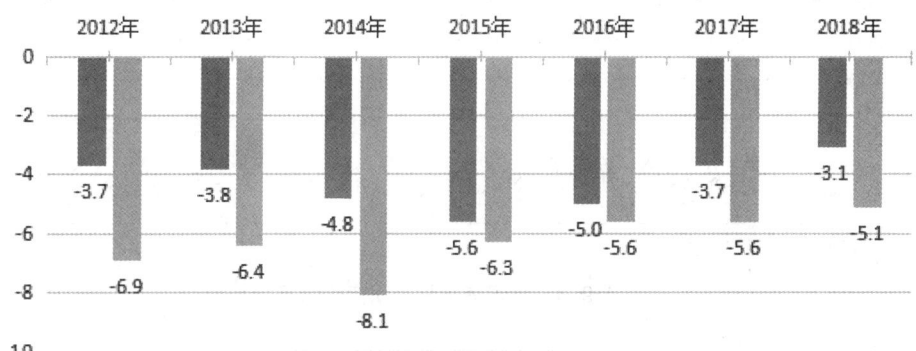

资料来源：历年国民经济和社会发展计划执行情况报告

图9-1　绿色发展指标变化情况

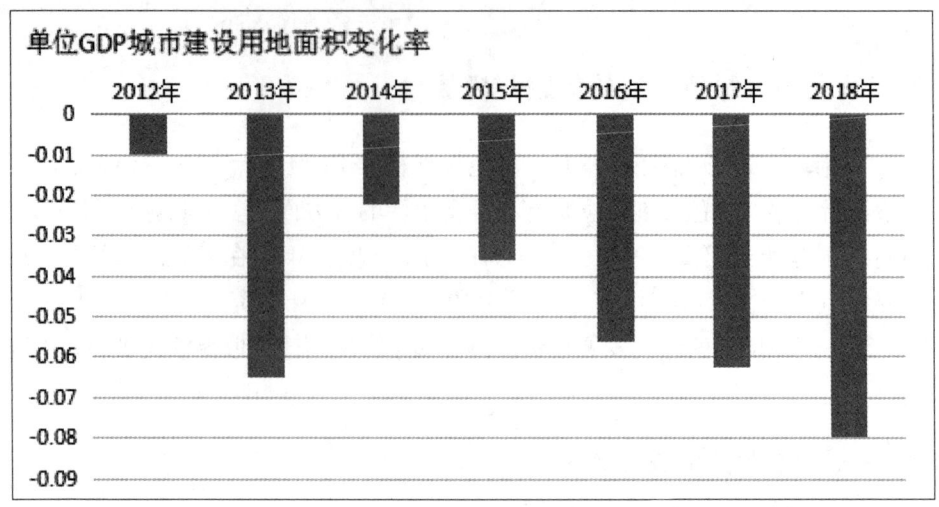

图9-2 单位GDP城市建设用地面积变化

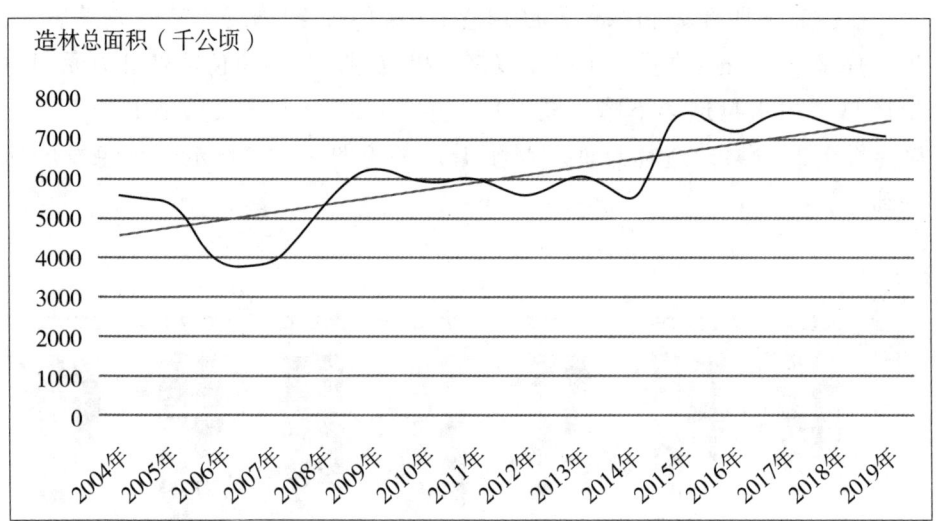

资料来源：国家统计局

图9-3 我国造林总面积变化情况

（二）绿色产业得到快速发展

在产业转型升级的大背景下，以节能、环保为主要特征的绿色产业发展迅速，逐渐成为我国深化供给侧结构性改革、培育新动能的重要渠道。2017年，我国新能源汽车产量79.4万辆，占汽车总产量的2.7%。非化石能源发电装机

第九章 中国绿色发展的融合

占比达到发电装机总量的38.1%，比2012年提高了9.6%[3]。2019年，我国新能源汽车销售量为117.2万量，累计产销率为98.7%。随着新一轮产业革命兴起，信息技术、能源技术、材料技术等的创新发展和交叉融合，推动了绿色发展技术和绿色制造业的形成，工业发展更加低碳环保，能源利用更加绿色高效，产业升级更加提质增效。

（三）绿色科技创新加快

以绿色科技为内涵的绿色产业快速增长。据统计，从1985年至2016年，各省绿色产业所获得的专利数量累计达到41681项。2005年以来，绿色专利数量快速增长，尤其是近五年来，增长速度逐年加快，2016年达到12412项[4]。专利数量的快速增长得益于全社会绿色意识的不断提高和国家推出的一系列强有力的支持政策，催生了大量节能环保企业的出现，带动了大批绿色投资，提高了绿色技术的研发投入。

（四）绿色矿山建设顺利开展

绿色矿山建设是绿色发展理念在自然资源开发利用领域应用和落实的典型，2011年3月19日，原国土资源部公布了首批"绿色矿山"试点单位名单，有37家单位上榜。之后每年新增一批，到2014年，公布了四批共661家"绿色矿山"试点单位[5]。绿色矿山建设实施以来，综合考虑资源开发与环境保护，我国对于矿山的恢复治理越来越重视（图9-4），矿山治理相关数据也逐步纳入到《中国国土资源年鉴》和《中国环境统计年鉴》（图9-5）。

图9-4　江西省寻乌县文峰乡柯树塘废弃矿山综合治理与生态修复

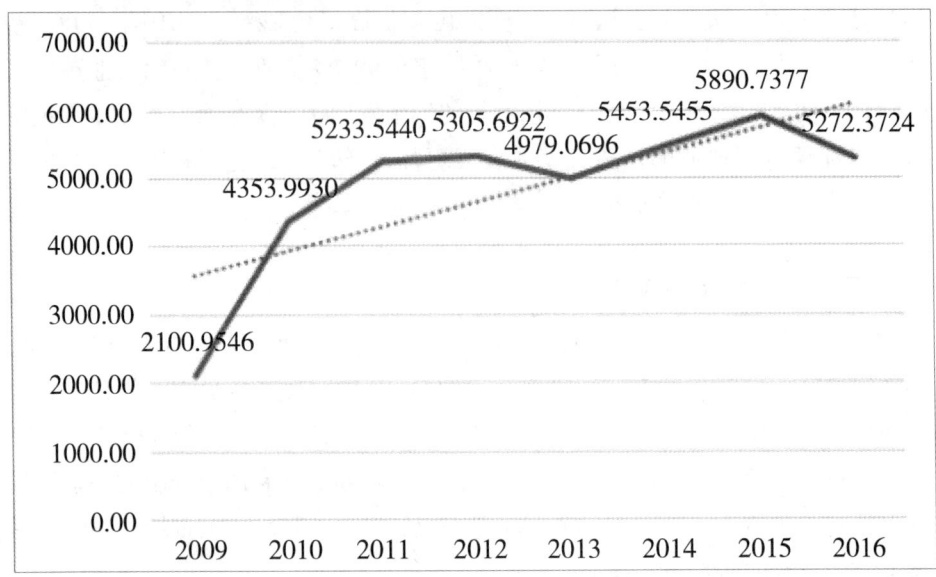

图9-5 我国矿山累计恢复治理面积（平方千米）

二、绿色发展存在的现实问题

近年来，我国生态文明建设成效显著，但由于长期以来形成的粗放型发展模式，片面追求经济增长，忽视生态环境保护，造成人地关系趋紧。绿色发展虽然蓬勃兴起，但起步较晚，在优化产业结构、转变经济发展模式、助力经济发展中的作用有待加强。

（一）政策法规的执行力度有待提高

我国的绿色发展基础薄弱，更需要政策保障、法律法规约束及有效的金融体系支持，但目前我国绿色发展相关政策和法律法规的执行力度对改善投资环境发挥的作用不显著。有些地方监管手段落后，监管不力，只考虑本地区的经济效益，有意隐瞒一些未能达到国家标准的企业和产品，甚至纵容假冒伪劣的绿色产品存在。既损害了消费者的合法权益，也侵害了严格遵守行业标准的企业利益，严重影响了绿色资本投资热情，制约了我国绿色持续健康发展。

（二）缺乏完善的差异化绿色发展标准

十八大以来绿色发展理念得到大力推广，但在不同行业和领域下，绿色发展的内涵和外延均不相同。绿色发展在不同领域的发展目标、方式等有所差异，因此其绿色发展的标准也应不同。除2018年6月22日自然资源部颁布的《非金属矿行业绿色矿山建设规范》等九大行业绿色矿山建设规范，给出了绿色矿山的评价标准外，目前其他领域或行业尚未给出明确的绿色发展标准，这不仅导致实施者缺少一定的行动指导，也令管理者没有衡量的参照。

（三）配套的评价体系尚不完整

完善的绿色发展评价体系是激励利益相关主体朝着绿色发展目标，不断采取措施的重要手段。中国绿色发展在各行业各领域均尚未形成完善的评价体系，对绿色示范区、绿色城市、绿色产业、绿色企业及其管理者等还无法进行科学合理的评价，对后续利益相关者的奖惩和监督缺乏有效的工具和依据。

（四）绿色产业发展规划有待完善

一个产业的发展需要从各方面、各层次、各要素统筹规划，集中有效地利用资源，高效快捷地实现发展目标。目前，中国尚未出台针对绿色产业发展的整体规划和战略部署，绿色产业的投资相对分散，对社会资金的吸引力不足。在区域绿色产业发展布局上，也缺乏总体规划，未能充分考虑地区优势，确立特色主导产业进行重点扶持。这也导致了绿色产业地区间发展不平衡的现象，东部沿海地区的绿色产业发展较快，而中西部地区发展势头较弱，人才集聚能力弱，对经济社会发展贡献不大。如果能够做好规划，配套布局绿色产业链，发挥绿色产业的规模效应，将会大幅度提升当地绿色产业的竞争力。

同时，虽然中国绿色产业发展速度逐渐加快，新技术研发和产品生产水平不断提高，但总体上仍处于低水平发展阶段，与绿色消费需求相比仍存在较大差距。大部分绿色产业以初级产品生产为主，产业链条较短，品种单一，科技附加值低，产量低。绿色产业产值占国内生产总值的比重较低，缺乏大型龙头企业。绿色产业结构中，环保产业占较大份额，绿色农业发展迅速，但绿色服务业和绿色贸易等产业发展缓慢，绿色产业结构有待进一步优化。

（五）自主创新能力亟待提高

近年来，我国的创新能力不断提高，但绿色技术的原创性不足，导致生产技术水平落后，技术储备不足，产业链不完整，规模效益差，产业发展总体水平不高。据统计，中国科技进步对经济增长的贡献率为55%左右[6]，而发达国家已超过80%[7]。对企业创新投入的调研结果也显示，大多数企业研发投入占生产总值的比重很低。在这种情况下，绿色产业发展很难达到国际先进水平。此外，在科技成果转化为生产力的过程中，存在种种体制机制障碍，即使有好的科研成果也不能及时转化并应用到实际生产中。由此可见，打通产业发展通道，构建完整的绿色产业链，对推进我国绿色产业现代化进程的意义重大。

三、绿色发展面临的未来挑战

资源环境拐点将依次出现，但也面临反弹的风险，绿色发展面临多重压力。经济发展模式与资源消耗、生态环境质量具有内在的必然联系。资源消耗、污染物排放和生态环境质量的拐点将依次出现。

（一）资源的需求高峰将依次出现拐点

资源种类众多，资源消耗增长速度的时间拐点因经济社会所处的发展阶段有所不同，将依次出现钢铁、水泥、城镇建设用地、水资源和能源的消耗高峰。虽然我国经济不断优化升级，基建投资放缓，钢铁和水泥的需求高峰提前到来，但对土地和能源等重要资源消耗速度零增长的判断没有发生根本改变。

根据世界发达国家和地区的发展经验，一个国家或地区的钢铁、水泥需求量或消费量与该国或该地区所处的经济发展阶段密切相关，发展的一般趋势遵从"S"形曲线规律。随着经济进入新常态，发展速度有所放缓，由高速增长向中高速增长转型，固定资产投资总体趋于下降态势，对水泥、钢铁的消费量产生影响。

2015年以来，中国水泥产量的发展进入一个平台期，基本维持在23亿吨左右。2018年，生产水泥22.1亿吨，同比减少5.3%（图9-6）。水泥是一个产销比接近100%的产业，水泥产量可以看作是表观消费量。因此，可以判断2015年前后水泥的消耗量达到峰值，消耗增长速度出现拐点，由正向负转变。粗钢的消费增速与水泥如出一辙。2018年，我国粗钢产量9.3亿吨（图9-7），同比增长6.6%，粗钢产量创历史新高。同年国内表观消费量约为8.4亿吨，与2015年的峰值相比，降低9.1%[8]。因此，可以判断粗钢表观消费量也在2015年前后达到峰值（图9-8）。

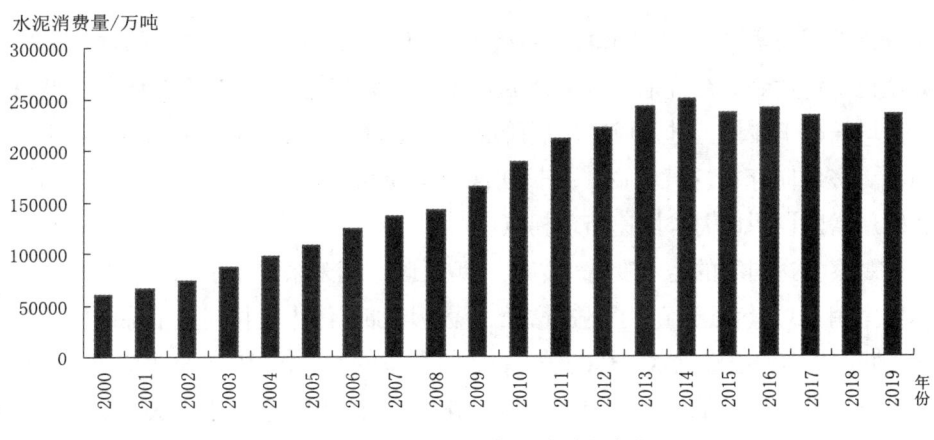

图9-6 我国水泥消费量的时序变化

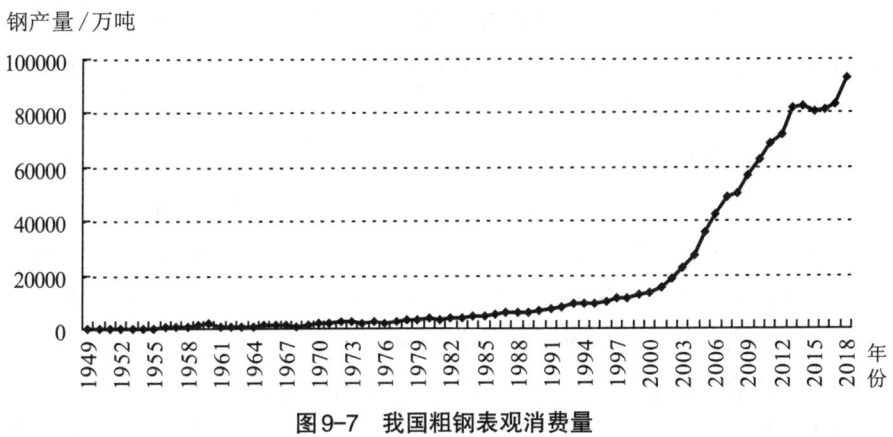

图9-7 我国粗钢表观消费量

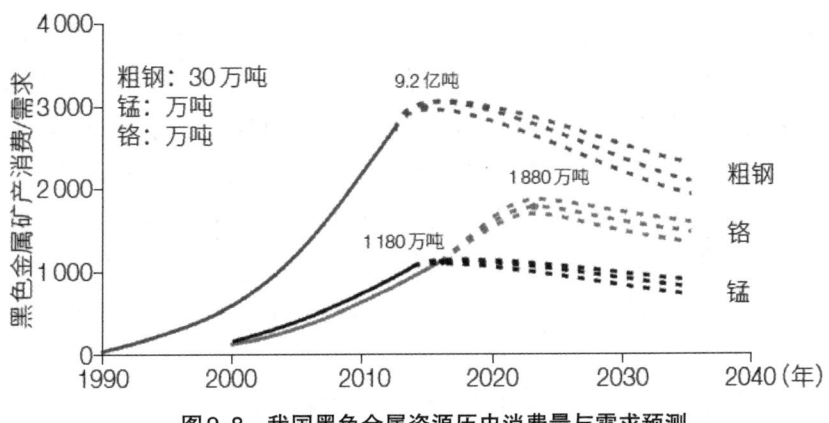

图9-8 我国黑色金属资源历史消费量与需求预测

资料来源：王安建，高芯蕊.中国能源与重要矿产资源需求展望[J].中国科学院院刊，2020，35（3）：338-344.

建设用地需求与城镇化的关系极为密切。到2030年，预计中国常住人口城镇化率将达到70%左右，年均增长约0.7%，城镇常住人口达10.15亿，城镇人口增长趋于缓慢，进入成熟发展阶段。与此同时，新增建设用地需求趋于平稳，更多地向存在挖潜转变，并长期保持这种稳定状态。因此，2030年前后，我国新增建设用地需求增速出现拐点。

观察发达国家的需水变化可以很好地反映中国未来的用水总量变化趋。发达国家用水总量普遍经历了迅速增长、缓慢增加、停止增长甚至下降的发展过程。我国将节水摆在治水工作的优先位置进行考虑，建立了最严格水资源管理制度，设定了水资源开发利用控制红线。2012年1月，国务院印发《关于实行最严格水资源管理制度的意见》，要求到2020年全国用水总量控制在6700亿立方米以内，到2030年全国用水总量控制在7000亿立方米以内，用水效率达到或接近世界先进水平。2003—2013年，全国用水总量持续增加。2014年，全国用水量为6095亿立方米，同比减少88亿立方米。并且，2014年至今，全国用水总量总体呈减少趋势，农业和工业用水所占比重持续减少，生活和生态用水所占比重缓慢且持续增长，用水总量已进入零增长平台。未来，我国的用水总量有可能从零增长平台步入下行通道，原因如下：一是从国内来看，我国产业结构将进一步优化，节水供水重大水利工程相继建成并投入运行，用水效率不断提升，但经济下行压力加大；二是从国际来看，受全球新冠肺炎疫情和贸易保护主义等因素影响，世界经济持续低迷，复苏乏力。因此2014年，中国用水量进入拐点。

根据对中国未来经济发展与能源消费的预测，预计中国能源消费总量的理论峰值拐点出现在2035年左右，中国能源节约利用技术标准不断健全，对应的能源消费总量将达到55亿吨标准煤左右，此后能源消费总量基本呈现稳定状态，人均能耗不到4吨标准煤，远低于美国、德国能源消费拐点的人均能源11.1吨标准煤、6.6吨标准煤。从分部门的能源消费拐点来看，工业能耗可能在2020年左右达到峰值；建筑部门能耗消费峰值将在2030年左右出现；交通能耗消费峰值将在2035—2040年之间出现。另外，通过对经济发展情景的高、中、低三种方案进行系统仿真模拟，结果表明中国能源消费高峰在2035年左右出现拐点。

总的来看，受经济发展放缓和固定资产投资降低等多种因素的影响，虽然水泥和粗钢的需求高峰提前到来，但水资源、能源和有色金属的需求高峰在2035年前后出现拐点的基本面没有发生根本改变。

（二）生态环境退化速度的零增长在2045年前后出现拐点

一般来说，只有资源消耗强度得到有效控制，资源消耗规模得到有效遏制，生态环境才有改善的可能。随着调结构、转方式政策实施，钢铁、水泥、平板玻璃和电解铝等重化工业的产能将得到消减，预计大气污染物在2020年得到有效控制。全国人民代表大会环境与资源保护委员会研究室办公室原副主任骆建华认为，我国城市空气质量真正好转，并达到欧美国家空气质量标准，还需要20年时间，即2033年前后。对于水体污染治理，根据英国和日本等发达国家的治理经验，我国江河湖泊污染治理大致需要30年至40年。因此，水环境质量大概在2045年前后出现由恶化到改善的拐点。由于土壤污染在很大程度上由水污染造成，只有水污染得到有效遏制，土壤污染才有逆转的可能。在水环境质量改善的基础上，再用5—10年的时间继续进行土壤污染的彻底修复治理，到2050年前后，才能跨越土壤污染和生态退化拐点，实现生态系统的良性循环。

第三节　绿色发展的国际经验

一、典型国家和地区案例

（一）大巴黎地区

尽管拥有几个世纪以来积累的丰富植被资源，拥有创建公共绿化空间的重要政策，大巴黎地区仍有大面积绿化不足区域，众多需求得不到满足。以改善居民城市环境质量为目的，大巴黎提出了为改善中心城镇的自然环境的战略性框架：一是永久保持公共绿化和植被空间，应居民要求，提升绿化资源水平。二是减少绿化不足区域，在绿化最为欠缺的地理区域（瓦勒德马恩省的西部，塞纳—圣但尼省的中部，上塞纳省的中部和北部）创建新的公共绿化和植被空间，并且提升废弃采矿场的价值。三是在公共绿化和植被空间之间，确定具有大区利益的连续的绿色和蓝色网络，支持平稳循环或者保证生态连续性，可以是辐射的也可以是集中化的：选择在塞纳河、马恩河等重要河流，以及大型街道和铁路附近，种植绿化、建造巴黎绿化环带。四是通过重新发现水域、地形、景色和亭台楼阁来提升城镇中心的景观。

（二）东京都地区

为了使城市战略更具有实效性，将东京在城市发展过程中曾失去的水绿环绕的城市空间予以恢复，东京提出了生态东京的战略计划。计划主要突出以下几个方面：一是打造水绿环绕、共生共存的都市空间。政策重点是：在临海地区建设"海之森林"，通过干线道路的街道树将其与中心城区的绿化地块（约7平方千米）连接，打造"绿色道路网络"，并建设形成东京的风道。推进屋顶、墙壁立面等城市空隙的绿化，完成全部公立中小学校绿化工程，创建1000万平方米新绿化。创设新的募捐基金，在东京开展民间事业者和市民共同参与的"绿色运动"。改善临水地区建筑物的外观，形成羽田机场连接城市中心的航运网络。二是与绿色网络建设相呼应，清除地面电线杆。在临海、六本木、赤坂、麻布、秋叶原、神田等地区，推进地面无电线杆工程，无线杆地区面积扩大至目前的2倍。中央核心区域内的道路两侧，完全清除地面电线杆。三是创建美丽的都市景观，提高东京的景观价值。将临海部等水域周边地区指定规划为景观形成特别地区，对建筑物的色彩及高度等进行规制，确保水边眺望的视觉观感。设定建筑物广告禁止地区，对色彩及光源进行规制，形成具有统一感的街区。

二、矿业绿色发展的实践经验

实现矿业绿色发展已成为全球矿业的主流趋势和必然要求。加拿大等发达国家的做法先进，积累了可供借鉴的经验。

（一）树立先进的矿业绿色发展理念

理念是发展的先导和实践的准绳。从某种程度上说，矿业绿色发展是面向行动的应用哲学，它是政府管理部门、矿山企业和社会公众积极参与建设"矿业绿色发展、高质量发展和可持续发展"的出发点与落脚点。加拿大"绿色矿业倡议"的提出，既是政府对现有经济发展模式反躬自省的结果，也是矿山企业绿色发展的行动指南。只有坚持先进的矿业绿色发展理念，才能使得矿业绿色发展真正融入国家矿业现代化制度建设和政策制定之中，并使其成为"手段之手段""标准之标准"。

我国矿业发展，应始终坚持绿色发展理念，并将其贯穿到规划设计、整装勘查、规模建设、资源开采、选矿冶炼、产品加工、矿山闭坑、土地复垦和生态环境重建的全过程。重视矿业产业链条的绿色延伸，促进矿业与农业、工业和服务业等多元产业融合发展，形成一个横向耦合、纵向闭合的，以资源集约、环境友好、转型升级、安全和谐为主要特征的矿业绿色发展新模式，实现资源、环境、经济和社会效益的有机统一。

（二）鼓励新技术的应用和机制建设

创新发展的核心是科学技术更新与市场广泛应用。加拿大等发达国家的绿色矿业的高新技术涵盖矿业全产业链条中的各项矿业生产技术，由于重视矿山企业的技术投入，同时注重降低由于采用新技术带来的市场风险，使得加拿大矿业具有极强的国际市场竞争力。与之相较，中国矿业应进一步发挥市场优势，加强成本有效性的市场机制建设，尽快形成以矿山企业为主体、"产—学—研"紧密合作的新模式，注重技术研发与基础研究协同推进。

从政府及管理部门实施的政策手段来看，对于绿色矿山建设主要采取税费减免和资金补贴两种形式。未来，中国应在《国家重点支持的高新技术领域》范围内，进一步加大对绿色矿山建设技术研究开发及成果转化的企业支持力度，对符合条件且经认定的高新技术企业，降低企业所得税，鼓励用于矿山企业的设备更新和固定资产折旧。同时，设立绿色矿业发展专项基金或绿色矿山建设专项基金，用于奖励优秀绿色矿山。

（三）引入第三方力量参与矿山环境修复治理

加拿大等发达国家矿业绿色发展的实践证明，一方面，行业标准的建立有助于规范矿业管理秩序，有助于解决不同阶段尤其是闭坑后废弃矿山面临的生态环境问题；第三方力量的引入，既能够解决政府管理在市场机制中的不足，也能够有效解决市场失灵问题。另一方面，国家政策的社会响应对绿色矿业发展具有正向影响，第三方力量的引入，为实现"企业行为—市场机制—社会响应"的有机统一奠定坚实的基础。

随着国家矿业治理水平和治理能力现代化的不断提升，未来中国矿山环境修复治理，应加快矿业绿色发展的行业标准体系研究与构建，围绕社会资本参与矿山环境修复治理、政府与社会资本合作、矿山环境修复治理开拓市场化等发展大势，推动形成以矿山生态恢复、地质灾害治理及资源枯竭型城市综合治理为主要目标，政府主导、政策扶持、社会参与、开发式治理和市场化运作的治理新模式。

（四）建立健全矿产品循环利用体制机制

将废物中的二次原料作为资源重新利用是绿色发展的一个重要内容。这一方面，德国在欧洲甚至全球都发挥着先锋作用。矿产品中的铜，德国的回收率最高，达到54%，而欧盟为45%，美国为41%，世界平均水平为13%。德国对其他主要原材料回收率也很高，铝为35%，铅为59%，钢为90%，钴为20%—25%，钼为10%。德国惊人的高效循环经济得益于其多元化的废物回收政策体系。1996年，《封闭物质循环和废物管理法》取得了突破，该法将产品责任与资源保护联系起来。该法与包装、电池、报废车辆和废弃电子产品等相关法规一起，形成了资源节约型经济活动的监管框架。2005年6月起，德国要求对含有有机物质的可降解生物废物在填埋前进行预处理，实现了更有效的分离，更好地利用废弃物中的可回收材料。废弃的住宅建筑也是二次原料的潜在来源，城市建筑可以提供大量的建筑材料（瓷砖、混凝土等）和金属。随着城市化进程的推进，这些材料将会越来越多。

三、能源绿色发展的国际经验

能源的绿色发展主要体现在清洁能源的使用和能源利用效率的提高两方面，不少发达国家长期以来一直致力于推动能源的绿色发展，出台了多元化的能源政策，并取得显著成效。

（一）大力推动可再生能源发展

发展可再生能源作为替代能源，是各国促进能源绿色发展的重要举措，德国在此方面成效最为显著，可以被视为成功的典范。"Energiewende"项目是德国能源政策的决定性项目，旨在到2022年底将德国的能源系统转变为一种主要由可再生能源提供且没有核能发电的高效系统。在2010年能源规划中，德国的目标是到2020年可再生能源占总电力消耗的35%，并在2018年和2019年上半年分别达到38%和44%的水平。最初，德国预计到2030年可再生能源在电力中的份额将达到50%，指出到2040年达到65%，到2050年达到80%。但是2018年3月的新联盟协议明确指出，德国政府现在准备加快速度，到2030年达到可再生电力份额的65%。

德国能取得可再生能源的快速发展，离不开德国政府和欧盟的能源政策。德国将多种政策结合起来，包括研发投资、各种政策工具（税收、信贷、标准等)、有利的电力供应法律、出口促进计划、可再生能源项目的政府担保贷款、上网电价补贴等[9]。20世纪70到80年代,环境问题受到重视,1990年《电力供应法》和2000年《可再生能源法》在推动可再生能源技术的部署方面发挥了重要作用。这些法律要求电力公司购买可再生能源发电电力,并且向可再生能源生产商提供了大量补贴和政府贷款。欧盟1997年通过的《关于可再生能源的指令》致力于在2010年前将可再生能源发电份额提高到22%。欧盟《京都议定书》为所有欧盟成员国提供了额外的法律激励措施,通过使用可再生能源减少温室气体排放。

(二)提高能源效率

提高能源效率意味着使用更少的能量来完成相同的任务,即消除能源浪费。提高能源效率可以带来各种好处,例如减少温室气体排放、减少对能源进口的需求以及降低家庭和整个经济层面的成本。尽管可再生能源技术也有助于实现这些目标,但提高能源效率是减少化石燃料使用的最便宜和最直接的方法。无论是建筑、交通、工业还是能源生产,每个经济领域都有巨大的机会来提高效率。

2018年,全球能源强度仅提高了1.2%,是自2010年以来的最低增速,大大低于2017年的1.7%的增速,也远低于国际能源署(IEA)《高效世界战略》(*Efficient World Strategy*)提出3%的平均水平。因此,提高能源效率是我国,也是各国都面临的问题。

1. 加强技术或设计研发

提高能源效率需要技术研发,在各个经济领域都应有空间。在建筑方面,建筑设计师可以优化建筑效率,将可再生能源技术融入到建筑中,从而创造零能耗建筑。也可以对现有建筑物进行改造,以减少能源使用量和成本。这些设计可能仅包括一些小步骤,例如选择LED灯泡和节能设备,也可能需要很大的努力,如提高绝缘性和耐冷性。在能源生产与分配方面,"热电联产系统"可以吸收发电厂产生的"废热",可以利用其为附近的建筑物和设施供热,这样可以将发电的能效从大约33%提高到80%,热电联产系统在世界范围内享有盛誉[10],在丹麦,该系统占总发电量的50%以上。智能电网是提高发电效率的另一系统。在社区设计方面,可以设计多样的交通方式,如步行、自行车和公共交通系统,便捷的选择对减少个人车辆出行至关重要。在汽车方面,进一步研发排放量少的汽车、插电式混合动力车和全电动汽车。

2.出台和改进现有的标准和规范

美国能源效率和可再生能源办公室为提高能源效率,出台了多项标准和规范,指引社会经济行为。联邦政府和一些州已经为某些电器和设备(例如冰箱和洗衣机)建立了最低效率标准,要求产品遵守一定的最大允许能量消耗,或指示产品包含特定功能部件或设备,或者要求产品的所有模型之间具有平均效率,这允许混合使用效率较低的模型和效率较高的模型。一些商业和/或住宅建筑法规对用于新建筑和装修的设计、材料和设备,规定了某些能源性能要求,如果缺乏能源绩效要求,当地司法管辖区可能会对全州范围的最低法规进行更严格的修订。在财政激励方面,一些州和地方通过公共福利基金、赠款、贷款或财产评估的清洁能源融资来降低成本,帮助建筑业主执行节能项目,还出台了个人、公司、财产和营业税优惠政策。

3.加强宣传,提升人们的节能意识

有了提高能源效率的技术后,人们对技术的使用方式大大影响技术的有效性,有研究表明,由于各种社会、文化和经济因素,高效率技术的潜在节能量损失了30%。解决这些因素也是节能的重要组成部分,最重要的就是不断提高人们的节能意识,改变人们的行为。

第四节 中国绿色发展的路径

一、绿色发展的框架思路

(一)总体方向

绿色发展建设要坚持可持续发展和资源节约优先原则,遵循自然规律、经济规律、社会规律,把生态文明建设放在突出的战略位置,以源头保护、节约利用、整治修复为主线,以健全完善自然资源管理制度为保障,优化国土空间开发格局,全面促进资源节约利用,加大自然资源保护力度,加强生态文明能力建设,完善相关法律和考评制度,加快开创自然资源管理促进生态文明建设的新局面。

(二)战略目标

一是作好顶层设计,强化总体目标。基于生态文明和新发展理念,建立绿色发展新范式。通过发展理念、建设内容、发展模式、体制机制和政策体系的全面转型，加快建立"经济、环境、文化、政治"相互促进的绿色发展新范式。进一步提升国土质量和功能，提高绿色资源和绿色产品的国际市场竞争力，扩大绿色资源和绿色产品的供给规模，使绿色成为绿色发展和高质量发展的主要标志，成为国土空间未来发展的普遍形态，为建设美丽中国、增进民生福祉、实现经济社会可持续发展提供"绿色资源"保障，促进全球绿色发展与高质量发展做出贡献。

二是实现阶段目标，提出中国方案。推进绿色发展建设共分为两个阶段：第一阶段从2017年到2035年，是追赶与深化改革期。全面推进绿色发展建设，基本形成与资源环境承载力相匹配、与生产生活生态相协调的绿色发展新格局。该阶段，绿色发展的制度和政策性框架基本建立，绿色发展转型升级的主要领域取得突破性进展。绿色发展在产业链条延伸、就业岗位创造、资源收益共建共享以及助力扶贫攻坚等方面实现共赢发展。第二阶段从2035年到2050年，是引领和部分赶超期。围绕推动绿色发展建设的指标体系、政策体系、标准体系、统计体系、绩效评价、政绩考核，建立形成与生态文明相适应的绿色发展制度体系和治理能力，实现同全球资源节约、环境影响和保护先进水平全面对标。推动建立绿色发展转型升级的全球治理模式，为全球绿色发展建设贡献中国智慧和方案。

专栏9-1：

绿色发展的靖安模式

我国江西省宜春市靖安县在绿色发展方面做出大量努力，并取得重要成效。2018年，在全国生态环境保护大会上，习近平总书记充分肯定了靖安"一产利用生态、二产服从生态、三产保护生态"的绿色发展模式。靖安县以绿色生态为导向，所有产业围绕生态找定位，构建以产业生态化和生态产业化为主体的生态经济体系，着力打通"两山"转换通道。

第一、坚持"一产利用生态"，做强精品生态农业。全县71个农产品获得"三品"认证，认证面积达24.9万亩。"靖安白茶"品牌价值评估达8.98亿元，成功入围中国农产品目录2019年农产品区域公用品牌，获评江西省十大农产品区域品牌。全年新增中药材种植面积1万多亩，确立天然富硒产品基地3个，面积近4000亩，落实富硒农产品生产基地6家，面积达1万余亩。休闲农业企业150家，精品民宿20多家，被评为全国休闲农业与乡村旅游示范县。

第二、坚持"二产服从生态"，发展绿色生态工业。将工业主攻方向锁定为绿色低碳行业，全县规上企业超过80%是绿色低碳工业企业。不断做大做强硬质合金工具、绿色照明和工程机械三大产业基地，大力发展清洁能源，总投资52亿元的国家重点项目洪屏电站一期建成发电，每年创造税收1个亿。引进了生物医药、康养食品、大数据等新兴产业，落户了嵌入式软件、水木众创空间、飞尚科技大数据、上海高科生物医药等一批创新型智能型项目。

第三、坚持"三产保护生态"，推进全域生态旅游。全力创建国家5A级旅游景区，建成县城旅游集散中心、宝峰游客中心、休闲服务节点等基础设施工程。做大做强"动静"两篇文章，"静"就是打造禅修祈福圣地，顺利推进了东白源生态养生谷、宝峰禅意养生乐园等项目建设；"动"就是打造户外运动天堂，大力开发探险露营、登山攀岩、水上运动、赛事观摩等户外运动产品。2019年1~11月全县旅游接待人数首次突破1000万人次，同比增长17%；旅游综合收入59.16亿元，同比增长15.3%。

第四、聚焦大健康产业，提升康养服务水平。推进县人民医院与省一附院共建的"南昌大学一附院靖安医院"，省人民医院与县中医院建立相对紧密型医联体。全面推进城市功能与品质提升行动，启动省级文明城市、卫生县城创建工作，扎实开展市容市貌、农贸市场等五大专项整治行动，城区面貌大为改善。扎实开展美丽示范县创建工作，全力抓好农村人居环境整治，共建设新农村建设试点668个，覆盖率达87%，农村无害化厕所普及率达88%以上。推进社会心理服务体系建设，投入近500万元，高标准建设了县社会心理服务中心和职工心理健康服务基地，组建了一支200余名的社会心理咨询师服务团队，组织该团队进社区、进学校，已免费为2500余人提供心理服务。

资料来源：江西省靖安县人民政府提供。

二、绿色发展的模式探索

（一）以优化产业结构为核心的东部发展模式

1. 确定模式的依据

东部地区的经济基础较好，是我国经济、技术、人才和资本的核心区，在承接国际产业转移的同时，进行了大规模结构重组与产业升级，已经成为对全球经济有重要影响的制造工业基地，也对全国经济的发展产生了辐射、引领和带动作用。但经过多年发展，资源供需的矛盾突出，生态环境状况不容乐观。因此，该区的绿色发展应该在充分考虑资源的承受能力、产业优化与技术升级的基础上，调整经济结构，提高绿色发展的发展质量，形成以优化产业结构为核心的发展模式（图9-9）。

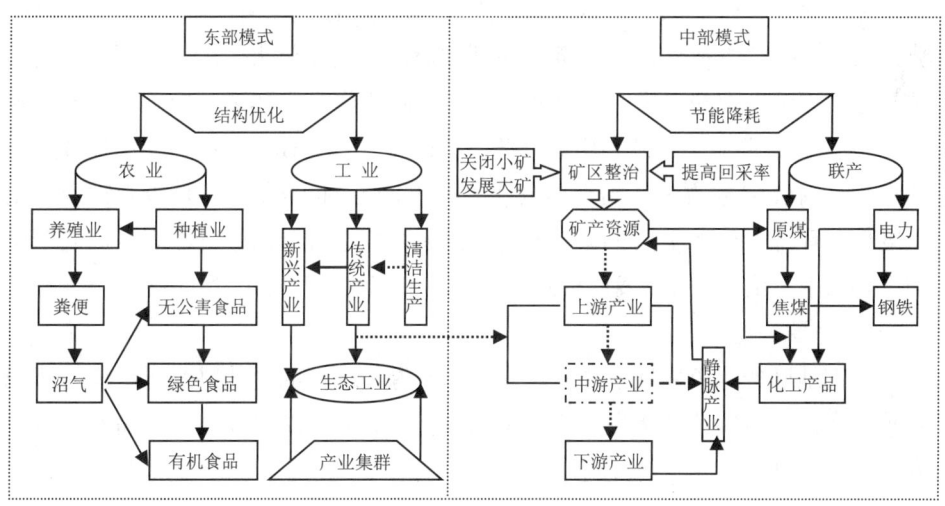

图9-9　中东部地区绿色发展模式

2. 发展模式

建构以优化产业结构为核心的东部发展模式主要突出以下几个方面：一是，调整和优化农业内部结构。农业要向优质、高效、高产方向发展，向立体农业、观光农业、绿色农业和有机农业方向发展，建立和完善农业内部共生产业链，形成以沼气为纽带的循环型农业模式。二是，优化工业内部结构。工业要向微电子、生物、新材料、航天和核能等科技含量高、资源消耗低、附加值高的新兴行业发展，通过发展清洁生产技术的方式对传统产业进行技术改造，提高企业绿色发展的能力，由速度增长向质量增长和效益增长转变。三是，优化区域产业布局，特别是在珠江三角洲、长江三角洲、山东半岛和辽东半岛形成合理的地域分工体系，实现资源的优化配置。四是，以现有的产业集群为基础，调整和优化园区布局，在各类企业之间要建立和形成以相互交流为纽带的生态工业链，并形成高级的生态工业网络系统，最终实现绿色发展减量化、再使用、再循环的"3R"目标。

（二）以节能降耗为核心的中部发展模式

1. 确定模式的依据

在中部地区，有6个省是我国重要的煤炭、钢铁、有色金属和磷矿等原材料基地，但长期以来，受粗放式经济增长方式的影响，资源环境状况不容乐观，主要表现在以下三个方面：一是资源开采浪费严重。有些地区凭借地理优势，"靠山吃山""靠矿吃矿"，资源的供给状况出现了供大于求的局面，造成资源利用效率低，浪费严重。据研究，磷矿资源浪费率达60%，盐矿回采率不到30%[11]。二是能源与资源利用效率低。2018年，万元GDP耗电、耗水量分别为1350千瓦时和94立方米，相当于东部地区的1.1倍和1.7倍。三是废弃物资源化程度低，环境污染严重。2008年工业固体废弃物综合利用效益不高，远低于全国平均水平。传统的经济发展模式成为影响中部地区可持续发展的最大障碍。

2. 发展模式

中部地区的绿色发展模式应该立足于资源与环境的现状以及所承担的区域分工来考虑，落实节约优先战略，全面实行资源利用总量控制、供需双向调节和差别化管理。一是，整顿矿产资源利用格局，关闭小矿，发展大型矿业集团，以减轻对生态的破坏，提高资源的开采能力与回采率（图9-10）。二是，实施矿产资源与电力、冶金等行业联产运作，形成煤炭—焦煤—电力—钢铁、煤炭—焦煤—电力—化工产业链，形成煤炭化工与盐化工一体化的产业发展格局。三是，发展工业垃圾、污水处理行业的静脉产业。随着工业化的不断发展，工业固体废弃物和工业污水的产生量会随之增加，实施垃圾资源化和污水的净化利用，有利于企业推进清洁生产。四是，加大产业结构调整力度，紧密结合东部地区的产业内移，积极推进产业转型，延长产业链条，提高资源的利用程度和能源的使用效率，提高企业的清洁生产能力，形成节约资源、降低能源消耗为中心的绿色发展模式。

图9-10 江西省赣州市多金属磨浮综合回收浮选车间

(三)以生态保护为核心的西部发展模式

1. 确定模式的依据

虽然西部地区的自然资源丰富多样,但经济基础薄弱,在全国的地域分工格局中扮演着"能源原材料基地、畜产品基地"的角色,开采的资源输往东部进行加工制造,制成品又在西部地区销售。这种垂直地域分工体系不但不利于西部地区工业的发展,还对西部地区的生态环境造成很大的压力。由于西部地区资源利用方式不合理等原因造成了较为严重的生态退化和环境污染,呈现出沙漠向绿洲推进、农区向牧区推进、牧区向林区推进的趋势,环境污染也表现出由城市向农村蔓延的趋势。

2. 发展模式

西部地区的绿色发展,需要充分考虑生态环境承载力,把发展地区特色经济与生态环境保护有机结合。主要突出以下几个方面:一是,加强能源和矿产资源地质勘查、保护、合理开发,形成能源和矿产资源战略接续区,建立重要矿产资源储备体系。实行优势矿产开采总量控制,扭转"优势不优"的状况。对煤炭、石油、天然气和有色金属等矿产资源实行保护性开发,对运往东部的能源和原材料征收生态补偿税,用于西部地区的生态保护与修复。二是,引进满足西部地区需要的先进技术,发展与当地资源加工密切的产业。以清洁生产为导向,延长产业链条,使上游排放物成为下游的生产原料,提高资源的利用效率,变原料输出为制成品输出。三是,建立以节水、防退化为中心的农牧业生产体系。在种植业领域大规模发展滴灌，依靠西部地区的光热资源，发展葡萄、啤酒大麦等特色有机农业，并实施畜牧业和种植业的耦合，利用生物肥料提高土壤肥力，从而构建生态种植→饲料加工→生态养殖→有机绿肥→生态种植的良性循环。依托农区丰富的饲草资源，发展牧区繁殖、农区育肥、山上繁殖、山下育肥的畜牧业耦合模式，缩短牲畜的存栏周期，提高出栏量和产肉量（图9-11）。

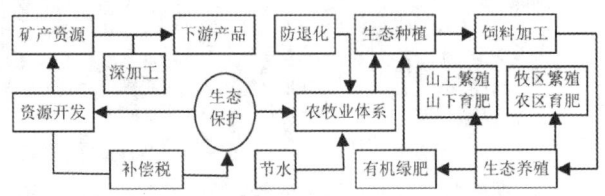

图9-11　西部地区的绿色发展发展模式

（四）以资源转型为核心的东北发展模式

1.确定模式的依据

东北地区虽然是我国重要的能源与原材料基地，但经过数十年甚至是上百年的开采，资源日益枯竭。实施以资源转型为核心的东北发展模式的依据主要有以下两个方面：一方面，不少企业已经破产或即将破产，阜新、本溪、鞍山、抚顺、大庆、鸡西、鹤岗、伊春等许多城市已经沦为或正在沦为资源枯竭型城市；另一方面，在阜新、辽阳、抚顺、本溪、沈阳、辽源和鹤岗等市不同程度地存在地面沉陷和塌陷等地质灾害，使地下基础设施受到严重破坏，直接影响到居民的居住环境，使人民的生命财产和国家财产安全受到严重威胁。在这样的背景下实施以资源转型为中心的绿色发展模式是振兴东北老工业基地的理想之路（图9-12）。

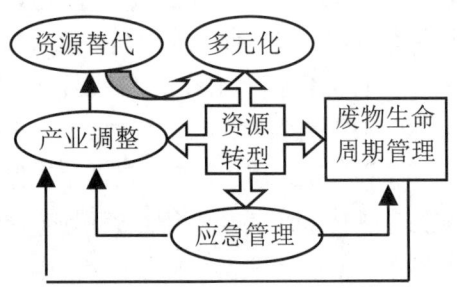

图9-12　东北地区的绿色发展模式

2.发展模式

建立以资源转型为核心的东北发展模式主要突出以下几个方面：一是，调整产业结构，发展资源替代型产业。对产业结构调整的思路是淘汰资源与能源消耗高、环境污染严重的设备、工艺和产业。通过实行绿色能源战略，利用产品的生命周期理论对经济系统进行物质与能量流程分析，开展传统企业、传统产业及行业的生态化改造，积极发展资源消耗少、经济效益好的替代产业。二是，资源型城市的产业向多元化方向发展。资源型城市要根据市场供需信息，找出具有比较优势的产业，对于主导产业已有相当规模和竞争力的资源型城市，可通过纵向拓展产业和细化分工的方式带动整个地区经济发展，并逐步实现第二产业中的闲置生产力向其他产业转移[12]。三是，建立废物生命周期管理体系。通过对废物的整个生命过程中物质、能源的输入以及相应的环境排放物进行识别和量化，评估各个阶段的物质和能源利用效率以及排放物的环境影响，尽可能地减少废物的产生和排放，降低整个过程的环境影响。四是，启动应急管理计划，加强公众对恶性环境污染事故的了解和认识，组织制定应急计划，以应对工业事故所造成的环境紧急事件，确保群众的生命安全、财产安全和环境安全。

三、积极落实国家重大工程

（一）土壤污染防治行动计划

着力解决土壤污染威胁农产品安全和人居生态环境两大突出问题。开展土壤污染加密调查，实施土壤污染分类分级防治，优化保护未受污染耕地，安全利用轻中度污染耕地，严格管控重度污染耕地，加强建设用地土壤环境监管。推进土壤污染治理与修复，加强化工企业安全环保搬迁后的土壤污染治理，"十三五"期间，完成100个农用地和100个建设用地污染治理试点，开展1000万亩污染耕地治理修复和4000万亩受污染耕地风险管控。

（二）重金属污染综合治理

深入推进以湘江流域为重点的重金属污染综合治理，启动12个重金属综合防控国家示范区和10个典型流域重金属综合整治示范工程。加大重有色金属矿采选和冶炼业、铅蓄电池制造业、皮革及其制品业、化学原料及化学制品制造业等防控力度，推进涉重金属企业落后产能淘汰。

(三)地质灾害综合治理

对不宜采用工程措施治理、受地质灾害威胁严重的居民点,结合易地扶贫搬迁、生态移民等任务,实行主动避让,易地搬迁,指导地方努力完成40万户140万受地质灾害威胁群众的搬迁避让工作。选择威胁人口众多、财产巨大,特别是威胁县城、集镇的地质灾害隐患点开展水土流失等方面的工程治理(图9-13,图9-14,图9-15),基本完成已发现的威胁人员密集区重大地质灾害隐患的工程治理,规划部署300条特大型泥石流沟、1500处特大型及大型崩塌滑坡、20000处中小型地质灾害隐患点的工程治理。在地面沉降、地裂缝灾害比较严重的长江三角洲、华北平原和汾渭盆地等区域,严格控制地下水开采,实施地下水超采区综合治理,实现地下水合理开发利用和地面沉降风险可控。

图9-13　江西省赣州市赣县崩岗治理前

图9-14　江西省赣州市赣县崩岗治理中

图9-15 江西省赣州市赣县崩岗治理后

（四）河湖生态治理与修复

系统整治江河流域，保护和恢复江河生态系统及功能。综合运用河道治理、清淤疏浚、生物控制、自然修复、截污治污等措施，推进生态敏感区、生态脆弱区、重要生境和生态功能受损河湖的生态修复。因势利导改造渠化河道，重塑健康自然的弯曲河岸线，营造自然深潭浅滩和泛洪漫滩，为生物提供多样性生境。因地制宜实施河湖水系联通工程，构建布局合理、生态良好，引排得当、循环通畅，蓄泄兼筹、丰枯调剂，多源互补、调控自如的河湖水系连通体系。

（五）修复海岛生态系统

开展海岛生态系统受损状况调查与评估，推进生态受损海岛的修复。实施珊瑚礁、红树林、海草（藻）床等典型海洋生态系统修复，支持海岛周边渔业资源养护，开展海岛重要自然和历史人文遗迹保护。开展鸟类栖息地保护；优先选择乡土物种，推进植被恢复与修复，防治水土流失，构建水下、海岸和岛陆层级贯通的植被景观体系。采用恢复海岸沙丘、人工补沙、木质丁坝等亲和性手段开展海岛海岸和沙滩修复。加强海岛地区环境整治，提高垃圾污水处理能力。建立海岛生态修复效果评估机制，加强对海岛整治修复的引导和管理。

（六）节地计划

健全"地耗"考核，开展节地计划。以"地耗"考核为依据，确定建设用地供应规模和结构。参照上一年度的"地耗"考核结果，严格核准各省份的用地指标，确定建设用地的供应规模和结构。对于用地效率低的地区，应根据实际情况核减新增建设用地指标，促使其向存量挖潜转变；对于用地效率高的地区，可在总量控制的基础上适当增加新增建设用地指标，以调动其节约集约用地的积极性。以"地耗"考核为依据，积极制定有利于产业优化升级的行业"地耗"标准。制定和实施科学的"地耗"标准，是提高土地利用效率的制度保障。在土地利用总体规划的修订过程中，分类、分等、分级制定"地耗"的行业标准，引导产业结构调整和优化升级，促使经济发展方式的根本性转变，形成保障科学发展的产业用地准入与退出机制。以"地耗"考核为依据，加大低效闲置用地处置力度。以行业"地耗"考核为依据，锁定重点监管对象。对存在土地闲置、批而未征、征而未供、供而未用等浪费计划指标的地区，要减少或停止计划供应。有计划推行工业分期供地模式。在一期土地出让后，建设项目按要求建设并达到投入产出强度的，再启动二期土地出让，否则，停止新的土地供应。积极借鉴地方政府处置低效用地经验，有序推行低效工业用地退出机制。对违反出让合同约定，长期闲置的土地可通过公开出让等方式予以处置；对尚未达到规定收回期限的低效用地，通过协商和合理补偿的方式收回；对暂时无法收回的土地，可通过收取低效闲置费等办法促使用地单位主动退出低效用地。

分解"地耗"考核任务，落实目标责任制。以国家战略目标为导向，科学分解"地耗"目标责任。按照"国民经济和社会发展十三五规划纲要"单位国内生产总值建设用地下降30%的目标，依据资源环境承载力和经济发展水平，分解落实各省（自治区、直辖市）的目标任务，严格落实领导干部的目标责任制，强化节地责任，从而形成以"地耗"考核为抓手，全面落实供需双向调节、差别化管理，促使经济发展方式的根本性转变，确保土地节约集约利用目标的实现。

（七）开展总量与强度双控行动

固定资产投资不仅是宏观调控的着力点，还是资源利用总量控制的切入点。对此，应以固定资产投资为抓手，加快经济增长方式由粗放型向集约型转变。科学确定资源供应的时序关系，严控产能过剩行业的资源消耗，促进供需双向调节。依据产业结构优化升级和基本民生发展需要，科学确定资源供应的总量和时序关系，保资源稳定供应，防资源供应短缺，促经济平稳发展。以确定的固定资产投资增长速度，单位GDP地耗、能耗、矿耗、水耗为依据，严格控制"两高一低"行业的资源消耗，保障战略性新兴产业的资源需求。合理确定国内资源保障程度与国外依存程度，科学布局矿业权投放的规模、时序和节奏。

（八）实施重点生态功能区生态保护与修复重大工程

加强重点生态功能区生态屏障建设与保护，推进生态脆弱区退化生态系统保护与修复。在藏东南山地、岷山、邛崃山、祁连山地区强化林草植被的封育保护与建设。加强草场管理和草原保护，实施禁牧、限牧及退耕还林还草，加强退化草场的改良和建设，合理放牧，舍饲圈养。禁止天然林过度开发利用，大力营造水土保持林和水源涵养林，建设防风固沙林和绿洲防护林，同时开展自然保护区、森林和湿地公园建设，保护珍稀野生动植物，保护生物多样性。在横断山区、三江源、独龙江流域，加强水土流失治理与湿地生态修复，实施以小流域为单元的综合整治，对坡耕地相对集中区、侵蚀沟及崩岗相对密集区实施专项综合整治，积极推进退耕还湿、退田还湿，采取综合措施，重建恢复森林、草原、湿地等生态系统。在柴达木盆地、昆仑山山麓区开展防风固沙整治，实施退耕还林还草，对退化、沙化草原实施禁牧或围栏封育，实施工程固沙，开展小流域综合治理，开展林草植被种植，实施以构建完整防护体系为重点的综合整治工程。

参考文献

［1］吴超.从"绿化祖国"到"美丽中国"——新中国生态文明建设70年［J］.中国井冈山干部学院学报，2019，12（06）：87-96.

［2］杜雨萌."十三五"期间绿色投资有望超10万亿元［N］.证券日报，2016-09-06（06）.

［3］王菡娟.我国新动能指数逐年增加—绿色产业成为培育新动能的重要渠道［N］.人民政协报，2018-02-01（03）.

［4］国家知识产权局.中国知识产权统计年鉴2017［M］.北京：知识产权出版社，2017.

［5］张雅丽，陈丽萍，陈静.中国绿色矿山建设政策、挑战及建议［J］.国土资源情报，2018（10）：48-60，67.

［6］国务院关于印发"十三五"国家科技创新规划的通知［EB/OL］.(2016-08-09)［2020-03-20］.http://www.gov.cn/zhengce/content/2016/08/08/content_5098072.htm.

［7］覃世华.提高企业自主创新能力存在的问题和建议［EB/OL］.(2014-11-18)［2020-09-01］.http://www.gxgg.gov.cn.

［8］王安建，高芯蕊.中国能源与重要矿产资源需求展望［J］.中国科学院院刊，2020，35（3）：338-344.

［9］PAUL R. Renewable Energy Policy in Germany［EB/OL］.（2005-01）［2020-08-16］.http://www.globalchange.umd.edu/energytrends/germany.

［10］丹麦发展可再生能源的主要措施及启示［EB/OL］.（2020-03-17）［2020-08-20］.https://www.eesi.org/topics/combined-heat-and-power/description.

［11］朱冬元，邹伟进.论中部崛起与循环经济［J］.中国地质大学学报（社会科学版），2006，6（2）：25-27.

［12］邵学峰，陈磊.循环经济发展与东北地区产业结构调整［J］.长白学刊，2006，4：78-80.

下 篇

第十章

土地资源融合管理

第一节 中国土地政策与管理制度的演进

一、土地开发利用政策发展演进

中国土地开发利用政策演进主要经历了四个阶段，总体上随经济社会形势、国家治理体系的变革而不断调整、变化。其中，耕地保护始于20世纪80年代，为保障国家粮食安全，缓解"吃饭"与建设的矛盾，相继出台了土地用途管制、耕地占补平衡、永久基本农田保护、土地节约集约、高标准农田建设、耕地轮作休耕等制度政策，建立了世界上最严格的耕地保护制度，制度内涵呈现"国策—基本国策—生命线—红线"的地位进阶过程，实现由"数量保护—重数量、轻质量—数量质量并举—数量、质量、生态'三位一体'保护"的转变。建设用地利用由控增量向控增量、盘存量并举转变，不断提升土地利用内涵。生态文明背景下，土地用途管制由城镇建设用地为重点扩展至所有自然生态空间，构建了全域空间管制、全要素耦合管理的国土空间用途管制制度和国土空间开发保护制度。

（一）土地开发利用政策1.0阶段

1949—1952年土地改革时期，中国政府颁布了具有宪法性质的《土地改革法》，从法律层面解决了土地所有权问题，废除了地主阶级封建剥削的土地所有制，实行农民土地所有制。

1953—1977年，土地政策的重点是确立农村集体土地所有制和开展农田基本建设，提高农田质量。1954年，中国颁布的第一部《中华人民共和国宪法》从法律层面保护农民土地所有权[1]，此后，经历了互助组—初级社—高级社的农业合作化运动，基本完成了社会主义改造，实现了农村土地私有制向公有制的转变。伴随人口增加，受洪涝等自然灾害、土壤盐碱化等威胁耕地产能因素的影响，中国始终处于"缺粮"状态。为解决粮食短缺问题，发展农业生产，中央政府将创建旱涝保收、高产稳产农田作为治国安邦的一项重要举措。1964年3月，全国农业长期规划会议确定，在第三个五年计划期间，首要任务是建成5亿亩高产稳产农田[2]。农民按照"统一规划、综合治理"的方针，通过修造梯田、开展水利建设、改良土壤等形式的农田基本建设来改造中低产田。

综合来看，为保障中华人民共和国成立初期的稳定发展，开发和改良农田用以粮食生产成为该时期的首要需求，中国逐步开始重视农田保护与建设。

（二）土地开发利用政策2.0阶段

1978年，中国农村逐步实行以"包产到户"为主要特征的家庭联产承包责任制，农民生产积极性得到了较大程度激发，加之农业科技进步，提高了粮食生产能力，促进了农村经济整体发展。随着农民收入增加，建房意愿开始增强，同时国家鼓励乡镇企业发展，乡镇企业异军突起。在此背景下，农村建房、乡镇企业等非农建设乱占滥用耕地现象严重，加之农业结构调整大量占用耕地、农田自然损毁，造成耕地面积急剧减少[2]。1978—1985年，全国耕地面积减少254.32万公顷，仅1985年耕地减少数量高达100.77万公顷，相当于22个中等县的耕地面积①。其中，农村集体建设用地年均占用耕地面积接近8万公顷[3]。耕地保护引发政府关注，这一时期政策主要是遏制非农建设乱占滥用耕地行为，强调耕地面积保护。1981年《国务院关于制止农村建房侵占耕地的紧急通知》中指出"限制农村建房和兴办社队企业乱占滥用耕地"，并首次提出"耕地保护"的概念。同年，《政府工作报告——当前的经济形势和今后经济建设的方针》将"十分珍惜每寸土地，合理利用每寸土地"作为国策。此外，1982年中央1号文件《全国农村工作会议纪要》和1983年中央1号文件《关于印发当前农村经济政策的若干问题的通知》均强调耕地保护和控制非农建设占用耕地。

该时期（1978—1985年）中央政府连续出台政策文件提出耕地保护，然而由于缺少专门的法律法规保障与可行性措施，非农建设乱占滥用耕地问题并没有得到有效遏制。

随着改革开放的深入推进，经济发展与耕地保护矛盾开始凸显。在实施

---

① 参见农牧渔业部，国家土地管理局.关于在农业结构调整中严格控制占用耕地的通知[Z].1986.

"收支包干、增收分成"的财政分级承包体制下,地方政府为开辟财政收入来源,夯实工业化"启动资本",提出了"以地生财、以地兴镇"的口号,一些县级政府财政收入的20%—30%来自于土地出让收益,有些镇政府预算外收入80%来自土地出让收益[4]。在此背景下,引发了新一轮的征地高潮。

为抑制耕地非农化占用,1986年国务院第100次常务会议决定组建国家土地管理局,实现城市和农村土地的统一管理,同年3月,《中共中央国务院关于加强土地管理、制止乱占耕地的通知》首次将"十分珍惜和合理利用每一寸土地,切实保护耕地"作为基本国策。同年6月,颁布的《土地管理法》将"制止乱占耕地和滥用土地行为"纳入法律条款,实现耕地保护有法可依,并对"国有建设用地和农村集体建设用地审批和管理"作了明确的法律规定。为防止农业结构调整占用耕地,1987年,国家土地管理局联合农牧渔业部发布《关于在农业结构调整中严格控制占用耕地的联合通知》,指出必须严加控制农业内部结构调整占用耕地;严令禁止私自在承包的耕地中挖鱼塘、种果树、造林等;建立严格的审批制度。在此基础上,国家土地管理局也对土地违法案件查处方法作了规定,1989年,国家土地管理局制定《土地违法案件处理暂行办法》,对土地违法案件类型、处置方法等作出明确规定。

20世纪90年代,城市改革的推进和房地产业的兴起,全国范围内的"开发区热"加大了对建设用地的需求[5]。为控制开发区建设用地规模、保护耕地,国务院于1992年相继发布《关于严格控制乱占、滥用耕地的紧急通知》和《关于严禁开发区和城镇建设占用耕地撂荒的通知》,明确提出严格依法审批土地,禁止以开发、城镇建设名义圈而未用耕地。同时,提出建立基本农田保护区制度。1991年,党的十三届八中全会通过了《中共中央关于进一步加强农业和农村工作的决定》,指出:"中国人多耕地少,要十分珍惜耕地,依法加强土地管理,建立基本农田保护区。"1994年8月,国务院出台的《基本农田保护条例》明确基本农田概念、划定、保护及监督管理,标志着基本农田保护工作步入法制管理轨道。

但开发区建设占用耕地现象并未得到根本遏制,乱占耕地、违法批地、浪费土地的现象仍存在。为从根本上解决此问题,1997年3月,将"非法占用耕地罪""非法批地罪""非法转让土地罪"列入《中华人民共和国刑法》。同年4月,中共中央、国务院发布《关于进一步加强土地管理切实保护耕地的通知》(中发[1997]11号)提出"保护耕地就是保护我们的生命线",将耕地保护概念由基本国策拓展至"生命线"层次。

该阶段（1986—1997年）耕地保护的概念得到强化，由基本国策拓展至"生命线"层次，主要是提出了以耕地保护为目标的基本农田制度，同时对破坏耕地行为明确定罪标准，耕地保护逐步进入相对有序状态。

（三）土地开发利用政策3.0阶段

工业化和城镇化引发了新一轮"用地热"。农用地由于取得成本低，成为补充建设用地的重要来源，耕地面积锐减引发粮食安全危机，引发社会关注[6]。

这一时期（1998—2003年），土地开发利用政策体系逐步完善，由孤立的、单一的基本农田保护区制度转向由土地用途管制、基本农田保护制度、耕地占补平衡制度、土地开发整理复垦制度共同构建的制度体系[2]。此时期政府计划管制色彩较为浓重，其中土地用途管制通过强制性限制农用地转为建设用地，控制建设用地总量，实现对耕地的特殊保护[7]。

其中，耕地保护政策体系的完善主要表现在：一是根据国务院机构改革方案，成立国土资源部，并设立耕地保护和土地利用管理部门承担全国耕地保护职责，优化配置国土资源。二是《土地管理法》经二次修订，强化了土地管理的力度，第一次以法律形式将基本农田保护制度、土地用途管制、耕地占补平衡、土地利用规划和土地开发整理等确定为土地管理制度，同时确立"十分珍惜、合理利用土地和切实保护耕地"基本国策的法律地位。三是国务院和国土资源部陆续下达关于耕地保护的政策文件。其一，有关耕地占补平衡制度。1999年，国土资源部发布《关于切实做好耕地占补平衡工作的通知》，通过责任、措施、管理、监测来对接《土地管理法》耕地占补平衡制度；2001年，国土资源部发布《关于进一步加强和改进耕地占补平衡工作的通知》，提出通过严格执行土地用途管制和耕地补偿落实耕地"占一补一"原则。其二，有关基本农田保护。2003年，国土资源部发布《关于进一步采取措施落实严格保护耕地制度的通知》，明确提出"切实加强耕地保护，坚决守住基本农田这条红线。严格执行基本农田保护制度，具体做到'五不准'"。

2000年以来，全国耕地面积出现数量骤减的现象。2001—2007年，全国耕地面积连年下降。相比2001年，2007年耕地面积减少了1.25亿亩。耕地保护力度增强，主要表现在：一是2004年对《土地管理法》进行修正，明确征收与征用的概念。二是提出耕地质量保护，非农建设用地需求长期居于高位，耕地占优补劣现象持续发生，耕地质量和保护责任得到重视。2004年，国务院《关于深化改革严格土地管理的决定》提出："实行最严格的耕地保护制度，严格执行占用耕地补偿制度，禁止圈占、乱占滥用耕地，各类非农业建设经批准占用耕地的，建设单位必须补充数量、质量相当的耕地。"2005年，《省级政府耕地保护责任目标考核办法》规定，实施耕地保有量和基本农田保护面积第一责任人制度；2009年，《中国耕地质量等级调查与评定》为耕地质量保护方向奠定基础。三是划定18亿亩耕地红线。2007年3月，《政府工作报告》明确提出"一定要守住全国耕地不少于18亿亩这条红线。"

建设用地管控方面，政府自2003年将建设用地管理作为宏观调控的重要手段。重点突出以下几个方面：一是强化土地计划管理，严格控制土地利用年度计划中的新增建设用地指标，通过土地用量计划调节和分配，控制投资的增长和经济的波动。二是实行最严格的节约集约用地制度，控制建设用地增量，积极盘活存量。三是将建设用地审批权集中在省级以上政府，减少地方政府对建设用地审批权限，实现耕地总量动态平衡[4]。2003年7月，国务院办公厅发布《国务院办公厅关于暂停审批各类开发区的紧急通知》和《关于清理整顿现有各类开发区加强建设用地管理的通知》均提出加强对开发区建设用地的集中统一管理，更加严格控制设立以成片土地开发为条件的开发区。同年12月，《国土资源部关于清理整顿各类开发区的具体标准和政策界限的通知》提出追责"突击审批"与"突击设立开发区"行为。国务院《关于深化改革严格土地管理的决定》提出："从严从紧控制农用地转为建设用地的总量和速度。严格执行占用耕地补偿制度。实行强化节约和集约用地政策，建设用地要严格控制增量，积极盘活存量。"2006年8月，国务院颁布《关于加强土地调控有关问题的通知》，地方各级人民政府主要负责人应对本行政区域内耕地保有量和基本农田面积、土地利用总体规划和年度计划执行情况负责。将新增建设用地控制指标（包括占用农用地和未利用地）纳入土地利用年度计划。2007年3月，《政府工作报告》指出："完善和严格执行节约集约用地标准，要控制增量，盘活存量，提高土地利用效率和集约化程度。"在盘活存量建设用地方面，国土资源部于2008年发布《城乡建设用地增减挂钩试点管理办法》，部署城乡建设用地增减挂钩试点。

这一阶段（2004—2011年），通过划定18亿亩耕地红线，对耕地数量加质量并重管护，实行最严格的耕地保护制度。建设用地管控方面由控制增量逐步转向控增量、盘存量并举，严格执行节约集约用地标准，通过城乡建设用地增减挂钩试点开始盘活存量建设用地。

（四）生态文明背景下的土地开发利用政策4.0阶段

党的十八大以来，以习近平同志为核心的党中央提出经济建设、政治建设、文化建设、社会建设、生态文明建设"五位一体"的总体布局。在耕地保护方面，习近平总书记强调，"耕地是中国最为宝贵的资源。中国人多地少的基本国情，决定了我们必须把关系十几亿人吃饭大事的耕地保护好，绝不能有闪失""要实行最严格的耕地保护制度，依法依规做好耕地占补平衡，规范有序推进农村土地流转，像保护大熊猫一样保护耕地""耕地是粮食生产的命根子""保护耕地红线不仅保护面积，还应该是个质量的概念，我们要守住的不只是18亿亩的数量，还要保证耕地的质量不下降"。原国土资源部发布《关于提升耕地保护水平全面加强耕地质量建设与管理的通知》，标志着中国耕地保护政策进入数量管控、质量管理和生态管护"三位一体"的阶段，在此阶段，为提高耕地数量、强化质量、改善生态环境，提出了一系列政策举措。重点突出以下几个方面：一是加强高标准基本农田建设，严格特殊保护永久基本农田。2014年，国土资源部、农业部联合下发《关于进一步做好永久基本农田划定工作的通知》，要求将城镇边界、交通沿线现有的、易被占用的优质耕地优先划为永久基本农田。2016年，国土资源部、农业部联合下发《关于全面划定永久基本农田实行特殊保护的通知》，要求全面完成全域永久基本农田的划定，将全国1.03亿公顷基本农田保护任务落实到用途管制分区，实行特殊保护。2019年，国务院办公厅印发《关于切实加强高标准农田建设提升国家粮食安全保障能力的意见》，提出对建成的高标准农田，要划为永久基本农田，实行特殊保护，防止"非农化"。二是强化耕地占补平衡。《关于加强耕地保护和改进占补平衡的意见》（中发〔2017〕4号）提出，"牢牢守住基本红线，确保耕地数量基本稳定，到2020年全国耕地保有量不少于18.65亿亩，永久基本农田面积不少于15.46亿亩，坚决防止耕地占补平衡中补充耕地数量不到位情形"。2018年《自然资源部关于实施跨省域补充耕地国家统筹有关问题的通知》规定，耕地资源严重匮乏的直辖市或资源环境条件严重约束、补充耕地能力不足的省份可申请国家统筹补充。三是实施耕地轮作休耕，注重生态保护。2014年，中共中央、国务院印发《关于全面深化农村改革加快推进农业现代化的若干意见》（中发〔2014〕1号），提出探索建立农业资源休养生息试点，"在陡坡耕地、严重沙化耕地、重要水源地实施退耕还林还草"。2016年,《中共中央、国务院关于落实新发展理念加快农业现代化实现全面小康目标的若干意见》(中发〔2016〕1号)提出,探索以轮作、休耕、退耕替代种植,推进荒漠化、石漠化、水土流失综合治理。

在建设用地管控方面,控增量与盘存量并重,继续促进节约集约用地,消化批而未供土地,盘活利用闲置土地。《国家新型城镇化规划(2014—2020年)》指出,"建立健全规划统筹、政府引导、市场运作、公众参与、利益共享的城镇低效用地再开发激励约束机制,盘活利用现有城镇存量建设用地"。2019年,《自然资源部关于健全建设用地"增存挂钩"机制的通知》指出,推进土地利用计划"增存挂钩"。旨在通过建立新增建设用地指标和批而未供、闲置土地等存量土地利用状况相挂钩机制来盘活、消化存量用地,提高建设用地利用效率和质量。2020年3月,《中共中央、国务院关于构建更加完善的要素市场化配置体制机制的意见》指出,充分运用市场机制盘活存量土地和低效用地。

随着工业化、城镇化纵深推进,经济社会发展对国土空间的需求越来越强烈,生态空间占用过多、生态环境破坏等问题日益严重。为实现自然资源统一管理,落实自然资源部"两统一"职责,推进国家治理能力与治理体系现代化,由最开始限制农用地转为建设用地的土地用途管制逐步扩大到所有自然生态空间向林地、草原、湿地等国土空间的用途管制转变。2013年,党的十八届三中全会《关于全面深化改革若干重大问题的决定》,指出要在空间上落实用途管制。2015年,《生态文明体制改革总体方案》中提出,"健全国土空间用途管制制度,将用途管制扩大到所有自然生态空间,划定并严守生态红线"。2017年,国土资源部《自然生态空间用途管制方法》的出台标志着统一用途管制的探索进入新阶段。2018年,自然资源部的成立为国土空间用途管制奠定了制度基础。2019年,中共中央办公厅、国务院办公厅印发了《关于在国土空间规划中统筹划定落实三条控制线的指导意见》,提出落实最严格的生态环境保护制度、耕地保护制度和节约用地制度,科学有序划定三条控制线。同年5月,《中共中央、国务院关于建立国土空间规划体系并监督实施的若干意见》提出,"到2025年,形成以国土空间规划为基础,以统一用途管制为手段的国土空间开发保护制度"。

生态文明背景下(2013年至今),耕地保护实现数量、质量、生态"三位一体"保护,建设用地实现控增量与盘存量并举,重点围绕消化批而未供土地、盘活利用闲置土地展开。土地用途管制由以城镇建设用地为重点向所有自然生态空间扩展，构建了全域空间管制、全要素耦合管理的国土空间用途管制制度和国土空间开发保护制度。

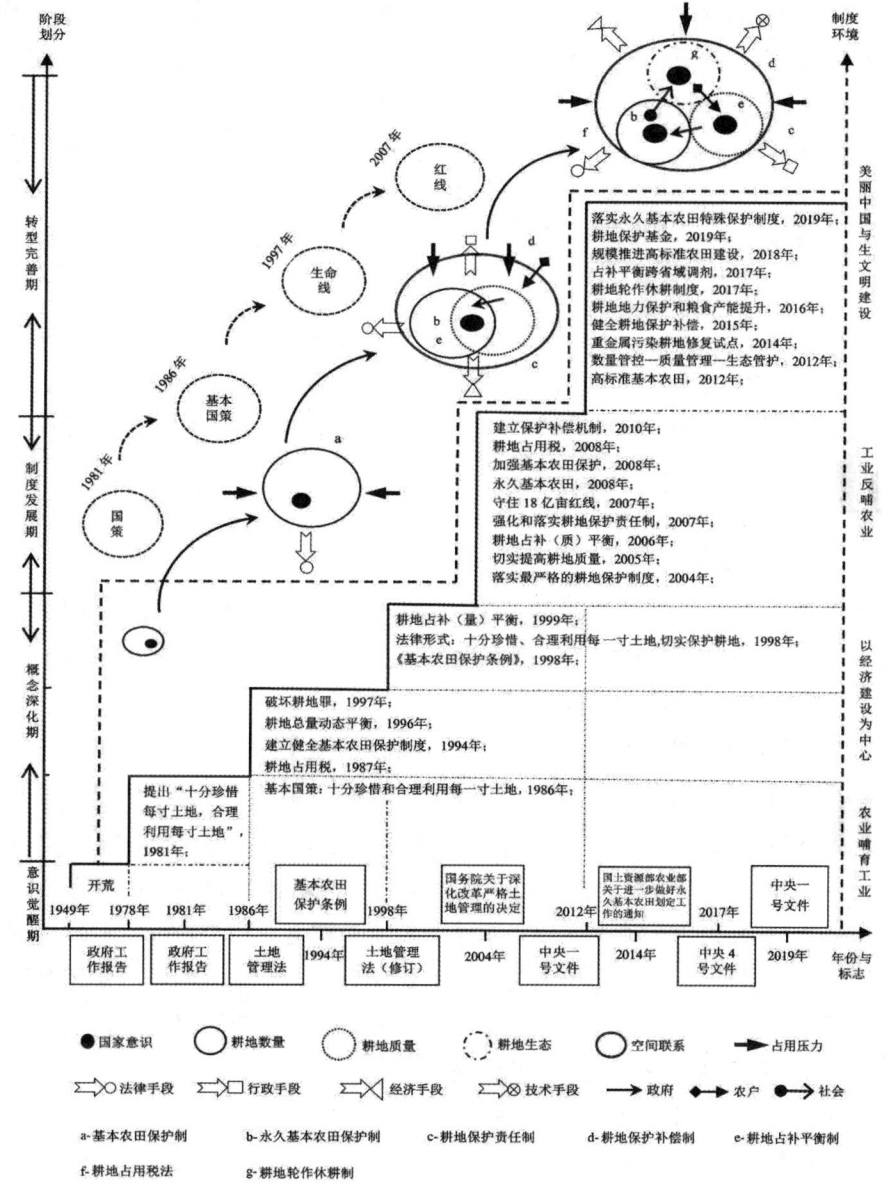

图10-1　中国耕地保护制度的演化逻辑

资料来源：牛善栋，方斌. 中国耕地保护制度70年：历史嬗变、现实探源及路径优化［J］. 中国土地科学，2019，33（10）：1—12.

二、土地管理制度发展演进

土地制度是关于土地所有、占有、支配和使用诸方面的原则、方式、手段和界限等政策、法律规范和制度的体系，而且是随着社会经济的发展而不断演变的。新中国成立之前，中国长期实行土地私有制。新中国成立后，中国快速推进社会主义土地公有制，1956年率先实现了全部城市土地的国有化，将一切私人占有的城市空地等地产收归国家，同时实行无偿、无限期、无流动的土地使用制度。1958年开始推行农村人民公社，实行农村土地的集体公有、集体经营。改革开放后，伴随着工业化、城镇化进程，尤其是随着耕地保护和生态安全问题的日益突显，中国逐步形成以土地公有制为基础、以耕地保护和节约集约用地为目标，以土地用途管制、土地征收和有偿使用为核心的土地开发和保护制度体系。在历次改革中，中国土地制度基本沿着产权制度、行政监督管理和资产管理三条路径发展和演化。

（一）产权制度

土地产权制度方面，在坚持土地公有制的基础上，推动集体土地的所有权和承包经营权分离，国有土地的所有权与使用权分离，逐步形成中国特色社会主义土地产权制度体系。

改革开放前，中国农村土地实行"集体所有、集中经营"的制度安排，严重制约了农村生产力。1978年，安徽省18户农民率先实行包干到户，拉开了土地产权制度改革的序幕。此后，家庭联产承包制在广大农村地区广泛推行和确立，从而推动了土地承包权制度的萌发和发展。2002年中国颁布了《农村土地承包法》，正式确立了农民集体土地所有权与农户承包经营权"两权分离"。2013年颁布的《中共中央关于全面深化改革若干重大问题的决定》进一步明确了农户对承包地不仅享有"充分占有权、经营使用权、收益权、流转权"，还享有所承包土地的"经营权抵押、担保权"。2015年，中央启动了农村土地"三权"，即所有权、承包权、经营权分置改革。

相比较而言，宅基地、集体经营性土地的产权制度改革进展较为缓慢。1998年《土地管理法》规定，农村集体土地的使用权不得出让、转让、出租或用于非农业建设。2015年1月，中共中央办公厅和国务院办公厅联合印发了《关于农村土地征收集体经营性建设用地入市、宅基地制度改革试点工作的意见》，提出赋予农村集体经营性建设用地出让、租赁、入股权能，但总体仍停留在试点阶段。

国有土地产权制度的改革，同样沿着所有权与使用权相分离的路径推进。1982年《宪法》修正案正式明确城市土地归国家所有。1988年的《宪法》修正案明确土地使用权可以依法转让。1990年的《城镇国有土地使用权出让和转让暂行条例》明确，土地使用权可以"出让、转让、出租、抵押"。至此，土地产权的完整经济属性在法律法规上得以确立，为逐步建立起以出让转让为主要形式、以市场配置为主要手段的新制度奠定了基础。

（二）监管制度

土地行政监督管理方面，以耕地保护为基本出发点，逐步形成以土地利用总体规划、土地用途管制、基本农田保护、建设用地节约集约利用为核心的监管制度体系。

改革开放后，中国迅速掀起大干快上的建设热潮，使得人地矛盾尖锐、耕地保护压力大、耕地面积大幅减少。1986年，中共中央、国务院下发《关于加强土地管理、制止乱占耕地的通知》，决定成立国家土地管理局，颁布实施《土地管理法》，进而推动了现代土地监督管理制度的逐步形成。

1986年，《土地管理法》规定了建立土地调查统计、土地利用总体规划等重要制度，提出实行分级限额审批制度。这些制度安排在耕地保护方面取得了一定成效，但以分级限额审批为核心的管控制度，不能有效限制地方政府用"化整为零"或"下放土地审批权"等办法非法批地和用地的行为，难以有效发挥土地利用总体规划的管控作用。20世纪90年代中后期，中国耕地面积进一步下滑。

1998年，《土地管理法（修订案）》是中国土地管理制度改革进程中的里程碑，基本上确立了当前土地管理制度的框架。该修订案正式建立了以用途管制为核心的土地管理制度，提出要规定土地用途，严格限制农用地转为建设用地，控制建设用地总量，对耕地实行特殊保护，实施土地利用总体规划、土地利用年度计划、耕地占补平衡、基本农田保护、用地预审、农用地转用审批等制度。

随后，中国以"耕地保护是基本国策"为出发点，不断强化土地用途管制等制度。2004年，《国务院关于深化改革严格土地管理的决定》提出建立国家土地督察制度，对各地人民政府土地利用和管理情况进行监督检查；2006年，《国家十一五规划纲要》提出18亿亩耕地面积红线坚决不能突破；2008年，中共十七届三中全会提出"永久基本农田"的概念，无论什么情况都不能改变其用途，不得以任何方式挪作他用。

党的十八届三中全会之后，中国土地管理制度又出现了一些重大转变。一是遵从"山水林田湖草是生命共同体"的理念，将以土地为对象的管理制度进一步扩展至全部国土空间，包括以土地利用总体规划为基础向空间规划转型、以耕地保护为主要目的土地用途管制制度向全部国土空间扩展和延伸。二是在此基础上，要求划定生态保护红线、永久基本农田保护红线、城镇开发边界，实现上图入库、建档立册。三是进一步优化已有耕地保护制度安排，包括发展耕地占补平衡制度，允许跨省域进行耕地和城乡建设用地的统筹协调；将建设用地总量控制制度扩展至建设用地总量和强度双控制度等。

（三）资产管理制度

土地资产管理方面，以国有资源保值增值为目的，逐步建立健全土地有偿出让、土地储备和征收制度，向追求经济发展和社会公正的双赢转型。

国有土地资产化管理的基础性制度是土地征收、储备和有偿出让制度。其中，征收制度起源于建国初期，1954年《宪法》规定，"国家为了公共利益的需要，可以依照法律规定的条件，对城乡土地和其他生产资料实行征购、征用或者收归国有"；储备制度是20世纪90年代中期，中国为解决土地供应总量失控问题而建立的一项创新性制度；有偿出让制度是改革开放后，伴随着土地产权制度的发展才逐步建立完善的一项制度。这些制度不仅为实现土地资源的市场化配置奠定了基础，也为经济社会发展提供了可靠的土地空间保障和重要的资金来源。

国有土地有偿出让制度改革的基本方向，是不断规范出让方式和扩大市场化资源配置涵盖的范围。20世纪80年代是有偿出让制度的萌发时期。1979年颁布的《中外合资企业经营法》第一次提出对外资企业征收土地使用费；1987年，深圳市分别以协议、招标、拍卖三种方式出让和转让国有土地使用权。到了90年代，有偿出让制度开始正式形成，1990年国家颁布《城镇国有土地使用权出让和转让暂行条例》，规定了土地使用权可以采用协议、招标和拍卖三种方式出让和转让；1994年制定了《城市房地产管理法》，首次从法律层面明确了划拨和出让供地的范围。进入21世纪，国家开始进一步规范国有土地资产管理，实施土地招拍挂制度。2002年《招标拍卖挂牌出让国有土地使用权规定》指出，商业、旅游、娱乐和商品住宅等各类经营性用地，必须以招标、拍卖、挂牌方式出让；2004年出台的《国务院关于深化改革严格土地管理的决定》要求工业用地也要创造条件逐步实行招标拍卖挂牌出让；2006年出台了《关于加强土地调控有关问题的通知》，要求建立工业用地出让价最低标准。

土地储备制度是在城市土地国有的前提下，土地管理部门授权土地储备机构，通过征购、回收、置换等方式，将增量土地和存量土地集中起来，由土地储备机构统一组织土地开发或再开发，将"生地"变成"熟地"，后续根据土地供应计划，分批入市。1996年，中国第一家土地储备机构——上海土地发展中心成立，土地储备制度的实施取得了良好效果。之后五年内，全国就有669个县市建立了土地储备制度。土地储备制度改变了土地多头供给的局面，政府对土地一级市场的垄断能力明显增强，这也是土地财政得以运行的前提。

土地征收制度逐步从服务经济发展为主向兼顾发展和公平转型。1982年《国家建设征用土地条例》规定，征用土地要"保障被征地者的收入和生活水平不下降"，除了提高征地补偿标准外，还提出通过"农转非"等方式对农村剩余劳动力进行安置。这一规定契合了当时城乡隐性差距较大的情况，因此没有激发大的社会矛盾。但1990年《城镇国有土地使用权出让和转让条例》颁布后，征地制度中存在的问题开始爆发，引发了一系列拆迁冲突事件。为了保护被征地农民的合法权益，中央着手对征地制度进行大规模调整。2004年3月，《宪法》第四次修正案公布实施，第一次对土地征收和征用进行了区分，并赋予征地补偿最高法律效力。2012年党的十八大报告提出，改革征地制度要"提高农民在土地增值收益中的分配比例"。

总体来看，改革开放以来中国土地制度不断发展创新，在社会经济发展进程中发挥了重要作用，守住了18亿亩耕地红线，稳住了15.6亿亩基本农田，同时也为工业化、城镇化提供了大量的土地和资金。回顾和总结中国土地制度的历史进程，可以得出三点启示：一是土地制度改革事关社会经济发展大局，必须走在改革的前沿，才能为经济社会发展注入动力；二是以社会主义土地公有制为基础的土地制度是中国特有的制度优势，应在坚持中发展、在发展中创新；三是土地制度改革应充分尊重基层首创精神，鼓励地方根据实际情况创新，在探索中完善、在继承中发展。

第二节　中国土地融合管理发展态势

一、土地融合管理的基本现状

中国是土地资源大国，土地资源总量位居世界第三位，仅次于俄罗斯和加拿大。中国土地资源利用呈现多用途、"大四分"的特点。耕地和建设用地、林地、牧草地、未利用地面积各约占土地面积的1/4。人多地少是中国的基本国情，土地资源分布不均，可利用的土地资源主要集中分布在东部地区[①]，加剧了人地关系紧张的格局。

（一）实行最严格的耕地保护制度，为国家粮食安全奠定基础

中国土地资源人均占有量少，人均耕地面积仅为1.45亩，不到世界平均水平的1/2。为有效遏制耕地锐减势头，中国实行最严格的耕地保护制度和最严格的节约用地制度，坚守18亿亩耕地保护红线。2018年，耕地面积20.24亿亩（图10-2），较2017年净增65万亩。截至2017年6月底，总体完成全国永久基本农田划定工作，划定永久基本农田15.50亿亩。截至2018年底，全国已建成高标准农田5.6亿亩。2019年全国耕地质量平均等级为4.76等，较2014年提升了0.35个等级[①]，为保障国家粮食安全奠定了基础[②]。

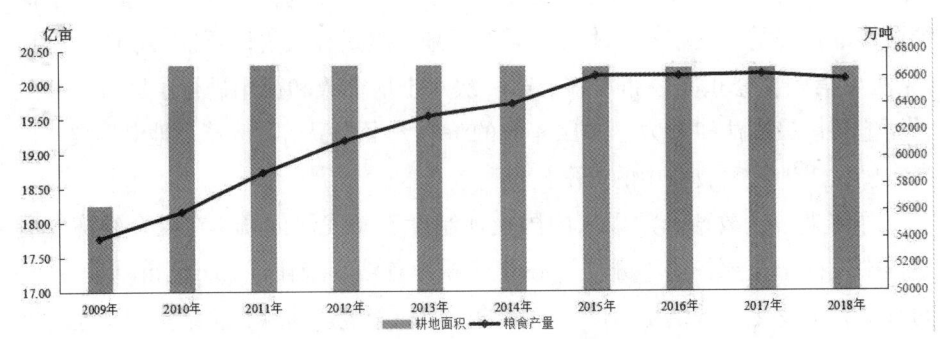

图10-2　2009—2018年耕地面积与粮食产量

---

① 自然资源部信息中心.中国国土利用分析报告［R］.2019.
② 农业农村部.2019年全国耕地质量等级情况公报［R］.2020.

（二）保障建设用地供应，服务经济社会发展

随着工业化和城镇化的快速发展，人们对新增建设用地的需求不断增加。中国建设用地面积从2009年的35万平方千米扩增至2018年的39.95万平方千米，增长了14.14%，年均增长率达1.5%，呈现明显的持续扩张态势。其中2018年人均建设用地面积286平方米，较2010年增加20平方米[8]。全国分区域来看，东部地区建设用地面积最大，其次是西部、中部和东北地区。2018年，东、中、西部和东北地区建设用地面积占比分别为33.2%、26.2%、29.6%和11%①。

"十三五"时期，中国经济发展步入新常态，建设用地供应稳中有降，但仍保持年均60万公顷的水平。2019年，全国建设用地供应在连续两年回升后，受基础设施投资下降的影响，建设用地供应量下降3.6%，仍达到62.4万公顷，确保中国GDP增速平稳（图10-3）。分地类看，一是工矿仓储用地扩张速度明显减缓。"十三五"前三年，城市工业用地平均增速2.3%，远低于"十二五"（3.5%）和"十一五"（6.2%）平均增速，2019年工矿仓储用地供应增长10.3%，占建设用地供应总量的23.5%，较2010年下降了12个百分点①。二是房地产调控累积效果明显，2019年，房地产去库存成效明显，房地产用地供应保持平稳，较2018年下降1.4%，占供地总量的22.8%。三是基础设施供地占比大幅上升，占建设用地供应总量的53.7%①。

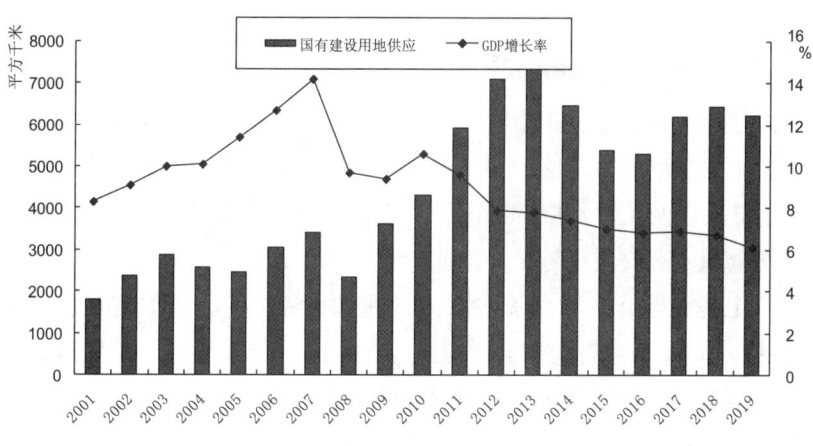

图10-3　2001—2019年国有建设用地供应总量与经济增长态势

---

① 自然资源部信息中心.中国国土利用分析报告［R］.2019.

（三）建设生态国土，助力生态文明建设

国土是生态文明建设的物质基础、空间载体和构成要素。随着中国经济发展步入新常态，资源环境约束由数量约束转向质量和生态约束。为提升生态文明水平，近年来，中国积极开展生态国土建设，完善国土空间规划体系、统筹开展国土综合整治、强化国土空间用途管制，划定生态保护红线，通过实施自然资源保护区建设、天然林保护、退耕还林还草及其他生态修复工程，生态国土建设取得进展和成效。2018年，中国生态保护用地（包括林地、草地、湿地、城市绿地等）总面积达738.61万平方千米，2015—2018年年均降幅为0.028%，远低于"十二五"期间0.04%的年均降幅[1]。2019年，中国共完成造林70670平方千米，其中完成退耕退林还草8030平方千米[2]。同时，自然保护地体系取得新进展，4个国家公园已完成总体规划编制，新建8处国家地质公园。截至2019年，防沙治沙面积达2.26万平方千米，荒漠化土地面积连续净减少。

二、土地开发利用的现态研判

土地资源是经济社会发展的支撑要素。当前中国经济已由高速增长阶段转向高质量发展阶段，对土地资源的开发利用提出了更高要求。目前，中国土地开发利用面临着土地退化、土壤污染、不同土地利用类型间冲突、土地利用粗放等问题和挑战。

（一）土地本底不优，生态问题突出

目前，习近平总书记关于生态文明建设处于"三期叠加"的重大战略判断，指明了生态文明建设的艰巨性。在土地利用方面主要表现在土地退化、土地荒漠化、水土流失以及土壤污染等问题，严重制约土地资源可持续利用，威胁了国家粮食安全和生态安全。

中国是土地荒漠化、水土流失较为严重的国家之一。不合理的土地开发活动，损害了原本就脆弱的生态系统（表10-1）。全国沙漠、戈壁和沙化土地普查及荒漠化调研结果显示，中国荒漠化土地面积为262.2万平方千米，占国土面积的27.4%，近4亿人口饱受荒漠化影响。因此，土地荒漠化形势较为

---

[1] 自然资源部信息中心.中国国土利用分析报告［R］.2019.
[2] 全国绿化委员会，国家林业和草原局.2019年中国国土绿化状况公报［R］.2019.

严峻[8]。较长时期以来，由于过度樵采、放牧、毁林毁草开荒等过度经济活动，植被被破坏，生态系统的功能遭到严重破坏。水利部全国水土流失动态监测结果显示，2018年，全国水土流失面积为273.69万平方千米，在加大生态保护和修复重大工程建设力度下，全国水土流失面积较2011年减少了7.2%，中国西部地区水土流失最为严重，占全国水土流失面积的83.7%[9]。同时土壤污染现象较为突出。《土地整治蓝皮书》显示中国耕地达到中重度污染的面积约5000万亩。长江中下游平原土壤重金属污染、西北地区农膜白色污染等问题仍然严重。2014年环境保护部、国土资源部联合发布的《全国土壤污染状况调查公报》显示，全国土壤总的超标率为16.1%。耕地土壤点位超标率为19.4%，其中，中重度污染点位比例为2.9%。

表10-1　中国北方荒漠化成因及其所占面积比例

荒漠化土地成因类型	所占比例(%)
草原过度农垦所形成的荒漠化	23.30
过度放牧所形成的荒漠化	29.4
过度樵采所形成的荒漠化	32.4
水资源不合理利用所形成的荒漠化	8.6
工交建设所引起的荒漠化	0.8
自然风力条件下所引起的荒漠化	5.5

资料来源：蔡运龙.自然资源学原理[M].北京：科学出版社，2000：233.

中国东北平原的黑土区的水土流失严重。新中国成立后，"以粮为纲"和林区经济不景气导致大面积毁林开荒，严重破坏了东北地区的黑土层，造成黑土区的水土流失问题加剧。《中国水土流失防治与生态安全（东北黑土区卷）》的数据显示（表10-2），东北黑土区总面积为103.2万平方千米，而水土流失面积达29.6万平方千米，占该区总面积的28.7%。其中，耕地受侵蚀面积为12.8万平方千米，占耕地面积的52.5%。水利部松辽水利委员会的数据表明：水土流失所形成的大型侵蚀沟数量达到41万条，超过黄土高原侵蚀沟的数量；黑土区坡耕地黑土层厚度已由建国初期的80—100厘米降到目前的20—40厘米，并以每年0.3—1厘米的侵蚀速率在发展。北京师范大学地理与遥感学院刘宝元教授调查了典型黑土区的949个剖面发现，在整个黑土区33万平方公里的典型黑土带上，48.6%的剖面黑土层厚度已经低于40厘米。黑土流失的形势极其严峻，如不及时治理，40—50年后黑土层将流失殆尽。如今已是箭在弦上，中国最肥沃的土地危在旦夕。

表10-2 黑土区土地及水土流失的区域分布

	面积与比重	黑龙江	吉林	辽宁	内蒙古东部	合计
土地面积	（万平方千米）	45.4	18.7	12.3	26.8	103.2
	占全国比重	4.7	2.0	1.5	2.8	11.0
水土流失面积	（万平方千米）	11.2	2.4	6.4	9.6	29.6
	占该区比重	24.7	12.8	43.2	35.8	28.7

资料来源：水利部，中国科学院，中国工程院.中国水土流失防治与生态安全（东北黑土区卷）[M].北京：科学出版社，2010.

（二）重用轻养，耕地质量总体不高

中国是一个人多地少的发展中大国。为了满足人民日益增长的对食物的需求，耕地的复种指数呈现增长的趋势，秦岭淮河以北过去两年三熟种植区已经演变成一年两熟。复种指数的提高在很大程度上造成土地越种越贫瘠。根据土地利用变更调查数据，虽能在数量上满足18亿亩耕地红线的要求，但由于中国耕地资源利用存在不同程度的掠夺式经营，重用轻养，导致耕地质量总体不高。目前，中国中低产田比重大，耕地质量等别偏低。截至2018年底，全国耕地质量等别平均为9.96等，低于平均等别的耕地超过60%。

（三）乱占耕地的现象严重，危及粮食安全

坟墓占地乱象丛生，影响耕地保护和农业现代化进程。中国的耕地保护正面临"温水煮蛙"效应。由于长期受"入土为安"思想意识的影响，城市郊区和广大农村私自占地，特别是占用耕地建墓地的现象仍比较严重，不仅影响到耕地保护和粮食安全，还影响到农业规模化、集约化和现代化进程，对现代农业的发展产生不利影响。主要突出以下几个方面：一是，坟墓乱占耕地严重威胁粮食安全。坟墓占地越多，耕地就越少。目前，中国总人口达14亿，死亡率7.14‰，年均死亡近1000万人，火化率50.5%（图10-4）。据报道，耕地稀缺的江苏镇江某村居住849户村民，坟墓约有2600座，平均每个家庭3座坟墓，约占地0.15亩，该村坟墓占地高达127亩。有资料显示，中国每年修墓至

少占用10万亩土地（耕地占主体），相当于两个乡镇的口粮田。这意味着，每10年土葬所占用的耕地相当于一个县的耕地面积，对粮食安全构成严重威胁，耕地保护形势极为严峻。二是，平原地区的坟墓乱占耕地严重影响农业规模化和现代化。坟墓随机分布在耕地中，凸起的外表形态不利于机械化作业，也影响到农村土地流转，严重制约农业规模化和现代化进程。

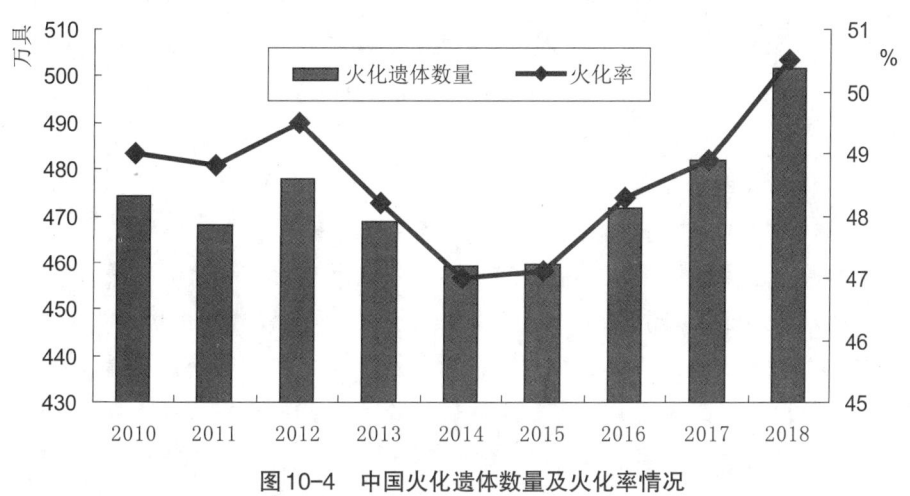

图10-4 中国火化遗体数量及火化率情况

资料来源：民政部.民政事业发展统计通报2018［EB/OL］.（2019-09-03）［2020-06-12］. http://www.mca.gov.cn/article/sj/tjgb/.

其次，受城镇化进程和种粮比较利益因素影响，耕地存在非农化、非粮化问题，一些农村地区乱占耕地建房的问题突出，保障粮食安全面临严峻挑战。

专栏10-1：

对村民违占耕地建房岂能"见钱就批"

安徽省亳州市利辛县巩店镇白鸡村村民闫传奇的父亲5年前在交了5000元耕地占用税后，当地同意他在一处可耕地上盖房子。而在去年，镇政府一纸拆违通知书，这栋房子成了违法建筑，并迅速被拆除。对此，安徽商报记者联系上了当年收取这笔耕地占用税的村支部书记韩恒勤。韩恒勤表示，闫道明当年的确交了钱，"只要交了这笔钱，就能在可耕地上建房子"。（2017年11月28日《安徽商报》）

村民盖房，按说只能建在宅基地上，但当年白鸡村的部分村民不然，在缴纳了5000元至6000元不等的耕地占用税后，便纷纷在可耕地上盖起了住房。而之所以出现如此局面，正如当年主管这事的村支部书记所说，"只要交了这笔钱，就能在可耕地上建房子"。

根据国家相关法规，村民占地建房，需要缴纳耕地占用税不假，但前提是"一户只能拥有一处宅基地"，且须"经乡（镇）人民政府审核，由县级人民政府批准"并颁发"建设用地许可证"。显然，白鸡村当年对村民占地建房"见钱就批"的做法，与上述法规相左。

至于村民缴纳的耕地占用税，按规定也应由地方税务机关负责征收，而非由村委会或乡镇财政越俎代庖。即便是受税务机关委托，也该向缴税村民出具税务专用发票。但从媒体披露的情况来看，白鸡村这批村民占地建房，可谓一无"建设用地许可证"，二无税务部门出具的缴税发票，难道不是明明白白"见钱就批地"么？

而白鸡村之所以对村民违规建房大开绿灯，显然是盯着"孔方兄"去的。据村支部书记言，"这个钱村里收了之后交到镇政府财管所"。那么，就有必要查一查这笔钱的去向：是到了该去的当地地税部门，还是被挪作了他用？联想到镇政府财管所的职能本就是管理财政资金，倘若真把这笔钱用来"拾遗补缺"，则不仅是胆大包天，更属公然违法乱纪了。

显而易见，倘若不是依法行政引发的拆违行动，村民闫传奇父亲的违建房不会被拆，当年白鸡村的"圈钱卖地"也就不会露出端倪。但奇怪的是，既然拆违，何以只拆一处，而对其他违建房视而不见：是该村其余村民都具合法建房资格，而违建只此一家？还是面对拆违行动，只拆一处作为应付，以避免"圈钱卖地"一事曝光？

至于何因，这就需要当地相关部门作答了。不过，在国家三令五申要坚守18亿亩耕地红线的今天，相信任何"圈钱卖地"的违法行为都将受到追究。期待当地通过查实这笔所谓"耕地占用税"的

第十章 土地资源融合管理

> 去向，依法纠偏，从而避免村民违占耕地建房的再度发生。

资料来源：中国经济网

此外，耕地存在"伪生态化"占用的问题。生态文明建设背景下，一些地方存在以生态绿化的名义违法违规占用耕地甚至是永久基本农田的问题，出现生态文明建设与耕地"争地"的现象。主要表现为：占用耕地开挖人工湖泊或进行湿地建设，一些地方一边填塘造地，一边又以生态文明建设为名挖田造湖造林；占用耕地建设城镇生态公园、休闲广场和开展景观绿化等，景观绿化、生态农业、休闲旅游等生态项目占用耕地情况尤为突出；政府主导的造林绿化工程大量占用耕地，一些地方为规避农用地转用和土地征收审批，从集体经济组织流转土地，变更调查中不按照林地或绿化用地变更，造成耕地隐性流失[10]。

> **专栏10-2：**
> **山东聊城：植绿变废为宝　不与农田争地**
>
> 2020年3月12日，记者在山东省聊城市江北水城旅游度假区植树现场看到，经过人们十余天的努力，原来的临时垃圾堆放点、未利用滩涂、废弃沟渠和征地边角地都种上了树，160余亩土地恢复了生态。在这里，共栽植海棠良种2000余株，苹果、梨、樱桃等优质果木6000余株，楸树、丝绵树等优质园林树木5000余株，建成了集观赏、采摘、育苗、科研于一体的园林绿化及科研示范基地。
>
> 据了解，聊城市通过推进生态景观林带、森林进城围城、乡村绿化美化三大林业重点生态工程建设，以生态文明建设的实际成果造福于民，较好地解决了植树绿化与农田争地的问题。近年来，生态文明建设推进的力度、广度、速度前所未有，生态用地空前强烈地"被需求"。然而，一些问题开始显现，生态文明建设与耕地保护"争地"现象日益突出，耕地保护面积被挤压。为了从根本上解决这一难题，聊城市自然资源和规划局组建"3·12"生态绿化小组，局

> 长直接指挥，分管领导靠上抓，各林业站长充当技术员，科学选址，制定植树方案。重点突出以下几个方面：一是大力开发平整未利用地及闲置土地，变废为宝，既打造生态环境亮点，又做到植树绿化不与农田争资源。二是借助河道、主要道路区位优势，打造景观带亮点。三是利用好边角地、农村空闲地，因地制宜，变废为宝，走科学、生态、节约集约用地的生态建设之路。
>
> "保护环境就是保护生产力，改善环境就是发展生产力。我们充分利用和发挥林地、林木的多种功能和综合效益，做到增绿与增收相结合、经济效益与生态效益相互促进，努力探索一条绿色致富道路。"聊城市自然资源和规划局度假区分局局长胡家政告诉记者。

资料来源：中国自然资源报

（四）农村耕地撂荒严重，耕地产能面临下降的风险

减免农业税之前，农民的负担重，农村流失了大量劳动力，存在耕地撂荒现象。近年来，虽然取消了农业税，并逐年加大了对"三农"的支持力度，但是，工业化、城镇化的快速发展致使城乡差距明显扩大，特别是城镇人均可支配收入远超过农民人均纯收入，导致农村人口在以年均1000万的速度流向城镇，"农民荒"问题突出，四川、河北、山西等农业大省广大农村地区的年轻劳动力大量外流，农村耕地撂荒问题日益严重。舆论认为：耕地撂荒实在让人忧心，一年撂荒3000万亩，10年累计耕地闲置就是3亿亩，这无疑是一个天文数字，严重威胁粮食安全。从撂荒类型来看，既有在耕地上种树的常年性撂荒，也有集中连片耕地"双季改单季"的季节性撂荒。

根据北京师范大学姜广辉课题组的数据分析结果，2017年全国撂荒地规模约为89927平方千米，撂荒率达到5.85%，撂荒范围涵盖338个地级市下的2710个县区。从区域差异来看，内蒙古和黄土高原地区撂荒规模较大，分别为17371平方千米和1.6362平方千米。东北地区、黄淮海地区以及长江中下游地区等粮食主产区耕地撂荒率分别为3.43%、6.25%和6.07%，而在耕地资源相对稀缺、气候环境较为恶劣的青藏高原农牧地区，撂荒规模为1823平方千米，撂荒率达到了15.18%。

（五）占补平衡制度不完善，政策执行存在偏差

一是，重数量平衡，轻质量平衡、生态平衡和人文平衡。随着中国工业化、城市化的快速推进，新城区和工业园区不断涌现，不可避免地占用位置优越的优质耕地。在地方政府表面政绩观的影响下，一些地方为完成补充耕地任务，普遍存在以次充好，片面强调补充耕地的数量，忽视补充耕地的质量和生态环境的现象，土地整治项目甚至出现"上山""下滩"现象，导致新增耕地质量差、优质耕地面积减少。很多地方的占补平衡项目未能充分考虑农民出行耕作的通达性，造成耕地"占优补劣"，轻视耕地的质量平衡、生态平衡和人文平衡。

二是，补充耕地过分依赖后备土地开发，缺少生态影响评估机制。中国补充耕地主要有土地开发、整理和复垦三种渠道。其中，土地开发的成本较低，在新增耕地中的比重较高，地方政府热衷于通过土地开发的方式补充耕地。据岳永兵等人研究，1997年以来，土地开发占到补充耕地的63%，而土地整理只占20%。当前，"围湖造田""侵占河床"的土地开发已经造成严重的生态环境问题。在缺少生态影响评估的条件下，如果再继续在西北生态脆弱区搞大规模的土地开发，一旦气候条件发生逆转，势必严重破坏生态环境，造成土地沙化、水土流失等自然灾害。

三是，补充耕地的位置偏远，不利于农民出行耕作。经济社会发展往往占用位置较好的耕地，补充的耕地相对远离居民点。无论是土地开发，还是土地复垦，一般位置相对较为偏僻，远离村庄。有些补充的耕地因交通不便、灌溉条件不配套等原因，处于粗放利用状态，也增加了农民的耕作成本。

四是，发达地区的耕地占补平衡难落实，出现倒挂现象。当前，上海等东部发达省市，已没有可补充的后备耕地资源，建设占用耕地无法进行本地补充，出现了"记账倒挂"现象。传统意义的耕地占补平衡制度面临挑战。

（六）水土资源空间不匹配，土地利用压力大

中国是一个各地区经济和农业发展存在较大差异的国家。历史时期，江浙、两广、两湖和四川一带，农田水利条件便利，雨热同期，享有"江浙熟，天下足""湖广熟，天下足"的盛誉，中国粮食产销格局呈现出"南粮北调"的格局。据记载，明朝时期的京杭大运河从南向北运粮的漕船达9000多艘。清朝时期，每年从南方征收北运的漕粮多达400万石。改革开放之前，南

方水、土、热条件匹配性好，因此耕地分布重心分布在南方。近40年来，中国土地开发利用格局发生深刻变化。东部和东南部工业化、城镇化异军突起，占绝对比较优势的工业取代了传统的农业，占用了大量土地，耕地规模快速降低。当前，淮河流域及其以北地区的国土面积占全国的63.5%，虽然水资源量仅占全国水资源总量的19%，但却承担着近一半的粮食生产任务。自20世纪90年代以来，一向被誉为天下粮仓的广西、湖北、重庆和四川，粮食只能自给，而珠江三角洲、浙江和福建，则成为严重的缺粮地区，粮食产销格局转变为"北粮南运"。近20年来，中国粮食主产区生产重心由南向北、由东向中逐步转移的态势日趋明显。据统计，广东省粮食自给率仅为32%，约1/3的粮食需求需从外省输入，每年从外省净购入粮食约1200万吨，占"北粮南运"50%以上。浙江省粮食自给率只有36%，每年粮食产销缺口达260亿斤左右，粮源主要从东北调入。福建省粮食自给率仅为36%，每年粮食调入量在1200万吨以上，很大一部分粮食需从东北三省调入[11]。2019年黑龙江、吉林、辽宁、内蒙古粮食总产量达到1.75亿吨，四省占全国粮食总产比重由2003年的17.7%提高到目前的26.3%，成为全国粮食增长最快的区域。

（七）建设用地利用质量与效率不高

城乡建设用地利用方式较为粗放，节约集约用地机制亟待建立健全。在城市，工业用地比例偏高，地均产出率较低。中国工业用地产出率远低于发达国家同期水平。在农村，城镇化进程中大规模的人口转移进城，然而，农村建设用地不但没有下降，反而不断增加，留下的空置宅基地缺乏流转再利用或退出机制，空闲和闲置用地较多，造成土地浪费。

地均GDP是指一个国家或地区每平方千米的国土面积所创造的国内生产总值，据世界银行WDI数据库统计，2018年世界地均GDP为65.07万美元/平方千米（表10–3），居世界前四位的国家分别为韩国、日本、英国、德国。中国2018年地均GDP为142.30万美元/平方千米，2015—2018年中国地均GDP年均增长率远高于2010—2015年年均增长率，高出9.18%[①]。

---

① 自然资源部信息中心.中国国土利用分析报告[R].2019.

表10-3 世界主要国家地均GDP

国家	2010年地均GDP（万美元/平方千米）	2015年地均GDP（万美元/平方千米）	2018年地均GDP（万美元/平方千米）	2010—2015年年均增长率（%）	2015—2018年年均增长率（%）
世界	49.76	57.59	65.07	3	4.33
中国	63.58	93.71	142.30	8.1	17.28
澳大利亚	14.86	16.94	18.52	2.7	3.11
巴西	25.33	27.75	21.94	1.8	−6.98
加拿大	17.75	19.71	17.16	2.1	−4.31
德国	948	1057.43	1103.98	2.2	1.47
法国	468.36	504.27	505.85	1.5	0.1
英国	948.84	1102.11	1172.08	3	2.12
印度	57.46	79.62	82.71	6.7	1.29
日本	1507.65	1555.18	1315.27	0.6	−5.14
韩国	1127.19	1299.51	1525.58	2.9	8.07
俄罗斯	9.31	9.87	9.23	1.2	−0.59
美国	163.52	180.91	197.23	2	5.17
南非	30.11	34.32	28.62	2.7	−3.99

资料来源：自然资源部信息中心.中国国土利用分析报告2019［R］.2019；世界银行WDI数据库统计

中国的土地城市化速度过快于人口城镇化速度。中国城镇化的发展对土地的依赖性非常大，相关性系数高达0.94（图10-5）。从城市发展的规律来看，土地城市化要适度提前，但目前土地城市化速度过快。30多年来，中国城市建成区快速增长，大城市过度扩张，土地城市化速度远超过人口城镇化速度，造成土地利用粗放，浪费严重（图10-6）。近年来，全国批而未供、闲置土地、低效用地规模仍在增加，2017年全国人均工矿用地面积约145平方米[12]，城镇工矿建设用地中处于低效利用状态的有5000平方千米，占全国城市建成区的11%[13]。新增建设用地利用效率不高是中国土地利用中一大"顽疾"，"批而未供""批而未征""征而未供""供而未用"的现象比较突出[14]。1990年至2018年，中国城镇建设用地增长了3.54倍，而城镇人口仅增加1.75倍，土地城镇化是人口城镇化的2.02倍。1990—2000年，中国城市建设用地的面积扩大了90.5%，但城镇人口仅增长52.96%，土地城市化是人口城市化的1.71倍。2000—2010年，中国城市建设用地的面积扩大了83.41%，但城镇人口仅增长45.12%①，土地城市

---

① 采用第六次全国人口普查与第五次全国人口普查的数据。

化是人口城市化的1.85倍。这说明，中国城市土地利用效率低，实现土地集约高效利用的目标任重而道远，走不以牺牲耕地和生态环境为代价的发展道路面临严峻挑战。

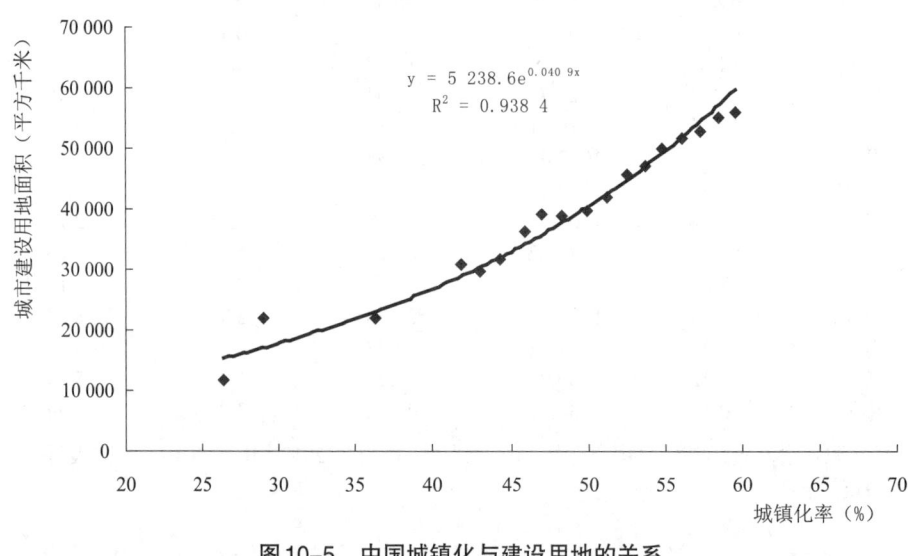

图10-5 中国城镇化与建设用地的关系

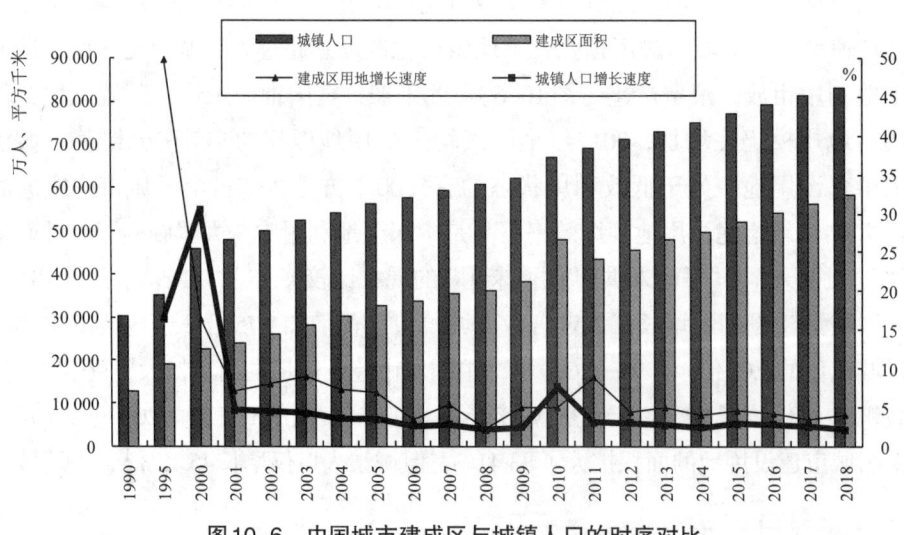

图10-6 中国城市建成区与城镇人口的时序对比

（八）土地利用的空间重叠性高，耕地保护的压力史无前例

土地利用空间的结构性矛盾突出，集中表现为"四多四少"。就城乡结构来看，表现为农村居住空间偏多、城市居住空间偏少；就城镇内部空间而言，表现为工业生产空间偏多，居住空间偏少；就乡村空间结构来看，表现为面状扩张偏多、集聚空间偏少；就农业空间与生态空间来看，表现为生产空间偏多、生态空间偏少。在农业生产空间与生态空间重叠的情况下，过度开荒和扩大养殖面积等现象导致生态空间被侵占。在优质农业、生态空间与城镇化地区高度重叠的情况下，耕地保护的压力有增无减。改革开放以来，产业和就业人口不断向东部沿海地区集中，城乡建设用地不断扩张，相应的农业和生态用地空间受到挤压。现阶段看，中国优质耕地、生态用地与城镇化地区高度重叠，耕地和生态保护压力持续增大。这对中国土地空间开发政策是一项重大挑战。在此背景下，探索促进土地保护和经济发展相协调、中央与地方协作的土地开发保护制度显得尤为重要。

（九）土地分类标准交叉重叠，不融合的问题突出

1. 地分类标准与其他分类标准交叉重叠

（1）土地分类与林业资源分类

《土地利用现状分类GB/T21010—2017》将土地划分为12个一级类别[15]。其中作为一级类的林地包括了乔木、竹林、红树林、森林沼泽、灌木林地、灌丛沼泽、其他林地等；园地一级类则按类型划分为果园、茶园、橡胶园和其他园地（如桑树、油棕、药材等）4个二级类。而在《林业资源分类与代码森林类型GB/T14721—2010》中将林业资源分为乔木林、竹林、经济林、灌木林4个一级类和自定义森林类型。林业分类标准的类别划分与土地分类中的林地分类并不一致。其中，经济林作为一级类别，其下划分为油料林、干果林、树胶树脂林、药用林等8个二级类，经济林的二级类型划分与土地分类中的园地的划分又形成了两套分类标准。林业资源的另一个分类标准《林地分类LY/T1812—2009》是依据林业资源的禀赋和土地宜林程度来划分的，与土地分类标准并不构成明显冲突。

（2）土地分类与湿地资源分类

"土地分类标准"与"湿地分类标准"的关系较为复杂。在《土地利用现状分类GB/T21010—2017》中，湿地资源被分别划分到水域、草地和林地3个一

级类之下。水域一级类包括了沿海滩涂、内陆滩涂、沼泽地等资源类型；草地一级类中则包括了沼泽牧草等二级类；林地一级类包括了森林沼泽、灌丛沼泽等，这些资源类型主要就是湿地资源。在《城市用地分类与规划建设用地标准GB50137—2011》中[16]，涉及湿地的滩涂则被作为三级类划入城乡用地的水域类中。在《湿地分类GB/T24708—2009》中，则是将全国湿地资源按地貌分为近海与海岸湿地、河流湿地、湖泊湿地、沼泽湿地4个自然湿地类；按照用途划分为淡水养殖场、海水养殖场、水田、季节性洪泛农用地、盐田、采矿挖掘区和塌陷积水区等12个人工湿地类。部分湿地类型如采矿挖掘区和塌陷积水区、水田、季节性洪泛农用地，还属于土地利用分类中的工矿用地或农用地范畴。

（3）土地分类与草原资源分类

土地分类中的草地是从资源开发利用的角度，侧重牧业进行分类，包括了天然牧草、沼泽牧草、人工牧草、其他草地等二级类。《草地分类NY/T2997—2016》则是一种针对天然草原的地理分类，把天然草原划分为温性草原类、高寒草原类等9个类别，类之下又划分为175个草地型。《草原资源与生态监测技术规程NY/T1233—2006》则是为便于草原监测调查而制定，按监测区将我国草原划分为青藏高原高寒草甸草原、西北温带暖温带干旱荒漠等7个类别。总体看，土地利用分类与草地分类并不存在太大冲突，二者划分的依据、目的和用途并不相同。草地的分类问题主要在于其与湿地、林地等其他资源类型在调查统计中的边界划分方面。

（4）土地分类与水资源分类

《土地利用现状分类GB/T21010—2017》水域一级类包括了河流水面、湖泊水面、水库水面、坑塘水面、沟渠、冰川及永久积雪等资源类型。在《城市用地分类与规划建设用地标准GB50137—2011》中，城乡用地中水域类则是按照自然水域、水库、坑塘沟渠等划分相关次级类。《城市水系规划规范GB50513—2009》则将城市水资源分为河流、湖库和其他水体。其中，河流包括了江、河、沟、渠等，湖库包括了湖泊和水库。虽然各相关分类标准从形态上都是既包括了线状水域也包括了面状水域，但对水资源的类别划分并不统一。不过，从细类的划分来看，主要的资源类型基本类同，都能覆盖，差异在于归类等级和划类的功能用途方面。

（5）土地分类与国家公园（保护区）分类

《土地利用现状分类GB/T21010—2017》中的公园与绿地类型主要指城镇、

村庄范围内的公园、动植物园和绿地等。而《自然保护区类型与级别划分原则（GB/T14529—93）》按照分类分级方式将自然保护区划分为自然生态系统类自然保护区、野生生物类自然保护区、自然遗迹类自然保护区3类。主要问题在于保护区的划分与各类国家公园属于两套划分体系，其中大部分空间区域范围是重叠的，与《旅游资源分类、调查与评价GB/T18972—2017》《风景名胜区分类标准CJJ/T121—2008》等分类标准也是不同的体系。

2. 现行资源分类面临的问题

目前，现行资源分类面临诸多问题。首先，多种分类标准并行。现行的自然资源分类在过去的管理体制下形成了多门类的分类标准，并且在同步实行。涉及土地的就有"土地利用现状分类""城市用地分类"和"城市绿地分类"3项；涉及林业的有"林业资源分类"和"林地分类"2项；涉及草原的有"草地分类""草原资源监测技术规程"2项；涉及水的有"地下水资源分类""城市水系规划规范""水资源论证分类"3项；涉及湿地的有"湿地分类"1项；涉及矿产的有"固体矿产资源/储量分类"和"矿产资源分类细目"2项；涉及海洋的有"海洋特别保护区分类""海洋产业分类"2项；此外还有综合性的"自然保护区分类""旅游资源分类"和"风景名胜区分类"3项。至少18项的自然资源分类标准口径不一，给自然资源的综合调查、监测和统计带来困扰[17]。

其次，划分依据差异大。不同的分类标准因不同行业管理需要，采用了不同的划分依据。例如"土地利用现状分类"是从资源开发利用的角度对土地利用类型进行的划分，相对来讲是覆盖面最广、资源类型囊括最多的一种分类。"城市用地分类"和"城市绿地分类"则主要是为了城市规划和专项规划的编制实施而进行的分类，是规划管理的需要。再如"林业资源分类""湿地分类"等是一种资源类型分类，主要依据自然资源本身的属性进行归类。"地下水资源分类""矿产资源储量分类"等则是依据资源的可开发利用程度和赋存情况进行的划分，并非系统的资源细类的划分。可以看出，各门类资源的不同分类标准多是为便于本部门、本领域的管理而划定的，但显而易见，大部分资源分类标准在制定时与其他资源领域的分类标准的衔接并不完善。

再次，覆盖范围偏大。土地作为各门类资源的载体，在制定分类标准时做到了尽可能涵盖地球表面的各类土地利用类型，其中不可避免地会涉及附着或储藏在地表的各种资源类型。但在实际管理中，其他各门类资源为了系统掌握本门类资源类型、总量和分布,也在制定资源分类标准和统计上尽可能覆盖全部空间。尤其在耕地、林地、草地、湿地、水域等资源类型上,各门类的资源分类标准相互交叉、重叠归类、重复统计,这对准确摸清自然资源家底非常不利。例如红树林资源,同时属于土地利用现状分类中的林地类、林业资源分类中的乔木林类、湿地分类中的近海与海岸湿地类,同时还是海洋资源的组成部分。水库、坑塘、沟渠等资源细类也同时存在于土地利用分类、城市水系分类和湿地资源分类中。在原有的分部门管理时,通过各自口径调查统计和发布数据尚可行,但在自然资源综合管理情况下,需要口径统一,其中的弊端和问题就显现出来。

最后,分类等级不一。各门类自然资源分类标准的等级和强制程度也不相同。《土地利用现状分类GB/T21010—2017》《林业资源分类与代码森林类型GB/T14721—2010》等属于推荐性国家标准。而《城市用地分类与规划建设用地标准GB50137—2011》《地下水资源分类分级标准GB15218—94》等属于强制性国家标准。《林地分类LY/T1812—2009》《城市绿地分类标准CJJ/T85—2002》则属于行业性标准。同一类资源细类,在不同分类标准中的归类等级也不尽相同,例如,沼泽草地在土地利用分类中被划分为二级类,而草本沼泽在湿地分类中被划分为三级类。分类等级的不同、强制性与否也突显了各资源细类在其资源分类体系中的地位,同时也在管理实践中产生影响[18]。

三、中国土地融合管理的经验

(一)充分发挥土地要素能动作用

土地管理要融入经济社会发展。土地是基本的生产要素,在空间承载、自然生产、空间价值贡献输送等方面发挥重要作用[19]。2020年3月,中共中央、国务院印发《关于构建更加完善的要素市场化配置体制机制的意见》,将推进土地要素市场化配置放在突出位置,并从"建立健全城乡统一建设用地市场""深化产业用地市场化配置改革""鼓励盘活存量建设用地"等方面提出具体要求。改革开放40年来,土地作为社会主义市场体系重要组成部分,土地要素红利不断释放,为中国改革开放和社会主义现代化建设取得历史性成就作出了重要贡献。主要体现在:一是土地出让收益为地方政府推进基础设施建设和城镇建设提供了大量资金来源,改革开放之初,正是借力土地出让,为城市基础设施融资,开创了以土地为信用基础积累城市原始资本的道路。2018年国有土地使用权出让收入达58814.01亿元，相比2011年增长了83.07%（图10-7）。二是满足了中国保障经济社会发展的用地需求，2011—2018年，国有土地出让面积每年均保持在2100平方千米以上的规模，保障了国家重点建设项目和新型工业化、城镇化、农业现代化与脱贫攻坚用地需求。

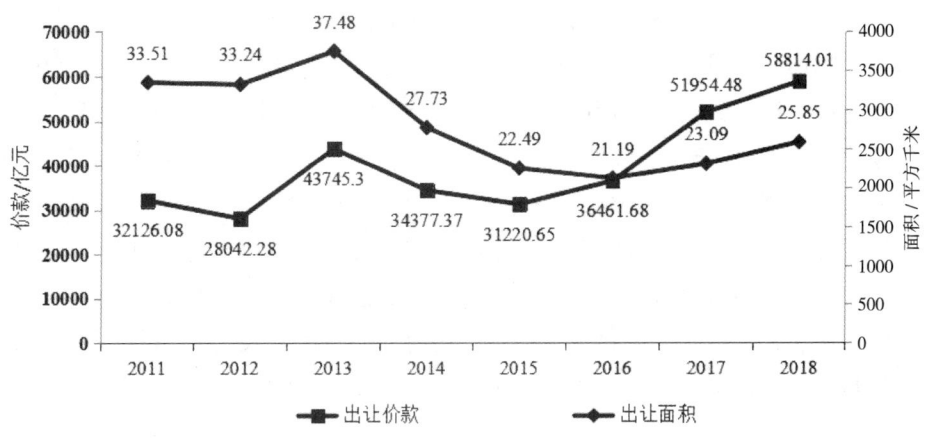

图10-7　2011—2018年国有土地出让面积和出让价款

（二）实行最严格的耕地保护制度

切实保护耕地是中国的基本国策，土地管理要融入粮食安全战略。中国耕地保护始于20世纪80年代，中央政府高度重视，围绕耕地保护，相继出台了土地用途管制、耕地占补平衡、基本农田保护、永久基本农田保护、土地节约集约、土地整治、高标准农田建设、耕地轮作休耕等制度政策，建立了世界上最严格的耕地保护制度，制度内涵由"国策—基本国策—生命线—红线"的地位进阶，保护内容上实现由"数量保护—重数量、轻质量—数量质量并举—数量、质量、生态'三位一体'保护"的转变。2009—2018年，中国不断改进和完善耕地占补平衡制度，坚守18亿亩耕地红线，有效遏制了耕地过快减少的势头，2018年耕地面积实现了近十年来的首次增长，较上年净增65万亩，达到20.24亿亩，粮食产量实现连年增长，确保粮食安全。

（三）坚持节约集约用地

土地资源是国家发展和人民群众赖以生存的物质基础，土地管理要促进土地资源永续利用。新中国成立后，国家在土地资源的保护、利用和开发上，坚持节约用地原则，建设用地由控增量向控增量、盘存量并举转变，不断提升土地利用内涵，提出了"十分珍惜、合理利用土地和切实保护耕地"基本国策，不断健全与完善节约集约制度体系。中国城乡用地秉承着节约用地、保护性开发的发展理念，促进经济发展与资源保护协调发展[20]。

党的十八大以来，中国最严格的节约集约用地政策体系不断走向健全与完善。党的十八大提出坚持节约资源和保护环境的基本国策，要求全面促进资源节约。2014年5月，《节约集约利用土地规定》颁布实施，进一步完善了中国城乡建设用地节约集约利用政策体系。2015年3月，农村土地征收、集体经营性建设用地入市、宅基地制度改革试点工作启动。党的十九大强调，必须树立和践行绿水青山就是金山银山的理念，坚持节约资源和保护环境的基本国策，推进资源全面节约和循环利用，实施国家节水行动，降低能耗、物耗，实现生产系统和生活系统循环链接。2019年8月审议通过的《中华人民共和国土地管理法》修正案，首次明确将"节约集约用地"的表述纳入其中，将"提高土地节约集约利用水平"作为"土地利用总体规划编制原则"之一[21]。

第三节　国外土地融合管理的实践与经验

一、美国的实践

美国的土地开发融合了生态保护理念。美国地多人少，人均耕地面积约达16000平方米[22]。在土地利用方面，经历了由全面开发向严格保护的转变。由于自然资源丰富，美国政府和民众一度没有认识到土地保护的重要性[23]。直到20世纪30年代，美国遭遇了连年干旱，特别是1934年，美国西部地区发生了震惊世界的"黑风暴"，导致3亿多吨肥沃表土被一次性刮走，波及了27个州[24]。此事件过后，美国土地政策重心转移到严格保护土地资源上来。为解决土地利用中的生态问题，美国限制过量放牧和砍伐森林行为，利用价格支持和销售限额控制农业生产，实施土地保护性储备计划来严格保护土地资源和生态环境[25]。1936年美国国会发布的《土壤保护和国内配额法》要求农场主转种"增强地力"作物并予以补助。《1985年食品安全法》明确了大规模的土地保护性储备计划，要求1990—1991年将4500万亩受水土流失严重影响的土地纳入计划，种植保护性植被，土地保护性储备计划旨在通过提供经济补偿来使土地所有者自愿长期（通常为10—15年）休耕、退耕，以保护土壤、野生生物栖息地和改善水资源质量[26]。经过努力，《2014年农业法》对土地保护性储备计划重新作了规定并且削减了注册土地面积的上限，由3200万英亩下降到2018年度的2400万英亩[27]，表明美国防治土地利用中的生态问题取得成效。2000年出台《农业风险保护法》，主要目的是限制基本农田和特殊农田上的非农化土地利用来保护土地资源。美国政府越来越重视土地利用中的环境问题，在2002年《农场安全与农村投资法案》中增强了保护计划的资助力度，强调保护耕地，主要表现在：增加对环境质量激励计划的资助，扩展土地休耕计划，尤其重视对湿地的保护。

美国是世界较早实施土地用途管制的国家，土地用途管制起源于民法的地权限制，其基本内涵是土地所有权和土地使用权的行使不能给社会公共利益和他人利益造成损害，主要目的是维护社会公共利益和其他权利人利益。美国土地用途管制以控制土地利用密度、控制城市规模和保护农地为核心，主要通过土地利用规划来实施。主要突出以下几个方面：一是通过划分土地利用区控制土地利用密度和容积，从住宅环境应有充足的光线和空气、住宅形态与建筑景观、住宅密度与公共设施需求等角度，对建筑物的层数、规模、建筑密度、最小空地率、最小建筑面积和最高容积率等进行管制。二是通过建筑许可总量控制、分期分区发展和设定城市发展边界等控制城市规模的扩张。例如圣荷塞市土地利用规划是该市2020年总体规划中的重要内容，所有建设项目要通过土地利用规划审查才能取得建设许可证，审查范围要看是否突破城市增长边界、城市服务边界、山边绿带、农地保护区、海湾土地保护区5条控制线[21]。三是通过划定质量较好的农地、确定保护范围、制定税收政策、减免政策、制定农业区划，购买或转让土地开放权等来保护农地。综合考虑土壤质量、地块大小、交通、排水等因素，在规划中确定农地的保护范围和规范开发利用秩序，通过优惠征税、递延征税、限制性协议等方式限制改变农地用途，农业用地区域只能从事农业生产或与农业相关的活动，严禁住宅建设及城市基础设施建设。1981年美国通过制定《农地保护政策法》，用法集的形式划定农地保护区，严格限制农用地转用，实行严格的用途管制。同时土地发展权制度是美国农地保护的一项制度创新，主要分为土地发展权购买（PDR）和土地发展权转移（TDR）两类[28]。政府部门可从农民手中征购有事农地的开发权，农民拥有开发权之外的一切权利，可以继续耕种并保持土地的农业用途，可通过补偿金改良土壤，提高质量。农民可通过出让土地开发权,将农业用地开发权转移到城市郊区始于耕种的土地上[29]。

在土地生态保护制度建设方面,美国国会于1980年通过《综合环境应对赔偿责任法》,该法批准设立了污染场地管理与修复基金,即超级基金,要求责任者应对污染严重的土地进行生态修复;对未找到责任者、责任者没有修复能力以及不愿支付修复费用等情形,可由超级基金先支付污染场地的修复费用。针对土地利用中出现的生态环境问题,美国陆续颁布法案,如2002年颁布的《棕色地块法》,促进了社会资本介入棕色地块的生态修复[27]。

二、英国的实践

英国土地开发与行政许可相结合。英国主要通过土地发展权国有化来实现对土地开发的限制,虽然英国是典型的土地私有制国家,但土地所有者并不能随意进行土地开发,《英国城乡规划法》规定土地发展权归国家所有,任何人欲开发土地,均需申请并取得开发许可,以获得土地发展权[30]。

英国实施以法规为导向的土地利用规划,其城市土地规划由完善的法规体系和执法系统构成。法规体系包括制定城市土地利用规划法案和编制具有法律约束力的开发规划。英国规划法明确规定所有开发与建设规划需得到政府批准。英国土地利用规划依据土地用途和保护目的采取不同的保护方式:一是对人文遗产所占的土地实行积极的保护措施,确保在合理利用的基础上实行有效保护;二是通过实施严格的保护手段,确保最大限度的保护自然保护区、国家森林公园等具有重要生态意义的自然资源保护区域的生态完整性。

英国土地保护政策中最富有特色的一项是绿化控制带政策(Green Belt Policy),20世纪20年代,房屋建设导致的城市扩张产生了规划建设绿化带的需要。经过多年的实践,英国绿化带在明晰城市边界、限制城市无序扩张、促进城市更新、提升土地利用率等方面取得积极成效。

三、德国的实践

德国的土地整理融入了城乡等值化的发展理念。德国是欧洲最先开展土地整理的国家,在土地整治制度、理论及技术建设方面具有先进经验。二战以后,德国城市与农村建设不同步,城乡差距加大,为缓解城乡发展矛盾,发展农业生产,解决城市人口膨胀引发的就业、环境等问题,德国提出"城乡等值化"的发展目标。在此发展理念指引下,德国在农村建设中坚持土地整理与村庄同步协调开展的原则。

德国土地整理已形成法律保障、政策扶持、规划引领、自主申请、多方参与、职责明确的稳定格局[31]。德国在土地整理方面有着较为完备的法律保障体系，主要包含欧洲法律、国际惯例与准则、德国联邦法律、东部地区法律法规、城镇层面法律法规等。德国宪法提出土地整理立法要坚持普治原则，并统筹考虑环境保护、经济与社会发展。德国联邦政府据此出台了《空间规划法》《土地整理法》，分别对土地整理任务方法、组织机构及职能、参与者权利与义务、土地整理费用、土地估价、权属调整及成果验收等内容进行规划与限制。

德国的土地整理融入了生态保护理念。值得注意的是，重视生态景观建设并将尊重自然、顺应自然、保护自然的理念贯穿德国土地整理的全过程。土地整理项目规划设计阶段，要求自然资源环境保护机构、水利部门、农业部门必须参与土地整理项目前期评价，开展生态景观规划，以生态景观规划为基础，指导土地整理项目的实施。通过采取"规避""平衡""补偿"三项措施，实现土地整理项目区生态景观保护与建设，首先，特殊保护自然保护区严禁开发占用，做到"规避"，尽量不去破坏与改变；若无法避开自然景观，则要做到生态占补平衡，对占用森林、耕地、河道等造成生态功能的下降的行为，要进行生态补偿，保持生态功能的稳定性与持续性，最终实现自然资源开发利用与生态环境保护协同发展。

德国的土地整理重视公众参与。德国土地整理参与主体多、范围广。《土地整理法》规定，农民个人、行业协会、管理部门均可以申请对自有土地开展土地整理。土地整理执行单位是参加者联合会，由土地整理区域内的全部地产所有者和土地整理期间的全部合法建屋权人共同组成。此外，农业、环保、水利等其他政府部门、乡镇政府和环境保护协会、农业协会、农村发展协会等各种公共利益的代表机构也有权利和义务参与土地整理。从工作流程看，德国土地整理中的公众参与贯穿土地整理项目建设全过程。

此外，德国土地整理的多方参与离不开信息化建设。德国土地整理业务信息化建设完善，政府部门建立土地整理信息系统，实现了土地基础信息的专业服务、科研服务与公众服务。如，德国巴伐利亚州土地整理工作所需要的遥感影像、地形地貌、土地利用现状、农业利用、植被生态、区域性空间规划等信息，以有偿或无偿的方式提供给政府、机构和公众查询使用。特别是德国的地籍调查工作，随着测量技术与信息技术的发展，已经建立了比较完备的地籍管理信息系统，实现了地籍信息的城乡全覆盖。公众可通过查询地籍信息、土地基础信息、土地整理方案及工作进展，参与土地整理规划与实施。

四、日本的实践

日本是一个人多地少的国家，国土面积为37.8万平方千米，2016年人口为1.27亿人，城市化水平为93.9%，产业结构中第一产业占1.2%，第二产业占27.7%，第三产业占71.1%。日本实行的是土地私有与国有并存的土地制度，个人所有土地占全国土地面积的57%，法人所有土地占8%，国家和地方公共团体所有土地占35%。其中国家和地方公共团体所有土地大多不能用于农业、工业或住宅等。因此，私有土地在可利用土地中占有很高比重。土地利用结构以林地为主，占土地总面积的67%，农用地占12%，建设用地占9%[32]。

在土地管理上，日本重视合理规划土地区域空间。日本的土地规划体系由国土综合开发规划、国土利用规划、土地利用基本计划等构成。国土综合开发计划是在国家经济计划、公共投资计划等指导下，综合开发、利用、保护国土资源的划规。国土利用计划是从土地资源开发、利用、保护的角度，确定国土利用基本方针、用地数量、布局方向和实施措施的纲要性规划。土地利用基本计划是以国土利用规划为依据，进一步划分城市、农业、森林、自然公园、自然保护地等区域，并规定各地域土地利用调整事项等的具体土地利用规划。完善的土地规划体系离不开法律、战略支撑，日本分别制定《国土综合开发法》《国土利用计划法》《都市计划法》《农业振兴地域整备法》《森林法》《自然公园法》《自然环境保护法》等，并先后制订"全国综合开发计划"，1962年日本开始实施"据点开发"战略，到20世纪60年代末在太平洋沿岸形成了工业带。此后，日本为解决"大城市病"，开始走向国土资源均衡发展道路，对相对落后地区实施系列优惠政策。1977年，日本政府提出"地方定居圈"的开发战略，完善农村公共服务设施。1988年，日本政府进一步提出"多极分散"的国土开发战略。日本为合理利用土地资源实施土地用途管制制度，以土地利用管理政策法规为依据，结合土地交易许可制、土地交易申报制、交易监视区等实现对土地全面有效管理。为了保护优质农用地，日本对农地购买、转用有着严格的管制措施。为提高土地利用效率，防止土地低效利用，日本建立了空闲地制度。一旦被认定为空闲地后，政府向土地产权人发放空闲地通知，令其在规定时间内提出空闲地利用或处分计划，地方政府根据申报材料提出土地利用意见或采取进一步的强制措施。

日本为保护土地利用生态安全,防治土壤污染带来的危害,相继颁布了《农业用地土壤污染防治法》《土壤污染环境标准》《环境影响评价法》《土壤污染对策法》[33],不仅将土壤环境纳入了环境影响评估范围,还对工矿企业及城市再开发带来的土壤污染问题进一步进行约束,同时对调查的地域范围、超标污染区域的确定、污染治理措施、调查机构、报告及检查制度、惩罚条款进行明确规定。

五、国外土地融合管理的基本经验

(一)注重休耕轮作,突出土地的生态功能

随着经济的发展,美国逐步意识到耕地除了是重要的农业生产资源,更是一种重要的生态资源。为解决土地利用中的生态问题,美国限制过量放牧和砍伐森林,利用价格支持和销售限额控制农业生产,实施土地保护性储备计划来严格保护土地资源和生态环境。同时出台《农业风险保护法》,以限制基本农田和特殊农田上的非农化土地利用的方式来保护土地资源。此外,重视土地利用中的环境问题,强调保护耕地。

(二)通过用途管制,实现资源优化配置与合理利用

美国土地用途管制以控制土地利用密度、控制城市规模和保护农地为核心,主要通过土地利用规划来实施。主要突出以下几个方面:一是通过划分土地利用区控制土地利用密度和容积,对建筑物的层数、规模、建筑密度、最小空地率、最小建筑面积和最高容积率等进行管制。二是通过建筑许可总量控制、分期分区发展和设定城市发展边界等方式控制城市规模的扩张。三是通过划定质量较好的农地,确定保护范围,制定税收政策、减免政策、制定农业区划,购买或转让土地开放权等来保护农地。

英国通过土地发展权国有化来实现对土地开发的限制,确保土地合理开发利用。日本为合理利用土地资源实施土地用途管制制度,以土地利用管理政策法规为依据,结合土地交易许可制、土地交易申报制、交易监视区等实现对土地全面有效管理,同时建立空闲地制度,防止土地低效利用。

(三)以土地整治为抓手,推动生态化管理

德国土地整理已形成法律保障、政策扶持、规划引领、自主申请、多方参

与、职责明确的稳定格局。值得注意的是，德国土地整理项目重视生态景观建设，并将尊重自然、顺应自然、保护自然的理念贯穿土地整理全过程。土地整理项目规划设计阶段，要求自然资源环境保护机构、水利部门、农业部门必须参与土地整理项目前期评价，开展生态景观规划，以生态景观规划为基础，指导土地整理项目的实施。实施阶段，采取"规避""平衡""补偿"三项措施实现土地整理项目区生态景观保护与建设。保持生态功能的稳定性与持续性，最终实现自然资源开发利用与生态环境保护协同发展。

第四节 推进土地融合管理的思路与任务

一、土地融合管理的基本思路

以习近平生态文明思想为指导，全面贯彻习近平总书记对土地管理和耕地保护的重要批示精神，认真落实最严格的耕地保护制度和节约集约利用制度，统筹耕地保护、城乡发展和生态保护，保障经济社会全面、协调、可持续发展。坚持用最严格的措施保护耕地，守牢耕地保护红线，对永久基本农田实行特殊保护，确保口粮绝对安全、粮食基本自给。坚持用最严格的标准保障土地供应，合理安排城乡用地、产业用地，实现以较少的土地资源消耗支撑更大规模的经济增长。坚持土地利用的生态化管理，促进土地利用结构优化，保障生态用地需求，形成与生态文明建设相适应的土地利用结构。探索建立土地融合管理的"标准地"理论，推进耕地"占补平衡"和生态补偿科学化、精准化，推动土地供应精准化和透明化。

二、土地融合管理的主要任务

（一）坚持从严管控，完善耕地保护的政策措施

土地的保护与管控要相融合。习近平总书记说过，"中国人要把饭碗端在自己手里，而且要装自己的粮食"，粮食安全是社会稳定的"压舱石"，而耕地保护是粮食生产的根基所在，"耕地是中国最为宝贵的资源""要像大熊猫一样保护耕地"。耕地保护要坚持从严管控，坚守永久基本农田保护红线，提高永久基本农田质量和建设水平。重点突出以下几个方面：一是建设用地要避让永久基本农田，在国土空间规划编制中，要严格落实已划定的永久基本农田，将

永久基本农田控制线作为城市增长边界的约束线[34]。二是严格管控以生态建设的名义违规占用耕地、永久基本农田的行为。三是加强以保护耕作层为核心的永久基本农田管护措施，严格规范永久基本农田上的农业生产活动，不得在永久基本农田上种植杨树、桉树等林木以及草坪、草皮等破坏耕作层的植被，严防永久基本农田"非粮化"。四是对永久基本农田实施轮作休耕制度，开展高标准农田建设，对华北地区地下水超采区[35]、东北黑土地实施保护性耕作培育[36]，加强对土壤侵蚀、土壤沙化、土壤污染等的治理修复。五是构建以生态价值为取向的耕地保护政策体系，完善耕地生态补偿机制[37]。丰富耕地保护的生态内涵，在生态系统服务价值评估体系的基础上，评估占用（补充）耕地所产生的生态价值损失（增加），以惩罚（奖励）行为主体采取相应措施，进行耕地生态保护。

（二）坚持科技创新，创新耕地占补平衡制度

土地的占用与补充要相融合。完善耕地占补平衡制度，要坚持科学发展观和生态文明理念，遵循生态规律和经济社会发展规律，探索建立"标准地"，在严格保护生态的前提下，确保耕地总量不减少、质量有提高、生态有改善、权益有保障，确保国家粮食安全。重点突出以下几个方面：一是，完善耕地占补平衡的折算指标体系。加强土地基础调查工作力度，开展1千米×1千米土壤质量与污染调查，摸清宜农土地的本底特征，为完善耕地占补平衡提供基础保障。立足中国耕地质量等级调查与评定成果，加强关键环节的顶层设计，完善占补平衡折算评价的指标体系，增加反映土壤的生态因子和与农民耕作相关的人文因子。完善耕地占补平衡的折算设计，探索以地区粮食单产为基础的标准地，适当提高这类指标的权重，使耕地占补平衡评价体系更好地反映数量平衡、质量平衡、生态平衡和人文平衡。加强组织领导，建立健全长效机制，完善耕地占补平衡考核制度，落实"一票否决"制。二是，开展补充耕地的生态环境影响评估。遵循自然规律，坚持因地制宜、适度开发、生态保护优先的原则，从土地适应性和未来全球气候变化效应角度，对耕地后备资源的开发进行严格论证。立足水土资源匹配程度、光热资源潜力、增值效应和生态胁迫效应，构建耕地后备资源生态环境影响的评价体系，并构建评价与预警模型，评估后备耕地开发对耕地生态环境的影响，确保开发不会对生态环境造成影响，为开发补充耕地提供科学依据。三是，补充耕地使用权的分配应保障被征地农

民的合法权益。对于未利用地开发和土地复垦补充的耕地，应优先保障被征地农民获取承包经营权。因规模化发展需要，补充耕地使用权可通过土地流转的方式配置给种植大户，确保被征地农民的发展权。对于因健康问题和农民意愿因素不适宜获得补充耕地使用权的被征地农民，要通过补充耕地收益按比例分成的方式保障被征地农民的权益。四是，重点项目的占补平衡应由国家统筹考虑。国家重点交通网、重大水利设施建设、能源通道等基础设施工程建设项目的选址，尽量不占或少占耕地，对于确实需要占用耕地的，占补平衡的补充任务应由国家统筹安排。在耕地后备资源紧缺的地区，可探索利用全国重大的土地开发整理项目进行异地补充。

（三）坚持制度创新，建立耕地保护新机制

耕地保护要与机制创新相融合。一是，创新粮食价格形成机制，建立灵活反映粮食市场价格的耕地保护机制。中共十七届五中全会提出，加快建立反映市场供求关系、资源稀缺程度和环境损害成本的资源价格形成机制，这是粮食价格机制形成的基本立足点。中国人民大学农业与农村发展学院郑风田教授认为，中国的低粮价战略，实际上以牺牲农民的利益为代价，农村出现抛荒或靠天吃饭的深层原因是粮食领域的"剪刀差"。对此，要以粮食生产对土地、水资源和化肥、农药的占用和消耗为依据，准确核算粮食价格。要大幅度提高粮食最低收购保护价，逐步建立与国际市场接轨的价格机制，让种粮的农民有稳定可靠的利润保障，避免"谷贱伤农"。同时，将对种粮农民的"直补"政策转变为对城乡居民的消费补贴，避免"谷贵伤民"。只有农民种粮的收入能够达到预期水平，才能实现耕地保护由被动向主动转变。二是，强化对农业的反哺力度，建立客观反映劳动报酬与地区发展水平的耕地保护机制。要从农民弃耕进城务工的现实原因出发，强化对"三农"投入的强度和对农业的反哺力度，拓宽对农民的奖励渠道，加大奖励力度，逐步实现其劳动报酬与地区经济发展水平相协调，吸引缺乏稳定收入来源的农民工，积极参与粮食生产和耕地保护，逐步形成"保护耕地受益、弃耕受损"的耕地保护机制。三是，完善粮食品质等级体系，建立科学反映粮食品质的耕地保护机制。优质的粮食品质与良好的土壤质量及生态条件相互影响，密不可分。对此，要以粮食的农药、化肥、重金属残留含量和营养成分为依据，完善粮食品质鉴定认证体系，对污染物残留量低、营养成分高的绿色粮食，大幅度提高粮食收购价格，使粮食价格

反映土壤的生态环境质量,从而激励农民合理轮作,科学施肥喷药,种养结合,形成土地资源可持续利用的局面。

(四)坚持全域土地综合整治,构建大食物安全体系

土地整治要与食物安全相融合。在坚守18亿亩耕地红线的基础上,加强全域土地综合整治,立足国内保障食物的基本自给,这是实现国家安全的首要条件。重点突出以下几个方面:一是,以治水、治土为核心,强化土地全域整治力度(图10-8),提高粮食综合生产能力。土地整治应充分考虑水资源条件,特别是要避免与生态脆弱区重叠。完善农田水利基础设施建设,加大中低产田改造力度,保护耕地生态环境,提高耕地质量,确保优质高等农田的比重不断增加、中低产田比重不断降低,从而为食物安全提供物质基础。二是,树立大食物观念,统筹利用各类土地资源,广辟粮食等主要食物资源,确保国家以粮食为重点的综合化食物安全的物质基础。除了保护和合理利用现有耕地之外,还要重视合理开发利用草地、坡地、林地、水域等多种土地资源。三是,适度利用"虚拟土"战略,拓宽国内解决区域性粮食安全问题的途径,通过国际市场调节食物供求余缺。在国家食物安全目标下,区域之间则需要建立土地资源综合利用格局,东、中、西部合理分工,形成"虚拟土"利用的国内模式,可从宏观角度上发挥中国现有土地效益。另外,适度进口高载土的农产品,破解国内耕地不足的困境。

图10-8　江西省赣县韩坊乡大营村等3个乡镇6个村土地整治项目

（五）坚持节约集约利用，强化存量建设用地的消化力度

土地节约集约利用要与存量挖潜相融合。土地资源的节约集约利用是实现中华民族可持续发展的重要战略，加强存量建设用地的利用力度是适应新时期经济社会发展的必然要求。2020年3月《中共中央、国务院关于构建更加完善的要素市场化配置体制机制的意见》指出，"充分运用市场机制盘活存量土地和低效用地，研究完善促进盘活存量建设用地的税费制度，深入推进建设用地整理，完善城乡建设用地增减挂钩政策"。

首先，实行总量与强度双控政策。加强建设用地总量和强度双重管控，强化地耗考核结果的运用；适时总结和推广节地技术和节地模式。充分总结各地经验做法，着重强化农民权益保护、节余指标调剂使用、收益分配管理、拆旧复垦监管；盘活存量建设用地，完善闲置土地处置政策。其次，积极稳妥推动增减挂钩政策。科学运用国土空间规划、工程、政策机制等综合手段，稳妥推进城乡建设用地增减挂钩，通过开展城乡建设用地再开发，加大工矿废弃地复垦，调整建设用地结构，优化城乡土地利用格局。再次，积极稳妥推进"人地挂钩"和"增存挂钩"政策。在完善和拓展城乡建设用地增减挂钩试点的基础上，制定和实施城乡之间城镇建设用地的增加规模与吸纳农村人口进城定居的规模相挂钩的政策，制定和实施地区之间城镇建设用地增加规模与吸纳外来人口定居的规模相挂钩的政策，防止城市出现"圈地潮"和因部分农村用地缺乏规划而出现的居民点"逆向扩张"，实现城乡土地要素的流动，解决好"地随人走"的问题，促进城镇化常态化发展。推行新增建设用地与存量建设用地挂钩政策，促进存量建设用地消化。最后，严格落实差别化的土地供应政策。以节地型城镇化为重点，用足存量，做优增量。加强新增建设用地对产业优化升级的支持力度，落实国家区域发展战略和城镇化发展战略。积极完善和制定人均用地和产业用地"双控"标准，严格控制新增用地，使土地城镇化与人口城镇化相协调。对人均用地规模过大和工业园区土地闲置严重的城市，原则上不再供应新增建设用地，促使其向存量挖潜转变。对于人口规模过大的超大城市和特大城市，除生活用地外原则上不再安排新增建设用地指标。对于发展潜力大、承载能力强的中小城市，在用地政策上应予以重点支持。对于没有单位国内生产总值地耗降低任务的城市，要重点核减新增建设用地指标，避免土地闲置、浪费和低效利用。对于开发强度接近承载极限的城市，应积极引导调整土地利用结构，积极盘活存量土地。

(六)坚持用途管制,优化土地开发利用格局

土地用途管制要与国土空间开发格局相融合。以土地空间用途管制为抓手构筑国土空间开发保护新格局。中国在生态文明建设背景下,坚持保护优先,实行最严格的生态环境保护制度,统筹山水林田湖草系统治理。土地空间用途管制作为生态文明制度体系的重要内容,既是强化自然资源保护、有效保障社会经济发展目标的抓手,也是协调经济发展与自然资源保护平衡的主要机制。土地开发利用在严格按照国土空间用途管制要求的基础上,还要遵循"因地制宜"的根本原则,按照不同资源类型、区域特点制定具体的开发利用与保护计划。重点突出以下几个方面:一是通过构建全域与全类型的空间管控体系,科学有序划定生态保护红线、永久基本农田、城镇开发边界三条控制线,实现对城镇空间、农业空间、生态空间的管控,促进生态保护与自然资源开发利用的对立统一。加快永久基本农田划定工作,确保全面完成"落地到户、上图入库"。二是加强耕地保护监管,实施最严格的农用地用途管制措施,防止农民在比较利益影响下盲目改变耕地用途,特别是要坚决制止在基本农田上建窑烧砖、种植林木、挖塘养鱼和建厂造房等改变耕地用途的现象。三是完善土地开发与生态保护体制机制建设,对于坡度较大的耕地实行退耕政策。四是加强土地开发利用监管,提高精细化管理水平。改变过去"重审批、轻监管""重数量、轻质量"的土地开发利用方式[38],从区域、功能区、地块三方面加强国土空间用途管制监管。

(七)坚持理论创新,建立土地融合管理的"标准地"理论

土地管理要与理论创新相融合。"标准地"是"标准耕地"的简称,即生产1吨粮食所需要的耕地面积。中国应加强论证研究,完善"标准地"的概念和计算方法。"标准地"是针对耕地质量千差万别,难以统筹数量管理与质量管理的条件下提出的初步设想。自然资源主管部门应加强组织领导,尽快组织业务精干力量,加强"标准地"的理论与方法研究。在广泛开展研讨的基础上,征求不同领域专家的意见,吸取理论精华,及时完善"标准地"的概念,提出不同质量等耕地的计算方法,使"标准地"能够早日应用到土地管理中来。注重"标准地"的推广应用,实现耕地的精细化管理。在完善论证"标准地"理论与方法的基础上,应尽快达成共识,实现计算方法的统一,为土地管理和

耕地保护提供决策参考。在此基础上，对全国各地区的耕地进行"标准地"的折算，促使各级地方政府由保耕地的数量向数量与质量并重转变，由保耕地的数量向提高耕地综合生产能力转变，向提高本地区的粮食自给程度转变。强化"标准地"在耕地"占补平衡"和高标准基本农田建设中的应用，实现占优补优、占多补多、先补后占，确保补偿耕地质量的提高。

"标准地"是"标准草地"的简称，即生产1吨生物量所需要的草地面积。中国草原面积广阔，类型复杂多样，载畜量千差万别。中国八大主要草原牧省（区）制定了《草原生态保护补助奖励机制实施方案》，对禁牧和草畜平衡等实施生态补偿时，考虑了草地产草量的差别，初步形成了以"标准地"为基础的折算系数，取得了良好的效果。今后，应深入研究"标准地"理论在林草生态补偿中的应用，形成中国经验。

"标准地"是"出让土地的标准"的简称，是把每一块建设用地的规划建设标准、能耗标准、污染排放标准、产业导向标准、单位产出标准等"明码标价"，带地一起出让。开展"标准地"试点的核心，是以土地要素市场化配置为目标，推动土地集约节约，提高土地亩产效益。浙江省湖州市德清县作为该省首块"标准地"改革的试验田，在理论层面和操作层面形成了一套较为完善的制度体系。近年来，全国首个"标准地"省级标准《企业投资工业项目"标准地"管理规范》正式发布，并在浙江全省范围内实施。在浙江德清试点"标准地"的基础上，应不断扩大试点面，及时总试点经验，将德清"标准地"经验上升为国家标准。

> 专栏10-3：
>
> ### 德清县"标准地"改革
>
> 1.事先做评价。德清县通过"承诺履约＋信用评价＋数据应用"，推动"标准地"信用监管覆盖项目全生命周期，形成对企业主体和投资项目的双闭环监管，进一步促进项目建设"合规"、信用承诺"践约"。通过提前实施区域能评、区域环评、水土保持、矿产压覆和地质灾害等区域评价，完善区域负面清单，为"标准地"落地提供坚实基础。目前，在前期完成莫干山高新区区域评价的基础上，陆续拓展

到德清工业园、工业集中区和特色小镇。

2.事前定标准。依据《浙江省工业等项目建设用地控制指标》，按照湖州市政府实施的重大平台项目准入新标准，立足德清县实际，逐步建立各类项目用地容积率、亩产税收、能耗、环境等指导性控制指标体系，完善项目准入条件。具体出让时，各相关部门参照指标体系，出具拟出让地块联审意见，明确相关标准。

3.事中作承诺。建立"标准地"企业投资项目承诺履约评价指标体系，通过科学赋分实现了定性指标的刚性量化，推动监管更加科学合理。"标准地"出让后，项目业主（受让单位）需与高新区、镇（街道）签订"标准地"使用协议，承诺按约定兑现指标，并明确违约应担负的责任。为提升企业拿到"标准地"后的审批效率，实行企业投资项目发改委"一窗服务"（实行"一窗咨询、一窗收文、一窗出件"，建立"专业代办、在线通办、中介快办"的工作机制，组建政府代办员队伍，为企业提供"专业、高效"的全程无偿政府代办服务）。同时，项目业主自主选择项目审批模式，若选择"承诺制"（不需走常规审批流程），符合开展"承诺制"条件的项目业主，只需提交图审后的施工图，确定施工单位、监理单位，与相关审批部门签定承诺合同后即可开工；对于"标准地"受让单位，鼓励其选择"承诺制"，从申报到开工用时比常规审批缩短89%。

4.事后强监管。待项目竣工后，由发展和改革委员会（以下简称"发改委"）牵头，会同经济和信息化委员会（以下简称"经信委"）、建设（规划）局、国土资源局等单位，对固定资产投资强度、容积率、建筑系数、绿地率等情况进行竣工验收。对于验收合格的项目，给予办理不动产权证变更登记，并注明达产复核的期限；对于未通过竣工验收的项目，责令其限期整改。项目投产后，在约定期限内，由发改委牵头，会同经信委、环保局、财政局等单位，对能耗标准、环境标准和亩均税收等指标进行达产复核。对未通过复核的项目业主，责令其限期整改。此外，依托数据归集平台实施动态监管。基于全省首个县域大数据中心，搭建"标准地"企业投资项目信用监管平台，将平

> 台与"信用浙江"和"信用湖州"两大公共信用信息平台嫁接，与浙江至元数据、上海数聚股份、杭州城市大数据等单位积极合作，实现了平台数据互联互通、项目动态实时更新、信用监管及时有效。

资料来源：浙江省公共政策研究院。

（八）坚持改革创新，推动土地管理制度改革

土地管理要与制度改革相融合。土地制度改革事关国民经济发展大局，其目标应是在坚持社会主义土地公有制的基础上，建立健全以产权制度和国土空间用途管制为核心的现代土地制度，实现城乡二元权利平等、收益公平共享，为推动经济发展转型、实现可持续的城镇化和乡村振兴、国家耕地保护和生态安全提供制度保障。

在土地的产权制度方面，从两种所有制的二元体系向集体、国有土地权利平等的体系转型。加快完成对农村所有土地资源的确权、登记和颁证，合理解决土地确权过程中的土地调整纠纷等问题。落实农村土地承包关系长久不变制度，在相关法律法规中加以明确。完善土地权能，赋予集体所有土地与国有土地同等的占有、使用、收益和处分权，对两种所有制土地所享有的权利予以平等保护，建立农村集体经营性建设用地入市制度，赋予集体建设用地自由流转的权利。在此基础上，逐步构建统一的城乡建设用地交易市场，允许政府、农民集体、国有土地用地单位等都在统一的土地交易市场从事土地交易。妥善解决"小产权房"等历史遗留问题。

在土地征收和收益分配方面，从以服务经济增长为主向土地收益公平共享的机制转型。着力解决土地征收中的征地范围过大、程序规范不足、被征地农民保障机制不完善等方面的问题。赋予被征地农民参与征地补偿价格形成机制的权利。应将被征地农民纳入城镇社保体系，探索留地安置、土地入股等多种模式，确保农民长远生计有保障。完善征地补偿争议协调裁决制度，畅通救济渠道，维护农民合法权益。建立土地收益基金，用于反哺农民、农村和农业，带动农民增收，促进农村经济的快速发展。

在土地财产税制度方面，从以土地出让、流转环节为主要收入来源向与现代经济相适应的体系转型。改革当前以土地出让、流转环节为主要税费收入来

源的模式,"剪短"地方土地财政,拓宽地方政府财政资金来源,对土地保有、流转环节的税收制度进行整体构建、系统改革,减少对土地财政的依赖。在保有环节,加快开征房地产税,发挥土地不动产税筹集地方政府财政收入的功能。在赋予集体建设用地自由流转权利的情况下,鉴于农户分享了政府投资带来的土地增值收益,对农户持有的超出一定标准的房产和地产开征所得税。在流转环节,调低整体税率,降低流转课税,发挥配置资源和提高效率的功能。

(九)加强土地分类体系建设,建立融合分类框架

融合分类顶层框架首先应当建立一种类型标准。现行基于利用现状的土地分类体系,与其他门类自然资源的分类并不一致。如《林业资源分类与代码森林类型GB/T14721—2010》是一种资源类型分类且具体到树种;《林地分类LY/T1812—2009》《草地分类NY/T2997—2016》则是一种调查统计分类,重点考虑覆被情况;《湿地分类GB/T24708—2009》则是按地貌和用途进行的分类。在自然资源综合分类框架的顶层设计上,建议首先考虑建立综合性的资源类型标准,而非资源利用、规划或调查标准,给以各门类自然资源的调查监测、开发利用、规划管控和产权管理等为目的的次级多元细分留足空间。因此,自然资源综合分类框架的重构要充分考虑各类资源的共性,以自然类型属性特征为划分依据,以类型划分作为主要任务,主要应用于自然资源的类型区分、综合统计和综合管理。

建立以现行的土地利用分类标准为地表自然资源融合分类的"本底"。土地是大多数自然资源的载体,与各组成要素相互依存,相互制约,占据了绝大多数国土面积。同时,现行的《土地利用现状分类GB/T21010—2017》是目前覆盖度最广、相对最全面的一项分类标准。自然资源综合分类的顶层设计框架建议以土地利用现状分类为"母版",整合其他主要自然资源类型,以此形成自然资源融合分类的"本底"框架。事实上,在土地利用分类标准中,对可能存在的交叉也已经做了部分"规避"。例如,土地分类中的水域及水利设施用地中专门注明,"不包括滞洪区和已垦滩涂中的耕地、园地、林地、城镇、村庄、道路等用地";土地分类标附表中,将可列为湿地类型的专门以列表的形式体现出来。这些都使以土地分类为"本底",构建自然资源综合分类框架有了较好的基础[39]。

参考文献

[1] 甘藏春.社会转型与中国土地管理制度改革[M].北京：中国发展出版社，2014.

[2] 唐建，卢艳霞.我国耕地保护制度研究—理论与实证[M].北京:中国大地出版社，2006.

[3] 范毅，张元涛.我国建设用地政策变迁及其对农村非农就业的影响[J].行政与法，2007（09）：27-29.

[4] 温铁军，朱守银.政府资本原始积累与土地"农转非"[J].管理世界，1996（5）.

[5] 刘丹，巩前文，杨文杰.改革开放40年来中国耕地保护政策演变及优化路径[J].中国农村经济，408（12）：39-53.

[6] 毕国华，杨庆媛，张晶渝等.改革开放40年：中国农村土地制度改革变迁与未来重点方向思考[J].中国土地科学，32（10）.

[7] 张群，吴次芳.我国土地用途管制的制度演变与优化路径[J].中国土地，2019，（003）：23-26.

[8] 陈从喜，马永欢，郭文华等编著.生态国土建设研究与实践[M].北京：地质出版社，2017.

[9] 水利部.我国水土流失面积7年减少7.2%[EB/OL].（2019-06-28）[2020-07-21].http://env.people.com.cn/n1/2019/0628/c1010-31202610.html.

[10] 恩山.生态建设与耕地保护"争地"难题如何解？[J/OL].土地观察，2019[2020-08-18].http://countryplan.cn/html/5716/5716.html.

[11] 刘慧.悄然改变的中国粮食动脉："南粮北运"成"北粮南运"[N/OL].粮油市场报，2017-02-15[2020-09-01].http://tech-food.com/news/detil/n1325738.htm.

[12] 晓叶.从增减挂钩到增存挂钩——谈建设用地利用的质量与效率[J].中国土地，2018（8）.

[13] 耕地保护：完善制度，数质并重[EB/OL].（2016-08-29）[2020-06-03].http://www.affta.cn/140/64236.jhtml.

[14] 陈美球，刘桃菊.新时期提升我国耕地保护实效的思考[J].农业现代化研究，2018，39（01）：1-8.

[15] 中国标准化委员会.土地利用现状分类[S].北京：中国标准出版社，2017.

[16] 中华人民共和国建设部.城市用地分类与规划建设用地标准（GBJ 137—90）[S].1990.

[17] 王文玉.自然资源统一确权登记的自然资源分类问题初探[J].国土资源，2018（9）：36-37.

[18] 中国国土资源经济研究编写组.科学划分自然资源类型 推进统一管理系统治理[N].中国自然资源报，2018-06-21（05）.

［19］柴铎.“土地要素市场化配置”十三个要点分析［EB/OL］.（2020-04-10）［2020-08-20］. https://www.sohu.com/a/387051516_175523.

［20］马永欢，陈从喜，张丽君，等.生态文明视角下的土地利用问题研究［M］.北京：中国大地出版社，2015.

［21］赵碧.国土空间开发保护70年：推动节约集约用地，优化国土开发格局［EB/OL］.（2019-12-13）［2020-08-30］.http://www.cien.com.cn/2019/1213/83864.shtml.

［22］罗明，鞠正山，张清春.发达国家农地保护政策比较研究［J］.农业工程学报，2001，17（6）：165-168.

［23］刘振邦，王凤林.借鉴国外经验谈合理利用我国农地资源［J］.改革，1997（5）：9.

［24］薛军，廖晓莉.美国、以色列和巴西农业旱灾风险管理的经验借鉴［J］.世界农业，2017（2）：59-64.

［25］Megan Stubbs. Conservation Reserve Program (CRP):Status and Issues［R］. 2014.

［26］张迪，吴初国等.发达国家农地保护政策演变及借鉴［M］.北京：中国大地出版社，2007.

［27］DANIEL M H. The US Conservation Reserve Program: The evolution of an enrollment mechanism［J］. Land use policy，2017（63）：601-610.

［28］刘丽.农地生态保护的经济补偿机制初探——以美国土地发展权为例［J］.国土资源情报，2013（2）：34-40.

［29］张新安.国际国土资源管理态势与趋势：《国际动态与参考》百篇精选［M］// 国际国土资源管理，态势与趋势：国际动态与参考百篇精选.北京：中国大地出版社，2006.

［30］RICHARD M. Rural land ownership in the United Kingdom: Changing patterns and future possibilities for land use［J］. Land use policy，2009：S54-S61.

［31］贾文涛，桑玲玲，周同.德国土地整理的经验与启示［J］.决策探索，2016（11）：27.

［32］蔡玉梅，刘畅，苗强，等.日本土地利用规划体系特征及其对我国的借鉴［J］.中国国土资源经济，2018，31（09）：21-26.

［33］郑翔.北京市农村土地可持续利用法律问题研究［M］.北京：北京交通大学出版社，2017.

［34］张凤荣.三个尺度看耕地保护区划定［N］.中国自然资源报，2020-01-21（03）.

［35］孔祥斌.护好"饭碗田" 稳住"压舱石"［N］.中国自然资源报，2019-06-29（07）.

［36］张凤荣，全域保护黑土地 全力保障大粮仓［N］.中国自然资源报，2019-09-03（07）.

［37］唐健.以生态价值为取向构建耕地政策体系［N］.中国自然资源报，2019-06-26（07）.

［38］邓红蒂，袁弘，祁帆.基于自然生态空间用途管制实践的国土空间用途管制的思考［J］.城市规划学刊，2020（1）.

［39］王伟.自然资源类型统一分类指标研究［J］.中国矿业，2016（6）：66-69.

第十一章

矿产资源融合管理

矿产资源是人类社会发展进步的重要物质基础。人类的每一个发展时期都以独特的矿产资源利用类别为特征。原始社会时期的代表性矿产资源是石器,农业社会时期的代表性矿产资源是铜器、铁器,工业社会时期的代表性矿产资源是煤炭、石油。当今,矿产资源已成为所有工业化国家的生命线,影响着经济的每一个方面。矿产资源管理是对矿产资源的勘探、开发、利用及其配置方式的管理,以实现优化矿产资源配置、保护生态环境等为目的,为社会经济发展提供充足的动力和保障。

第一节 矿产资源及其特性

矿产资源是指天然赋存于地壳内部或地表,由地质作用形成,呈固态、液态或气态,具有经济价值或潜在经济价值的富集物。从地质研究程度来说,矿产资源不仅包括已发现查明的矿产储量,还包括目前尚未发现但可能存在的矿物质;从经济技术条件来说,矿产资源不仅包括在当前经济技术条件下可以利用的矿物质,还包括未来可以通过经济技术进步利用的矿物质。

一、矿产资源基本特性

一般来说,矿产资源具有不均衡性、不可再生性、可耗竭性、动态性等基本特征。

不均衡性是指矿产资源在地理空间的分布并不均匀,存在着局部高度富集的情况。这是由于地壳运动、地质作用的不均衡所导致的。一定地质条件下的化学元素富集形成了矿产资源,各种矿产资源的分布受成矿条件的制约而有其规律。

不可再生性是指矿产资源的形成时间漫长,相对于人类社会来说是不可再生的。矿产资源是在千万年以至上亿年的漫长地质年代中形成和富集的。矿产资源的不可再生性决定了矿产资源的相对有限性、稀缺性和可耗竭性。

可耗竭性是指矿产资源相对有限，可以被消耗殆尽。这种耗竭性体现在微观和宏观两个层面。微观上表现为矿山的有限服务年限，随着矿山开采时间增加，该矿山的保有储量逐年衰减，生产能力逐步消失。宏观上表现为人类对矿产资源需求的日益增长，导致矿产资源基础的质量和自然丰度递降，勘查、开发条件日益恶化，社会成本递增。

动态性是指矿产资源的种类和储量是变化的。由于矿产资源受地质、经济和技术条件的制约，现阶段发现的矿产资源只能反映人们对自然的有限认识，随着地质工作的不断深入和科学技术的不断进步，人类对矿产资源开发利用的广度和深度会不断扩展。

二、我国矿产资源基本特点

我国是世界上少数几个矿种齐全、矿产资源总量丰富的国家之一。目前已发现矿产173种，探明储量的矿产162种，2018年，全国新发现矿产地153处，其中大型51处，中型57处，小型45处[1]。煤炭、钢铁、十种有色金属、水泥、玻璃等主要矿产品产量位居世界前列，是世界上最大的矿产品生产国。但是，我国大宗非能源支柱性矿产贫矿多、富矿少，共（伴）生矿多、独立矿少。我国矿产资源主要有以下几个特点：

第一，用量较少的矿产资源较丰富，而大宗支柱性矿产储量远不能满足社会经济发展的需求。在我国，石油、天然气、铝土矿、铜矿、铁、钾盐等45种主要矿产中，目前已有10多种矿产探明储量难以满足持续利用的需求，如果没有新的找矿突破，不能尽快提供新的后备接替资源，将很难满足未来我国工业发展对矿产资源的需求。

第二，贫矿多、富矿少，开发利用难度大。铁、铜、锰、铝、磷等国民经济紧缺矿产的贫矿比例，分别高达97.5%、64.1%、93.6%、98%、93%。其中铁矿查明的资源总量95%以上是难以直接利用的贫矿，平均品位仅为33.5%。

第三，共生矿多，单矿种矿少，共生矿难以利用且成本较高。我国开发利用的139个矿种中，85%以上的有色金属矿是共伴生矿，有87种矿产部分或全部来源于共伴生矿产。由于共伴生矿的复杂性，开发利用难度大，生产成本较高，导致很多共伴生矿目前还难以开发，共伴生元素无法实现回收。

第四，中小矿多，大型、超大型矿床少，矿山规模偏小，增加了集约化大规模高效开发的难度。如我国迄今发现铜矿矿产地900个，其中大型矿床仅占2.7%。

第五，人均占用的资源少。虽然我国资源总量大，但因人口众多，人均矿产资源量远低于世界平均水平，人均占有有效资源相当紧缺。

第二节 矿产资源管理及沿革

矿产资源管理是国家政府机关以矿产资源所有者和国家行政管理者身份对矿产资源的积累、储备、使用、配置的全过程进行规划决策、调节控制、监督协调，以保障矿产资源开发利用取得最佳经济效益、社会效益和环境效益，实现矿产资源可持续利用的行为[2][3]。

一、矿产资源管理的基本内涵

矿产资源管理是以国家政府机关为主体的政府行为。依据我国《宪法》和《矿产资源法》的规定，矿产资源归国家所有，并由国务院代表国家行使矿产资源所有权。因此，国家政府机关具有矿产资源所有者和国家行政管理者的双重身份。对矿产资源的管理也包括两个方面：一是以矿产资源所有者的身份，对矿产资源的所有权及其派生出的其他权能（使用权、占有权、受益权、处置权）进行管理，维护所有者权益；二是以国家行政管理者的身份对矿产资源的勘查、开发、合理利用和保护进行管理，保证矿产资源的可持续利用，维护全社会的利益。

矿产资源管理的对象是作为自然物的矿产资源及与其有关的相对人（自然人和法人）的行为。不同于其他自然资源，矿产资源具有不可再生性、可耗竭性、稀缺性、隐蔽性、动态性等特征，因此，矿产资源管理具有区别于其他自然资源管理的特点。

矿产资源管理的内容具有广泛性和全程性。它包括对矿产资源积累、储备、使用、配置的全过程进行规划、决策、调节、控制、监督、协调，因而涉及矿产资源的勘查、开发、利用、保护、监督等行为，管理的手段也包括法律、经济、行政多种手段。

矿产资源管理的目标（目的）是双重的，它必须维护矿产资源所有者的权益和全社会的权益。这就体现在它管理的最终目标就是要实现矿产资源经济效益、社会效益和环境效益的统一，实现矿产资源的可持续利用，保障人类社会的可持续发展。

二、矿产资源管理发展演变

我国矿业开发及矿产资源管理有着悠久的历史，是世界上最早开采利用金、银、铜、铁等矿产资源的国家之一，也是世界上最早进行矿产资源管理的国家。新中国成立后，我国的矿产资源管理工作进入了新纪元，大致可以划分为以下五个阶段（图11-1）。

（一）计划管理时期（1949—1978年）

这一时期的矿产资源管理工作与新中国的工业化进程紧密相连。计划经济体制的实施和重工业的优先发展导致对矿产资源需求急剧增加，所以地质找矿成为这个时期矿产资源管理的核心重点。虽然地质部门统一管理全国地质普查和资源勘探工作，但是矿产资源的开发管理职能按矿种隶属不同工业部门，事实上形成了多部门分散管理的模式。

矿产资源管理的主要依据是计划管理。国家通过统一的计划直接组织矿产资源勘查、开采活动，以计划手段为主的行政管理是矿产资源管理的核心。国家计划委员会统筹安排全国矿产资源勘查、开采活动；地质部门负责组织开展全国地勘工作；有关工业主管部门负责组织实施矿产资源的开发利用；矿山企业的矿产品则按计划上交国家，由物资部门统一调拨给下游企业。矿产资源勘查、开采活动没有非国有经济成分，国家直接组织和管理矿业经济。

（二）分散管理时期（1978—1986年）

改革开放初期的矿产资源管理基本延续了计划经济时期分散多头管理的模式。矿产资源管理部门包括地质矿产部、煤炭工业部、石油工业部、核工业部、冶金工业部、化学工业部、轻工业部、国家黄金局、国家建材局等。它们分别负责管理各自的地勘队伍和矿山企业。

这一时期国家开始鼓励乡镇集体和个人采矿，外商投资开始进入我国矿业，矿业开发活动中出现大量非国有经济主体。乡镇集体小矿、小煤矿、小铁矿、小非金属矿、小金矿兴起，在带领群众致富、推动地方经济发展中起到了一定作用,但是乱挖滥采情况严重、资源破坏浪费严重。地质资料和储量报告审查由地质部统一管理,矿产资源开发等行业管理工作仍然由各工业部门负责。1982年,地质部改为地质矿产部,除了地质找矿职能外,还承担矿产资源合理开发利用和保护监督管理职能,矿产资源管理开始向集中统一管理迈进。

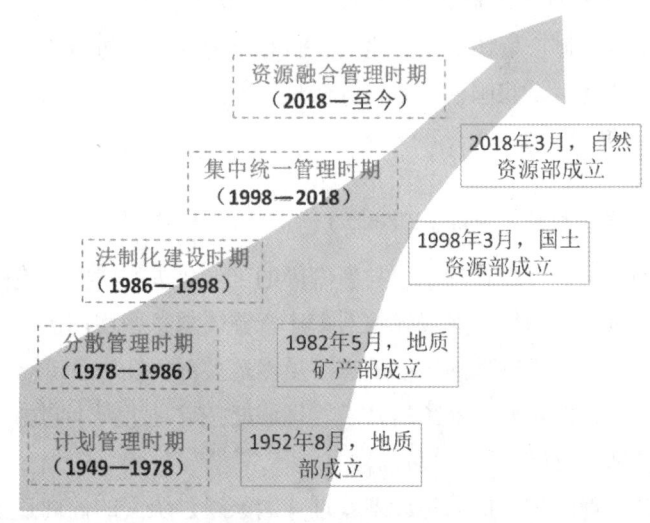

图11-1　我国矿产资源管理历史沿革

(三)法制化建设时期(1986—1998年)

1986年,新中国第一部矿产资源管理法律《矿产资源法》颁布,标志着我国矿产资源管理开始走上法制化轨道[4]。随后又颁布实施了一系列相应的配套法规和部门规章,并在实践中逐步形成并完善了我国矿产资源管理的基本法律制度,如:矿产资源所有权管理制度、矿产资源勘查许可证制度、矿产勘探报告和储量审批制度、矿产勘查成果档案资料和矿产储量统计资料统一管理制度、矿产勘查报告及其他有价值的勘查资料有偿使用制度、矿产资源规划分配制度、采矿许可证制度、矿产资源有偿开采制度、矿产资源开采监督管理制度、矿山安全保护管理制度、矿山关闭制度等。

这一时期,虽然仍由工业部门负责相关矿产开采管理工作,但是地质勘查和矿产开发监督管理已经由地质矿产部统一管理。地质矿产部对从事矿产勘查生产、经营、管理活动的企事业单位和部门实行统一方针、政策法规和计划的归口管理；研究制定地勘行业体制改革、发展战略规划等；统一制定地质勘查工作规范、标准等；依法对矿产开发单位资质进行认证，并按法定程序审批发放采矿许可证；监督矿山企业综合开发利用，提高资源回收利用水平，进行矿山环境保护。

（四）集中统一管理时期（1998—2018年）

1998年，国务院进行机构改革，在原地质矿产部、国家土地管理局、国家海洋局、国家测绘局的基础上组建国土资源部，原全国矿产资源委员会及其办事机构以及冶金工业部等部门和单位行使的矿产资源行政管理职能划入国土资源部。国土资源部统一负责土地资源、矿产资源、海洋资源等自然资源规划、管理、保护与合理利用。这次改革明确了中央、省级、市级、县级四级地矿行政主管部门的事权，彻底改变了长期以来我国矿产资源管理以中央和省两级地矿行政主管部门为主导的状况，调动了地方政府的积极性；明确了市场经济条件下的矿产资源行政管理职能，实行政、企、事三分开，政府不再直接组织或者干预矿业企业的生产经营活动，矿产资源管理职能集中到依法行政上来[5]。

自然资源实现了相对统一集中的管理，矿产资源管理与土地、海洋等自然资源统筹协调管理。强化了对自然资源和自然环境的保护与管理职能，把国土资源部的基本职能概括为对土地资源、矿产资源、海洋资源的规划、管理、保护与合理利用。这是资源管理含义的重大发展，表明了政府对我国自然资源相对短缺和实施可持续发展战略的高度重视。

（五）自然资源融合管理时期（2018年至今）

2018年，中共中央印发《深化党和国家机构改革方案》，组建自然资源部，统一行使全民所有自然资源资产所有者职责，统一行使所有国土空间用途管制和生态保护修复职责，着力解决自然资源所有者不到位、空间规划重叠等问题。自然资源部对包括矿产资源在内的自然资源开发利用和保护进行监管，履行全民所有各类自然资源资产所有者职责，统一调查和确权登记，建立自然资源有偿使用制度。

矿产资源管理进入与其他自然资源管理融合发展的新阶段。自然资源部设置地质勘查管理司、矿业权管理司、矿产资源保护监督司等三个与矿产资源直接相关的内设机构。地质勘查管理司负责管理地质勘查行业和全国地质工作，编制地质勘查规划并监督检查执行情况；管理中央级地质勘查项目，组织实施国家重大地质矿产勘查专项；承担地质灾害的预防和治理工作，监督管理地下水过量开采及引发的地面沉降等地质问题。矿业权管理司负责拟订矿业权管理政策并组织实施，管理石油、天然气等重要能源和金属、非金属矿产资源矿业权的出让及审批登记；统计分析并指导全国探矿权、采矿权审批登记，调处重大权属纠纷；承担保护性开采的特定矿种、优势矿产的开采总量控制及相关管理工作。矿产资源保护监督司负责拟订矿产资源战略、政策和规划并组织实施，监督指导矿产资源合理利用和保护；承担矿产资源储量评审、备案、登记、统计和信息发布及压覆矿产资源审批管理、矿产地战略储备工作；实施矿山储量动态管理，建立矿产资源安全监测预警体系；监督地质资料汇交、保管和利用，监督管理古生物化石。

第三节 中国矿产资源融合管理现状

在中国，矿产资源属于国家所有，政府对矿产资源管理具有所有者和监管者的双重身份。以矿产资源所有者身份对矿产资源进行财产权管理，即对矿产资源所有权及其派生的使用权（矿业权）进行管理，以资源管理（储量）和资产管理（矿业权）为核心。资源管理（储量）主要包括地质勘查、储量管理等，资产管理（矿业权）主要为矿业权的取得、使用、退出以及权益分配等。以监管者身份对矿产资源进行社会管理，主要考虑空间管制、生态维护、秩序监管等。

一、地质勘查管理

地质勘查工作可以分为公益性基础地质调查和商业性矿产勘查两个阶段。基础地质调查为商业勘查提供了基础的地质资料，降低了商业勘查的风险。

（一）基础地质调查

基础地质调查的主要任务是通过地质填图、野外调查、实验研究等，阐明区域内的岩石、构造、地貌、水文地质等基本特征及其相关关系，研究矿产的形成条件和分布规律，为经济、国防、国土、环境等提供基础地质资料[6][7]。新中国成立70多年来，我国基础地质调查在国家矿产资源勘查、重大工程建

第十一章 矿产资源融合管理

设和生态环境保护等许多方面作出了重要贡献。

我国公益性基础地质调查体系由中央和省级地质调查队伍构成。中央公益性地质队伍指中国地质调查局及其相关直属单位，省级公益性地质队伍指各省（区、市）地质调查院和地质环境监测总站。1998年国务院机构改革后的第二年，即1999年，组建了中国地质调查局，作为原国土资源部所属的组织实施国家基础性、公益性、战略性地质和矿产勘查工作的事业单位，为国民经济和社会发展提供地质基础信息资料，向社会提供公益性服务。

中央财政出资设立地质矿产调查评价专项，开展基础地质勘查工作。自然资源部（原国土资源部）对地质矿产调查评价专项立项进行管理，但仅限于宏观层面，只对大框架把握，不涉及具体的项目承担单位和项目经费。2014年，原国土资源部修订出台了《地质矿产调查评价专项管理办法》，对专项的定位、立项程序、组织实施和成果汇交与使用以及评估工作提出了更加明确的要求。中央政府主要负责全国能源和其他重要矿产资源的远景调查与潜力评价，全国性、跨区域、海域基础地质环境的综合调查与重大地质问题专项调查（图11-2）。省级政府主要负责为本地区经济社会发展服务的基础地质、矿产地质和环境地质调查。据统计，2018年我国共投入各类地质勘查资金810.3亿元。

图11-2 基础地质调查野外工作现场

（二）商业矿产勘查

矿产资源主管部门（自然资源部）负责探矿权设立（出让）登记、发证并收取探矿权出让收益；探矿权转让审批，维护矿产资源勘查市场秩序；负责矿产资源储量备案、登记；收集、管理矿产资源勘查资料，并为社会提供服务；矿产资源勘查活动监督管理，查处违法勘查并保护探矿权人合法权益等。

我国的矿产资源勘查划分为普查、详查和勘探三个阶段，不同阶段的勘查工作具有不同的要求，而且勘查只能是企业行为[8]。普查许可期限一般为3年，详查和勘探许可期限一般为2年，从普查到详查（勘探）勘查许可期限为5—7年。矿产资源勘查程度得到详查或勘探后，可以申请探矿权保留或采矿权。申请一次探矿权保留时间为2年，可以延续2次，探矿权保留时限不超过6年。每平方千米投入的最低勘查资金由第一年的2000元增加到第二年的5000元，从第三个勘查年度起，每个勘查年度每平方千米投入资金10000元。

取得勘查许可证的企业需要根据勘查实施方案开展工作，勘查期满时，编写满足相关规范要求的地质勘查工作成果[9]，如果勘查工作成果满足勘查阶段要求，勘查面积可不进行缩减；但如未满足勘查阶段要求，则缩减面积不得低于勘查证载面积的25%[8]。勘查工作还需要进行年度信息公示，对年度投入的主要实物工作量、资金分项核算等信息进行网上信息公示，并建立异常名录和违法违规名单。当因建设项目等原因引起矿产资源不能开发利用时，需要编制建设项目压覆矿产资源评估报告。报告内容主要包括：概况、压覆重要矿产资源必然性论证、压覆重要矿产资源储量、经济社会效益对比分析、结论及相关建议等。

二、矿产资源储量管理

矿产资源储量是地质找矿成果的最终体现，是矿业开发的对象和矿政管理的重要客体。矿产资源储量管理是矿产资源管理的基础工作，主要内容包括：制定矿产资源储量分类规范、管理储量评估及结果、进行矿产储量登记统计等。

（一）矿产资源储量评审登记

矿产资源储量评审是对资源储量估算及开采技术条件、资源可利用性等勘查结果的审查，具有质量技术监督的功能[10]。矿产资源储量评审是准确掌握矿产资源储量的重要手段，是确定矿产资源勘查成果的重要方式。矿产资源储量评审结果是政府宏观管理以及矿业权市场交易、筹资融资、企业上市的依据。

矿产资源储量评审指矿产资源储量评审机构对用于阶段查明资源储量登记、采矿许可证申请、矿业权转让、矿业权融资、矿山停办或闭坑申请、建设压覆申请等的各类矿产资源储量报告（包括地质勘查报告、储量核实报告、闭坑报告、生产地质报告和压覆报告等）进行评审，并由矿产资源管理部门对评审后的资源储量报告和相关材料进行登记核准的管理制度。

矿产资源储量登记是指县级以上资源主管部门对查明、占用、残留、压覆矿产资源储量的类型、数量、质量特征、产地以及其他相关情况进行登记的活动，是矿产资源的开采人和国家在认定矿产资源资产的过程中必须履行的法定义务。矿产资源储量登记是矿产资源管理过程中的基础性工作，目的在于强化矿产储量动态监管，便于了解和掌握全国矿产资源状况及其变化。

1998年，国务院机构改革将矿产资源审批中技术评审和行政批准分开，原国土资源部负责矿产资源储量评审的程序、标准、资质、结果认定，组建国土资源部矿产资源储量评审中心、石油天然气资源储量评审中心、放射性矿产资源储量评审中心负责矿产资源储量技术评审工作。2003年，矿产资源储量评审认定改为评审备案制度。2016年，矿产资源储量评审备案转为储量登记核准。现今的储量登记核准确定为行政审批事项，列入权力清单，属于行政范畴和行为。

（二）矿产资源储量标准制定

固体矿产资源储量分类标准是矿产资源储量技术标准体系的龙头，是我国矿产资源管理基础性、纲领性的技术标准。标准涉及矿产资源统计、规划与公开发布、矿业权管理、探明储量的矿产资源统一确权制度等矿产资源管理；涉及矿业权评估、资本市场投资、融资活动；涉及企业生产经营等矿业领域的诸多方面[11]。

1999年我国矿产资源管理部门制定了《固体矿产资源/储量分类》（GB/T17766—1999）国家标准，并据此修订规范，形成2002年固体矿产规范系列，确立了我国现行的规范标准。2020年5月，《固态矿产资源储量分类》国家标准发布实施，代替《固体矿产资源/储量分类》（GB/T17766—1999）。新标准中将固体矿产资源勘查阶段由原来的预查、普查、详查和勘探四个阶段，调整为普查、详查和勘探三个阶段；修改了资源储量类型划分的依据，不再以经济轴、可行性轴、地质轴作为类型划分的依据；简化了经济意义划分，删除了边际经济、次边际经济和内蕴经济的术语定义，只保留经济的概念；简化了资源储量类型，删除了潜在矿产资源、预测的资源量、基础储量相应类型，只保留资源量和储量2大类，5个类型（图11-3）。新标准与澳大利亚JORC规范、加拿大NI43-101法规等国际主流标准的术语定义具有可对比性。

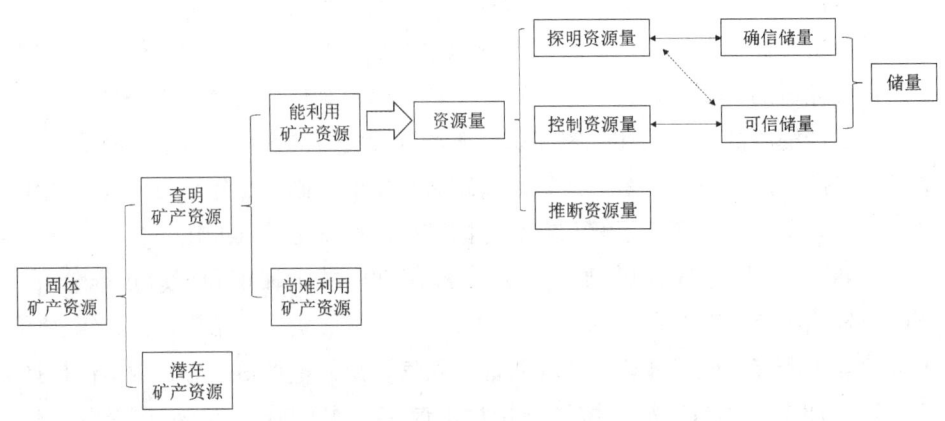

图11-3 固体矿产资源及储量分类

三、矿业权管理

矿业权管理是实现国家对矿产资源所有权的主要方式之一，是矿产资源管理工作的核心。矿业权管理的主要内容包括：界定矿业权的性质、时间与空间限制；设定取得矿业权的资格、条件和程序；界定矿业权人的权利与义务；审批与授予矿业权；管理矿业权费用的征收和使用；管理矿业权转让；保护矿业权人合法权益等。

（一）矿业权申请登记许可

勘查、开采矿产资源，必须依法分别申请，经批准取得探矿权、采矿权。矿业权的审批与授予的主要内容包括：审查矿业权申请人的资质条件；审查勘查计划或采矿方案，以保证矿业活动符合法律法规规定的要求和国家的矿业政策，特别是保证矿产资源得到科学合理的开发利用；审查其他申请文件和资料

（如地质资料、环境影响报告等）；对审查合格者授予探矿权和采矿权，变更矿业权。

我国矿业权登记和勘查开采矿产资源行政许可以《矿产资源法》的规定为主要依据，以行政法规、部门规章和规范性文件的规定为支撑[12][13][14]。1998年国务院陆续发布《矿产资源勘查区块登记管理办法》（国务院令第240号）《矿产资源开采登记管理办法》（国务院令第241号）和《探矿权采矿权转让管理办法》（国务院令第242号），详细规定了勘查开采矿产资源的审批登记和探矿权、采矿权转让的审批登记。1998年《关于矿产资源勘查登记、开采登记有关规定的通知》（国土资发〔1998〕7号）规定了勘查登记、采矿登记的具体程序。《探矿权采矿权招标拍卖挂牌管理办法（试行）》（国土资发〔2003〕197号）第25条规定，主管部门要按照成交确认书所约定的时间为中标人、竞得人办理登记并颁发勘查许可证、采矿许可证。

我国矿业权登记的过程实际上就是勘查开采矿产资源行政许可的过程。现行法规定，勘查、开采矿产资源，必须先经行政审批获得批准，取得探矿权、采矿权，然后再办理矿业权登记。申请人直接提交的不是探矿权申请或采矿权申请，而是勘查开采矿产资源申请[12]。由登记管理机关通过行政许可授予申请人勘查开采矿产资源的主体资格后，才予以办理矿业权登记。"批准"（即行政许可）是矿业权登记的前置性审批，是矿业权登记的前提；矿业权登记是在"批准"基础上对主体资格或行为能力的进一步确认和记载，具有向社会公示并向社会提供公信力的意义。截至2018年底，全国共有探矿权16643个，勘查面积334.47万平方千米，同比分别下降24.9%、8.9%。采矿权49063个，同比下降14.56%，矿区面积25.81万平方千米，同比增长0.76%。2018年，全国新立探矿权354个，勘查面积19081平方千米；新立采矿权1251个，矿区面积6151平方千米[1]。

（二）矿业权人信息公示

矿业权人信息公示是矿业权管理的重要方面，代替了原有的行政成本高、监管效能低的矿业权年检制度。矿业权人信息公示将公众监督、管理部门抽查和"黑名单"制度有机融合，形成"政府监管、企业自治、社会监督、信用约束"的新格局，规范了矿业权人勘查开采信息公示，促进了矿业权人诚信自律，提高了政府矿业权监管效能，加强了对矿业权人履行法定义务和合理开发利用矿产资源的监管。

2015年9月，原国土资源部印发《矿业权人勘查开采信息公示办法（试行）》（国土资规〔2015〕6号），2016年部、省两级先行启动试点，2017年起在全国全面推开。矿业权人按要求在网上公示系统中填报勘查开采信息，主管部门通过系统随机确定核查名单和核查人员，还可根据需要对重点勘查项目和矿山进行专项抽查，并将核查结果通过系统公示。对于未按规定公示信息、隐瞒真实情况弄虚作假或履行法定义务不到位的矿业权人，自然资源主管部门有权根据文件规定将其列入"异常名录"或"严重违法名录"。矿业权人填报信息对社会公开，接受社会公众的监督。省级自然资源主管部门是信息公示工作的重要执行部门，负责组织本行政区域内的矿业权人勘查开采信息公示工作，包括确定抽查名单、组织或委托下级管理部门核查、管理异常名录和严重违法名录等，同时还组织开展培训、指导和监督检查等工作[15]。

矿业权人信息公示制度实行信用约束机制，限制（或禁止）被列入异常名录（或严重违法名录）的矿业权人进行自然资源专项资金审批、自然资源领域工程招投标、矿业权申请审批等工作。根据矿业权人勘查开采信息公示系统统计，2018年全国应公示勘查项目22675个，实际公示22083个，公示率为97.39%，比2017年提高3个百分点。应公示开采矿山58894个，实际公示56462个，公示率为95.87%，比2017年提高了4个百分点[16]。

四、矿产资源保护监督管理

矿产资源作为天然形成的自然资源，具有耗竭性，也就是在人类所经历的年代具有不可再生性。因此，对一个国家、一个地区来说，不管赋存有多少，总是用一点少一点，所以保护与合理利用矿产资源对我国经济和社会发展具有重要意义。

（一）矿产资源规划

矿产资源规划是国民经济与社会发展总体规划的重要组成部分，是落实国家矿产资源战略、强化矿产资源宏观调控、指导矿产资源勘查以及开发利用与保护的纲领性文件。矿产资源规划是国家或地区以保障一定时期内国民经济和社会发展对矿产资源的需求，有效地保护与合理开发利用矿产资源、保护生态环境为目标，根据全国或地区矿产资源的特点，对矿产资源的调查评价、勘查、开发利用与保护、矿山生态环境保护等，在时间上和空间上所作的总体安排和布局。

矿产资源规划由全国性矿产资源规划、行业性矿产资源开发规划和地区性矿产资源规划构成。2001年4月国务院批准的《全国矿产资源规划》，以及随后在全国范围内开展的各省级矿产资源规划的审批工作，标志着中国矿产资源规划体系的初步建立[17][18]。《全国矿产资源规划》（2001）是我国强化矿产资源规划管理法律地位的鲜明体现，规定矿产资源规划由矿产资源主管部门组织省级人民政府每五年编制一次，编制时应当考虑我国的实际国情，综合考虑经济、社会和环境的效益等，并最终报国务院批准后实施。

2018年，国家组织开展《全国矿产资源规划（2016—2020年）》中期评估，对规划实施进展、存在的主要问题、面临的形势与挑战等进行了总结分析，评估显示各项规划目标和任务进展良好，3类45项指标近70%进展符合预期[1]。2019年，自然资源部谋划启动新一轮矿产资源规划编制前期工作，公开征集《全国矿产资源规划（2021—2025年）》前期研究选题建议，指导省级矿产资源规划编制前期工作，自然资源部办公厅印发《关于开展省级矿产资源规划（2021—2025年）编制前期工作的通知》《关于加快推进统一的矿产资源规划数据库建设入库工作的通知》，超前部署"十四五"矿产资源规划工作。

（二）矿山环境恢复治理

矿山地质环境是生态环境的重要组成部分，矿山地质环境治理是山水林田湖草修复的重要任务。长期以来，矿产开采导致的生态环境问题成为矿产资源管理中的棘手问题，受到社会广泛关注。为解决矿山环境恢复治理问题（图11-4），我国在矿产资源管理中建立了矿山环境治理恢复保证金制度。矿山环境治理恢复保证金为了保证采矿权人在采矿过程中合理开采矿产资源、保护矿山环境，在闭坑、停办、关闭矿山后，矿山环境恢复治理、地质灾害防治等工作应做好缴纳备用治理费或质保金工作[19][20]。

国家层面逐步推进矿山环境治理专项资金制度建设。2003年，国务院发布的第一部《矿产资源政策》白皮书中，首次以文件形式提出建立矿山环境治理保证金制度。2006年，原国土资源部、财政部、环境保护部联合发布《关于逐步建立矿山环境治理和生态恢复责任机制的指导意见》（财建

〔2006〕215号），明确要求各省市建立保证金制度，要求采矿权人按照规定缴纳保证金，保证金制度在全国大规模推广。2009年3月，原国土资源部颁布了《矿山地质环境保护规定》（2015、2016、2019年进行了3次修正），对保证金制度的原则、征收办法、标准、验收及监督等主要内容进行规定，在一定程度上标志着我国矿山环境治理保证金制度体系的基本形成。2016年7月，原国土资源部联合工信、财政、环保、能源等部门下发的《关于加强矿山地质环境恢复和综合治理的指导意见》（国土资发〔2016〕63号），以严格矿山开发准入管理、强化源头保护的新理念，提出了矿山环境保护和恢复治理新举措，全面实行矿产开发利用方案、矿山地质环境保护与治理恢复方案、土地复垦方案同步编制、同步审查、同步实施"三同时"制度，明确历史遗留工矿废弃地复垦利用和吸引社会资金开展矿山地质环境治理恢复的新政策，鼓励各地探索PPP（政府和社会资本合作：Public-Private Partnership）模式、第三方治理等，提出构建"政府主导、政策支持、社会参与、开发式治理、市场化运作"的矿山地质环境治理新机制等，初步搭建了矿山地质环境恢复和综合治理的政策创新框架。

矿山环境恢复基金制度取代了矿山环境恢复治理保证金制度。2017年，《矿产资源权益金制度改革方案》中明确提出了要构建恢复基金制度；同年11月发布的《关于取消矿山地质环境治理恢复保证金建立矿山地质环境治理恢复基金的指导意见》（财建〔2017〕638号），明确取消保证金制度，但企业应承担矿山环境治理恢复责任，以基金的方式筹集矿山环境治理恢复资金[21]。自然资源部门督促各地按照"应返尽返"原则加快返还企业保证金，截至2019年4月，全国返还保证金292.5亿元。同时，指导各地加快出台矿山地质环境治理恢复基金管理办法。2018年全国新增矿山恢复治理面积约652平方千米，其中在建和生产矿山恢复治理面积约322平方千米，废弃矿山治理面积约330平方千米。累计治理矿山7298个，主要集中在内蒙古、山西、陕西、安徽、山东、新疆、河北、河南等地。2001年至今，累计恢复治理面积约10046平方千米[1]。

图11-4　露头煤矿开采表土剥离

（三）绿色矿山建设

绿色矿山是指在矿产资源开发全过程中，科学有序开采，对矿区及周边生态环境扰动控制在可控范围内，实现矿区环境生态化、开采方式科学化、资源利用高效化、管理信息数字化和矿区社区和谐化[22]。绿色矿山建设包括对不同类型的绿色矿山开发模式探究、矿容矿貌、矿山开采模式等进行一系列的矿山建设。绿色矿山项目建设的复杂性很高，代表一个地区在矿业开发方面的总体水平，是对可持续发展具备的潜力进行衡量的重要指标[23][24]。它强调在矿产资源开发使用中，必须做到科学合理与有序环保，对这一过程可能造成的污染、灾害等，进行最大程度修复或创新。

绿色矿山建设理念提出后，自然资源部（原国土资源部）负责绿色矿山的总体部署和牵头组织实施。2008年，原国土资源部发布《全国矿产资源规划（2008—2015年）》，提出了发展绿色矿业的明确要求，并确立了到2020年基本建立绿色矿山格局的战略目标。为全面落实规划目标任务，原国土资源部于2010年印发《关于贯彻落实全国矿产资源规划发展绿色矿业建设绿色矿山工作的指导意见》（国土资发〔2010〕119号），同时提出了国家级绿色矿山建设的基本条件，由此标志着我国绿色矿山建设正式启动。2017年，原国土资源部、财政部、原环境保护部等六部委联合印发《关于加快建设绿色矿山的实施意见》（国土资规〔2017〕4号），为我国绿色矿山建设从理念到实践迈出了坚实的一步。2018年，自然资源部公示了非金属、化工、黄金、煤炭、砂石、石油、水泥灰岩、冶金、有色9个行业绿色矿山建设规范，成为首个国家级绿色矿山建设行业标准。

绿色矿山建设需要系统性设计、多部门配合实施。目前，我国已经建立国家、省、市、县四级联创、企业主建、第三方评估、社会监督的绿色矿山建设工作体系，推进绿色矿山建设采用矿山自建自评、第三方评估、名录管理、达标入库、自动享受相关政策的新机制，特别是从用矿、用地、财政、金融四个方面加大了对发展绿色矿业的政策支持力度[25][26]。按照《自然资源部办公厅关于做好2019年度绿色矿山遴选工作的通知》（自然资办函〔2019〕965号）的要求，此次遴选，除北京和上海外，共有29个省（区、市）报送1 024家矿山推荐入库，随后在企业自评、第三方评估、省级推荐的基础上，经实地抽查、材料审核和社会公示，共有953家矿山企业被纳入全国绿色矿山名录。其中，原国家级绿色矿山试点单位398家，2019年新遴选绿色矿山555家[27]。

（四）矿产资源勘查开发监管

矿产资源勘查开发监管是矿产资源管理的重要组成部分，这也是国家法律赋予矿产资源主管部门的重要职能和责任，维护有序的矿产资源勘查开发秩序离不开有效的监管。矿产资源勘查开发监督管理的主要目的是保证有关法律法规在矿业活动中得到遵守，维护有序的矿产资源勘查开发秩序，实现矿业可持续发展[28]。

当前矿产资源勘查开发监管制度及配套法规的"四梁八柱"已经形成。国家先后出台了《矿产资源法》《矿产资源监督管理暂行办法》《矿产资源法实施细则》等多部行政性法律法规，原国土资源部也出台了《矿产督察工作制度》（国土资发〔2003〕62号）《关于全面开展矿山储量动态管理要求的通知》（国土资发〔2006〕87号）《关于健全完善矿产资源勘查开采监督管理和执法监督长效机制的通知》（国土资发〔2009〕148号）等多项部门规章和政策性规定[29][30]。同时，各省（区、市）也根据国家有关法律法规和自然资源部规章制定了一系列符合当地矿产资源监管实际的实施细则以及配套制度，切实加强对矿产资源勘查开发的日常监管。

矿产资源勘查开发监督的主要方式包括：参与审查矿业权申请人提交的勘查计划或采矿方案；审查矿业权人提交的年度工作（勘查或开采）报告；矿产督察（矿山检查）；抽样调查；建立并实施履约保证金制度等。矿产资源勘查开发监督的主要内容包括：监督矿业权人是否履行依法缴纳税费、定期提交工作报告、投入最低工作费用、保障履行矿山安全与职工健康等法定义务；监督矿业权人在矿业权赋予的权利范围（包括时间、空间等）内从事矿业活动；检查矿业权人是否按批准的勘查计划或采矿方案进行矿业活动，以保证矿产资源得到科学合理的开发利用；监督检查矿业权人是否执行经批准的环境保护计划；监督检查矿业权人是否执行经批准的矿地复垦计划；对不依法履行缴纳矿产资源补偿费、不依法缴纳矿业权使用费、不依法执行矿业环境保护计划和矿地复垦计划义务的矿业权人，依法划扣履约保证金；查处非法矿业行为。

第四节　我国矿产资源融合管理的特色

七十多年来，矿产资源勘查开发为我国经济飞速发展提供了重要物资保障。在不断的实践与改革中，我国也形成了具有中国特色的矿产资源融合管理的模式。

一、统筹资源开发与环境保护融合的关系

矿产资源开发融合了生态环境保护。生态文明建设对矿产资源管理提出了更高的要求。作为生态文明建设主力军的自然资源部，既要努力保障国家能源和重要矿产资源安全，又要按照保护优先的方针，正确处理矿产资源开发与生态环境保护关系。坚决退出自然保护区内破坏生态环境的勘查开发项目，认真开展保护地内矿业权清理工作。核查矿业权与国家级保护地重叠情况，指导地方做好祁连山国家级自然保护区内矿业权退出工作，组织各省（区、市）建立保护地内矿业权动态管理台账，积极推进保护地内矿业权分类处置工作。在生态文明建设背景下，矿产资源勘查开发应更加注重规划编制，将矿产资源规划与主体功能区规划、国土空间规划、生态保护规划等有机衔接，从源头上严控勘查选区、矿山选址，充分考虑资源状况以及矿山开采对生态环境的影响。在环保优先条件下设置矿业权，严格执行环评前置制度，只有经过严格的环境影响评价，达到环境准入条件后的矿业权才能进入交易市场，这也是保护矿业权人权益的要求。严管矿产资源勘查开采过程，要把统筹资源开发与环境保护，贯彻节约优先战略，推进绿色发展、循环发展、低碳发展，作为今后矿产资源管理工作的指导思想，贯穿于矿产开发管理工作的全过程，促进资源效益、经济效益、生态效益的协调统一。

二、重视矿产资源保护管理

矿产资源保护融合了压覆矿产资源审批管理。我国大宗支柱性矿产储量远不能满足社会经济发展的需求，需要大量进口。因此在矿产资源勘查开发管理中，我国十分重视矿产资源的保护管理，最典型的就是压覆矿产资源的审批管理。

由于城市化、工业化进程加速，建设项目规模迅速扩张，各类保护区范围不断扩大，导致矿产资源被压覆，其开发利用空间被缩减。我国加强压覆矿产资源管理，防止矿产资源被随意或不合理压覆，以保护矿产资源。放眼国际，美国、俄罗斯、加拿大、澳大利亚等矿业大国的矿产资源管理政策中并没有专门针对压覆矿产资源管理的法律法规文件[31]。压覆矿产资源管理是我国所特有的矿产资源保护管理制度。多年来，国家陆续出台了一系列压覆矿产资源管理政策，建立了较为完善的矿产资源压覆管理政策体系[32][33]。内容涉及压覆概念、压覆评估、压覆补偿、压覆审批、压覆登记、压覆用地审批、压覆资源调查等多个方面。

我国压覆矿产资源管理实行国家级、省级、市（县）级三级管理模式。自然资源部经国务院授权代表国家，制定和发布压覆矿产资源管理政策，履行全国范围内压覆特别重要矿产资源的管理职能，负责全国范围内查明矿产资源中压覆资源储量的核实与入库工作。各省（自治区、直辖市）自然资源厅负责制定和发布适用于本省（自治区、直辖市）的压覆矿产资源管理政策，履行本省（自治区、直辖市）范围内压覆重要矿产资源的管理职能。各市（县）自然资源和规划局负责执行本省（自治区、直辖市）自然资源厅发布的压覆矿产资源管理政策，履行本市（县）范围内压覆非重要矿产资源的管理职能，负责本市（县）内查明矿产资源中压覆资源储量的统计、核实与上报。

三、绿色矿业建设走在国际前列

矿产资源管理与绿色矿山建设相融合。绿色矿山建设倡导绿色发展理念，在转变资源利用方式、提高资源利用效率、协调资源开发与生态保护关系、推进企业履行社会责任等方面都发挥了重要作用[34][35]。绿色矿山已经成为转变矿业发展方式、提升矿业整体形象、促进矿业健康持续发展的重要平台和抓手，是矿业行业践行习近平生态文明思想的实际行动。

西方矿业发达国家在充分总结"先污染、后治理"发展路径弊端的基础上，在矿山经营过程中越来越重视环境保护等相关问题，并以理论结合实践，在矿产资源勘探开发及管理过程中植入了健康、安全、环保等可持续发展理念。究其本质，"绿色矿业"理念与"可持续发展"理念是一致的，绿色矿业发展就是通过技术、管理手段的综合创新，特别突出资源利用的环境效益，促进矿产资源勘探和开发利用的生态化、高效化、科学化、数字化、和谐化，实现矿业的永续发展。"绿色矿业"应当是包含若干矿区单元及其发展环境的一种宏观管理模式和理念。综合国内外绿色发展理念和相关标准，确定生态环境、安全健康、科技创新、资源开发利用效率、企业责任和文化等内容作为"绿色矿业"的基本范畴。

新形势下，绿色矿山采取名录管理模式，即国家、省、市、县四级联创→企业主建→自建自评→第三方评估→达标入库→社会监督的流程。具体来说，在全面推进阶段，按照国家简政放权和减少行政审批事项的改革要求，国家层面未对编制绿色矿山建设规划做统一要求。规划将不作为"入库"要件，企业只需要提交自评估报告，然后政府以购买服务的方式，委托第三方机构进行评估，评估达标即可纳入名录管理。

参考文献

[1] 中华人民共和国自然资源部.中国矿产资源报告2019 [M].北京：地质出版社，2019.

[2] 何贤杰等.矿产资源管理通论 [M].北京：中国大地出版社，2002.

[3] 姚华军等.矿产资源管理研究 [M].北京：地质出版社，2015.

[4] 康伟，袭燕燕.浅议我国矿产资源法律法规体系建设 [J].中国国土资源经济，2017，30（05）：15-21.

[5] 吴初国，马永欢，苏利阳.我国自然资源管理体制改革历程概览 [J].资源与人居环境，2019（10）：8-11.

[6] 彭齐鸣.地勘工作践行新发展理念的思考 [J].中国国土资源经济，2016，29（05）：7-11.

[7] 姚震，孟庆丰，阴秀琦.中央与省级公益性地质队伍关系探讨 [J].中国矿业，2018，

27（05）：33-37.

［8］刘建芬，李玉喜，王珏.澳大利亚昆士兰州与中国矿产资源勘查开采管理的比较及建议［J］.中国矿业，2020，29（03）：29-32，45.

［9］宋猛，李为，冯驰.我国矿产资源勘查实施方案审查制度现状及改革研究［J］.国土资源情报，2017（02）：52-56.

［10］刘敏.对我国矿产资源储量评审备案制度改革的若干思考［J］.发展研究，2017（08）：66-69.

［11］胡魁.储量管理职能改革发展取向辨析［J］.中国国土资源经济，2019，32（09）：4-13.

［12］李海婷.矿业权登记与矿产资源勘查开采行政许可的关系重构［J］.中国矿业，2016，25（10）：11-13，22.

［13］肖宇评，郭振华，徐荣强，张宇.矿产资源勘查和开采审批政策变化研究［J］.国土资源情报，2018（04）：46-50，56.

［14］张兴，荣冬梅.新时代矿业权出让制度供给有关问题的思考［J］.国土资源情报，2019（01）：47-51，46.

［15］姜航，孟刚，曲俊利，陈敏，苗琦，高阳，申雪.矿业权人勘查开采信息公示工作现状分析与对策建议［J］.中国矿业，2018，27（09）：32-35，40.

［16］曲俊利，孟刚，姜航，叶晗，陈敏.我国矿业权人勘查开采信息公示工作进展、存在的问题及建议［J］.中国矿业，2019，28（04）：34-38.

［17］牛颖超，吴尚昆.矿产资源规划理论方法研究文献统计分析［J］.中国矿业，2020，29（02）：16-20.

［18］董延涛.第三轮矿产资源规划编制实施调研与思考［J］.国土资源情报，2019（08）：20-25.

［19］刘晓雷，刘艳.试论矿山生态环境恢复治理现状和对策［J］.资源节约与环保，2019（04）：24-25.

［20］王维维，杨思留.我国矿山环境治理保证金制度研究综述［J］.南京工业大学学报(社会科学版)，2017，16（02）：31-38.

［21］杨凌雁，李花华.我国矿山环境治理恢复基金制度的构建［J］.中国矿业,2018,27（12）：77-82.

［22］李国政.绿色矿业:内涵界定、模式探索与实现路径［J］.矿产保护与利用,2018（06）：1-8.

［23］宋猛,李文超,赵玉凤.矿业绿色发展的路径选择和参考——基于国际发展实践及差异分析［J］.中国国土资源经济，2020，33（04）：10-15.

［24］鞠建华.构建中国绿色矿山建设的支撑体系［J］.中国矿业，2020，29（01）：13-15.

［25］侯华丽，吴尚昆，蒋芳，董煜，宋栋梁.新时代我国绿色矿山建设规划的思考［J］.中国矿业，2019，28（07）：81-85，93.

［26］司芗，张应红，刘立，许书平，罗玲.新时代我国绿色矿山建设与发展的思考［J］.中

国矿业，2020，29（02）：59-64.
[27] 柳晓娟.新时期我国绿色矿山建设的内涵与成效［N］.中国矿业报,2020-03-04（002）.
[28] 张兴.矿产资源勘查开发监管制度建设的"困"与"解"［J］.国土资源情报,2017（10）：3-8，22.
[29] 曲俊利，姜航，孟刚，苗琦，陈敏，王天元.新时代深化矿产督察工作改革研究［J］.矿产保护与利用，2019，39（01）：163-168.
[30] 张兴，郭琳琳.经济新常态下矿山环境保护的制度供给策略［J］.中国矿业，2017，26（01）：13-16.
[31] 苏轶娜，刘超，余良晖.我国压覆矿产资源管理制度探析［J］.国土资源情报，2019（05）：33-39.
[32] 李海婷.建设项目压覆矿产资源管理法律制度研究［J］.现代矿业，2019，35（07）：12-15.
[33] 陈敏，苗琦，王天元，姜航，曲俊利，申雪.我国建设项目压覆矿产资源审批管理的现状及政策建议［J］.中国矿业，2019，28（09）：12-14，31.
[34] 鞠建华，强海洋.中国矿业绿色发展的趋势和方向［J］.中国矿业,2017,26（02）：7-12.
[35] 侯华丽，强海洋，陈丽新.新时代矿业绿色发展与高质量发展思路研究［J］.中国国土资源经济，2018，31（08）：4-10.

第十二章

水资源融合管理

第一节 中国水资源管理的发展阶段

新中国成立70年以来,我国现代化建设快速推进,对水资源管理的需求产生深刻影响。总的来看,在此过程中对水资源管理的需求类型逐渐增多,主要涉及:生存性需求、发展性需求、环境性需求、精神性需求等。这四类需求的关系类似于马斯洛的需求层次论[1],更高层次需求的出现通常以低层次需求在一定程度得到满足为前提。简单来说,生存性需求包括:防灾减灾、饮用水、灌溉用水等;发展性需求包括:水力发电、生产用水、水运等;环境性需求包括:水环境保护、水景观打造和水生态修复等;精神性需求包括:水文化、水历史、涉水遗产等。国家现代化建设对水资源管理需求的演变过程可以分为四个阶段[2][3]。

一、第一阶段(1949—1979年)

这一时期中国经济建设百废待兴,水旱灾害频繁,防汛抗旱是首要任务。同时,为解决最基本的生存问题,应对中国多变且干旱的气候,农田水利基础设施建设的需求也非常紧迫。以防洪和灌溉为代表的大规模水利基础设施建设是这一阶段水利发展的主要需求。

与此同时,伴随现代经济增长和人口增加,水资源管理的发展性需求开始逐步增长,其中,包括生产和生活用水、水力发电等。环境性需求开始萌芽,水土流失治理在20世纪50年代被提上议事日程,水污染问题开始出现。这一时期,水利部负责以防洪和跨流域调水为主的水利建设工作,而水力发电、城市供水和内河航运分别由燃料工业部(电力部)、建设部和交通部负责,农田水利归农业部管理。总体来看,该阶段水资源管理较为分散,以国家调配为主,这是一个生存性需求占主导地位的时期。

二、第二阶段（1980—1999年）

改革开放后，国家工作重心逐步转移到经济建设上来，工业和城市用水需求快速增长，农业用水增长势头趋缓。进入20世纪90年代，水资源短缺问题凸显，黄河连年断流催生黄河流域"八七"分水方案（1987年国务院颁布《黄河可供水量分配方案》）出台，以行政命令为主的水资源管理制度开始萌芽。1984年3月，国务院决定由水电部作为全国水资源的综合管理部门，负责全国水资源的统一规划、立法、科研和调配等工作，并负责协调各用水部门的矛盾，处理涉水纠纷等。1988年，随着《水法》及相关法律的颁布，我国进入了依法治水管水阶段，开始探索基于水权与水市场的水资源管理制度，并进行水权交易试点。

同时，伴随经济的快速发展，水环境持续恶化，至90年代后期集中爆发。例如：70年代，海河流域出现水污染问题；80年代后期，工矿企业废水和城镇生活污水大量增加，流域水污染问题日趋严重。同时，西北、华北和中部广大地区因水资源短缺造成水生态失衡，引发江河断流、湖泊萎缩、湿地干涸、地面下降、海水入侵、森林草原退化、土地荒漠化等一系列生态问题。

总之，这一时期对水资源的生存性需求依然巨大，同时伴随经济的快速增长，发展性需求也快速增长。水环境的持续恶化使得中国在较低收入水平的情况下，产生了水资源保护、水环境治理和水生态修复的需求。

三、第三阶段（2000—2010年）

该阶段，党中央、国务院开始了大江大河治理、病险水库除险加固、重点城市防洪工程建设、行蓄洪区安全建设等工作。步入21世纪，随着我国工业经济的快速发展，水污染事故频发，对饮水安全和供水保障的负面影响日趋严重。水污染已经从局部、点源污染逐步发展为流域性、面源污染，水环境治理需求巨大。水生态持续恶化，水土流失形势严峻，全国水土流失面积达356万平方千米，占国土总面积的37%，年均土壤侵蚀量高达45亿吨，损失耕地近700平方千米。全国地下水超采区面积达19万平方千米，华北地区因地下水超采形成了3—5万平方千米的漏斗区。同时，随着居民收入水平从小康走向富裕，对水生态、水环境等环境性需求逐步出现，水生态修复开始成为一项重要的水资源管理工作。这一时期，我国水资源管理工作的重点逐步从资源开发利用转向资源管理，基本建立了行政区域与流域管理相结合的水资源综合管理制度，确立了以水量分配、取水许可、水资源论证为主的水权管理制度，和以全成本核算为原则的水价管理制度[4]。

四、第四阶段（2011年以后）

2011年初，中央一号文件《关于加快水利改革发展的决定》发布。同年7月，中央水利工作会议召开，标志着水利在党和国家事业发展中居于更加突出的地位。2012年1月，国务院印发了《关于实行最严格水资源管理制度的意见》，其核心内容是"三条红线""四项制度"。2014年3月，习近平总书记在中央财经领导小组第五次会议上，明确提出"节水优先、空间均衡、系统治理、两手发力"的新时期水管理工作思路。2015年4月，国务院发布《水污染防治行动计划》（简称"水十条"），从控制污染物排放、节约保护水资源、强化科技支撑、发挥市场机制作用、严格环境执法监管、加强水环境管理、保障水生态环境安全、明确和落实各方责任、强化公众参与和社会监督等方面对水管理作出部署。

2015年9月，中共中央、国务院印发《生态文明体制改革总体方案》，将水管理工作纳入生态文明建设范畴。2017年，党的十九大将水资源管理纳入生态环境保护体制机制中进行考虑。2018年4月，习近平总书记在深入推动长江经济带发展座谈会上指出："推动长江经济带发展，前提是坚持生态优先，把修复长江生态环境摆在压倒性位置，逐步解决长江生态环境透支问题"。2019年9月，习近平总书记在黄河流域生态保护和高质量发展座谈会上强调："要坚持绿水青山就是金山银山的理念，坚持生态优先、绿色发展，以水而定、量水而行，因地制宜、分类施策，上下游、干支流、左右岸统筹谋划，共同抓好大保护，协同推进大治理"。

这一时期，我国逐渐进入以改善水环境、保护水生态为主要目标的环境性需求阶段。与此同时，我国水资源管理的生存性需求、发展性需求和精神性需求将不断增长。中国水问题更加复杂，对水资源管理的需求更趋多元化，我国治水矛盾开始转型，将对既有水资源管理模式进行不断创新。

第二节 中国水资源融合管理现状与问题

一、中国水资源融合管理现状

国家对水资源实行流域管理与行政区域管理相结合的管理体制。国务院水行政主管部门负责全国水资源的统一管理和监督工作。国务院有关部门按照职责分工,负责水资源开发、利用、节约和保护的有关工作。县级以上地方人民政府水行政主管部门按照规定的权限,负责本行政区域内水资源的统一管理和监督工作。县级以上地方人民政府有关部门按照职责分工,负责本行政区域内水资源开发、利用、节约和保护的有关工作(图12-1)。

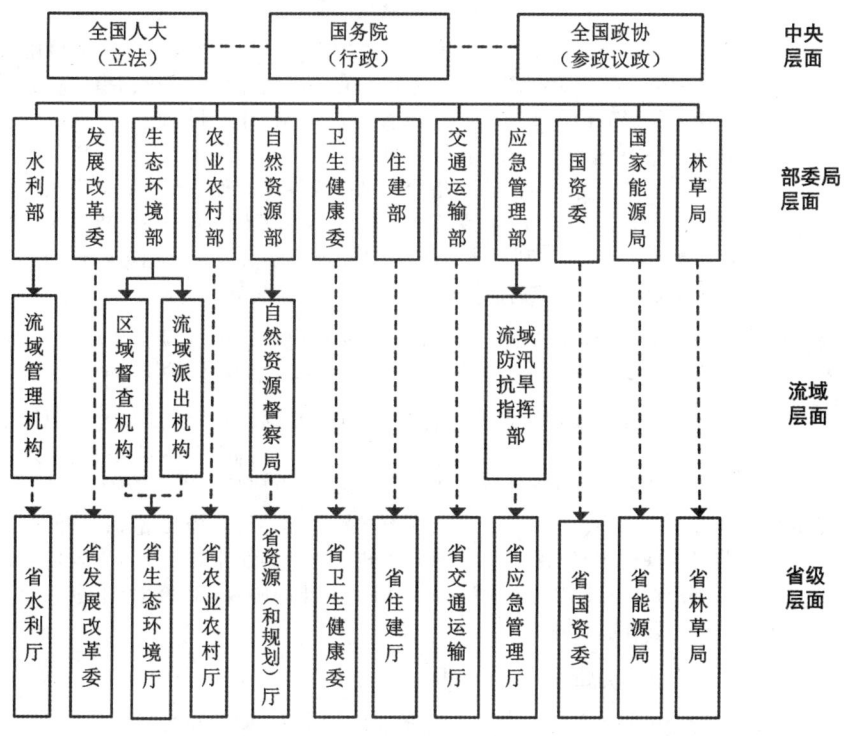

图12-1 水资源管理体制现状

（一）国家层面的水资源管理体制

2018年国务院机构改革后,中国水资源管理体制进一步优化与完善,水治理体系和治理能力逐步完善。主要体现为：

在国家层面，中国水资源管理体制改革取得重要进展。第一，涉水管理职责优化。2018年3月，国家对有关部门涉水管理职责进行了优化。此次改革，使得中国原有水资源管理体制"横向多头管理""九龙治水"的局面得以改善，条块分割格局得以缓解，涉水管理的主体更加明确、职责更加清晰（表12-1）。第二，水资源需求管理模式改善。以需定供的水资源管理模式逐步退出，水资源被作为最大的刚性约束，以水定城、以水定地、以水定人、以水定产的理念逐渐深入人心。

表12-1　各部委主要涉水职责

部委	涉水职责
水利部	负责保障水资源的合理开发利用；负责生活、生产经营和生态环境用水的统筹和保障；按规定制定水利工程建设有关制度并组织实施；指导水资源保护工作；负责节约用水工作；指导水文工作；指导水利设施、水域及其岸线的管理、保护与综合利用；指导监督水利工程建设与运行管理；负责水土保持工作；指导农村水利工作；指导水利工程移民管理工作；负责重大涉水违法事件的查处，协调和仲裁跨省、自治区、直辖市水事纠纷，指导水政监察和水行政执法；开展水利科技和外事工作；负责落实综合防灾减灾规划相关要求，组织编制洪水干旱灾害防治规划和防护标准并指导实施。
发展和改革委员会	推进实施可持续发展战略，推动生态文明建设和改革，协调生态环境保护与修复等工作；提出健全生态保护补偿机制的政策措施，综合协调环保产业有关工作。
生态环境部	会同有关部门编制并监督实施重点区域、流域、海域、饮用水水源地生态环境规划和水功能区划；负责重大生态环境问题的统筹协调和监督管理；组织制定陆地各类污染物排放总量控制、排污许可证制度并监督实施，确定大气、水等纳污能力，提出实施总量控制的污染物名称和控制指标；会同有关部门监督管理饮用水水源地生态环境保护工作，组织指导城乡生态环境综合整治工作，监督指导农业面源污染治理工作；指导协调和监督生态保护修复工作；负责生态环境监测工作。
农业农村部	负责农田水利建设项目管理工作。
自然资源部（林草局）	履行全民所有湿地、水等自然资源资产所有者职责和所有国土空间用途管制职责；负责自然资源调查监测评价；负责自然资源的合理开发利用；负责海洋开发利用和保护的监督管理工作；负责湿地资源的监督管理。
卫生健康委	组织开展饮用水卫生监督检查；完善综合监督体系，指导规范执法行为。
住房和城乡建设部	指导城市供水、节水等工作；指导城镇污水处理设施和管网配套建设。

（续表）

部委	涉水职责
交通部	负责水路建设，拟订水路工程建设、维护、运营和水路运输、航政、港政相关政策、制度和技术标准并监督实施；负责国家重点水路工程设计审批、施工许可、实施监督和竣工验收工作；负责国际和国境河流运输及航道管理工作；负责起草水路有关规费政策并监督实施；负责起草港口安全生产政策和应急预案。
应急管理部	组织编制国家应急总体预案和规划，指导各地区各部门应对突发事件工作，推动应急预案体系建设和预案演练；指导水旱灾害、地质灾害等防治。
国资委	指导监管中国长江三峡集团有限公司、中国电力建设集团有限公司等涉水企业的布局与结构调整、发展战略与规划以及重大投资。
国家能源局	负责起草能源发展和有关监督管理的法律法规送审稿和规章，拟订并组织实施能源发展战略、规划和政策，推进能源体制改革，拟订有关改革方案，协调能源发展和改革中的重大问题；组织制定可再生能源的产业政策及相关标准；组织推进能源重大设备研发及其相关重大科研项目，指导能源科技进步、成套设备的引进消化创新。

（二）流域层面的水资源管理体制

在流域层面，我国的流域/跨区域涉水机构主要包括：水利部流域管理机构、生态环境部区域督察局、生态环境部流域生态环境监督管理局、国家自然资源督察局、防汛抗旱指挥部等（表12-2）。不同机构的职责有所侧重，有利于打破传统的行政区域边界，探索解决流域/跨区域的涉水问题，有效衔接国家层面和地方层面的水资源管理体制。

表12-2 有关流域/跨区域机构涉水职责

各部门下设派出机构	主要职责
水利部流域管理机构	负责保障流域水资源的合理开发利用；负责流域水资源的管理和监督工作，统筹协调流域生活、生产和生态用水；负责流域水资源保护工作；负责防治流域内的水旱灾害，承担流域防汛抗旱总指挥部的具体工作；指导流域内水文工作；指导流域内河流、湖泊及河口、海岸滩涂的治理和开发；按照规定权限，负责流域内水利设施、水域及其岸线的管理与保护以及重要水利工程的建设与运行管理；指导、协调流域内水土流失防治工作；负责职权范围内水政监察和水行政执法工作，查处水事违法行为；负责省际水事纠纷的调处工作；按规定指导流域内农村水利及农村水能资源开发有关工作，指导水电农村电气化和小水电代燃料工作；按照规定或授权负责流域控制性水利工程的运营或监督管理。

（续表）

各部门下设派出机构	主要职责
生态环境部区域督察局	监督地方对国家生态环境法规、政策、规划、标准的执行情况；承担中央生态环境保护督察相关工作；协调指导省级生态环境部门开展市、县生态环境保护综合督察；参与重特大突发生态环境事件应急响应与调查处理的督察；承办跨省区域重大生态环境纠纷协调处置。
生态环境部流域生态环境监督管理局	组织编制流域生态环境规划、水功能区规划，参与编制生态保护补偿方案，并监督实施；提出流域水功能区纳污能力和限制排污总量方案建议；参与流域涉水规划环评文件和重大建设项目环评文件审查，承担规划环评、重大建设项目环评事中事后监管工作；指导流域内入河排污口设置，承办授权范围内入河排污口设置的审批和监督管理；指导协调流域饮用水水源地生态环境保护、水生态保护、地下水污染防治有关工作；组织开展河湖与岸线开发的生态环境监管、河湖生态流量水量监管，参与指导协调河湖长制实施，河湖水生态保护与修复；组织协调南水北调等重大工程水源地水质保障；组织开展流域生态环境监测、科学研究、信息化建设、信息发布等工作；组织拟订流域生态环境政策、法律、法规、标准、技术规范和突发生态环境事件应急预案等；承担流域生态环境执法、重要生态环境案件调查、重大水污染纠纷调处、重特大突发水污染事件应急处置的指导协调等工作；指导协调监督流域内生态环境保护工作，协助开展流域内中央生态环境保护督察工作。
国家自然资源督察局	督察地方政府落实党中央、国务院关于自然资源重大方针政策、决策部署及法律法规执行等情况；督察地方政府落实自然资源开发利用中的生态保护修复、矿产资源保护及开发利用监管等职责情况；对涉及自然资源开发利用、生态保护重大问题开展督察。
各流域防汛抗旱指挥部	负责落实国家应急指挥机构以及水利部防汛抗旱的有关要求，执行国家应急指挥机构指令。

（三）水资源管理制度与政策

近年来，我国涉水相关法律相继修订，相关法律框架逐步构建完善。自2015年以来，全国人大相继对《环境保护法》《水法》《水污染防治法》进行了修订。

流域层面的立法工作有了突破性进展。2019年12月，我国首部流域法律——《长江保护法（草案）》提请十三届全国人大常委会第十五次会议审议。该法作为我国首部流域法律，填补了我国流域立法的空白，长江流域专门法的出台开创性地构建了长江流域生态保护和高质量发展的法治框架，也为黄河等其他重要流域立法工作提供了借鉴。

基于生态文明的水资源管理政策体系逐步构建。在我国推进生态文明建设过程中，在我国水资源管理过程中所制定的一系列相关政策的基础上，逐步形成了水资源领域生态文明政策体系。水资源领域生态文明政策体系主要包括：涉水空间有序管理、水资源合理利用与监管、水环境和水生态有效管控、评价和考核四个方面的36项政策（图12-2）。

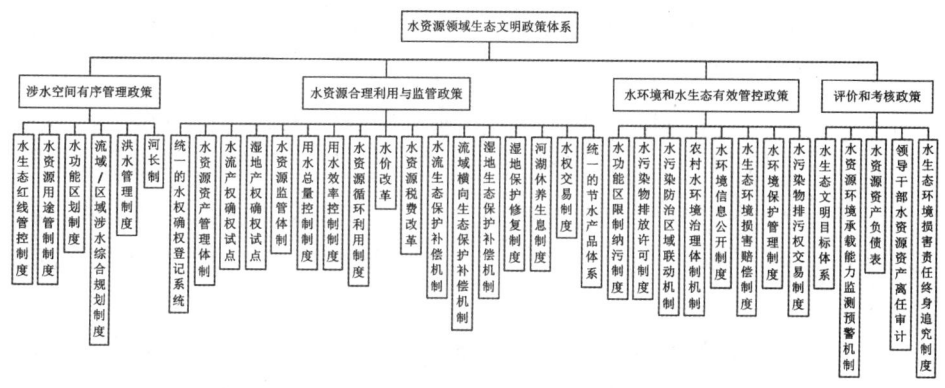

图12-2 水资源领域生态文明政策体系框架

二、中国水资源融合管理形势判断

第一，中国水问题表现出越来越强的系统性、结构性和流域性特征。

系统性特征主要体现在：一是水资源、水环境、水生态、水灾害、水管理等水问题相互交织，存在可能危害水安全的系统性风险；二是随着中国用水总量步入零增长平台、水资源利用效率不断提升、节水供水重大水利工程稳步推进、大江大河生态环境保护大力推进，中国的水安全风险开始降低；三是作为国家现代化建设的重要基础，水安全对总体国家安全的支撑作用将越来越显著，水安全与经济安全、社会安全、生态安全、资源安全、生物安全等的关系越来越紧密。

结构性特征主要体现在：一是用水结构与水资源、水环境承载能力不平衡，水资源需求的结构性矛盾突出；二是在产业结构和消费结构转型升级背景下，水的数量性制约作用逐步下降，水的质量性制约作用越来越突出；三是产业空间布局与水资源空间分布不匹配，空间结构矛盾突出。

流域性特征主要体现在：一是流域生态环境治理体系不健全，企业和公众等参与的范围和深度不足，跨部门、跨区域协调机制不完善，多元化资金投入机制不足；二是梯级水电开发、自然岸线破坏、地下水超采等，是造成大江大河生态系统破坏的重要原因；三是跨流域引调水工程可能加剧调水区和受水区之间发展的不平衡、不协调，应引起关注；四是"中华水塔"地区正在发生冰川加速退缩、湖泊显著扩张、冰川径流增加等失衡现象，未来水资源短缺的潜在风险逐步加剧，对我国经济社会发展可能产生严重影响。

第二，中国特色水资源管理政策不断创新，水资源领域生态文明政策体系初步建立。党和国家历来高度重视水资源管理工作，中国特色水资源管理政策不断创新，如：节水型社会建设、最严格水资源管理制度、河长制等。

党的十八大以来，水资源管理被纳入生态文明建设范畴，从涉水空间有序管理，水资源合理利用与监管，水环境和水生态有效管控、评价和考核等方面逐渐形成了水资源领域生态文明政策体系，有力促进我国水治理体系和治理能力现代化。

第三，水资源管理日益成为中国参与全球治理的重要抓手和亮丽名片。一是通过做好澜沧江—湄公河等跨界河流涉外工作，强化中外水资源管理交流与合作，服务周边外交大局；二是全力推进"一带一路"涉水工程建设，服务沿线国家发展，造福当地人民；三是通过开展虚拟水贸易，为全球提高水资源利用效率、保护生态环境、促进经济发展做出贡献；四是通过世界水理事会等多双边国际交流平台讲述中国治水故事，传播中国治水好声音。

第四，新形势下，随着人民生活水平不断提高，对水资源管理的需求更趋多元化。中国治水的主要矛盾已转变为现阶段人民群众对优质水资源、宜居水环境、健康水生态的更高层次需求与水治理体系和治理能力不足之间的矛盾。

专栏12-1：

中国水资源融合管理的创新

党和国家历来高度重视水资源管理工作，中国特色水资源管理政策创新不断涌现，治水已经成为我国向世界讲好中国故事、传播中国好声音的重要窗口。

创新1：最严格水资源管理制度。最严格水资源管理制度是中国政府针对国情、水情提出的一项全新的水资源管理制度。最严格水资源管理中的"三条红线""四项制度"是最严格水资源管理区别于一般水资源管理的主要标志。在2011年中央一号文件《中共中央国务院关于加快水利改革发展的决定》中，全面阐述了实行最严格水资源管理制度的"三条红线""四项制度"，其中，"三条红线"包括：水资源开发利用控制红线、用水效率控制红线、水功能区限制纳污红线，是最严格水资源管理制度的核心内容、控制目标和具体抓手。"四项制度"包括：用水总量控制制度、用水效率控制制度、水功能区限制纳污制度以及水资源管理责任和考核制度，是实施最严格水资源管理的制度保障。

创新2：河长制。河长制是解决我国复杂水问题、维护河湖健康生命的有效举措，是完善水治理体系、保障国家水安全的制度创新。河长制是从河流水质改善领导督办制、环保问责制衍生出来的，由各级党政主要负责人担任辖区内相关河流的"河长"，负责河道水环境治理和保护的一种管理制度。以水资源保护、水域岸线管理、水污染防治、水环境治理、水生态修复和水行政执法监督为主要任务，提出全面建立省、市、县、乡四级河长体系，构建责任明确、协调有序、监管严格、保护有力的河湖管理保护机制，为维护河湖健康生命、实现河湖功能永续利用提供制度保障。

创新3：流域管理与行政区域管理相结合的管理体制。我国从水资源的自然特性和国家的政治体制出发，总结并吸收国内外水资源管理的成功经验，按照自愿管理与开发利用管理分开的原则，规定我国建立流域管理与行政区域管理相结合的水资源管理体制，明确了国家统一管理与地方分级统一管理的职责。国务院自然资源、水行政、生态环境主管部门在各自职责范围内负责全国涉水资源环境的管理和监督工作。上述主管部门分别在国家确定的重要区域、江河、湖泊设立涉水管理和监管机构，在所管辖的范围内行使法律、行政法规规定的和有关主管部门授予的涉水管理和监督职责。县级以上地方人民政府自然资源、水行政、生态环境主管部门按照规定的权限，负责本行政区域内涉水资源环境的管理和监督工作。

三、中国水资源融合管理存在的主要问题

（一）流域层面水资源协同治理有待加强

第一，跨部门、跨区域水资源管理协调机制尚不完善。主要表现在：一是生态环境部流域生态环境监督管理局与其他流域/跨区域机构的合作方式尚未完全建立。二是流域河长制的跨省协调主要限于水利系统内部，河长制尚未完全融入现行的流域生态环境管理体制中。三是跨区域协同治理力度有待加强。目前，流域水污染防治总体上仍以行政区域管理为主，体制上难以协调污染物排放量超过流域环境容量的问题，导致各行政区污染防治责任不够清晰、跨界水污染问题难以彻底解决。

第二，法律法规对流域/跨区域机构职责的界定需要调整。主要表现在：一是国务院机构改革后，相关流域机构的主要职责和机构设置发生了变化，流域水功能区划编制、流域内入河（海）排污口设置、流域生态环境监测、流域生态环境保护监督等工作的责任主体需做出相应调整。二是地方政府对流域生态环境进行保护的责任有待进一步落实，流域生态环境保护的监管责任亦需夯实。

第三，缺乏真正的流域水资源管理综合规划。主要表现在：一是各流域涉水规划版本较多，主要涉及发展和改革委、生态环境、水利等部门。各规划之间既有相互重叠，也有未覆盖到的领域，甚至还有抵牾之处。二是流域分水方案需要与时俱进。以黄河流域为例，黄河流域河径流条件变化、输沙变化、区域水资源供需变化以及南水北调中线工程的建设运行，使得原"'八七'分水方案"已无法满足黄河流域生态保护和高质量发展需求[5]。三是缺乏规划实施的监督机制。流域规划往往缺乏强制性和规范性，约束力和权威性不够，使得违背规划的现象时有发生。

第四，多方参与的范围和深度不足。主要表现在：一是政府在水资源管理中占绝对主导地位，此种管理模式虽然发挥了重要作用，但面临综合成本较高、管理成效不足等问题。企业和公众参与仍然不足，已有参与方式大部分集中于末端环节，在公共决策、规划编制、政策制定、考核问责等方面参与的深度不足。二是企业和公众参与缺少明确的程序性安排，一定程度上取决于有关流域/跨区域机构和地方政府的"自由裁量"。

(二)水资源开发利用与其他生态要素保护不平衡

第一,生态需水保障力度不足,水生态压力突出。在我国,水资源开发利用过程中对生态需水的忽视或重视不足是一个比较普遍的问题,很多地区工业用水挤占农业用水、农业用水挤占生态环境用水的现象长期存在。生态需水得不到有效保障,造成不同程度的水生态压力和水生态风险,局部区域甚至出现严重的水生态安全问题,如:水环境容量降低、水生生态系统功能退化、水生生物生存受到威胁、突发性水生态事件频发等。我国主要河流多年平均挤占生态环境用水约132亿立方米,海河、黄河、辽河、西北诸河的经济社会用水挤占河道内生态环境用水量一般占生态环境需水量的20%—40%,导致这些河流和相关地区生态环境的严重退化、水生态压力突出[6]。

第二,水利水电工程建设与自然保护地管理矛盾凸显。主要表现在:一是自然保护地范围内的水利工程等历史遗留问题有待解决。因历史原因,早期批准建设的部分水电及长距离跨调水工程,涉及自然保护区、风景名胜区、地质公园、森林公园、世界遗产区等自然保护地以及其他需要进行保护的区域。近年来,虽然相关工程普遍重视运行期对生态环境的影响,但仍不可避免对生态环境造成一定的破坏。二是跨流域引调水工程可能引发调水区和受水区发展不平衡、不协调。调水工程建成后,调水区和受水区可能形成发展不协调的局面,甚至产生调水区生态环境恶化、受水区产业结构固化而用水强度增长的不利局面,这样就背离了调水工程的初衷。

第三,水资源管理的多元化资金投入不足。主要表现在:一是水治理资金渠道来源单一。在当前的水管理实践中,资金来源多局限于政府财政支出,资金供给渠道较为单一。传统局限于局部环节的资金供给或单一水利工程的投资已无法满足跨区域、跨流域的水资源管理资金有效供给的需求[7],资金支持的短板已经严重阻碍了水资源管理进程。由于缺少必要的制度安排,企业和社会各界对水管理资金投入不足。二是市场化手段的使用和创新未能和社会经济变革同步。目前各种涉水生态环境保护的相关机构/机制往往将目光仅仅聚焦于保护,在取得保护效果的同时却容易忽视发展,无法将"绿水青山"有效地转化为"金山银山",导致保护效果难以长期持续。

(三)水资源领域生态文明政策体系有待进一步完善

第一,政策制定存在盲目性,考核机制尚不健全。部分政策目标缺少约束性和阶段性，可执行性不强。如：水生态环境损害赔偿、水生态环境信息公开等生态保护补偿相关政策缺乏约束性目标，尤其是可量化、可核实目标，使得考核工作缺少抓手；水资源用途管制等相关制度没有根据阶段性改革任务设定相应的阶段性目标，不利于对改革过程中的经验教训进行阶段性梳理、总结，易使改革流于形式。此外，考核机制尚不健全，如：水资源资产离任审计制度的规范性文件尚未根据中央有关要求对考核工作进行细化，这容易使考核工作走过场，导致生态文明体制改革事倍功半、成效大打折扣。

第二，部分政策的改革任务交叉重叠，存在部门利益导向。囿于部门职责交叉和缺乏顶层设计，不同政策的改革任务之间存在不同程度的交叉重复，例如：水资源用途管制制度和湿地保护修复制度均涉及对水/湿地资源进行用途管制等。可见，"多龙治水"也体现在改革任务的设定上，有关流域/跨区域水环境管理部门将自身承担的同一项改革任务"嵌入"多项政策，借此获得更多改革配套资源，降低考核难度，提升自身在流域/跨域水环境管理中的话语权[8][9][10]。

第三，水资源领域生态文明政策立法的完整性和协调性不足。当前，各类涉水政策的改革工作均涉及调整现行法律法规，部分政策需要通过开展试点，细化法律法规内容。部分政策尚未在相关法律法规中得到有效体现，或与现行法律法规相抵触，缺少足够的法律授权；部分政策虽在相关法律法规中已有原则性规定，但缺乏可操作性。

（四）生态环境风险防控有待加强

第一，涉水生态环境风险凸显。当前，随着河湖沿岸工业化、城镇化进程的加快以及农业的快速发展，不可避免地带来了污染物排放，使得流域生态环境风险日益加剧。主要表现在：一是含有有害化学品的污水排放严重。矿山、冶金等行业对有毒有害原材料的使用带来流域重金属污染，造纸、皮革、食品、炼油、合成洗涤剂等工业污水和生活污水的排放以及农业生产对农药化肥的使用带来流域水体富营养化。二是化学品管理体系不完善。危险化学品在使用全过程中，存储、装卸、运输等环节存在安全隐患，加剧涉水生态环境风险。

第二，新型污染物引发的涉水风险日益显现。当前，随着重化工业的快速发展和各类化学品的大量使用，达到特定含量的内分泌干扰物、抗生素、微塑料等新型污染物相继在水体中被发现。主要表现在：一是在水、大气和土壤中相继监测出较高含量的EDCs、抗生素、微塑料等新型污染物。如：在长江中下游及河口等区域检测到内分泌干扰物的污染；珠江流域三条支流中的双酚基丙烷含量与美国所有河流中该污染物含量总和相当；2015年渤海湾野生梭鱼，因受一种新的类雌激素影响，雌雄同体发生率已高达50%。二是有毒有害化学物质引发水环境风险。如：有毒有害化学物质雌酮、双酚A等造成多起急性水环境突发事件，多个地方出现饮用水危机，个别地区甚至出现"癌症村"；近十几年来中国人血清中某些环境污染物（尤其是EDCs）浓度增加了数十倍等，对人体健康产生威胁。

第三，"亚洲水塔"水安全风险严峻。近年来，在全球气候变暖的背景下，素有"亚洲水塔"之称的以青藏高原为核心的高山区及周边地区，正在发生冰川加速退缩、湖泊显著扩张、冰川径流增加等失衡现象，未来水资源短缺的潜在风险逐步加剧[11]。在短期内，下游河流未来主要的风险是冰雪融水增加导致的洪水灾害。长期来看，随着全球气候变暖，冰川不断萎缩，冰川融水对河流的补给将逐渐减少，下游河流将面临干旱化趋势甚至变成季节性河流的风险，势必会影响下游地区的供水安全、防洪安全以及生态安全。在此背景下，"亚洲水塔"的水安全问题日益复杂和突出，给周边地区水治理带来新的挑战。

第三节 国外水资源融合管理的经验

西方发达国家水资源管理经历了从主要为农业服务发展到为工业等更多领域服务的发展进程。发达国家在工业化进程中，根据经济社会发展过程中出现的水问题，通过不断调整水资源管理发展思路与战略重点，探索适合自身发展的有效的水资源管理制度与机制，形成了较为成熟的水资源融合管理体系。水资源融合管理是集成了社会经济、环境、科学技术的一种复杂方法，它从社会总需求的角度，跨部门来看待水资源问题，强调多方参与，以保证水资源的公平性和有效性。同时，水资源融合管理强调先进技术应用和跨学科综合研究，如数字流域、公众参与、不确定性分析、自适应管理的应用等。其中水资源管理经验主要表现在以下几个方面：

一、立法是实行水资源管理的强有力保障

制定正确合理的水资源法律法规是实现水资源高效管理的重要手段，水资源法律可涉及水资源管理、开发利用、保护等全过程的各方面，其责任、权利严明，法律程序严格。同时，依据水资源相关法律可设置水资源管理机构，明确其职权范围。以流域综合管理为例，19世纪末，一些国家和地区制订了专项法律与法规，把流域综合管理作为水资源管理的基本框架。其中，欧美国家一般赋予流域机构必要的行政执行权和经营管理权，以解决流域水资源管理中流域管理机构与地方、区域的利益交叉和矛盾的问题。在英国、法国，流域水资源管理权归中央政府，而德国和美国则是一部分管理权归联邦政府，另一部分归以行政区划为基础的管理系统，管理权是分散的。但这两种水资源管理有一个共同特点，那就是它们对流域的水量、水质以及水利等方面的管理都具有明确的法律地位和相应的权力。

二、建立水资源统一管理的流域管理机构

流域管理机构作为利益相关方参与的公共决策平台，其权威性往往是各种利益平衡的结果与反映。有效的流域管理机构通常有法定的组织结构、议事程序与决策机制，其决策对地方政府有制约作用。虽然流域管理机构的权限范围会随着流域问题的演变而有所调整，其权威性也会受到来自地方与部门的挑战，但符合国情与流域特点的流域机构依然是流域水资源综合管理的体制保障。

三、提高水资源市场管理效率

充分运用经济手段，通过市场激励机制提高水资源管理效率。在自然资源和生态保护领域，由于自然资源、生态环境具有区域性特点，运用市场交易手段对水生态、水环境进行保护，不少发达国家在这方面进行了有益的探索和尝试[12]。如：面对水资源保护资金缺口问题，在中央及地方政府财政有限，股权融资、市政债券、银行贷款等融资渠道不畅的背景下，美国建立多年循环基金，通过政府引导资金投入，带动企业和社会参与多元化水环境治理投入，以满足水污染治理和预防资金需求。

四、建立公众参与的监督协调机制

水资源综合管理强调以公众参与为基础，积极设立主管宣传部门，负责宣传工作，以提高公众参与意识，工作内容包括：接待来访者、组织各种各样的宣传教育活动，让公众自觉和主动地参与水资源保护与恢复行动；同时，设立完善的监督协调机构，并明确监管机构和执行机构的具体职责。监督机构通常设置在政府部门内部，但也可能有一些特殊工作（如监督和检测样品）会交给一些非政府组织，并保证这些组织能够正常运作而不受政府的干预[13]。

专栏12-2：

国外水资源融合管理成功做法

做法1：流域综合管理

流域综合管理是以流域为单元，在政府、企业和公众等共同参与下，应用行政、市场、法律手段，对流域内资源全面实行协调、有计划、可持续的管理，协调流域内各利益相关方的利益，不断维护和改善生态环境质量，逐步提高居民生活水平，促进流域公共福利最大化，最终达到流域可持续发展的目标。

由于各国自然、社会和经济的差异性，流域管理体制建立的模式有所不同。不同国家、不同国际河流根据本国和本流域的实际情况，分别探索了流域管理局（如美国的田纳西流域管理局）、流域协调委员会（澳大利亚墨累—达令河）、综合性流域机构（莱茵河管理委员会）等模式。

做法2：水资源适应性管理

适应性管理是基于识别和接受不确定性的管理，倡导在管理中学习，在学习中管理，并通过反馈来提高此后的管理[14]。水资源适应性管理，则是指在全球气候变化的背景下，通过调整水资源管理的措施、手段和方法，来应对气候变化引起的水资源短缺、洪水灾害等问题。

在水资源管理存在变化性、不确定性和复杂性的背景下,作为降低生态系统不确定性和提高资源系统生产效率的方法,适应性管理在水资源管理方面应具有以下特点:(1)多元性和连接性。政府、水资源使用者和各种产业用水户代表等多重参与者代表了不同利益相关方的利益和观点。(2)交流和沟通。通过建立信息共享机制来推动交流和沟通,促进相互了解,从而达成决策共识。(3)学习性。参与者一起行动并共担行动的后果,学习并自动纠正在水资源使用和管理方面的错误。

做法3:湿地银行

湿地银行交易制度是要求开发利用湿地者在申请开发许可证时,通过向湿地银行建设者购买可能造成损害的同等面积以及同等生态功能的湿地,来实现对湿地的生态补偿,从而避免湿地流失或者退化,而开发利用者在购买补偿湿地后方可获得许可。

美国湿地银行具有以下特点:(1)节约开发者的成本。开发者的开发行为必须保证不对湿地造成破坏或者把对湿地的损害降到最低,才能获得陆军工程兵团的开发许可证。(2)湿地银行的前期储备和后期管理是关键。美国相关法律规定,湿地补偿银行建立后,出售的湿地由银行建设方进行长期管理和维护。开发者购买湿地补偿银行的储备湿地来补偿湿地后,可将湿地的维护和管理责任转移给银行建设者。(3)专业的湿地维护人员与设备是湿地补偿银行建立的条件之一。该特点可有效避免开发活动对湿地造成损失,保证对湿地的有效生态补偿。(4)调动公众参与积极性。湿地补偿银行制度成功引入湿地机制,调动了公众参与湿地保护的积极性,促进了湿地补偿资金的多元化。

做法4:州立循环基金

1987年,美国政府成立了清洁水州循环基金和饮用水循环基金(简称基金),主要用于资助实施污水处理以及相关的涉水环保项目。

在管理模式方面,联邦环境保护局和州政府共同管理基金。各

> 州政府获得拨款前，需建立基金，制定基金使用计划并提交环境保护局，负责基金项目的具体运营。环境保护局通过制定导向性政策和控制预算比例来引导基金投向，通过审批各州基金使用计划、拨款申请等对其开展监督。
>
> 资金来源主要包括三部分：一是联邦年度拨款和州政府拨款；二是基金运行中的贷款偿还和利息收益；三是发行债券募集资金。贷款偿还和债券募集资金，可以用于其他项目贷款，保障基金持续运营。
>
> 在资金投放方式方面，基金以提供低息贷款为主，采用贷款—还款—再贷款的运转模式。基金年均使用规模超过45亿美元，平均贷款利率为1.7%，低于5.0%的市场利率水平，对弱势社区贷款可为零利率或负利率，甚至免除偿还本金。贷款还款期限可达20年，特殊情况可延长到30年。

第四节 推进水资源融合管理的对策建议

我国正处在转变发展方式、优化经济结构、转换增长动力的攻关期，为解决我国水问题，化解新时期治水矛盾，亟需转变既有的水管理模式，基于我国实践探索成果，借鉴国际水资源综合管理经验，推行水资源融合管理（图12-3）。

水资源融合管理，是指以解决突出水问题、满足人民群众涉水需求为导向，充分发挥水资源的多种功能属性，统筹各类型水资源，坚持"山水林田湖草"生命共同体的理念，多元共治，多措并举，以流域为单元实行的水资源管理模式。水资源融合管理具有以下鲜明特征：

一是多问题融合。全方位解决水资源、水环境、水生态、水灾害、水管理等多种水问题。

二是多需求融合。满足生存性、发展性、环境性、精神性等不同层次的用水需求。

三是多服务功能融合。将水资源的经济、社会、生态环境、文化等多种服务功能进行融合。

四是多资源融合。实现地表水和地下水、可再生水和非可再生水、淡水资源与海水资源等多种融合。

五是国土空间的融合。将水资源纳入山水林田湖草生命共同体进行统筹考虑，强化河湖水域及其岸线、蓄滞洪区及洪泛区、饮用水水源保护区、水源涵养区、水土流失重点防治区等涉水生态空间规划与国土空间规划的衔接协调。

六是多主体融合。推动实现政府、企业和公众等多利益相关方的共同参与，明确有关各方的责任，实现多元共治。

七是多手段融合。综合运用法律、行政、市场、公众参与等手段进行水资源管理。

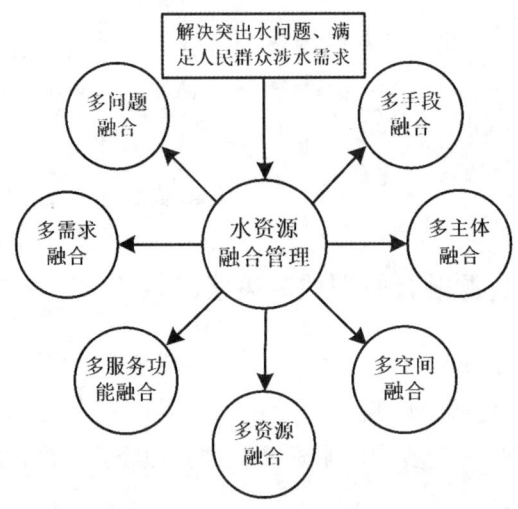

图12-3 水资源融合管理框架

一、完善流域层面水资源协同治理能力

第一，强化跨部门、跨区域水资源管理协调机制。主要表现在：一是建议流域生态环境保护相关机构与其他流域/跨区域机构加强沟通协调。由生态环境部流域监管局牵头，协调相关流域/跨区域生态环境保护机构/机制，进行流域水资源保护综合协商。二是在流域层面，水利部流域管理机构、生态环境部流域监督管理局、生态环境部区域督察局等流域/区域管理机构应与流域/区域内各省级行政区河长办建立沟通协商机制，在跨行政区河湖法律法规

制定、规划编制、标准制定、联防联控、信息共享、监测评估、工作督察等方面加强合作。在此基础上,使河长制更好地融入并服务于我国现行流域管理体制,形成中央—流域—省级三级互动、相互配合、良好衔接的流域管理新格局[15]。三是在完成流域水功能区划和国控断面整合工作的基础上,按照水环境质量要求重新核算不同水域的纳污能力,查清各流域排污口的数量、位置,明确排污口污染排放来源,根据污水排放类型对排污口进行分类,制定有针对性、分步骤的排污口整治方案,并与企业排污许可证核发相衔接,实现"岸上水里"彻底打通。

第二,强化流域生态环境治理的法律保障。根据生态环境部和水利部"三定"方案,参考各流域/跨区域机构的"三定"方案,对流域管理机构职责作出明确界定,并与现行的法律法规保持一致。在《水污染防治法》中明确流域生态破坏行为和相应的法律责任,落实各流域生态保护的主体责任和监管依据。建议由国务院组织开展流域管理执法检查,从严加强流域生态环境执法监管,严惩重处流域涉水违法犯罪和失职渎职行为[16]。

第三,制定流域水资源管理综合规划。主要突出以下几个方面:一是在规划编制方面,可考虑由自然资源部牵头,水利部、生态环境部参与,共同制定流域水资源管理综合规划,流域内各省级行政区有关部门、流域生态环境保护相关机构/机制共同参与,明确有关各方在规划编制和实施中的重点任务,并建立相应的实施保障机制。二是在规划实施方面,应理顺流域水资源管理综合规划与各专项规划的关系,细化规划制定和调整的程序,明确违反规划的法律责任。三是完善流域分水方案。统筹考虑黄河流域径流、输沙量明显减少及区域间社会经济、水源条件变化等新形势,在"'八七'分水方案"总体框架下,研究黄河上、中、下游不同区域水资源战略配置高、低等不同分水方案。逐步完善黄河流域水权转让与补偿制度、探索用水指标与土地指标调控的联动机制。四是引入专业第三方机构,定期开展规划实施效果的评估工作,将其纳入地方政府生态文明建设考核目标体系,严明奖惩制度。

第四,构建多方参与的水资源治理体系。构建统筹协调机制、管理执行机制、科学评估机制和社会参与机制"四位一体"的流域水资源管理体系,以实现对流域涉水公共物品的善治。统筹协调机制可以采用中央政府、省市等地方政府、社区、行业协会、公益组织等各利益相关方参与的理事会制度,保障其决策权和监督权。管理执行机制由各部门派出的流域机构、有关省级行政区的相关部门、各省级行政区河长制来承担，有关各方执行相关法律法规和流域水资源保护综合规划。科学咨询与评估机制由独立的科学委员会来执行，为保护和开发策略、规划、绩效评估等提供科学支撑。社会参与机制重点确保企业和公众的有效参与，保障各利益相关方的基本利益；同时，应在相关法规中规范公众全过程参与流域水资源保护的基本程序，包括信息发布、信息反馈与汇总、信息交流、管理决策等。

二、平衡水资源开发利用与其他生态要素保护之间的关系

第一，应对复杂多样的综合性水问题，要维持和发挥水的综合功能。主要突出以下几个方面：一是调整工业用水结构，提高工业用水效率。转变经济增长方式，加快产业结构调整，降低高用水、高污染行业比重，由水资源密集型产业转变为节水型产业，使产业结构与当地水资源条件相适应。二是建立生态流量调度机制。为满足环境质量与生态功能要求的水资源条件，在相关规范中明确生态调度为水库调度的基本原则，制定水库群和梯级水库联合调度制度策略，综合采取河湖联调、湖库联调、库闸联调等手段，科学调度闸坝，合理安排闸坝下泄水量和泄水时间，保证下游水体生态流量，并建立流域生态流量保障的监督管理机制。强化流域水利工程建设和水电开发规划环境影响评价工作，审慎确定流域开发布局和规模。三是从区域/流域水资源数量及其时空分布特征出发，协调人类社会用水需求与自然界环境、生态需水之间的关系；改变过去以单一功能为主要特征的水资源利用方式，使其逐渐向多功能综合开发利用转变。深入开展区域/流域良性水循环维持机理、生态需水定量评估方法及综合调配技术研究。

第二，采取多元化手段化解涉水保护与发展问题。主要突出以下几个方面：一是制定自然保护地范围内涉水工程退出或限制运行机制。统筹考虑水电站的多年平均发电量、设施设备状况、电站建设程序合规性等影响因素，合理制定自然保护地范围内的小水电站退出补偿标准。针对运营中的水利工程，如水库等饮用水水源地，采取生态环境保护与修复相关的工程技术措施，使得自然保护地与水利水电工程达到新的生态平衡。二是积极引入多元化生态补偿方式。以资金补偿、政策补偿为基础，引入项目补偿、人才补偿、智力补偿、异地开发、生态移民和转移安置等多元化的补偿方式，对因调水工程建设而利益受损的调水区居民开展经济、政策、就业培训方面的补偿，以此提高调水区人民群众生活质量，提高调水区人民群众保护生态环境的积极性，促进区域间的绿色、协调、可持续性发展。

第三，建立健全流域生态产品价值实现的政策体系。主要突出以下几个方面：一是健全自然资源资产产权制度、制定生态产品政府采购目录、打造流域生态产品品牌、构建生态产品标准和标识体系，创设生态产品价值实现的制度条件。二是建立流域生态产品市场交易机制，设立政府主导、生态产品利用型企业参与的生态环境保护投资基金，促进收益共享、风险共担；搭建生态产品交易平台，充分利用互联网、物联网、大数据等，降低生态产品生产、交易、消费成本。三是创新生态产品价值实现路径。集合不同类型已有的生态产品优势，将生态农业、生态工业、生态康养、生态旅游等产业融合起来，发展生态产业链，有效挖掘生态产品价值。积极培育生态产业化经营主体，促进现代生态产业与传统农林牧渔产业之间经营主体的融合，发展"生态+"的新型业态。四是积极拓展水治理资金的来源渠道。鼓励社会资金参与到水治理中来，将涉水工程项目与PPP模式相结合，积极探索设立工程建设基金，对水利工程、水环境治理等类型项目进行打包投资，在推动基金滚动发展的同时，实现经济、社会等多重效益的共赢。

三、完善水资源领域生态文明政策体系

第一，对改革任务进行调整、优化。由第三方评估机构对水资源领域生态文明相关水环境管理政策进行评估，通过对相关政策的改革任务进行梳理，明确所有交叉、重复的改革任务。由水资源管理相关部门共同参与，对重复或交叉的改革任务，进行清理、整合和重新分配，节约改革资源，降低改革成本，凝聚改革共识，增强政策体系的系统性、完整性和协调性，最大程度发挥政策合力。

第二，进一步健全改革任务的考核机制。应根据《生态文明建设考核目标体系》和《生态文明建设目标评价考核办法》等文件的相关要求，在政策性文件中细化各项政策改革任务的考核办法，包括：明确考核工作的主要牵头单位，可以由一个单位，也可以由多单位联合牵头；明确考核指标，除《生态文明建设考核目标体系》中规定的部分指标，还可以结合地区实际情况，提出其他约束性指标；规定现场考核的开始和完成时间，完成考核报告的截止时间等；制定考核工作的评分方式，以及成绩的划档方式；明确考核作用，考核结

果要作为各级党政领导干部综合考核评价、干部奖惩任免的重要依据，并制定其他有力的奖惩措施；考核结果要向社会公开，接受舆论和公众监督。

第三，调整与改革工作不相称的法律法规。大部分政策与现行法律法规、管理体制存在矛盾、冲突，如开展试验工作，需向国家有关机构提请在试点范围内暂时调整相关法律法规和管理体制。某些政策虽在相关法律法规中已有原则性规定，但缺乏可操作性，需要继续通过试点工作，总结经验，进而完善已有法律法规，尤其是应与已修订的《环境保护法》《水法》和《水污染防治法》相结合；某些政策在法律法规中未有规定，但在实践中证明有效，要及时形成相关法律法规成果。

四、提升生态环境风险防范能力

第一，加强常规化学品的风险防控。针对常规化学品污染，一是要建立流域内化学品和污染源登记制度。对新增化学品进行评估审查登记、对现有化学品进行风险评价与优先管理、对污染物实行排放转移登记。二是要建立典型流域化学品环境管理体系，包括开展化学品污染基础调查、优控化学品名录筛选、GIS信息数据库构建以及化学品市场准入负面清单编制等[17]。

第二，增强新型污染物的风险防范能力。主要突出以下几个方面：一是制定和完善有关流域新型污染物管理的法律法规以及标准体系；制定和修订有关各类新型污染物的大气、水、土壤方面的环境质量标准和技术规范以及与新型污染物相关的管理名录。二是建立流域/跨区域层面的新型污染物风险防范协调机制。将新型污染物风险防范纳入生态环境部流域生态环境监管机构与区域督察机构职能，并根据各自分管领域开展流域/跨区域协调与监管。三是查清各流域各类新型污染物底数。将新型污染物纳入第三次全国污染源普查，从山水林田湖草生命共同体和陆海统筹出发，梳理新型污染物污染扩散特性，建立污染源清单，编制污染负荷空间分布图。四是加强对各类控制、替代产品和技术的研究。研制能从源头减少新型污染物排放的替代材料，开发成本可行的新型污染物治理技术。五是加大对新型污染物危害的宣传力度，充分利用电视、网络、新媒体等途径，宣传新型污染物的来源、危害和防范措施，强化公众参与。

第三，加强气候变化背景下的"中华水塔"水资源安全风险防控。主要突出以下几个方面：一是构建地球第三极国家公园群。在中国国家公园建设的时代背景下，以国家公园群建设为重要抓手的发展模式，充分发挥机构改革后将各类自然保护地统一由林草部门负责监督管理的体制优势，结合当前我国自然保护地的资源分布状况和管理情况，优先开展羌塘、珠穆朗玛峰等国家公园体制试点方案编制，争取率先纳入国家试点建设范围，并积极开展神山圣湖、雅鲁藏布大峡谷、独龙江三江并流、香格里拉、昆仑山可可西里、水上雅丹、海西盐湖等区域国家公园建设可行性研究，积极构建"世界第三极国家公园群"。二是构建基于多国协调的信息共享协同机制。主要包括：青藏高原基础数据共享机制、重大水安全协商决策机制、监测预警系统共建机制、科学研究合作机制等。通过国际合作，保障和提升中国及周边国家地区的水安全以及水灾害应对能力，为"亚洲水塔"绿色、安全、可持续发展提供科技支撑[18]。

参考文献

[1] ABRAHAM H. Maslow In memoriam [J]. Journal of contemporary psychotherapy, 1970, 3 (1): 65-66.

[2] 张丛林，乔海娟，王毅，等. 发达国家水利现代化历程及其对中国的启示 [J]. 中国农村水利水电, 2015 (02): 47-50.

[3] 乔海娟，张丛林，张军，等. 推进国家水利现代化建设思考 [J]. 沈阳农业大学学报（社会科学版）, 2015, 17 (6): 729-733.

[4] 李加林，田鹏，史小丽，等. 水资源管理研究进展 [J]. 浙江大学学报（理工版）, 2019, 46 (2): 248-260.

[5] 贾绍凤，梁媛. 新形势下黄河流域水资源配置战略调整研究 [J]. 资源科学, 2020, 42 (1): 29-36.

[6] 秦昌波，苏洁琼，容冰，等. 我国水资源安全面临的挑战与应对策略研究 [J]. 环境保护, 2019 (5): 46-48.

[7] 覃琼霞. 水资源循环治理中的资金链研究 [J]. 中国软科学, 2017 (7): 1-9.

[8] 张丛林，乔海娟，董磊华，等. 水生态文明制度体系框架研究 [J]. 水利水电科技进展, 2017 (35): 28-34.

[9] 张丛林，张爽，杨威杉，等. 福建生态文明试验区全面推行河长制评估研究 [J]. 中

国环境管理，2018（3）：59-64.

[10] 张丛林,乔海娟,王毅,等.生态文明背景下流域/跨区域水环境管理政策评估[J].中国人口·资源与环境，2018，28（07）：76-84.

[11] 白春礼.让科学的力量更好地守护"亚洲水塔"——"'亚洲水塔'变化及其影响"专刊序言[J].中国科学院院刊，2019，34（11）：1201-1202.

[12] 邵琛霞.从保护到经营：美国湿地保护交易制度及其启示[J].中国土地科学，2014，28（1）：68-74.

[13] 杨朝晖,褚俊英,陈宁,等.国外典型流域水资源综合管理的经验与启示[J].水资源保护，2016，32(3): 33-37.

[14] HOLLING C. Adaptive Environmental Assessment and Management[M]. New York: John Wiley and Sons, 1978.

[15] 张丛林,李颖明,秦海波,等.关于进一步完善河长制促进我国河湖管护的建议[J].中国水利，2019（16）：13-15.

[16] 张丛林,郑诗豪,刘宇,等.关于推进太湖流域生态环境治理体系现代化的建议[J].环境保护，2020，48（3）：84-86.

[17] 潘峰.淮河流域化学品污染现状评价及防控对策[J].创新科技，2015，181（3）：40-42.

[18] 崔鹏,郭晓军,姜天海,等."亚洲水塔"变化的灾害效应与减灾对策[J].中国科学院院刊，2019，34（11）：1313-1321.

第十三章

海洋融合管理

第一节　中国海洋管理的发展态势

海洋是人类生存的基本空间[1]。中国拥有960万平方千米的陆地国土，还有300万平方千米的海洋国土，6500多个岛屿分布在渤海、黄海、东海、南海中，濒临太平洋有长达18000千米绵长曲折的海岸线，是典型的海陆复合型大国[2]。中华民族是世界上最早开发利用海洋资源的民族之一，远古时期就有"乘桴浮于海上"的记载，春秋时齐人得东海"渔盐之利"，后来又有以中国为起点的海上丝绸之路[3]。在人类漫长的历史长河中，随着对海洋的认识不断加深，海洋思想和管理也在不断演化和发展。随着我国经济社会的不断发展，在现代化国家建设和治理进程中，海洋也成为国家发展大局规划的新空间。从国内外发展实践和发展经验看，一个国家海洋事业有成效在很大程度上取决于其管理体制的完善，而管理体制的完善又取决于体制的不断改革与创新。

一、中国海洋管理体制及历史沿革

人类对于海洋战略地位及其价值的认识，是一个不断深化的过程。这个过程随着海洋资源的开发、利用、保护以及研究的深化发展。纵观漫长的人类发展的历史过程，对海洋及其价值的认识大致可以分为四个阶段：（1）15世纪以前，海洋有渔盐之利和舟楫之便。（2）15世纪至20世纪初期，海洋是世界交通的重要通道。（3）第一次世界大战以后至20世纪80年代，海洋是人类生存和国家安全的重要空间。（4）1992年的世界环境与发展大会认为，海洋是人类生命保障系统的重要组成部分，是可持续发展的宝贵财富。

海洋管理体制，是建立在国家政府行政体制基础上的海洋行政管理的组织制度，是人类不同阶段文明发展的产物。它决定国家海洋行政管理的机构设置、职权划分和活动方式与活动方法。它是基于一国的海洋国情，为满足国家海洋经济建设、维护海洋权益的需要而建立的，它是海洋管理权力分配、管理秩序、规则和方式的总和[4]。我国海洋管理体制的发展，大致分为四个阶段：

（一）旧中国海洋管理（1949年以前）

据有关史料记载，夏商时期就有"夏三月，川泽不入网罟，以成鱼鳖之长"的禁令。西周时期，设置"虞"（古代官名，主管山泽）一职，成为早期渔业行政管理的主官；同时，下设分职：有"掌川泽之名，辩其物与其利害"而"讲眔罾"专司渔业立法的"川师"；有"掌巡川泽之禁令"，对"犯禁者执而诛伐之"专司渔业执法的"川衡"；有专管"掌道地图，以诏地事"（资源调研和考察）的"土训"。这种渔业行政管理内部的专业化分工和现代行政管理内部有决策、信息、咨询、执法和自律的运作基本一致。汉朝时期，在全国30多处设置盐官，在沿海各地设置有盐业管理机构，对海盐生产进行管理。唐朝时期，国家采取了鼓励盐业发展的政策，盐官为国家收取盐税，补充国库。明朝后期（1430年左右），国家采取闭关锁国的政策，阻碍了我国海洋事业的发展。鸦片战争后，西方列强强迫我国签订一系列不平等条约，逐步攫取了中国沿岸贸易权、内水航运权、引水权及军舰驻泊中国领水等特权，中国的领水主权、港口管理权等遭受严重破坏。总的来看，我国历史上很早就有海洋管理，渔盐管理尤其受到中央政府的重视，但法律、法规并不健全，管理也处于粗放的状态。鸦片战争到新中国成立前，万里海疆有海无防，海洋产业受到了严重破坏，海洋管理也一度被取消[5]。

（二）新中国成立到国家海洋局成立前（1949年—1963年）

新中国成立之后，国家对于海洋管理水平较之前有了重大提升。按照海洋自然资源的属性及其产业开发的特点，形成了从中央到地方、由陆地资源开发部门管理职能向海洋的延伸。国家和各级政府的水产主管部门负责海洋渔业的管理，交通部门负责海上交通安全管理，石油部门负责海上油气资源的开发管理，轻工业部门负责海盐业的管理，旅游部门负责滨海旅游的管理。

主要有以下举措：一是建立了内水管理制度。1949年10月，中央人民政府海关总署在北京成立，由中央人民政府政务院直接领导，统一领导全国海关机构和业务，并受政务院财政经济委员的指导。逐步建立航运、港口等管理制度。1950年3月，政务院在交通部下设航务总局，领导航务建设、管理工作。

1952年3月，上海区港务局接管由外国引航员控制的"铜沙引水公会"，海港引航工作全部由中国人员接管。至此，中国政府收回了自1844年以来所丧失的引水权。二是初步建立领海管理制度。1958年9月，中国政府发表《关于领海的声明》，明确规定了我国的领海宽度为12海里，并宣布以直线基线的方法划定领海的范围，这对于维护新中国主权独立和领土完整具有十分重要的意义。三是建立海上安全保障力量。1949年4月，中国人民解放军的第一支海军——华东军区海军宣告成立；1950年4月，海军部队领导机关成立。同一时期，在海防地区组建边防公安机构和武装部队，负责海上巡逻、边防侦察等工作。

总的来说，从1949年建国后到1964年国家海洋局成立前，这一阶段的海洋管理是国家海洋行政管理的萌芽阶段，农业部下设水产处、交通部下设海运总局标志着中国海洋管理机构开始建立。同时，该阶段以海防建设为中心，兼顾渔业、交通等开发建设为主的海洋行业管理，遵循的是海洋资源特征和开发规律。

（三）国家海洋局成立到20世纪90年代初期（1964年—1993年）

随着时代发展，对海洋的管理不再仅仅涉及各行业生产的局部问题，而是发展为事关国家利益和国家经济发展的重大战略。因此必须建立相应的海洋管理机构，加强对海洋的全面管理。1963年5月，国家科学技术委员会制定《海洋科学发展十年规划（草案）》时，邀请了一些专家对此进行论证。1964年7月，国家海洋局正式成立，负责统一管理海洋资源和海洋环境调查、资料收集整编和海洋公益服务工作。中国从此有了专门的海洋工作管理机构。但该时期的国家海洋局，由海军代行管理，还没有海洋行政管理的任务和职能。

依据国务院赋予的职责，按照为国防建设和国民经济建设服务的基本方针，国家海洋局先后组建了海洋科技情报研究所、海洋水文气象预报总台，接管沿海各地的海洋台站，着手开展海洋情报收集和发布中国近海部分海区天气预报及海浪预报工作；陆续在青岛、宁波、广州三地组建了北海分局、东海分局、南海分局，在各分局成立海洋调查大队和海洋调查队，开展中国沿海标准断面的海洋调查工作；组建了第一、第二、第三海洋研究所、海洋仪器研究所、东北海洋工作站等机构，开展中国河口港湾和海岸带的调查工作。从20世纪70年代起，国家海洋局开始承担国家下达的大量海洋科研任务，成为中国海洋调查和科学研究的主体力量。

从1964年国家海洋局成立后到20世纪90年代初期,可以看做海洋行政管理的形成阶段,这一阶段的突出特点是地方海洋管理机构开始建立,至1992年底地(市)、县(市)级海洋机构已达42个,分级海洋管理局面初步形成。此时,海洋管理仍以军事和行业管理为主,但将管理所依据的基础工作如海洋调查、海洋科研、海洋观测预报等活动日益纳入议事日程,特别是从20世纪70年代后期开展的渤海环境污染调查及20世纪80年代初的全国海岸带和海涂资源综合调查,将海洋资源与环境问题开始作为海洋管理的重要议题,并于20世纪80年代初制定实施了《海洋环境保护法》,开始考虑海洋开发与环境保护协调的问题。

(四) 20世纪90年代初期至今(1994年至今)

从1990年代初至今,海洋管理进入融合管理阶段,并且逐渐深入到海洋开发与保护的各个领域。20世纪90年代初以来,海洋融合管理的发展历程大致可以细分为3个时期,第一个时期从20世纪90年代初到20世纪末,可以视为海洋融合管理的初创时期。第二个时期从21世纪初直到党的十八大召开,可以视为海洋融合管理的全面发展时期。第三个时期从党的十八大召开后开始,随着国内外海洋形势的变化,十八届三中全会提出推进国家治理体系和治理能力现代化,同时伴随着生态文明建设、海洋强国建设等战略的实施,海洋融合管理进入到基于生态系统的海洋融合管理新时期。

进入新世纪,海洋融合管理得到全面发展,海洋融合管理的目标、方向、原则和对策进一步得到明确和强化。海洋融合管理成为海洋行政主管部门的核心任务,一系列战略规划和政策法规出台,体制机制不断建立和完善。海洋融合管理基本涵盖海洋政策、海洋经济、海洋权益、海洋资源、海洋环境保护、海洋科技、海洋执法等。特别是《海域使用管理法》的出台,建立了以海洋空间资源为基础的管理体系,成为全面推进中国海洋管理工作的动员令。此后,海洋融合管理从中央到地方都得到了长足进展,大力拓展海洋开发空间成为沿海各级政府的普遍共识。沿海地区所有省份都制定并出台了海洋开发的政策规划,并经中央批准上升为国家战略。同时,《海岛保护法》的出台和海洋减灾防灾体制的完善等,进一步丰富了海洋融合管理的内容。随着我国海洋实力的进一步提升,海洋融合管理的内涵与外延不断拓展,强调海洋意识和海洋文化的软实力作用，注重维护国家海洋权益和环境利益，海洋管理的空间延展到极地和大洋。值得关注的是，在此阶段，国家制定实施战略、政策、规划、区划、协调机制以及行政监督检查等行为时，开始注重以海洋整体利益和海洋的可持续发展为目标，但海洋执法机构仍呈现条块结合、权利分散的"复杂局面"。

二、中国海洋管理体制现状及特点

中国海洋管理体制改革的关键在于理顺海洋管理各部门的权责及其相互关系。综观新中国成立以来尤其是20世纪90年代以来的改革历程不难发现，中国海洋管理体制发生了积极显著的变化并呈现出鲜明的特点，即总体发展趋势是从分散型向融合协调型管理方向过渡[6][7]。

（一）中央海洋融合管理呈现不断扩大发展趋势

1988年机构改革，正式赋予国家海洋局集中管理职能，强调"海洋不仅需要各类开发活动的行业管理，更需要从权益、资源和环境整体利益出发实行综合管理。"1993年的机构改革再次强调国家海洋局要"加强海洋综合管理，减少具体事务"。1998年国家海洋局整合为国土资源部直属部门后，海洋管理体制集中性进一步加强，在某种程度上改变了过去有职无权、权责不对称的尴尬局面。2008年又对国家海洋局职责进行了调整，要求加强对海洋事务的融合协调。2018年的机构改革则将国家海洋局的职责与水利部、农业部等8个部门的有关职责进行了整合，新组建了自然资源部作为国务院的组成部门，最大程度地避免了海洋管理职能交叉与多头管理等问题。

（二）地方海洋集中管理呈现区域化发展趋势

1998年，中国首次提出要把海洋功能区划作为一项推进海洋集中管理的基础性工作。2002年国务院批准了第一个《全国海洋功能区划》，将沿海划分为10种海洋功能区，确定了30个重点海域的功能。据此，2004年经国务院批复，山东、辽宁等地建立了省级海洋功能区，标志着地方海洋资源合理开发利用的区划体系与集中管理机制初步建立。之后国务院在全国启动了海洋使用管理示范区的建设工作，促进了各地海域使用进行集中管理。2011年国务院又批复了《山东半岛蓝色经济区发展规划》，这是中国第一个以海洋经济为主题的区域发展战略规划。为此，山东省委成立了山东半岛蓝色经济区规划建设领导小组及其办公室来实施集中管理。

（三）海洋执法队伍建设呈现相对集中发展趋势

从国家层面来看，2013年机构改革将海监、渔政、海关缉私与边防海警4支海洋执法队伍整合为中国海警局并接受公安部指导。这样海上执法便从原来的"五龙闹海"变成了"二龙治水"（中国海警与中国海事），执法队伍的主体地位有了很大提升。2018年又将中国海警归属中央军委统一领导指挥的现役武警，执法权限包括行政、刑事与军事等诸多领域，标志着高层次的海洋综合执法进入了新时代。从地方层面来看，沿海地区开始组建区域性海上综合执法队伍，如2003年12月，厦门市将海监大队与渔政处、渔监局等单位合并，组建了海上综合行政执法队伍。上述举措在一定程度上改变了过去执法机构各部门分设、职责交叉、多头执法的格局，使执法队伍、装备与经费等能够融合调配。

（四）跨行业与跨区域海洋管理呈现统筹协调发展趋势

由于传统各部门与各地方政府利益诉求的差异性，使得跨行业与跨区域海洋管理有时会掣肘与扯皮。对此，海洋融合管理的逻辑选择就是组建协调机构。国家层面十分注重高层与应急协调，主要表现在：其一，增强高层宏观协调能力。如2013年国家海洋委员会的成立有助于重大事务组织协调。其二，增强应急协调能力。首先，由原国家海洋局主导成立了海洋应急管理领导小组，成员包括国家海洋局主要领导与沿海各地方政府分管领导；其次，由交通运输部海事局主导、有10余个部门参与成立了国家海上搜救部际联席会议，统筹全国搜救与污染应急管理工作；最后，由海关总署主导、并与最高人民法院和最高人民检察院协商确立了联席会议制度，协商解决海上缉私执法办案中突出的法律疑难应急问题。在地方层面，开始实施海上联合执法，如2010年4月，广东惠州市海事局、市边防支队以及市海洋与渔业局签署了《海上执法协同配合协议》，共同建立了联勤、联防与联动的执法机制。

中国政府逐步将海洋多元管理主体及其职责进行了有机整合，初步实现了"从分散走向集中，从部分走向整体，从破碎走向整合"，并将海洋管理的工作重心从传统的资源开发与利用管理转向集中维护国家海洋权益与安全、保护海洋生态环境以及应对突发事件等公共事务的治理。

三、国际海洋管理经验及启示

不同国家海洋管理体制的形成、演变和发展过程,受到本国国情、海洋实践传统、政治体制与发展阶段等多重因素的影响,因此,世界各国的海洋管理体制各具特色、不尽相同。20世纪80年代到20世纪末,联合国、国际组织和各沿海国家,相继确立并推进实施海洋可持续发展和海洋融合管理[8][9][10]。

(一)明确海洋融合管理体制

随着现代化治理的发展和海洋经济的需要,世界各国海洋管理体制逐渐发生变化,融合管理成为海洋管理的主要方式。从管理区域上看,英、美等国家将海岸带纳入了海洋管理的范畴,日、韩等国家也逐步扩大海域的范围,以扩大本国的海域管理权。从管理机构上看,综合性管理机构在行政管理体系中的比重日益提高,被誉为韩国"小国务院"的海洋水产部,设置了海洋规划、海洋资源开发、海洋生态保护等行政机构。从事权划分上看,世界各国海洋融合管理基本上实施中央和地方共同管理的一体化体制,两者事权划分较为明确。如美国州政府管理3海里以内的海洋事务,联邦政府则只管理3海里之外的海洋事务。另外,在推进海洋融合管理政策中,日本等国制定了相关的海洋基本计划、规划,突出国家海洋战略目标,并且制定了区域或地方海洋事业发展规划、计划,提出了区域特色、自主发展带动全局整体发展的任务。在对外海洋事务管理中,沿海各国均加强了与周边国家的合作,一方面为共同开发利用海洋油气资源、渔业资源等创造有利的条件,另一方面也为和平解决双方有关海洋权益的争议打下基础。

(二)建立体系化的集中协调决策机构

海洋开发与保护、海洋防卫与外交、海洋法律与制度等,往往分散在几个甚至十几个政府管理部门;同时,海域资源使用还可能涉及多个行政区域,因此,各个国家都会面临区域协调问题。区域协调机制的关键在于要有实效,不能流于形式。因此,不少国家尝试建立海洋事务高层协调机构,进行统筹管理。美国设立了国家海洋委员会,建立了完善的海洋管理体系,由国家海洋委员会负责协调各个政府职能部门的涉海工作。日本颁布《海洋基本法》后,成立了由首相任本部长的海洋政策本部,统一协调日本涉海的8个职能机构的工作，指导海洋的集中管理工作。在业务分工方面，个别国家专门设立的海洋集中管理部门和其他行政部门之间亦会出现一定的业务重合或职能冲突。韩国的海洋水产部就因设立时与其他部门存在未能完成全部移交的事宜，导致部门间的职能冲突不断，业务分工不明确。另外，地方海洋管理部门尚无专门的融合协调机构，其职能部门之间的工作也需要一个组织协调的机构。因此，在中央层面上建立高层次的海洋协调决策机构，在地方层面上放开一定海域的管理权限（如美国沿海各州的自主管理权），由地方政府协调地方海洋融合管理工作，从而形成中央到地方的集中管理协调体系和同一层级政府机构的融合协调决策体系。

（三）完善海洋融合管理法治体系

加强海洋法制建设是促进海洋资源环境管理体制形成与完善的重要条件。世界沿海各国都建立了系统的法律法规体系，并不断完善和修改。在《联合国海洋法公约》颁布后，世界各国在不断完善本国海洋基本法的同时，制定了一系列海洋管理的法律法规，用以扩大本国海洋的管理权、规范专属经济区等海洋的开发利用、规制破坏海洋生态环境和打击侵害国家海洋权益的行为。日本 2007 年颁布的《海洋基本法》，为海洋融合管理的人员配置、机构设置等确立了法律依据。因此，尽早制定海洋基本法一方面可以规范海洋管理行为，赋予海洋融合管理机构合法的法律地位，另一方面也为海洋集中执法打下立法基础，为海洋集中执法有法可依创造先决条件。同时，中央与地方、中央各部门之间加强立法协调和资源共享，建立系统化的行业专项法律法规和互补型的区域性、地方性法律法规，为海洋的融合管理开发提供全面的法律保障。

（四）建立统一的海洋执法队伍

尽管各个国家有不同的海洋管理模式，但却有一个非常明显的相同点，就是这些国家大都有一个统一、较为强大的海上执法监督队伍，统一行使海上的执法职能。例如，美国准军事化的海岸警卫队、日本的海上保安厅、韩国的海洋警察厅。立法上，各国都通过《政府组织法》或《海洋基本法》来明确海上执法力量的隶属关系、机构设置、性质与任务，赋予其海上统一执法主体的资格，特别赋予海上执法力量搜查、逮捕、起诉及执行任务相关的法律职权。各国的海上统一执法队伍大多是一支执行多任务的海上准军事化武装力量，业务面十分广泛。根据不同任务需要，执法队伍装备有各种不同类型、不同用途的舰艇、飞机。例如航标管理船、巡逻舰（艇）、海难救助船、环保船和海洋调查船。海洋执法所需的精良装备由一支队伍统一协调管理，大大提高了快速处置海上突发事件的能力和处理海洋管理事务、维护海洋权益的效率。同时，对于海上邻国之间的海域争议和资源开发利用的矛盾，沿海各国均开展了大量的环境资源调查和法理历史研究，投入了大量的人力、物力。例如，日本从2004年起用6年时间、投入约1000亿日元进行海洋调查，并于2009年向联合国大陆架界限委员会提交日本的调查数据，日本政府公布了《关于划定大陆架基本构想》。因此，世界各国在建立统一的海洋执法队伍基础上，不断地加大执法力度，坚持就有争议的海洋权益积极地搜集第一手的数据资料，为合法取得争议的海洋权益奠定证据基础。

四、中国海洋管理体制发展方向及建议

（一）继续整合优化海洋管理机构及其职能配置

2018年，中共中央印发的《深化党和国家机构改革方案》强调要以推进"机构职能优化协同高效为着力点，改革机构设置，优化职能配置"。据此，中国海洋管理体制改革的趋势是把职能相近与业务趋同的部门相对集中起来，以避免因职能交叉而出现重复与多头管理问题，总的来说，中国海洋管理机构及其职能未来仍有进一步优化整合的空间。

1. 拆分中国海事局部分职能

一方面，由于目前中国海事局仍具有海上设施与船舶污染防治职能，面临着与2018年新成立的生态环境部的污染防治职能交叉重叠的问题，因此将来可把中国海事局船舶污染防治的职责归并到生态环境部，对海洋污染问题进行统一治理。另一方面，中国海事局是集海上交通安全管理与执法于一体的部门，这会导致决策（管理）与执行（执法）之间制约缺失。同时，中国海事局与中国海警局作为两个平行的执法主体仍无法完全摆脱原来传统的"五龙闹海"弊端，未来可考虑将中国海事局执法权收归中国海警局作为下一步改革重点，实现海上执法的综合性与统一性。这样经过上述优化整合后，中国海事局可侧重海运安全事务专门管理。

2. 增加应急管理部海洋防灾减灾救灾职能

2018年的机构改革将公安部、原国土资源部等9个部门的消防、地质与水旱灾害防治、草原与森林防火、震灾救援的职责进行了整合，组建了应急管理部。由此可见，应急管理部既没有海洋防灾减灾救灾这一职能，又没有相应的专门应急队伍。因此，应尽快将原国家海洋局有关海洋防灾减灾救灾的职能以及交通运输部的救捞局及其救助与打捞专业力量、中国海事局与中国海上搜救中心及其专业搜救队伍等合并到应急管理部，增强海洋防灾减灾救灾能力，提高应急水平。

3. 强化海洋社会治理职能

目前，海洋事务公共性日益突出，社会公众对海洋公共服务的需求也日益增加，但中国海洋公共服务却存在供给方式单一、数量不足与水平较低等诸多问题。尽快构建海洋公共服务供给体系、加强海洋社会治理便成为当务之急。

一方面，应根据有限政府原则退出部分管理领域，尽量减少海洋行政审批事项，为海洋社会治理留下足够的发展空间。主要突出以下措施：其一，打破海洋行政性体制安排与行业垄断，如目前中国海事管理机构仍承担着船舶检验与船员培训等职能，但这两项职能性质并不具有公共产品非排他性与非竞争性这两个显著特征，因此应将这类与海运市场发展不相适应的管理职能尽快剥离出去，通过市场机制来运作。其二，政府可将原来由政府承担的一些公共服务职能转移给有关企业与社会组织，如一般性的海损事故搜救与溢油清理可交由有关企事业单位与志愿者来承担，这样既可降低管理成本，又可让广大企业及其从业者享受到改革发展的红利。其三，逐步构建海洋资源管理与资产管理相对分开体制，因为后者是基于所有者身份所行使的财产权，应侧重通过市场机制发挥其管理作用，以便实现国有资产权益最大化。

另一方面，政府应加强社会引导，提高多方主体参与海洋社会治理的广度与深度。主要突出以下几个方面：其一，政府应依托有关研究机构和大专院校成立各种专家咨询委员会，将其作为海洋管理与执法服务的智库，就重大事务决策及应急行动等给予咨询与指导。其二，政府应通过举办听证会等多种方式让各类社会组织与公众积极参与海洋事务规划、决策和执法活动，提高海洋公共服务供给效率。

（二）尽快健全海洋维权执法运行机制

2013年，中国海警局成立后将海监、渔政、海上缉私与边防海警这4支执法队伍进行了形式上的归并，而地方层面并未产生实质变化，对外执法时通常采取联合执法模式。在各执法部门尚未真正融合统一、运行机制还不够完善、队伍磨合程度还不顺畅的情况下，2018年又按照先移交、后整编的方式将中国海警局及其相关职能全都划归武警部队。在这种情况下，应大力加强海洋执法队伍建设，尽快完善维权执法运行机制，实现职能、编制、价值观等方面的真正整合。

1.完善相关立法

2013年和2018年这两次规模较大的海洋管理体制改革，都是机构设置先于相关法规创制，结果造成立法相对滞后。对此，要明确维权执法主体资质问题，制订《中国海警局组织法》《中国海警法》《中国海警执法条例》《中国海警执法程序法》等基础性条例与规范，全面推进中国海警地位、机构、职能、权限等法定化与综合化，保障机构设置、人员编制、财政配置、运行机制、法律责任等事项规范化与科学化，并赋予中国海警搜查、逮捕、起诉等与执行任务相关的职权。

2.实行人员分类管理

中国海警转为武警后，其中的公务员可转为现役干部，评授武警警衔且享受解放军现役军官待遇。但依据《关于公安边防消防警卫部队接收地方干部转现役的规定》，武警接收地方干部转现役须具备国家公务员资格并有任职年龄的限制，而原本隶属于不同部门的执法人员编制与构成却各不相同，既有现役与公务员，又有事业与合同编制，特别是船员多为合同制。这样一来，2018年中国海警转为武警后，会把一些事业编、合同制人员以及年龄偏大的公务员挡在现役队伍之外。另一方面，中国海警转为武警现役后流动性较大，正可谓"铁打的营盘流水的兵"，这不利于专业执法与技术人才经验积累。在这种情况下，中国海警转为武警后应实行人员分类管理。执法人员应以取得执法资格证书的现役制海警士官与义务兵为主，但在行政、技术、后勤等岗位上可安排一定比例的文职人员，实行聘任制，按照公务员与事业编运行。而高级船员（持有甲类海船三副或三管轮以上岗位适任证书）现役期满转业后可纳入公务员编制，继续从事航海技术与轮机工程等方面工作。

3.提高执法队伍综合能力

原来各海洋执法队伍分别隶属于不同部门，形成了不同的执法优势、方式与文化，彼此之间界限分明。针对原来海上各执法队伍整体素质良莠不齐、自身学历与掌握的技能高低不一的现状，中国海警转为武警现役后，首先要加强内部整合，增强执法人员协同力，提高执法人员综合素质，实行"一人多能、一船多责"。为此，中国海警转为武警现役后要严格人员招录、选拔、培训、演习与考核等制度，开展国际海洋执法交流与合作，以保证海上执法的规范性、专业性、严肃性、公正性与高效性。

4. 健全执法权力监督机制

近年来中国有关海洋管理体制改革一直没有建立起对海洋执法权进行全面约束、监督与责任追究机制，而海上执法涉及范围广且自由裁量权大，随着海洋执法队伍的整合与统一必然会导致其执法权限的扩大，如果监督缺位会造成执法失范与失当等问题。为此，必须建立有效监督机制以保证执法权合理合法运行。主要突出以下几个方面：其一，在监督组织保障方面，应充分发挥2018年新成立的国家监察委员会及其领导的地方各级监察委员会独立专职的监督作用。其二，在内部监督方面，应健全海洋执法全过程、全方位、全覆盖违法问责追究制以及侵权赔偿制、考核评议制、案卷审查制等监督体系。其三，在外部监督方面，应实现监督主体与方式多元化，向社会公布海洋执法权力清单、责任清单和负面清单，接受社会公众与新闻舆论的广泛监督。

（三）进一步增强跨部门与跨地区统筹协调能力

1978年以来，中国海洋管理条块分割问题虽在某种程度上有所改善，但还需要不断完善海洋融合管理协调体系，提高跨部门、跨层级、跨行业与跨地区统筹水平。

1. 促进国家海洋委员会尽快发挥其统筹协调作用

2013年国家设立了高层次议事协调机构国家海洋委员会[11]，同年，《国务院机构改革和职能转变方案》规定国家海洋委员会的具体工作由国家海洋局承担，而经2018年的机构改革，不再保留国家海洋局，只是对外还保留着国家海洋局的牌子。在这种情况下，可以考虑加强国家海洋委员会职能，主要突出以下几个方面：其一，要强化国家海洋委员会综合决策与宏观协调职能，并由各涉海部委负责执行，以便实现海洋决策与执行有效统一。其二，国家海洋委员会运作需要高层重视、介入与推动，依靠领导权威提供协同动力。其三，国家海洋委员会可借鉴2018年新设立的中央外事工作委员会的做法，设立独立的办公室或秘书处来处理日常工作。其四，国务院目前还设有国家边海防委员会，为避免职能交叉与双重协调等问题，应重新界定国家海洋委员会与国家边海防委员会的职责关系,将国家边海防委员会更名为国家边防委员会,使其只负责陆疆边防统管事务,而把其有关海防协调职责移交给国家海洋委员会。

2. 明晰中央与地方海洋管理范围及其权责分配

近年来,中央与地方沿海政府之间不协调性问题日益严重,这是因为目前中央与地方政府在海洋管理范围及其权限划分方面还不太明确[12]。因此应进一步明确中央与地方政府对海洋事务的协调管理,妥善处理好中央与地方政府海洋管理范围及其权责分配,实行分区域与分事项管理。在横向海洋管理范围划分方面,应借鉴国际通行做法[13],以目前中国12海里领海基线作为分配国家和地方政府各自职责的界限,领海基线以内的海域授权给地方政府进行集中管理与综合开发,但对于在地方层面上无法协调与管理、超越一定规模与涉及全局性的事项则收归中央统一管理。同时为避免地方政府对海洋资源过度开发,还应完善相关备案与督察制度,加强宏观监管;而12海里以外的毗连区、专属经济区、大陆架以及国际海底和南北极资源的开发管理则由国家层面统一负责。在纵向海洋管理职能划分方面,在坚持中央政府统一行使国家海洋资源所有权的同时,按照分级管理原则,逐步建立权责清晰、利益平衡、良性互动的垂直管理体制。中央政府涉海部门应定位于落实海洋政治、外交与国防功能以及海洋开发利用的宏观经济管理职能并进行监督检查。而地方海洋管理机构则应主要贯彻执行中央政府制定的方针政策并依法管理法定范围内海域的具体事务,形成中央统一管理和授权地方分级管理相结合的海洋管理体制。

3. 促进地方与地方海洋管理合作与协调

目前中国行政区划除海南外均是针对陆地制定的,沿海地区向海一侧并没有明确的行政区划,因此沿海各地方政府都是根据当地海洋开发利用的实际需要,逐渐扩展向海一侧的区域。受利益驱动,各地海洋资源开发无序、无度以及权益纠纷等问题越来越多、越来越严重。如中国北方200千米海域内有大连、营口与太平湾3个亿吨级大港,而港口业务同质性较强,这种过于集中的港口布局很容易导致激烈竞争,造成货源不足和深水岸线资源浪费。另一方面,又存在跨地区海洋污染等公共事务治理失灵问题,因此要依据《行政区域界线管理条例》科学划分各地海域行政界线,落实管理责任,克服地方保护主义,有条件的地方可试行"湾长制",实现跨地区协同效应。

4. 综合统筹海域与陆域管理

在海陆连接与重叠区域,海洋与陆地的管理分界线一直模糊不清,如海岸带是典型的海洋与陆地重叠区域,该区域既具有国土性质又属于海域范围,既有渔业养殖与捕捞行为,又有港口建设与物流活动以及临港经济与旅游活动,更有生态保护与修复需要,涉及众多海、陆管理主体,但由于各部门法律授权依据与管理目标不尽相同,难免会出现矛盾。因此,对于上述地区及其从业人员的管理就要有针对性地加强陆海有关部门及其职能协调,构建海陆联动、海河同步一体化管理体系,如近海渔民转产转业问题,既是海洋渔业管理部门的重要工作内容,又是人力资源与社会保障部门的职责,需要这两大部门共同合作解决。特别是要完善海岸带一体化管理体制,建立滩涂综合开发试验区,推进海域使用与工程建设管理对接机制,合理把握沿海港口与临港经济建设节奏。

第二节 推进海洋融合管理的主要任务

一、海岸带融合管理与持续利用

海岸带地区作为融合陆海两类经济模式,生产力内外双向发展的区域,是社会经济地域中的"黄金地带";但同时,海岸带区域也具有强烈的环境敏感性和生态脆弱性[14]。如果在开发过程中缺乏合理有效的指导和规划,不注意生态的保护和资源的有序利用,势必会对沿海地区社会经济发展造成负面影响[15]。

(一)存在问题

1.集中管理机构难以建立

从目前各地实践来看,海岸带融合管理采用的方式大致有3种:一是新成立海岸带集中管理机构;二是现有部门加挂海岸带集中管理职能;三是建立由各级政府主要领导牵头的部门联席会制度。从运作情况来看,除联席会制度正常运行外,其他两种方式均存在一定的问题。如:目前仅有山东青岛尝试采用新成立海岸带集中管理机构的方式,按照1995年颁布的《青岛市海岸带规划管理规定》,青岛应成立海岸带规划管理委员会,承担协调海岸带管理、重大事项审议等职能,但该机构人员设置与市城乡规划委员会基本相同,海岸带规划管理委员会一直未能真正发挥效用;而现有部门加挂海岸带集中管理职能的方式也普遍存在机构设置等级不高、协调事务困难、人员配置难以保障等问题，使得集中管理的职能在该部门逐渐淡化。

2.空间管制分区政策难以实施

2014年起，海岸带规划管理逐步引入主体功能区划分的概念，期望以此避免毗邻陆域和海域出现功能严重不协调的现象[16]。然而，在实施中却遇到了两大问题：一是增加空间类型划分的种类，加深了多规矛盾。虽然建立空间管制分区的初衷在于统一海岸带范围内的多种规划，减少多规矛盾，但实际上其整合的各类规划内容变更较为频繁，海岸带规划空间管制分区的内容难以进行实时更新调整，也难以解决所有规划的矛盾，最终的结果往往是在原有各类规划提出的空间类型划分基础上又新增了一种划分类型，反而进一步加深了多规矛盾。二是限制开发区界定模糊。如：福建、山东威海和青岛的海岸带空间管制分区政策制定时为体现管制等级差异，均设置了一定范围的限制开发区，但对范围界定、管控要求等表述却较为模糊，无法实施管理。

3.政策刚性程度不易把控

在海岸带政策刚性方面普遍存在"一刀切"与"留弹性"之间的矛盾。两者的矛盾在海岸带建设退缩线、自然岸线保护等政策中体现得较为突出。如：海南省的海岸带建设退缩线采用"一般岸段200米、特殊岸段100米"的标准，福建省采用"未建成区建筑后退线为沿平均大潮高潮线起向陆域延伸不少于200米"，两地均采用了"一刀切"的管理方式，比较容易理解并贯彻实施，但也存在面对复杂情况时较为僵硬的问题，影响海岸带地区的合理开发和部分项目的落地。而采用"留弹性"的方式虽能应对复杂情况，却容易使个例演变为常态，最终导致管理的失控。

4.难以适应更加综合的海岸带规划

目前，大部分地区的海岸带相关政策颁布于2017年以前，与早期海岸带规划编制的关注点一致，这些保障政策也主要集中在空间层面。2017年颁布的《关于开展编制省级海岸带综合保护与利用总体规划试点工作的指导意见》，对海岸带规划的内容进行了极大的扩充，在原有空间层面的基础上增加了资源利用、生态环境、产业发展等内容。原有重点关注空间的保障政策体系已难以应对新的发展要求。而各地现行的资源、生态、产业等方面的政策极少有专门针对海岸带的内容，考虑到海岸带地区的特殊情况，在政策制定方面应当紧跟时代步伐，进一步完善海岸带规划的政策保障体系[17]。

(二) 管理方向

1. 建立自上而下的融合管理联席会制度

国务院机构改革之前，海岸带融合管理最大的难点在于陆海分割。改革之后，包括海域在内的自然资源管理事权统一到了自然资源部门，陆海分割问题得到根本解决。但目前海岸带规划大量涉及资源、生态、产业、执法等空间布局之外的问题，海岸带融合管理制度有待建立与完善。从各地探索的经验情况来看，福建省沿海各市采用的海岸带融合管理联席会制度相对成功。建议以此为基础探索形成一个自上而下、长期有效的制度，解决部门之间管理的矛盾和冲突，实现海岸带地区区域协调发展。

2. 将海岸带空间管制分区纳入国土空间规划体系

规划体系改革后，国土空间规划的分区与用途分类已进行了统一，将包括海域、海岛在内的国土空间纳入到了统一的框架体系之下，由此实现了设立海岸带空间管制分区政策的初衷。在此情况下，海岸带地区已无必要再单独设立空间管制分区体系。建议以国土空间"双评价"为基础，将原有海岸带空间管制分区纳入到国土空间规划的成果中，落实国土空间规划关于三条控制线以及规划分区的有关政策要求[18]。

3. 完善海岸带产业准入和退出政策

结合新时期海岸带规划的扩充内容，应进一步完善海岸带产业政策，在国土空间用途分类的基础上加强对产业类型的控制和引导，研究制定海洋产业发展的政策内容，弥补此前政策过度集中于空间层面导致产业引导和管控方面的不足。在产业准入政策方面，海岸带范围内不宜沿用原有针对行政区全域的产业政策，建议根据不同海岸带地区的特点，制定差异化的产业准入制度，设定鼓励类、限制类和淘汰类的产业。在产业退出政策方面，对于不符合条件的现状项目，在遵守相关法律法规的前提下，可制定激励或约束性政策，推动其进行调整或搬迁。

4. 建立海岸带生态补偿制度

单纯从空间管制的角度难以从根本上解决海岸带地区长期存在的资源过度开发、环境破坏等问题，建议制定相关政策，逐步完善海岸带利益相关方参与制度、多样化的环境保证金制度，建立海岸带生态补偿制度，从而调节资源开发利用过程中的利益关系，改变海岸带地区生态环境公共物品使用及破坏成本较低的现状，遏制长期以来海岸带地区"无序、无度、无偿"的开发利用现象，促进海岸带地区经济环境协调发展。

5.积极开展政策的制定和评估工作

根据规划体系改革的新形势及国家政策的新要求,及时开展海岸带相关政策的制定和调整工作。积极开展海岸带政策的评估工作,通过建立一定的评价标准体系,设置相关的评估程序,对海岸带相关政策的各个阶段、各个环节进行考察,对政策的产出和影响进行检测和评价,及时根据评估结果进行政策调整。在政策评估中应重点关注政策的刚性程度问题,在生态、安全等关键问题方面绝不放松管控,在一般性问题上则可以结合实际情况,留出可实施的弹性空间,刚弹结合,保障政策目标的实现。

二、陆海统筹联动与协调治理

陆海统筹是指从陆海兼备的国情出发,在进一步优化陆域国土开发格局,提升开发质量的基础上,以提升海洋在国家发展全局中的战略地位为前提,以充分发挥海洋在资源环境保障、经济发展和国家安全维护中的作用为着力点,通过海陆资源开发、产业布局、交通通道建设、生态环境保护等领域的统筹协调,促进海陆两大系统的优势互补、良性互动和协调发展,增强国家对海洋的管控与利用能力,建设海洋强国,构建大陆文明与海洋文明相容并济的可持续发展格局[16][19]。

(一)存在问题

1.规划和管理体制不适应陆海统筹要求

在法律制定方面,海洋作为重要的国土资源,却并未写入《宪法》,涉海政策体系存在严重缺陷。从规划上来看,目前全国国土空间规划中,涉海部分仍然主要集中在临海的陆地区域,海洋国土的份量较小、重要性未得到充分体现;《全国海洋功能区划》以及涉及陆海发展的各产业专项规划之间也缺乏衔接,甚至在空间布局上存在交叉和冲突。在管理体制方面,改变部门分割现状、理顺中央和地方政府的财权、事权关系还需一定时日,中央和地方政府财税分权和地方政府追求本级财政收入增长的激励机制设计,也不利于抑制地方因盲目追求GDP增长而建港、围填海和发展重化工的冲动。

2.海陆经济发展关系不协调

海陆经济发展关系与不协调主要表现在以下几个方面:一是海陆经济联系

的层次低，产业结构衔接错位较大，相互支撑不足，不利于海陆经济互补。陆域科技向海洋领域转化、支撑海洋开发作用尚未得到充分发挥，海洋开发对陆域经济发展的引领作用也没有体现出来，海陆经济关系总体不协调。二是部分海洋产业过度发展，结构性和区域性过剩倾向明显。港口建设超前于集疏运体系建设和物流管理能力的提升，导致腹地拓展缓慢，造成港口的同质化和能力上的冗余，集装箱、煤炭等大型专业码头利用不充分，加剧了港口间的恶性竞争。船舶工业自主创新能力不强、增长方式粗放、低水平重复建设、产能严重过剩、船用配套设备发展滞后、海洋工程装备进展缓慢等问题日益显现，产业发展仍在低位徘徊。三是临港产业过快、过剩发展，加剧陆海矛盾和冲突。临港工业"遍地开花"，引发了突出的矛盾和问题。首先，临港产业占地面积大、吸纳就业少、集聚人口能力低，导致产、城发展的相互脱节；其次，"嵌入式"发展的临港产业对地方原有特色优势产业的带动作用有限，而且挤压了原有产业的发展空间；再次，临港产业过快、过剩发展导致了无序、过度围填海，而企业自备港口的大量建设所导致的港口"企业内部化"、生产企业和港口企业重复建港，也是港口建设过度超前和空间布局无序的重要原因。

3.海岸带开发无序和海域开发布局不合理

由于海陆功能区划错位和割裂、其他管理不到位，在经济利益的驱使下，地区之间、行业之间乱开乱占海岸和近岸海域，造成了严重的资源破坏和生态环境问题。同时，海域开发布局也不合理，近岸海洋资源开发程度较高，海洋开发活动主要集中在资源比较丰富、生产力水平比较高和易于开发利用的滩涂、河口、海湾区。相比之下，大片远海深水特别是专属经济区和大陆架的资源，基本上仍处于低水平开发状态，海洋生产力空间布局严重失衡。同时，陆域生态环境恶化，对海域的冲击加重。以陆源污染为主因的海洋生态环境问题仍在持续恶化，形势不容乐观。与20世纪80年代初相比，中国海洋生态与环境问题在类型、规模、结构、性质等方面都发生了深刻的变化，环境、生态、灾害和资源等四大方面的问题共存，并且这些问题相互叠加、相互影响，表现出明显的系统性、区域性、复合性。近海海洋生态安全成为海洋强国建设的一个制约性问题。

（二）管理方向

1.建立陆海规划融合协调体系

准确把握陆域、海域、流域生态环境治理的整体性、系统性、联动性和协同性特征，通过国家生态环境保护规划，对陆域、流域以及海域污染防治、生态保护等进行系统谋划、总体布局和顶层设计，实现保护目标、行动路径上的统筹衔接；立足陆域及海域主体功能区划，尽快开展近岸海域生态环境功能区划定工作，为规范海域开发秩序、有效利用和保护海洋生态环境提供指引[20]。

2.建立从源头预防到末端控制的融合管控体系

加快编制海洋生态环境保护"三线一单"，完善总量控制管理体系。明确禁止和限制发展的涉水涉海行业、生产工艺和产业目录。以渤海湾、辽东湾和莱州湾为重点，以入海排污口专项排查工作为契机，贯彻"以海定陆"理念，统一陆海标准，严格控制生活、农业面源、工业生产直排海污染源排放以及海水养殖造成的海上污染问题，实现工、农业与生活直排海污染源稳定达标排放，全面清理非法排污口。建立陆海衔接的统一的污染源清单和数据库，掌握陆源入海和海域直接排放的污染物总量数据，制定污染物总量控制计划，实施动态监管[21]。

3.建立陆海统筹的监测和监督管理体系

加强陆海统筹的海洋环境监测和监督执法管理，建立立体化、高精度、全覆盖的监测和监督管理网络体系，实行海岸分段、海域划片、定期巡查、不定期检查、督察到位、责任到人的海陆空一体化监督管理模式。完善监测和监督执法预警系统和应对突发事件快速反应的工作机制，形成统一高效的陆海统筹联合监测和监督执法体制。整合海洋生态环境保护监督执法力量，探索推进海洋生态环境保护联合执法试点。

建立海洋重大污染事件监测和风险预警、应急处置、巡查通报制度，建立区域潜在海洋环境风险评估、监测预警及相关信息共享机制。以保障海洋生态环境与健康安全为核心，开展海洋污染事故风险源的排查整治，严格防范环境风险突发事件的发生。研究建立环境风险源管控清单，构建风险源管控平台；重点开展油气开发储运、危险化学品生产储运等环境风险源的风险评估与区划工作，划定重点防御区，在各个区域实施差异化的防护措施，在重点区域、重点行业集中布控，构建事前监测预警、事中防护管控、事后处置处理的全过程、多层级风险防范体系。定期、不定期开展海上石油平台、油气管线、陆域终端等风险专项执法检查和巡查，完善区域突发海洋环境事件的应急响应处置体系。构筑海上应急救助体系，建立健全各部门和海上搜救力量之间的协调合作、联动预警与信息共享机制。

三、无居民海岛保护与有序开发

无居民海岛,是指在我国管辖海域内不作为常住户口居住地的岛屿、岩礁和低潮高地等,无居民海岛不得作为公民户籍登记的地址和企业登记注册的地址[22]。2018年3月印发的《关于调整海域、无居民海岛使用金征收标准的通知》,把无居民海岛用岛类型分为旅游娱乐用岛、交通运输用岛、工业仓储用岛、渔业用岛、农林牧业用岛、可再生能源用岛、城乡建设用岛、公共服务用岛和国防用岛9类。这些无居民海岛多远离大陆,地貌结构单一,生物多样性较差,与周围海域形成独立且脆弱的海域体系,内部各要素之间相互依存、相互作用、相互制约,共同构成一个不可分割和替代的整体。

(一)存在问题

1. 立法制度尚不完善

目前关于无居民海岛保护与开发使用方面的法规制定,国家和省、市、地区居多,但众多的法律文件显得臃肿杂乱,不知所依。而且这些法律、规划对无居民海岛的具体使用主体、审批程序、检测程序、评估程序及监管程序等方面缺乏分类统筹,准入机制和退出机制尚不完善。一些地方基层相继出台规章使立法层级混乱,缺乏对无居民海岛保护的具体分类细则和使用安排,分散性的法律体系使法律成本远远大于收益。

2. 总体规划设计缺失

无居民海岛脆弱、独立和整体性的生态环境特点,决定了每一个海岛及周围海域所拥有的资源体系不同,可利用和开发的方式也不同。但在无居民海岛使用权出让之前,相关部门并没有组织权威专家对管辖区域的无居民海岛进行资源体系和属性评估以维护其生态性和基本功能,使得无居民海岛的使用偏离可开发方向,对海岛资源造成人为破坏。在出让无居民海岛使用权时,因对开发海岛的资源属性不了解,审核环节缺乏相应的规划对比,造成不匹配的开发申请也被许可。

3. 实施制度不到位

"三分计划七分实施"。《海岛保护法》规定:凡是无居民海岛的开发使用,须报经省级人民政府或者国务院批准,因此政府是众多法律法规的解释者和实施者。海岛使用者依程序申请海岛的使用权,审批、评估和决定都由政府负责,在这种情况下,由于经济和利益的诱惑,"寻租"现象就出现了。有些官员以利益优先,不顾及海岛的自然属性及环境状况,将本该保护或开发类型不一致的海岛也批准给申请者进行社会经济活动,严重破坏岛体资源。另一方面,政府批准使用许可之后,没有对海岛使用前后的生态价值进行比较、对一些违法用岛的行为也未令行禁止,政府监督变成了一种形式。

4.买方市场贫瘠

在国家规定出让海岛使用权之后,"用岛热"风靡一时,咨询"购岛"的很多,但真正递交使用申请的并不多。近年来用岛的有偿制度逐渐完善,强调生态保护优先和资源合理利用导向,使用无居民海岛的渠道畅通,但门槛很高。许多无居民海岛远离大陆,基础设施薄弱,岛上缺乏淡水资源,交通较差,不能通电,易受自然灾害的影响,几亿的投资可能会被一场海啸吞噬;保护优先的用岛导向使得开发绕道而行,增加额外的开发成本;用岛年数有限,前期巨大的投资,最后"为他人作嫁衣裳"的思想使用岛者产生不平衡心理,诸多严峻的地理和法规条件使购岛者望而却步,诸多有可开发价值的海岛被搁置。

(二)管理方向

1.树立生态优先意识

在开发使用过程中遵循"生态保护优先,开发利于保护"的原则,严格限制违法用岛行为[23]。主要突出以下举措:一是规划用岛。对无居民海岛进行区域性划分,政府要对每个区域内的海岛进行资源、价值体系评估,根据评估结果对海岛进行规划,使每个海岛都有清晰的定位,包括什么时候开发、适合什么产业、应该如何保护等内容;二是分而治之。在购岛者提交可开发的无居民海岛使用申请时,政府要根据其申请岛屿的属性对申请材料进行详细研究,或邀专家进行开发预估,以判断开发措施在促进经济发展的同时对无居民海岛的影响指数,或在众多申请中找出最优方案,政府的审批要遵循主体优势、方案优化、使用科学、生态优先的原则。

2.健全法律法规

海岛的保护与使用都要在一定的法规指导下才能顺利进行。我国无居民海岛的立法主要有三类:A类是宏观调控的专门立法;B类是特定海岛的单行立法;C类是各法规文件中的分散性立法。A类主要是给出宏观性的指导,指出海岛开发与保护的大方向,需要根据社会的发展态势对法规及时进行调整,明确对无居民海岛开发与保护的细则划分，加大对违法用岛的惩处力度。B类从各地区角度考虑，在总规则下根据区域现状制定而成，是最需要完善的部分。各政府可根据辖区内海岛状况，参照《海岛保护法》等把它细化到具体岛屿的开发与保护条例，根据小区域制定的规章对基层组织也要借鉴与修改，减少冲突。C类法规散布性较广，可以将其收集采纳，整合为一。

3.建立奖惩监督机制

无居民海岛监督的主体不仅包括政府，也包括广大的社会成员。监督的客体分为两个方面：一是政府方面。政府是无居民海岛法规的制定者和解释者，又是海岛使用的审批决策者。对政府实施监督，使其行为透明化，防止权力的滥用，以促进其政策落实到位、审批决策公开公正；另一个是无居民海岛的使用主体。政府给予使用主体宽松的权利范围的同时，也要对使用过程进行严格监督，并采取适当的奖励与惩罚措施。使用主体对无居民海岛的开发过程中必然出现环境效益与经济效益的取舍，不定期的监督有助于保持"生态初心"。在海岛的资源审查中，对促进生态多样性、开发破坏最小或及时修复的使用者给予精神、实物乃至延续开发年限的奖励；对开发海岛破坏性较大的使用主体给予警告、罚款甚至终止其使用的处罚。通过奖励与处罚并举，可以进一步激励使用者以生态为先，寻求科学开发的积极性。

4.增强政府服务效能

一些可利用的无居民海岛极具开发价值，但围岛勘探之后，由于基础设施差、开发条件难、不稳定因素较多，许多有意购岛者止步。对此情况，政府要对用岛者予以资金或技术支撑，以弥补开发中可能遇到的种种难题，在生态优先的前提下给予最大政策服务。对一些在开发过程中受自然因素影响较大的海岛，政府可事先规划好各种应对方案，帮助使用者把损失降到最低。海岛使用年限到期时，政府可根据海岛开发的整体情况及海岛生态多样性的价值评估，来决定是收回海岛使用权还是延续使用年限，对决定收回的海岛，政府应评估海岛近况来选择是生态补偿还是使用者补偿；一些使环境变得更美，增加生物多样性的旅游海岛开发，值得继续提倡[24]。

5.引入产权制度模式

单纯的海岛使用金并不能体现国家与使用者交易的对价，海洋资源所有权的本质属性不是一项单纯的私权，而是借助某种私法形式或者概念手段来实现的公共性权利和权力，是某种权利和权力的复合体。无居民海岛使用权必然具有公权和私权的混合性质,是受公共权力限制的一种权利,是受物权法和特别法保护的合法的财产权利。因此,在海岛使用者获得使用权的时限内,可以将其视为使用过程中附加义务的产权模式。

四、海洋领域军民融合与创新发展

随着科学技术的不断发展,海军武器装备的技术含量不断提升,专业分工越来越细,保障要求越来越复杂,对海上力量军民融合建设的要求愈发紧迫。当前,我国海上军事能力与国家安全需求的差距较大,要有效维护海洋安全和发展利益,必须适应海上力量建设军民一体的客观趋势,加快推进海上力量构成、综合保障、装备建设和力量运用等方面的军民融合,构建军民一体、寓军于民的海上军事力量体系[25][26][27]。

(一)存在问题

1. 海洋卫星数据获取渠道不畅

海洋环境数据获取装备空白,数据源保障渠道不畅,无法开展业务化作业。目前,大多数海军科研、教学和应用部门没有海洋环境卫星数据获取手段和装备,既没有卫星数据接收装备,也没用专业数据网络分发设施。国外卫星数据获取主要以专项收集和项目购置为主,一般项目无法支撑。国内天绘、资源-3等测绘卫星数据获取按照业务流程逐级申请,层层报批,手续繁琐,数据获取周期从一周到数月不等,造成海洋环境卫星遥感数据获取的渠道不畅,时效性差,分析处理应用的数据量很少。当前的卫星数据获取模式只能满足科研、示范应用的需求,不能满足海洋环境的业务化应用需求。

2. 应用基础薄弱

利用卫星技术进行数据获取是大范围、高效、准实时获取高时空分辨率海洋环境信息的重要手段,然而我国在海洋环境卫星的发射和应用方面与拥有最优进技术的国家比还存在较大的差距。已经发射的海洋卫星(HY-2)的测高数据缺乏标校手段,未生成各点数据,数据应用受到较大限制,海洋重力测量卫星仍处于论证过程中。海军对卫星测高数据在海洋重力场、海洋潮汐和海底地形反演等方面的研究仅处于后端领域,目前应用于海底地形反演、海洋潮汐反演和海洋重力场反演的卫星数据均来自于国外的卫星数据,我国尚未构建完整的卫星测高数据处理技术体系。在卫星重力数据处理与应用方面,海军的研究比较薄弱。海洋环境卫星应用工作没有真正被摆在应有的战略位置，海洋环境建设还不能完全适应国家和军队战略发展的需要，基础建设还比较薄弱，海军在卫星遥感海洋环境信息获取加工、海洋环境信息产品多样化服务保障等方面还存在短板，多头管理与信息难以共享的问题依然存在。

3. 军民融合难落地

军民融合发展工作面临的问题和困难比较多，主要体现在以下三方面：首先，政策法规建设滞后。面对国防和军队改革，原有的卫星管理使用、地面站装备建设维护和信息数据共享等方面的军民融合政策法规已无法适应新形势，部分新修订的规章制度是由问题倒逼而产生，其适用范围窄、问题针对性强，缺乏普遍适用性和长远发展考虑，面对该领域新技术、新设备和新模式的不断涌现，政策法规存在空白。其次，装备建设缺少融合统筹。在海洋环境卫星发射和使用领域，军地双方各自发射、独立使用，缺乏对遥感卫星发射任务、卫星平台、遥感载荷和轨道资源等融合统筹，在地面应用系统建设和运用领域，存在军地各自建站和各自配备人员问题，缺乏军民统筹选址和军民融合使用等方面的规划。最后，数据共享度低。当前在数据和产品共享使用方面，军地双方信息壁垒凸显，军民共享航天遥感信息资源受到严重制约。

（二）管理方向

1. 统筹海洋领域基础设施建设

在海洋领域基础设施建设中，应充分考虑国防要求，预留军事"接口"，切实找准基础设施建设的"结合点"，加强统筹规划，推动信息、测绘、重点海域及岛礁等基础设施的军民共建共享。将海上战场建设融入国家经济社会发展体系中，加强对沿海经济发展、基础设施建设、岛屿开发与海上战场建设的统筹规划，推进海上战场布局和国防设施建设与国家生产力总体布局、基础设施建设体系的有机融合。加快构建全天候、全天时、多手段、立体化和高精度的海洋态势感知网，实现对周边热点海域和重要航道的高时效、高精度感知。第一，建立军民兼容的通信网络体系。按照"军地共建、信息共享、分工协作"原则，依托现有通信传输渠道和信息资源，构建以国家现有信息系统为基础、横跨军民、与军队指挥网相兼容的网络信息基础设施，实现纵向贯通、横向互联、军地互通和平战两用。第二，建立海上目标联合监视与管理体系。依托现有的海上目标联合情报体系，通过综合集成，整合军队、海警和交通等部门海上监管力量和信息资源，构建军民兼容、远近结合及海空一体的海上目标联合监视与管理体系，实现情报信息实时传输、同步共享，为海上维权维稳、海洋资源保护和海上交通安全维护等提供常态化情报保障。第三，建立国家联合海洋环境调查与监测体系。整合军民水下探测先进技术和资源，加强信息获取、传输、处理和保障等系统建设，构建多层次、综合立体水下作战信息体系，为海上兵力行动、海上航运和海洋资源开发提供航保服务。

2.建设军民一体海洋维权力量体系

海上维权力量大致分为三类：一是海上作战力量，即海军；二是海上执法力量或准军事力量，即海警；三是民用船队，如商船队和渔船队等。当前，随着我国海洋资源开发利用日益扩大以及周边海洋权益纷争频发，海军、海警和海上民事力量所肩负的使命更加繁重。要根据海上作战和维权执法任务需要，统筹海军、海警和海上民事力量建设，提高海上维权整体联动能力。近年来，我国海军现代化成就显著，全面提速走向深蓝，职能也从"近海防御"转变为"近海防御、远海护卫"，并积极走向远洋。就海上执法力量而言，海警在主权宣示、护渔、海上执法和解决海上争端问题等方面比海军更有优势，也更具灵活性。2013年7月22日，中国海警局正式挂牌，标志着"五龙治海"局面基本结束，海上执法力量的规模迅速扩大，要加强海警力量专业化、军事化和国际化建设，军地合作发展大中型海上维权执法新装备。我国面临的海洋维权斗争是一场持久战，而每次具体的海洋维权行动又具有发起突然、升温迅速的特点，这就需要海上民事力量队伍既要有一支拳头力量可以随时动用，又要有大批渔船作为补充力量，长期待命以作备用。

3.建设军民一体海上综合保障体系

要着力统筹运用民用海运资源，加快构建以现役力量为主体、以预备役力量为辅助、以社会保障为补充"三位一体"的海上军民融合的综合保障力量体系。要结合遂行海上任务需要，大力推进贯彻国防要求的民用运载工具，对集装箱船、杂货船、油船、水船、滚装船和客船等不同船型，区分融合功能，贴近实战要求，开展民船加改装前期储备，并适时开展民船征用加改装项目，最大限度实现军民两用的复合功能，切实提高海上综合保障能力。依托前沿岛礁，大力发展海上航运、中转等业务，推进航运枢纽、物流中心和出口加工基地建设。在利益攸关的重点海域或沿海友好国家的港口，通过商业招标、政企合作、租用开发和自筹自建等方式，建设集保障兵力驻屯、贸易集散、装备维修和综合补给于一体的海外保障体系，为远海护航、力量预置和商贸发展等活动提供安全支撑。

4.加强海洋科技军民协同创新

要在海洋科技创新中兼顾军用和民用，整合军地科技资源，完善军民协同创新机制，促进军民科技互融互补和转化应用，以军民融合带动创新链、延伸产业链，在海洋领域培育发展一批新兴战略性产业，形成新的经济增长点和新质战斗力生成点。整合军地科研力量和资源，发挥海洋和海军相关高等学校、科研院所的优势，引导军地科研人员加强基础技术研究，联合攻关核心技术。推动军地双向开放交流，建立军地需求信息沟通交流机制，共享军地重点实验室、重大实验设施、重要科技基础设施以及其他海洋科技协同创新平台。

构建海洋科技军民协同模式和创新成果源头供给网络，打造海洋产业集聚创新平台，强化以企业为主体的技术创新体系建设，全面提升科技兴海服务能力。加强国际合作交流，推进开放共享发展，加速海洋高新技术引进与融合，推动优势海洋产业走出去，加强联合研发平台建设和国际标准制定。创新体制机制，优化军地海洋科技资源配置，发挥社会主义市场经济集中力量办大事的体制优势，通过海洋重大工程、重点专项和系列专项的带动，加强海洋调查观测，提高海洋认知能力，加快技术创新和成果转化，促进军民科技兼容同步发展，促进海洋科技与海洋经济紧密融合，开创海洋强国建设新局面。

五、海洋牧场建设与生态文明融合发展

海洋牧场是基于海洋生态学、信息学、工程学等原理，利用互联网、物联网、现代工程等技术，以生态修复与生物资源增殖为目的，有计划地在特定海域内建设的人工渔场[28]。2017年，中央一号文件中首次提出"发展现代化海洋牧场，加强区域协同保护，合理控制近海捕捞"，标志着中国海洋牧场建设与发展进入到了新阶段。2018年，中央一号文件再次强调"建设现代化海洋牧场"。"现代化"逐步成为未来海洋牧场的核心元素。同年，农业农村部在烟台召开的全国海洋牧场建设工作现场会，进一步强调要发挥海洋牧场建设在海洋产业升级中的作用。2019年，中央一号文件进一步强调"推进海洋牧场建设"。

（一）存在问题

1. 科研基础薄弱，理论体系不完善

海洋牧场是一个系统工程，涉及海洋生物、海洋生态、海洋物理、海洋化学、海洋地质、海洋管理及工程技术等多个学科领域。而中国缺乏从事海洋牧场研究的专业机构和专业人才，对建设海洋牧场相关配套技术缺乏系统性研究，例如，海洋牧场建设前，应做好海底地形测绘、海域资源与环境调查，以此评估海域的生物承载力，同时，研究该海域能否建设海洋牧场，建设何种类型的海洋牧场，适宜增殖的品种有哪些，预测海洋牧场建设对该海域自然环境的影响如何等，目前，这些方面的研究力度明显不够。

2. 统筹规划不够，规模无序扩张

海洋牧场建设是一项综合性工程，必须在充分调查的基础上进行统筹规划、科学布局，例如，海底地形、水质、生物组成等指标至少需要1年以上的监测数据。但在实际操作方面，不少海洋牧场建设项目从申请到正式立项仅仅持续几个月时间，这种快餐式的规划缺乏足够的有效数据支撑，在缺乏科学规划的情况下，盲目投资建设的海洋牧场项目将很难达到预期效果。目前，以人工造礁为主要形式的海洋牧场在全国沿海省份如火如荼地开工建设，甚至出现了不顾客观条件一哄而上的现象，投入巨资建成的人工鱼礁，后来发现不少被海流冲得无影无踪，不仅没有达到预期效果，反而成为破坏海洋生态环境的暗礁隐患。另外，除少数涉及海草床、海藻场修复项目外，其他大部分海洋牧场项目仅追求经济效益最大化，这种现象与建设海洋牧场的初衷背道而驰。

3. 核心技术含量低

海洋牧场建设要想真正实现自动化、机械化、信息化，必须抓住自动化设备、管理系统等方面的核心技术。中国在上述海洋牧场建设关键技术领域的短板很明显，尤其是高端精密零部件、芯片以及配套软件等依赖国外进口，受制于人。例如，中国海洋环境监测中心使用的应急预测系统，可对海底生态、水动力、海面污染情况等进行实时动态监测和预测，但使用的核心控制系统和技术需从德国进口，而且需要不断调试和维护才能适应中国的水文特点。

（二）管理方向

1. 科学规划海洋牧场示范区规模与布局

海洋牧场示范区的设立和分布要基于自然地理环境（气候、海洋资源、地形等)和人文环境(人口、经济、劳动力)等综合因素,因地制宜,适度发展,优化资源配置,最终实现低成本、高效益与高质量的目的。黄渤海区域适宜发展综合增殖型海洋牧场。此外,该海区周边城市气候宜人、环境优美,适宜结合旅游业,建设具有休闲垂钓功能的休闲型海洋牧场。东海区域适宜在产卵区、越冬区、洄游通道等建设洄游性鱼礁与天然育苗场增加水生生物资源。同时,设立种质资源保护区来保护优良亲体,为育种工程和新品种研发提供物质基础。南海区域适合建设养护型—增殖型海洋牧场,并可以考虑在具有广阔浅海和滩涂的西北部,发展潜水旅游和休闲观光。

2.加强基础设施建设

海洋牧场建设的最终目的是在养护海洋生物资源、修复海洋生态环境、提高产品质量的基础上发展海洋经济,基础设施则是实施的前提,主要包括海洋生物种质资源库、海底观测网系统、深水增养殖装备等。以海底观测网系统为例,通过在海底布设光电缆为运行设备和平台提供持续电能和信息传输通道,实现全方位、实时和高分辨率地获取海洋观测数据。

3.加大金融支持力度

目前,中国海洋牧场的管理主体与投资主体主要是政府部门,由于海洋牧场建设规模较大,项目成本回收期长,单靠政府财政投入远远不够。因此,为加快海洋牧场建设,需要吸引社会资本参与。政府作为投资主体,可选择资质等级高、技术力量雄厚、资金资源丰富的企业作为合作伙伴,在信贷、税收、保险等方面为企业提供支持。例如,通过信贷银行向企业提供中、短期优惠贷款,合作社银行向合作社提供优惠贷款,或者建立水产品信贷公司为水产品出口商提供出口信贷担保,降低出口风险,如果经济收益低于预期水平,政府可向合作企业给予一定补偿。此外,加强海洋牧场建设领域的财政补贴、税收减免,也可以提高企业的生产积极性,进一步促进中国海洋牧场建设的快速稳定发展。

六、严格管控围填海与优化管理

围填海是海洋经济发展的重要途径,同时也是生态环境破坏的重要因素。随着沿海地区工业化和城镇化的快速推进,围填海一度成为缓解沿海地区人地矛盾、保障食物安全、维持社会经济发展的重要手段。然而,围填海也是一种改变海域自然属性的开发活动,会对海域资源、生态环境造成干扰或破坏,围填海的持续进行和生态环境间的矛盾不断恶化,使得海域资源环境监管压力不断增大[29][30]。

（一）存在问题

1. 历史遗留问题较难解决

我国围填海历史悠久，为了城市发展需要，各个省（区、市）每年都会新增围填海审批面积。围填海工程需要一定的时限，虽然2018年7月国务院印发《关于加强滨海湿地保护严格管控围填海的通知》，取消地方年度计划指标，但是在此之前，地方政府在围填海工程的审批上依旧有主动权。在对广东省的海洋督察中，发现广州、深圳等市填海成陆后土地空置问题严重，这表明我国围填海的历史遗留问题仍然很多，且较难解决。国务院及自然资源部都要求全面调查围填海现状，确定历史遗留问题清单，查明违法违规围填海和围而未填、填而未用的情况。2018年11月，三大海区（北海区、东海区、南海区）围填海现状外业调查全部完成，为处理围填海历史遗留问题提供了依据，但是围填海涉及的利益众多，不仅耗时，还耗费巨大的人力、物力和财力。因此，如何协调众多利益诉求，解决围填海历史遗留问题尚需有大量工作要做。

2. 地方保护主义难以根除

人口的增加，使得空气、水和土地等自然资源消费要求增加，过去几十年，我国土地需求大幅增加，沿海地区的围填海是满足城市土地需求的首选方案。在我国，围填海造地效果特别显著，其中以上海最为突出，近年来其沿海地区面积扩大了580多平方千米。再加上我国的行政管理体制是条块分割的管理体制，中央政府和地方政府在围填海问题上可能存在一定的分歧。地方政府通常以GDP为追求目标，为了自身利益和地方经济发展，利用政府职能对本地区的资源进行配置，以满足该地区经济发展的需要。

3. 宣传和政策措施落实不到位

首先，海洋环境保护宣传不够。沿海地区人多地少，围填海扩展了城市空间，加之国家严格控制耕地，"向海索地"成为了解决人地矛盾、促进城市化发展的重要途径，而海洋生态环境保护宣传措施不到位，使得人们容易重经济轻环保。第二，惩罚措力度不够。为了追求经济效益，部分地方政府和企业对于保护优先、集约利用的用海新理念还未确立或认识不够深刻。国家海洋督察组发现，浙江省、上海市、天津市都存在化整为零、分散审批现象，山东省、广东省大量入海排污口未纳入监管，各个省市普遍存在海洋生态环境保护不力的情况。由于没有统一的惩治标准，围填海企业受利益驱动盲目围填海，却并没有得到相应的惩罚，容易造成执法失效。第三，公众参与不足。公众的生态环保意识整体较为薄弱，不仅缺乏生态环境保护知识，也很难运用法律武器维护自身的生态环境利益。很多项目不仅公众参与有限，专家参与论证也不足。在围填海管控上缺乏相应的宣传和政策措施是各省（市）出现问题的重要原因。

（二）管理方向

1. 出台专项法规，解决遗留问题

通过对我国围填海政策的梳理及分析，发现我国围填海涉及众多领域，包括海洋环境保护、海域使用、海岛保护等方面。2000年前，对于围填海管理依据的法律是《中华人民共和国海洋环境保护法》，2000年之后，增加了《中华人民共和国海域使用管理法》和《中华人民共和国海岛保护法》。但这三部法律对围填海的规定也是基于大范围的海洋环境、海域使用及海岛的维护，难以详细涉及围填海本身的管理。直到2009年国家发展和改革委员会和国家海洋局印发《关于加强围填海规划计划管理》的通知，对于围填海才有了科学的规划，2016年，中央全面深化改革领导小组第三十次会议通过《围填海管控办法》，进一步管控围填海。在此期间，虽然中央政府和地方政府都出台过各种关于围填海的政策、条例，但政策条例等威慑力不足，对于围填海的历史遗留问题也未涉及，且执行力不强，导致我国围填海管控效果不佳。在今后的围填海管控中，应该制定专项法规。现如今，辽宁省自然资源厅和山东省海洋局针对围填海的历史遗留问题，出台了相关政策并做了有关工作，其他省（区、市）乃至全国也在积极探索。主要突出以下两个方面：一方面，以法律为依据，在此基础上形成一定的政策体系，对于围填海的现状、历史遗留问题、对环境的影响、生态补偿、惩治措施、今后发展及政府责任等问题进行详细规定和说明，从而为解决围填海的历史遗留问题提供法律依据，解决困扰多年的围填海管控问题；另一方面，提高执法队伍的综合执法能力，明确规定执法人员的权力与职责，打击违法围填海的现象。

2. 强化督察效能，削弱保护主义

政策制定的初心是美好的，但在执行过程中往往会因各种因素产生不一样的效果。在围填海问题上，不少地方政府为追求自身利益，采取"上有政策下有对策"的应对方式，致使围填海问题不断。为确保政策实施的良好效果，中央政府有必要进行自上而下的监督检查，国家海洋督察就是在围填海问题上进行监督检查治理的一种方式。国家海洋督察组在巡查过程中发现了诸多问题，

这些问题大多是地方政府自身及其包庇违法企业而导致的,地方保护主义根深蒂固,这种监督检查治理的方式也仅仅起到一时的遏制作用,要想削弱地方保护主义,要进一步强化督察的效能,形成长效机制。海洋督察组要加强对围填海项目整改的跟踪、调查,使用信息化及智能化手段对围填海工程进行动态监测管理[12]。在此过程中,还要加大执法力度,督促地方政府严格执法,实施终身问责制,坚决打击地方政府知法犯法行为,从而减弱地方保护主义,加大围填海整改力度。在中央和地方的共同努力下,对于进行中的围填海合理利用,对于未进行的围填海合理规划,以保护海洋生态环境。

3.加大宣传力度,提升生态环保意识和能力

政策宣传是政策得以较好执行的保障。政策的宣传不仅仅针对政府工作人员,还应对社会公众进行广泛宣传,以提高社会公众环境保护的自觉性。围填海的出现是为了满足海洋经济发展的需要,但是围填海又对生态环境造成了破坏,地方政府和公众在经济和环境面前选择经济为先,忽略了生态环境的重要作用,使得围填海的破坏程度进一步加大。以新加坡为例,新加坡的经济发展也离不开围填海,其通过围填海造就了近180平方千米的沿海土地,以满足开发和建造基础设施的需要,但围填海也会带来海洋生境的丧失,如20世纪末,新加坡珊瑚礁面积比20世纪70年代大大缩减,甚至一度面临着消失的威胁。因此,我国在围填海控制和整治修复中,一定要加大围填海政策的宣传力度。主要突出以下几个方面:一是加大对围填海相关法律、政策和基础知识的宣传力度。地方政府应积极宣传有关围填海的政策知识,提高公众对围填海的认知水平,增强公众的法律意识,在维护自身利益的同时对非法行为进行监督。二是加强对执法体系的宣传。宣传围填海执法的程序及严格执法的决心,对政府工作人员和企业起到威慑作用,迫使他们严格执法、遵纪守法。三是加大对生态环境保护的宣传力度。采取各种宣传栏、广播等形式,使公众意识到生态环境保护的重要作用,增强集约化利用土地的意识,减少环境污染、分散利用的情况。四是加强对公众及社会组织参与途径的宣传。设立围填海信息公开和公众参与机制,积极吸引专家及社会组织参与到围填海整治的事务中来。

七、海砂采矿权和海域使用权"两权合一"

改革开放以来,随着我国沿海经济的快速发展,海砂作为填海造地工程的主要填料以及一些建筑的原材料,市场需求较大,使用价值越来越高。近年来,

为公平、公开、公正配置海砂资源，深化"放管服"改革，原国土资源部、原国家海洋局分别印发了《国土资源部关于加强海砂开采管理的通知》《国家海洋局关于全面实施以市场化方式出让海砂开采海域使用权的通知》，要求在全国范围内以拍卖挂牌等市场化方式，出让海砂采矿权和海域使用权，实现了二者的融合管理。

（一）存在问题

1.出让程序重复

海砂开采需要同时取得海砂采矿权和海域使用权两种自然资源的权利（以下简称"两权"），在机构改革前是分属于国土、海洋两个机构职责范围内的事项，按照前述规定分别组织"招拍挂"出让。但由于海砂采矿权和海域使用权在法理上互相依存，空间上完全重合，"两权"只能由同一个受让人取得并行使，因此分别"招拍挂"存在不合理的重复程序。2018年，国务院机构改革成立自然资源部，统一行使全民所有自然资源资产所有者职责，将矿产和海域的出让权划归一个部门行使，实现了统一管理，因此现行分割的"两权"出让程序显然不符合改革精神和实践需求，必须进行重新设计。

2.办事程序繁琐

海砂属于海洋矿产资源，按照《矿产资源法》，其出让应当属于自然资源部事权，虽然原国土资源部的文件已将采矿权"招拍挂"委托省级自然资源主管部门实施，但是由于采矿权发证机关依然是部本级，竞得人仍要到自然资源部申请办证。而同时，海域使用权申请登记已经实施属地化管理，这就导致海砂开采需要在多级、多个部门之间多次审批办证，增加了市场主体不必要的负担和成本。

3.出让内容不衔接

由于"两权"出让分别按照原国土资源部、原海洋局文件的规定执行，内容上也存在不衔接的现象。例如，海砂开采海域使用权最高年限规定为3年，采矿权却规定为2年，因而即使取得2年以上的海域使用权也不可能同步取得相应时限的采矿权。类似问题在矿产、海域两个领域互相掣肘，严重影响政府的公信力。现行的"两权"出让制度严重制约了海砂开采的市场化配置效率，增加了市场主体不必要的负担和风险。合法采砂的程序成本过高也在一定程度上导致违法盗采海砂行为屡禁不止。

（二）管理方向

海砂开采市场化出让制度改革的核心内容是，将自然资源部权限内的采矿权出让委托省级自然资源主管部门实施，由省级自然资源主管部门将海砂采矿权和海域使用权"两权"纳入一个"招拍挂"方案并实行"净矿出让"，成交后，省级自然资源主管部门与竞得人合并签订"两权"出让合同，并办理采矿许可证和不动产登记。

1.合并出让

明确自然资源部将海砂采矿权"招拍挂"出让委托省级自然资源主管部门具体实施，由省级自然资源主管部门将采矿权和海域使用权"两权"纳入同一"招拍挂"方案一并实施。竞得人可通过一次"招拍挂"同时取得采矿权和海域使用权两项权利。

2.优化程序

实施"净矿出让"制度，海域使用论证、开发利用方案等法定要件的编制、评审工作，由省级自然资源主管部门统一组织实施，统一纳入"招拍挂"方案，不再由市场主体自行组织开展，减轻其程序负担。

3.高效便民

海域使用权、海砂采矿权"两权"出让"招拍挂"成交后，省级自然资源主管部门与竞得人只签订一个合同，包括"两权"出让的内容。缴纳有关费用后，采矿许可证领取、海域使用权登记均由省级自然资源主管部门办理。

参考文献

[1] 张耀光.中国海洋经济地理学[M].南京：东南大学出版社，2015.
[2] 国家海洋局.中国海洋功能区划报告[R].1993.
[3] 汪丽.中国海洋资源[M].长春：吉林出版集团有限责任公司，2012.
[4] 史春林，马文婷.1978年以来中国海洋管理体制改革：回顾与展望[J].中国软科学，2019（6）：1-12.
[5] 王巧荣.改革开放前新中国的海洋权益管理[J].军事历史研究，2016，30（3）：100-107.
[6] 崔旺来，钟丹丹，李有绪.我国海洋行政管理体制的多维度审视[J].浙江海洋学院学报（人文科学版），2009，26（4）：6-11.
[7] 于思浩.中国海洋强国战略下的政府海洋管理体制研究[D].长春：吉林大学，2013.
[8] 郭倩，张继平.中美海洋管理机构的比较分析——以重组国家海洋局方案为视角[J].上海行政学院学报，2014，15（1）：104-111.
[9] 周剑.海洋经济发达国家和地区海洋管理体制的比较及经验借鉴[J].世界农业，2015（5）：96-100.
[10] 黄任望.全球海洋治理问题初探[J].海洋开发与管理，2014（3）：48-56.
[11] 张俏.习近平海洋思想研究[D].大连：大连海事大学，2016.
[12] 初建松，朱玉贵.中国海洋治理的困境及其应对策略研究[J].中国海洋大学学报（社会科学版），2016（5）：24-29.
[13] 赵伟.我国海洋管理体制改革研究[D].烟台：烟台大学，2014.
[14] 刘大海，管松，邢文秀.基于陆海统筹的海岸带综合管理：从规划到立法[J].中国土地，2019（2）：8-11.
[15] 李欣，叶果.海岸带规划的相关政策保障[J].中国土地，2020（3）：25-28.
[16] 董跃，姜茂增.国外海岸带综合管理经验对我国实施"陆海统筹"战略的启示[J].中国海洋大学学报（社会科学版），2012（4）：15-20.
[17] 周晶，张一帆，曲林静，等.海岸线占补平衡制度初探[J].海洋环境科学，2020，39（2）：230-235.
[18] 张云峰，张振克，张静，等.欧美国家海洋空间规划研究进展[J].海洋通报，2013，32（3）：352-360.
[19] 曹忠祥.对我国陆海统筹发展的战略思考[J].宏观经济管理，2014（12）：30-33.
[20] 王丽.陆海统筹发展的成效、问题及展望[J].宏观经济管理，2013（9）：22-24.
[21] 张晓丽，姚瑞华，徐昉.陆海统筹协调联动助力渤海海洋生态环境保护[J].环境保护，2019，47（7）：13-16.

[22] 刘春燕,唐俐.论无居民海岛使用权的性质[J].海南广播电视大学学报,2017(4):105-109.

[23] 李方,于姬,付元宾,等."十三五"期间我国无居民海岛综合管理对策研究[J].海洋开发与管理,2016(S2):7-12.

[24] 姬厚德,罗美雪,蓝尹余,等.福建省无居民海岛开发利用的契机、挑战和对策[J].海洋开发与管理,2018(2):34-38.

[25] 王伟海,姜峰.推进海洋领域军民融合深度发展[J].中国国情国力,2018(10):26-28.

[26] 姜鲁鸣,王伟海,刘祖辰.军民融合发展战略探论[M].北京:人民出版社,2017.

[27] 刘瑾.中远海运:"深改""快改"奔向世界一流[EB/OL].(2017-6-30)[2020-06-01].http://www.cankaoxiaoxi.com/china/20170630/2158446_3.shtml.

[28] 陈坤,张秀梅,刘锡胤,等.中国海洋牧场发展史概述及发展方向初探[J].渔业信息与战略,2020(1):12-21.

[29] 王琪,田莹莹.我国围填海管控的政策演进、现实困境及优化措施[J].环境保护,2019(7):26-32.

[30] 张良.围填海热潮不减的原因分析与对策建议[J].中国海洋社会学研究,2019(7):115-126.

第十四章

林草资源融合管理

第一节 林草资源融合发展态势

一、林草资源在生态系统中的重要地位

（一）森林资源的生态系统服务功能

森林资源是林地及其所生长的森林有机体的总称，包括森林、林木、林地以及依托森林、林木、林地生存的野生动物、植物和微生物。林地是森林资源的重要组成部分，是重要的自然资源和战略资源，是森林赖以生存和发展的根基，是野生动植物栖息繁衍和保护生物多样性的物质基础[1]。依托林地存在的森林作为陆地生态系统的主体，不但为社会经济发展和人类生活提供必要的木材，更具有固碳释氧、水源涵养、土壤保育、气候调节、维护生物多样性的功能，并为人类提供休闲和生态旅游等多种生态系统服务，被誉为地球之肺。

（二）草地资源的生态系统服务功能

草地是陆地生态系统的重要组成部分，具有重要的生态价值、经济价值和社会价值。草地与森林、河流等其他类型的自然资源共同构成了人类生存的生态屏障，其生态价值主要体现在水土保持、防风固沙、涵养水源、洁净空气、调节气候、美化环境以及保持物种多样性等方面。草地被誉为地球的皮肤，深刻反映人类活动强度的变化。我国草原面积近4亿公顷，占全国土地总面积的40%，是世界上草原资源最丰硕的国度之一。同时，草原上还生长着各种珍稀动植物以及中草药材，并为畜牧业提供基础性生产资料。草地资源是重要的可再生资源，其经济价值也十分重要，是保障我国食物安全、改善食物结构的重要物质基础。草地的社会价值主要体现在为人类的物质交流活动提供场所，为不同文化间的交流与碰撞提供平台，为文化间的相互理

解、认同与交融提供空间。

二、林草资源部门管理与发展演进

（一）林地资源发展演进情况

新中国成立以来，我国林业取得了长足的进展，但也经历了一些曲折。一方面，不断倡导和组织保护森林、植树造林，一些地方的森林得以恢复，这在少林地区尤为显著；另一方面，因经济建设和积累资金的需要而大面积采伐森林，再加上有些地区存在毁林开荒的现象，对一些主要林区的森林产生了严重损害，这个问题在大跃进时期及文革时期尤为突出。1978年以来，我国林业发展战略可以分为两个阶段[2]，第一个阶段是1978—1998年：木材生产与生态建设并重阶段，在这个时期，人们已开始认识到森林是维护生态平衡的重要支柱，认识到森林的多种效应，特别是在保持水土、富国裕民方面的作用。从单纯强调林业的经济效益到重视林业的综合效益，是林业工作者战略思想的巨大飞跃。第二阶段是1998年至今：以生态建设为主阶段，为了进一步加快林业发展，我国政府启动了天然林保护、退耕还林等林业重点工程，中国林业进入由木材生产为主向生态建设为主的历史性重大转变时期。

（二）草地资源发展演进情况

新中国成立以来，人口的急剧增长、工农业生产的迅猛发展，特别是在"大跃进"和"大炼钢铁"年代以及在"以粮为纲"政策的影响下，开垦草原达到空前的规模，草地资源因开垦导致优良草地面积减少。1978年改革开放以来，虽然一再强调不再继续开荒破坏草地，但是实际在国家严格实施退耕还林还草、退牧还草政策前这种行为并未得到制止。优良草地面积的减少，导致放牧压力变大和放牧制度失常（图14-1），中国草地资源普遍因过度放牧而遭受破坏[3]。随着国家退耕还林还草、退牧还草政策的实施，以及2011年草原生态奖补政策的实施，一些草原牧区的植被得到了较为明显恢复，农牧交错区出现了沙漠化逆转，但"局部改善、总体恶化"的整体态势仍未得到根本转变[4]。

图14-1 内蒙古多轮县过度放牧造成草原退化

专栏14-1：

什么是放牧制度

放牧制度（grazing system）是放牧管理的组织体系。其遵循草原生态系统中的能量流动与物质循环规律，在草地围栏建设、牲畜饮水设施布设、植被成分调控和草场改良等建设的基础上，通过在时间和空间上对放牧强度（grazing intensity）和放牧频度（grazing frequency）的调整，使牧草的生长与家畜营养需求之间在数量和质量上达到平衡。放牧制度最初提出的目的是通过季节放牧和休闲的合理利用，使已退化的草地恢复生机。大量的科学研究表明，合理的放牧制度可以恢复草地生机，提高草地生产效益，保持草地生态平衡，使草地得以永续利用。草地放牧制度主要分为自由放牧（continuous grazing）和划区轮牧（rotational grazing）两大类。

> 自由放牧是指家畜在同一块草地上连续采食几周甚至整个季节。自由放牧时放牧区不做分区规划，牲畜在草地上自由游走采食。在生产中具体表现形式主要包括饲养全阶段自由放牧（放牧全程自由，不做任何人工干预）、抓膘放牧（多在夏末秋初进行。放牧人员携带生活用品，天天转移牧场，专挑优质的牧场和牧草放牧，使牲畜在短时间内肥硕健壮，以备屠宰或越冬度春）、季节营地放牧（将放牧地划分为若干季节性牧场，各季节牧场分别在一定的时期放牧。如冬春牧场在冬春季节放牧，夏季来临时，牲畜便转移到夏秋牧场；冬季来临时牲畜再回到冬春牧场）和就地宿营放牧（对放牧地段没有严格次序，放牧到哪里就住到哪里，与"抓膘放牧"类似，但对牧场选择不如"抓膘放牧"严格，放牧范围也没有后者广泛。是对连续放牧的一种改进）等类型。
>
> 划区轮牧通常是通过建立永久或临时性围栏来划分放牧地，按照一定的放牧方案，在放牧地内严格控制家畜的采食时间和采食范围的一种草地利用方式。传统的划区轮牧主要包括一般的区块轮牧（单一畜群在划好的地块上按照一定的顺序进行放牧）、不同牲畜的更替放牧（不同种类的畜群在同一时间利用同一块草地或在不同时间利用同一块草地）、暖季宿营放牧（在牧草的生长季，对放牧地段有严格次序的划区轮牧）、日粮放牧（利用容易移动的点围栏或其他活动性围栏，将牲畜控制在一个较小范围内，集中利用牧草）等。

资料来源：大自然保护协会 TNC. 说说草地放牧管理［EB/OL］.（2019-12-26）［2020-08-21］. http://baijianhao.baidu.com/s?id=16539557456863l2315&wfr=spider&for=pc.

三、林草资源融合管理态势研判

（一）林地资源建设基本情况

林地主要包含林地、灌木林、疏林地和其他林地[5]。我国第八次全国森林资源清查（2009—2013）数据显示，截至2013年，我国林地总面积310万平方千米。其中，林地191万平方千米，占总林地面积的61%；灌木林地55.9万平方千米，占总林地面积的18%；疏林地4.01万平方千米，仅占总林地面积的1%；宜林地39.58万平方千米，占总林地面积的13%；未成林地7.11万平方千米占2%，其他林地（包括苗圃地、无立木林地和林业辅助生产用地）面积12.69万平方千米，占4%[6]。在各类林木蓄积结构方面，森林蓄积量151.37亿立方米，占所有林木蓄积量的92%；其他散生木、四旁树、疏林地各占5%、2%和1%。从林地起源结构来看，天然林面积122万平方千米，蓄积122.96亿立方米；人工林面积69万平方千米，蓄积24.83亿立方米。

在空间分布上，各类林地的分布带有一定的地带性和明显的人类活动特征，且分布极不均衡。从2000年中国林地分布图可以看出，我国林地分布的总体形势是：大兴安岭—吕梁山—青藏高原东缘一线以东的地区是有林地集中分布的地区，即东部林区；此线以西，内蒙古中部—青藏高原的雅鲁藏布江中游一线以东的地区是灌木林集中分布的地区；其他林地主要混杂在有林地的区域内[7]。

我国森林面积208万平方千米，森林覆盖率21.63%，活立木总蓄积164.33亿立方米，森林蓄积151.37亿立方米[6]。我国森林资源总量位居世界前列，森林面积位居世界第5位，森林蓄积位居世界第6位。自2012年党的十八大召开以来，5年间，全国完成造林5.08亿亩、森林抚育6.22亿亩，我国人工林面积继续保持世界首位[8]。

（二）草地资源建设基本情况

从植物生态学或植物地理学角度来说，"草地"通常指草本植物占优势的植物群落，包括草原、草甸、草本沼泽、草本冻原、草丛等天然植被，以及除农作物之外，草本植物占优势的栽培群落。评价草地资源现状需要弄清一定地域范围内的草地类型、面积和分布，以及由它们所产生的物质蕴藏量，即草地生物量及其生产力。我国第一次草地普查的结果显示，中国各类天然草地约有400万平方千米，占国土面积的41.7%，总面积仅次于澳大利亚，位居世界第二[9]。我国的天然草地主要分布在西藏、内蒙古、青海、新疆、四川、甘肃、黑龙江以及云南等地，占全国草地总面积的80%以上[10]。

根据1:1000000中国植被图[11]，我国天然草地可以划分为草原、草甸、草丛和草本沼泽4大类，分别占草地总面积的50.4%、36.6%、10.7%和2.3%[10]。这4类草地与不同的气候、土壤或地形因子结合，又可以进一步分为12类草地

(依面积大小排序):高寒草甸占24.4%,高寒草原22.9%,温性草原16.2%,亚热带热带草丛8.7%,荒漠草原8.1%,岩生草甸5.6%,山地草甸4.4%,草甸草原3.3%,沼泽化草甸2.3%,寒温带温带沼泽和温带草丛2.1%,高寒沼泽面积<1%。

植物生物量和草地净初级生产力(net primary productivity, NPP)是描述草地资源第一性生产的重要概念,对合理利用草地资源、提高草地产量以及管理草地碳等物质循环都具有重要意义。朴世龙等[12]结合1981—1988年草地资源调查结果与同时段由NOAA/AVHRR数据加工后所得NDVI数据计算得到,我国在该时段内天然草地地上、地下以及总生物量分别为3.3亿吨、20亿吨和23.3亿吨,平均生物量密度分别为98克/平方米、602.5克/平方米和701.7克/平方米。根据我国第一次草地资源普查[9]的估算,我国天然草地年地上净初级生产力(aboveground net primary productivity, ANPP)为每年每平方米有机碳含量34.9克。

此外,作为天然草地的补充,人工草场近年来发展很快。统计资料表明,2013年我国人工草地面积约21万平方千米;其中80%以上主要分布在内蒙古、甘肃、四川、新疆、黑龙江、西藏、山西、宁夏、青海以及吉林等省区[10](图14-2)。

图14-2 宁夏盐池县的人工草地(苜蓿)

四、林草资源融合管理的问题与瓶颈

（一）林草资源发展不平衡不充分

我国森林资源存在数量相对不足、质量不高和空间分布不均的特点。我国国土面积辽阔，排名世界第三，森林覆盖率却不到世界平均水平的2/3。我国人口数量排名世界第一，人均森林面积仅为1450平方米，不到世界平均水平的1/4，人均森林蓄积量10.151立方米，仅为世界平均水平的1/7。现有质量好的宜林地仅占10%，质量差的多达54%，且2/3分布在西北、西南地区，立地条件差，造林难度大[6]。全国乔木林生态功能指数0.54，生态功能好的仅占11.31%[13]。在空间分布上，我国森林资源存在显著分布不均的特点，中国现有的森林资源主要分布在年降水量等于或大于400毫米的东北、西南地区，其次是中南和华东地区，而辽阔的西北地区和经济发达的华北和华中地区，森林资源分布稀少[13]。林业发展不平衡不充分的问题尤为突出。以木材生产为中心的林业经济，造成了天然林长期超负荷采伐，致使天然林的数量和质量下降，与此对应的是中国的人工林面积不断增加[14]，造成森林生态系统生物多样性锐减。由于所建立的人工林多为单一树种、单一结构的纯林，这样的人工森林生态系统非常脆弱。

我国草地资源发展不平衡，人工草地发展水平低。草产业发展水平低，人工草地和半人工草地种植规模小、产量低、品质差、利用年限短，远落后于畜牧业发达国家。人工草地生产与生态功能分块管理，草地管理目标、模式与技术"单一"，资源要素在空间与时间上缺乏优化配置，牧草带、饲养带、生态功能区分离，产业链内部耦合与级联效应相互抵消。

中国林草的结构性问题突出。很多地方为了突出表面效果，重树轻草、重乔木轻灌木，带来严重的生态问题（图14-3、图14-4）。从地域分异规律来看，林草的分布与降水量的关系极为密切。例如在生态建设上，西北干旱、半干旱区的降水量稀少，却种植了不适应气候的乔木，土壤风蚀加剧。

第十四章　林草资源融合管理

图14-3　内蒙古商都县的老头树

图14-4　内蒙古鄂尔多斯市退化的林木

（二）林草资源安全形势严峻

林草资源的安全与当地的降水和热量有关，水分不足将严重制约林草的生长。气候暖干化，森林和草原的生长会受到严重影响，草原产草量减少，影响畜牧业发展，草原沙漠化风险加大；森林干旱会加大森林火灾和病虫害流行的风险，增加经济发展所承受的环境压力[15]。火灾会对林草资源安全造成严重威胁，受全球气候变化的影响，极端天气事件发生更加频繁，森林火灾灾害频率不断加重[16]。森林病虫灾害直接威胁着森林生态系统的结构稳定性和功能发挥，严重制约着中国林业的可持续发展，近几十年，森林病虫害发生率和危害面积呈明显上升趋势，造成巨大的直接经济损失和森林生态系统服务价值损失[17]。气候变化还会改变森林的分布格局和结构,强烈的变化对生态系统、物种和基因都存在显著影响。

经济发展加快,人口压力增大,虽然近些年生态环境得到了国家前所未有的重视,乱砍滥伐、过度放牧现象得到了一定程度遏制,但林草资源是极易接近的资源,在经济利益的驱使下,就会出现超限额采伐和超载放牧的现象,增加森林和草原的压力[18]。

林草产业发展仍处于较低层次,初级产品居多,科技成果转化率低,森林和草地资源的利用率低,产出功能弱,林草产品的附加值低,市场竞争能力弱。在经济利益的巨大诱惑下,低层次、粗放式的林草产业发展模式使资源陷入了短缺的"怪圈",森林和草地资源安全将无从谈起。

(三)林草资源管理制度不健全

林草制度不够完善,制度创新和供给缺乏动力。目前,中国的法律和制度还有完善的空间,在保护、发展和合理利用林草资源问题上没有提供强有力的法律保障,致使不法分子有机可乘,产生各种破坏林草资源的非法行为。作为公共产品,草地很难逃脱"公共地悲剧"。20世纪80年代初期开始推行的牲畜承包制度,极大地调动了农牧民的生产积极性,农牧民的做法便是尽可能多的放牧,在草地彻底被破坏之前尽可能多的索取。20世纪90年代中期,政府推行草场承包制度,农牧民争先恐后将自己承包的草场围栏,这种围栏最终又演化成一场中国草原的"围栏陷阱"。草地退化的根本原因在于相关制度的缺失,适应性制度的演化进程中断。在僵化的制度约束下,过度使用就成为最优选择。2002年以来的退牧还草政策,虽然草地植被在短期内呈现出明显的恢复态势(图14-5、图14-6),但禁牧政策带来的问题也日益显现。常年禁牧政策虽然在短期内促进了林草植被的恢复,但长期实施将会导致植被的退化及生物多样性减少(图14-7),成为新的生态问题。围栏禁牧可以有效地促进高寒草甸以及草原的地上植被生长,更长时间的围栏并没有带来任何生态和经济效益。围栏限制了野生动物的活动范围,增加了非围栏地区的放牧压力,且牧民的满意度并不高,而地方政府和国家财政投入巨大。因此,在适当的情况下,应鼓励传统的游牧方式来利用草地,在严重退化的草地上应采用围栏,在重要的野生动物栖息地应避免使用围栏,特别是受保护的大型哺乳动物分布的区域。只有把围栏当作草地恢复过渡期(非永久性)使用的措施,围栏才是有益的草地管理手段。另外,林草执法力量薄弱,管理队伍力量薄弱[19]。

第十四章 林草资源融合管理

图14-5 内蒙古正镶白旗围栏封育

图14-6 新疆伊犁草原围栏封育

图14-7 宁夏盐池县多年连续禁牧影响草本返青

（四）林草资源分类标准之间缺少衔接

目前，以土地为基础的地表自然资源分类标准尚未形成。长期以来，国土、农牧、林业等部门对耕地、草地的定义和统计口径不同，导致数据差异大。现行林草资源分类与代码《森林类型GB/T14721—2010》《草地分类NY/T2997—2016》与《土地利用现状分类GB/T21010—2017》的标准不衔接，造成林草地交叉重叠范围过大，严重影响了林草地的监管。在《经济体制改革和生态文明体制改革专项小组关于生态文明体制改革总体方案落实情况的督察报告》中，国家统计局反映，2014年，陕西省延安市林业部门提供的林地面积比国土部门提供的大39%。

（五）林草资源持续发展评价有待完善

对于定量研究林草地资源可持续发展的各个方面，评价指标是量化计算是否准确的决定性因素。而我国地域辽阔，不同区域林草地生态系统的生态服务功能不同，限制其可持续发展的因素也不尽相同，这为准确计算全国范围内林草地生态系统各项评价增加了难度。

五、林草资源融合管理的发展趋势

（一）林地资源融合管理发展趋势

我国林业发展趋势主要体现在以下几个方面[20]：第一，由以木材生产为主向以生态建设为主转变。随着经济的飞速发展，资源逐渐枯竭和生态日趋恶化，治理、保护和改善生态正在取代"木材生产"，成为国民经济和社会发展对林业的第一要求。第二，由以采伐天然林为主向采伐人工林为主转变。天然林在调节气候、涵养水源、保持水土、保护生物多样性等方面，具有人工林无法比拟的重要作用。随着我国经济发展所带来的对木材需求量的日益增长，供需矛盾突出，必须大力发展人工用料。第三，由毁林开荒向退耕还林转变。退耕还林是控制水土流失、治理江河水患的根本措施，是实现林业发展的重要途径。同时，退耕还林可以改变农民传统的种植习惯，调整农村土地利用结构和农村产业结构，培育和发展具有区域比较优势和市场前景、能替代传统产业的生态经济型产业，为农民增收和地方经济发展开辟新的途径，促进农村经济和社会全面发展。第四，由无偿使用森林生态效益向有偿使用转变。一般认为，林业的生态效益是其自身经济价值的10倍。2001年以来，国家财政每年投入

10亿元，进行生态效益补助试点，标志着我国无偿使用森林生态效益的历史结束，这是林业发展史上的一个重大理论和实践突破。第五，由部门办林业向全社会办林业转变。创新参与机制，发挥共享经济效应，推广"蚂蚁种树"、PPP等新模式，引导国企、民企、外企、集体、个人、社会组织等各方面力量投入国土绿化事业。第六，我国森林旅游进入快速发展期。全国森林旅游游客量累计达到46亿人次，年均增长15.5%。2017年，森林旅游游客量达到13.9亿人次，约占全国旅游人数的28%，创造社会综合产值1.15万亿元，成为中国林业的第三产业支柱。森林旅游直接收入从2012年的618亿元增长到2017年的1400亿元，保持了18%以上的年增长率。

（二）草地资源融合管理发展趋势

我国草业现正处于由分散的附着型传统草业向以草为业的主导型现代草业转型阶段[21]。主要有以下几方面的特征：第一，草地经营的社会参与度大幅度提高。2000年全国退耕还草面积7600平方千米，其中草业生产加工企业占据很大比例，不同类型的"公司+基地+农户"的产业化模式，有效加快了草产业发展的速度、提高了质量和经济效益。第二，草业发展区域化格局初步形成，并逐步显示了区域系统耦合的效应。不同区域之间初步形成异地育肥、饲草料资源优势互补、区域系统耦合增效的乘数效应。草业与其他产业的关联度不断增强，产业耦合效应初步体现。第三，草地环境和景观资源的开发利用发展迅速，景观设计、景观美化和草地生态旅游成为草业生产和消费的新热点，草原多功能利用的雏形初步形成。第四，高新及先进实用技术改造传统草业取得初步成效，生物技术、信息技术等高新技术逐步在草原保护建设、人工草地建植、草地畜牧业发展、草产品加工等方面开始应用，科学研究和示范推广相结合的先进实用技术的组装集成也不断取得进展，并在草业发展中发挥作用。

第二节　林草资源融合管理的国际经验

林草资源作为自然资源的重要组成部分，具有调节气候、涵养水源、防风固沙、保持水土、维护生物多样性等重要生态功能，受到世界各国的普遍重视。我国是世界上气候类型最多的国家之一，林草资源十分丰富。加强对林草资源的科学管理，是生态文明建设的重要内容，是维护我国生态安全的重要保证，是实现林草资源可持续发展的客观要求。世界各国的林草资源管理体制因发展阶段、社会制度、林草资源类型的不同，存在较大差异，学习和借鉴国外发达国家的制度安排，对设计我国林草资源管理思路具有很好的参考价值和借鉴意义。

一、森林资源融合管理的启示

（一）主要做法

森林管理除具备土地管理的特征之外，还需要考虑林业生产周期长、地表覆盖类型多样等特征。林业管理是国家调整林地关系、合理组织林地利用，贯彻和执行国家对林地开发、利用、改造和保护等方面的决策而采取的行政、经济、法律和工程技术的综合性措施。国外的林业资源管理大多数是与土地管理放到一个部门，管理机构的设置主要有三种类型。一种是单设内阁级的林业部，如英国、印度尼西亚等国家；一种是与其他部门合设一个内阁部，如印度、马来西亚等国家；还有一种是在其他部里设一个从属的林业行政部门，如美国、法国等国家。

1. 美国

美国的森林资源管理融入了法律。该国森林资源丰富，占全球森林面积的7.6%，林业产业发达，对美国经济可持续发展产生了重要影响。美国采取垂直分级管制体制，由农业部直接管理林务局，下设执法与调查部、州有与私有林业部、国有林系统部、调研发展部和国际项目部五个部门。美国林业管理的总目标是"尊重现实，依照法律，合作共事，运用科技，保护土地，服务人民"，为实现这一目标，联邦和州政府不断完善林业管理体系，主要突出以下几个方面：一是制定了完备的林业法律体系。美国政府强调用法律手段管理资源，加强对资源的立法保护。联邦议会通过了与林业有关的多项法律，各州、县在此基础上制定了地方林业相关法规。1987年，美国制定了第一部有关林业的联邦法令，迄今，美国联邦政府颁布了100多部林业方面的法律法规，推动了美国林业的可持续发展。二是建立服务型林业管理机构。政府部门不以行政命令进行管理，而是以为林主、企业和公众提供服务为主。林业的生产经营完全以市场为导向，政府通过税收政策或有关法律加以引导。三是注重产学研结合。美国林业科研注重基础与应用研究相结合、研究与生产相结合。林业科学研究的课题大多针对实践中迫切需要解决的问题而设立，经过系统的科学研究、技术推广，最终指导实践活动。

2. 德国

德国的森林资源融入了产权管理。该国森林面积11万平方千米，森林覆盖率31.1%，林产工业发达。从所有制结构来看，德国森林分为联邦政府所有林、州政府所有林、私有林、社团所有林和信托林五种，每种类别权属清晰明确。德国国有林遍布各州，由各州执行管理职能，主要有三种管理体制。一是"政企合一"的垂直管理体制。州林管局制定有关林业产业发展规划、森林保护、人工造林等相关的条例，地区森林管理局执行落实州制定的有关条例，基层森林管理站负责制定并组织实施年度生产计划。二是"政企分开"的垂直管理体制。把国有林管理机构的管理事务和经营机构的经营事务分开，国有林行政管理机构对国有林行使监督管理权，州有林经营公司行使直接经营权，拥有独立法人资格。三是"双头领导"管理体制。为保障地区森林所有制的作用得到充分发挥，国有林行政事务由州林业行政管理机构负责，经营业务由农业协会组织负责。德国的林业资源管理从16世纪的森林施业案，到19世纪20年代提出"法正林"概念，注重的都是森林资源所产生的经济效用，而忽略了森林资源所固有的其他功能。20世纪40年代，德国开始推行多种林业发展战略，90年代开始将"近自然林业"的理论与方法作为其林业政策和经营方针，强调应该依据森林资源自身特性和功能开展林业生产活动，这在管理理念上实现了较大的跨越（图14-8）。德国也是建立林务官制度较早的国家之一，这个制度也成为推动德国林业发展的一项重要制度。林务官是政府林业主管部门从事林业管理工作的官员，分布在不同层次的林业机构中，负责林业管理和规划发展目标，以及林业法律的实施和监督，这个制度保障了林业管理效率，做到了权责利统一。

图14-8　德国巴伐利亚林场

3.日本

日本的森林资源管理融入了行政手段和市场手段。日本虽然国土面积狭小，但森林资源丰富，森林面积达25.08万平方千米，覆盖国土面积的66.3%。20世纪80年代中期以前，农林水产省林业厅对日本国有林进行管理和经营，其管理体制是政企合一。1988年，日本对国有林管理体制进行了改革，改革后日本的国有林管理机构作为国家管理森林资源的部门，主要职责从以经营活动为主转变为以森林资源的保护管理、森林清查、林业技术指导及咨询服务等业务为主，通过招标方式将生产性活动委托给民间经营。目前，日本国有林实行管理主体与经营主体相分离，行政手段与市场手段相结合的垂直领导体制，这种体制长期稳定、权属关系明确。日本政府注重依法管理森林资源，《森林法》与《森林·林业基本法》是日本管理全国林业的根本法，辅以单项辅助性法律和法令。此外，在资金支持方面，政府通过林业补助金制度、林业专用资金贷款制度和税收优惠政策等给林业长期、稳定的支持，对与林业相关的15个税种采取减征、免征和延期纳税等扶持政策，确保林业持续健康发展。

4.其他国家

此外，英国和澳大利亚通过对林业预算进行绩效评价，有效地控制了林业部门的管理支出，大幅提升了管理效率，同时也加强了部门的责任意识。在英国，由林业委员会负责实施和完善该评价体系，澳大利亚则是由农业、渔业和林业部来负责，从生态效益和经济效益的角度出发，加强科技和经济研究，拓展市场，增强竞争力，实现可持续经营。两国林业管理部门都会定期向有关部门提交报告并公布，例如英国的林业委员会每年秋季要向议会提交《秋季绩效评价报告》，澳大利亚则向国会和财政管理部提交《年度报告》。

（二）经验借鉴

1.建立完善的法律与制度保障体系

完善的法律法规与制度是加强林地资源管理的根本保障。1976年，美国颁布《国有林经营法》，体现了新的管理理念，对保护开发林地资源，依法治林起到了重要作用，标志着美国林地资源管理体制的正式确立。德国在林业法律方面也是相当完备的，根据林业发展需求，建立了一套具有完整性、稳定性和延续性的法律规定，并根据情况不断调整完善，促进了德国林业资源治理体系和治理能力现代化。

2.管理权与经营权相分置

管理权和经营权相分离,有利于明晰各主体之间的权责利关系,建立高效务实的林地治理体制。以美国为例,由联邦政府农业部林务局代表国家进行垂直管理,林管局作为经营主体,负责管理林地资源的生产经营活动。两权分离明确了权属关系,排除了市场和各级地方政府对林地资源经营的干扰,保障了管理体制的高效率和低成本,有利于整体发挥林地资源的生态效益、经济效益和社会效益。

3.借鉴"近自然林业"培育理念

森林资源管理融入自然是发达国家重要的培育理念。"近自然林业"是当今世界普遍采用的林业发展理念,在德国等发达国家得到了很好的应用。该理念提倡按照近自然的原理与方法培育森林,符合科学与自然规律。林地资源具有多功能的自然属性,林业发展应立足林地资源的价值与作用,引进和培育与环境相适应、稳定持续、多层次、多结构的混交林,在区域空间体现林地资源开发的持续性和有效性。

4.建立明晰的产权制度

森林资源管理融入产权制度是发达国家的普遍做法。在林业资源管理中,产权制度设计是整体制度安排的基础。纵观各国林业发展的实践,林业生产经营呈现出多重制度并存的格局。林业的生态性、弱质性和经济外部性,使其成为国有经济成分占比较高的行业。即使在市场经济较为发达的私有制国家,国有林也占一定比重。以美国为例,国有林占森林总面积的34%;加拿大的国有林占23%。即使是私有林,也不存在绝对意义上的私人所有,而是根据生态保护和公共利益需要,实行一定的行政限制和管制,在私人财产权上形成一定的公共权利。国有产权是林业管理制度设定的主要方式。在市场经济较为发达的国家,林业经营水平较高,私有林发挥了重要作用。芬兰是林业大国和私有林大国,林业是重要的国民经济产业,私有林面积占全国森林总面积的70%,产量占木材供应量的70%。日本和韩国的私有林比重也分别达到60%和72%。无论是何种产权制度,林地的权属都应保持稳定,对林地的所有权、经营权和管理权有清楚的规定。

二、草地资源融合管理的启示

(一)主要做法

当前,世界草地面积约为3500万平方千米,占地球陆地面积的26.91%,

占世界农地面积的70.51%。澳大利亚、美国和加拿大具有非常丰富的草地资源，表现为人工草场和天然草场相结合。新西兰和欧洲的大多数国家和地区天然草场相对较少，主要以人工草场为主。非洲、西南亚和中亚国家注重对天然草场的开发与利用。各国对草地资源的利用大致经历了掠夺式发展阶段、治理改良阶段和可持续管理阶段。以美国和加拿大为代表，20世纪30年代以前，忽视对草地资源的保护，处在掠夺式利用和过载过牧阶段；20世纪30年代，由于全域大范围干旱，牧场大量被摧毁，人们认识到草地改良对草产业发展的重要性，开始采取措施对草地进行治理和提高草地生产力；20世纪80年代后，基于生态效益和经济效益协调发展的可持续管理模式在北美国家逐渐兴起，对草地资源的利用模式也开始趋于科学化和系统化。

1. 美国

美国拥有永久性草地360万平方千米，40%为公有，60%为私有。天然草原绝大部分是国有，租赁给私人使用。美国草地资源存在着联邦政府所有、州政府所有和私人所有3种所有制方式。其中，国有草原受国家严格管理，为了保护生态平衡，不允许开发利用；州有草原主要为公众服务和利用；而私人草原主要为私有牧场所有，开发利用受法律监督，面积约占美国草原总面积的50%。美国十分重视天然草原保护，天然草原基本不放牧，一半以上草地为休闲用地。家庭牧场通过人工草地和一年生饲草基地进行畜牧业生产。美国施行的是典型的政府主导型草地资源管理体制，由农业部和内政部行使对草地资源的监督和管理职能。美国对草地资源的保护措施包括建立有力的管理机构、建立健全相关法律法规和加强对重点生态功能区的保护。1934年，美国颁布《泰勒放牧法》，开始采用放牧许可证制度对放牧活动进行管理，许可证由美国内政部土地管理局和森林局负责发放。美国不仅建立了草场管理信托基金，委托农业专业机构管理草场，还建立了完善的草地监测和信息化管理体系，形成了健全的国家监测台站体系，充分发挥草地评价和监测方法指南的服务作用，构建注重实效的草地健康评价指标体系，不断完善草地信息化管理系统。此外，美国高度重视生态保护的宣传教育，通过各种形式的宣传使美国民众普遍有生态保护的理念，在全社会营造关爱草地的氛围。非政府组织也在推动立法、监督执法和提高公众参与等诸多方面发挥重要作用。

2. 加拿大

加拿大的草原面积约为27.7万平方千米，约占国土面积的三分之一。草原权属大致分为国有、私有、联户所有（按股份确定放牧牲畜数量）三种，其中国有草原约占6%。加拿大的天然草原主要用于放牧，人工草地大部分用于发展草地家畜农业、生产干草和饲料作物，少部分用于放牧及用作牧草种子生产。加拿大的草地资源管理部门是农业与农产品部，政府制定了完善的草原监督管理制度，对牧场载畜量设立了严格的规定，核定草地载畜量均较低，不会对草原造成破坏，而一旦牧场载畜量和放牧强度超过规定标准，国家有权进行干预或收回草场。同时，政府重视牧区水利设施的建设和草地治理，90%以上的草场设围栏和牲畜饮水设施，为推行轮牧提供了保障。政府对全国的农业研究所实行统一规划，在重点地区设立监督管理、科研、技术推广等机构，为农民提供咨询服务。草原自然保护区实行多价值管理，草原数量与面积逐年增加。政府还通过设立农业保险制度，保障农民收入。

3.澳大利亚

澳大利亚的草原面积约为458万平方千米，牧场面积占世界牧场总面积的12.4%，其中天然草场占国土面积的55%。该国东南沿海地区草地畜牧业较发达，中部和北部干旱、半干旱地区自然条件较差，放牧仍是主要的土地利用方式。草产业是澳大利亚国民经济的重要组成部分。澳大利亚的草地资源主要归私人农场所有，国家仅有的一部分草地大多比较贫瘠，但也被以较低的租金出租给私人农场，租期长达99年。澳大利亚政府并没有直接参与草地资源管理，其作用主要体现在对私人农场草地保护的监督和支持，通过建立覆盖整个澳洲大陆所有草地类型的保护网络，实现对国家生态状况评估的规范化监测。草地资源管理部门包括农业部、渔业部、林业部和环境部，因州情不同，联邦各州的草地管理不同，但都制定了严格的法律制度。牧场普遍实行围栏放牧和划区轮牧，由牧场主掌握草场放牧强度，合理配置牧群结构与载畜量，保证草地高效持续利用。国家通过推行减税和经济补贴来激励牧场主科学合理地利用草牧场，对应用先进技术的牧场主给予免税优惠。

4.新西兰

新西兰的气候十分适合牧草生长，是畜牧业相当发达的国家。该国牧场基本上都是人工草地，人工草地和改良草场面积占长期牧场面积的75%。新西兰的草场一般属于牧场主的私有资产，政府对牧场经营者实行严格的行业准入制，经营者必须具备专业知识，才能获准经营。草地资源管理部门是农林渔部，为防止外来物种入侵，建立了非常严格的海关检疫及引进物种隔离观察制度，实施了刈割控制杂草、天敌控制虫害等生态防治措施。新西兰牧场实行分区轮牧，通过对天然草场的遥感监测，根据当地环境严格控制草场载畜量；人工草地每半月轮牧一次，每公顷牧羊20只以上，是天然草场的5—6倍。新西兰的草牧场社会化服务体系健全，拥有完备的畜产品加工、储运、销售系统，按经济区划设置教学、科研、推广等服务机构，分工明确，与牧场保持着密切联系。

（二）经验借鉴

1.严格国家层面立法，强化逐级管理

草原管理融入法律建设，是发达国家的普遍经验。草原管理体制的建立离不开强有力的立法保障，许多发达国家在国家层面均颁布了草原保护与利用的相关法律，明确了针对各级地方政府层面和基层管理者的细化条款，明确管理机构的职能和责任，约束相关方的草原利用行为，保障相关政策的落实。建立健全相应管理机构，协调草地资源保护与维护公众利益的关系。美国内政部下设土地管理局，为其设置较高的政府行政地位，便于协调其他行政机构对放牧地进行协同管理。明确对不同层级的政府和不同类型组织或个人对草场的职责权限，并建立严格的问责制度，明确企业和个人对草地资源的利用限度。

2.加大政府投入，建立经济支持政策

草原管理融入政府投入是发达国家草原治理的宝贵经验。政府投入是草原生态治理不可缺少的物质基础。草原生态治理需要政府的大规模投入，投入越早越会获得事半功倍的效果。在草原生态治理问题上，要强调资金的重要性；在完善相关立法和制度的同时，辅以财政的支持。从美国、加拿大、澳大利亚、俄罗斯、欧盟等国家的实际情况来看，在生态治理方面的资金投入量是非常大的，而且具有持续性，没有良好的财政资金支持，很难在几十年时间内保持一个政策不受外部环境变化的干扰。

3.紧密结合产业政策，采取多元化补偿方式

草原管理融入生态补偿是发达国家草原治理的重要模式。澳大利亚制定了一系列产业政策，强化产学研结合和农业推广。这既保证了澳大利亚载畜量的平稳增长和经济收益，又维持了生态环境的稳定。美国和澳大利亚都制定了多样化、具有弹性的生态补偿政策。例如，美国鼓励社会资金参与，同时开发放

牧地的旅游狩猎等生态产业，其经济效益已超过草地畜牧业；澳大利亚则按照牧场主经营能力和当年气候情况，弹性制定补偿方案，采取招投标和双边谈判等灵活多样的方式激励私营牧场主进行环境保育。

4.采用先进的监测网络系统，加强草地信息化体系建设

草原管理融入信息化是发达国家草原治理的重要手段。草地信息化管理可以让政府和有关机构随时掌握草地生长动态，为管理决策和指导生产提供依据，为科研人员提供基础数据，为牧场主管理和利用草地提供可靠信息。美国农业部按照实现草地"精确放牧"的设想，建立了全国性的牧场信息化管理系统，将来自各州的基础数据、委托第三方收集的数据，以及来自国家实验台站等方面的数据进行集成，通过信息共享机制，为不同对象提供专业化数据信息服务，提高草地资源利用效率。

第三节 林草资源融合管理的发展要务

一、林草资源融合管理的发展思路

林草是生态建设的主体，是生态系统的主体和地球生命系统的支柱，是农业的生态屏障，是生态文明建设的重要场所和领域，承担着维护国家生态安全的重要使命。自然资源可持续发展是当今世界面临的最重大的全球性问题之一，其核心是处理好自然资源与经济社会发展之间的关系，处理好不同类型植被的空间结构，实现林灌草融合发展。当前，我国正处在全面建设社会主义现代化国家的重要发展阶段。以习近平新时代中国特色社会主义思想为指导，加强林草资源保护和合理利用，促进林草生态系统健康发展是自然资源治理的直接目标。林草产业作为基础性产业，不仅生态效应显著，还直接惠及中国最基层人民群众，能增加农牧民收入，有效地消除绝对贫困。由于林草生态相对脆弱的地区往往是人类对资源依赖性较强的区域，如何在有效地保障"绿水青山"的前提下，实现"金山银山"，是当前林草融合发展的关键。21世纪上半叶，中国林草发展的总体战略思想是确立以生态建设为主的林草可持续发展道路、建立以森林和天然草原植被为主体的国土生态安全体系。到21世纪中叶，基本实现"山川秀美"的宏伟目标，努力实现由以木材生产为主向以生态建设为主的历史性转变。

二、林草资源融合管理的发展方向

（一）确立保护优先的林草发展理念

西部地区脆弱的生态环境，给林草业的发展提出了更高的要求，即必须保护好现有的林草资源。没有保护，也就谈不上林草资源的开发与利用，取而代之的只能是对林草植被的破坏，由此造成的生态环境问题就会不可逆地摧毁人类的生存基础。保护好现有的林草资源，要从根本上更新"靠山吃山、靠水吃水、靠草吃草"的落后观念，树立起"养山吃山、养草吃草、养林吃林"的发展理念。但长期以来，由于滥垦、滥伐、滥牧、滥采、滥用水资源，造成了林草植被的严重破坏，造成土地退化、沙尘暴的侵袭。因此，必须彻底转变发展理念，科学合理规范人的行为，形成以人为中心的保护发展理念。

（二）大力推进国土绿化行动

实现林草资源的可持续发展，需大力推进国土绿化事业。首先要明确资源主体的数量及质量，尤其是森林资源。1973年至今，我国林业局每5年组织一次全国性森林资源清查，为全国及各地森林资源相关研究提供基础数据。坚持保护优先、自然恢复为主的方针，加快造林绿化，推进沙漠化、石漠化等重点生态地区系统修复，加快国家储备林建设。加强退化草原的恢复和治理，稳妥推进禁牧、休牧和划区轮牧，促进草原植被恢复。大力恢复林草植被，因地制宜地建设乔、灌、草相结合的林草屏障体系，建设多林种、多功能、高效益的防护林体系，从根本上发挥其防风固沙的生态屏障作用。鼓励群众投劳造林，收益共享、利润分成，将植树种草与农民的经济利益挂钩，使生态重建从单纯的"政府行为"转变为以市场和利益为导向的全民参与行为，提高农牧民植树种草的积极性；鼓励企业积极投资营造工业原料林草，以丰富投资的多样性，为林草植被的恢复提供财力支持。

（三）统一林草资源空间分类标准

由于林地、草地涉及森林、草原、山地、河流、滩涂等不同的分类体系，原有相关自然资源管理部门的定义和分类，与土地利用现状分类中的标准均有出入，或互相涵盖。所以，必须准确界定林草地各个类别的范围，才能真正理清林草资源的空间关系，准确统计林草资源各类型包含的范围和数量。综合考虑原国土、林业、牧业和水利等行业分类，在考虑第三次全国国土调查的基础上，理清各个行业间分类标准的含义和优缺点，提出一个综合、全覆盖的土地分类国家标准，彻底解决林草重叠的矛盾。

（四）健全生态补偿机制

改善生态环境，实行退耕还林还草工程，建设西部生态屏障，使西部地区为全国提供清洁空气等基本"生态公共产品"，就要涉及谁为"生态公共产品"付费的问题。在当前国家财政对比付费不足的情况下，由目前贫困落后的西部地区付费显然有失社会公平。为此需要健全生态补偿机制，在纵向生态补偿的基础上，积极开展流域上下游的横向生态补偿，解决谁为"生态公共产品"的付费问题，避免生态难民的出现。随着社会经济的发展，对生态环境保护的重视程度大幅度提高，退耕还林还草、生态移民、发展国家公园、林下经济等，都意味着我国林草地的经营管理方式不再以国有或集体这种单一经营模式为主，而是向着多元化趋势发展，企业、农户的参与程度日益提高。但以牺牲很大的经济效益为代价而实现生态保护目标的政策或行为往往不具有可持续性。此时经济补偿措施就显得尤为重要，而现有经济补偿标准往往远低于实际水平，因而通过生态补偿机制，准确合理地制定补偿标准是实现林草地资源可持续发展的重要步骤。

（五）大力调整农林草产业结构

加强对农林草结构调整的管理。农牧民经营行为的根本动因就是追求经济利益最大化，"以生态换粮食""以林产品换粮食"就体现了农林草结构的调整，但林业是经济效益差的产业，尤其是短期内难以显现经济效益。在退耕还林还草的过程中，要防止新一轮的林草植被破坏行为的发生，以生态经济学原理为基础，加强对农林草业间结构调整的管理。大力调整农业结构，积极推进草牧业发展理念。坚持草牧协同发展，以草畜结合和草畜协调为目的，将草业生产与家畜饲养控制在合理半径范围内，减少草畜空间错位带来的生态成本。草牧业发展涉及自然、经济、社会、生活和文化等多个方面，必须进行统筹规划、顶层设计和科学管理，建立草业、畜牧业和草产品加工业以及相关的产业，同步推进社会经济发展和自然生态改善。推广农牧耦合发展模式。北方农牧交错区农田和草原镶嵌分布，农业和牧业并存，应充分发挥其农牧业互补的天然优势，走农牧业耦合发展模式。在农牧交错区，大力发展人工草地，并结合牧草加工等技术，可以为家畜提供70%以上饲草料，有效减轻天然草地的压力，实现生产与生态双赢。在青藏高原农牧区应突出"绿色"优势，积极推进农牧业生态化和产业化，重视培育和壮大"一江四河"中部的优质青稞、油菜生产基地，城郊优质蔬菜生产基地，东南部林区林果和林下资源生产基地，建设青藏高原生物资源种质库、野生菌类等生物食品开发和生产基地。同时，严格实施以草定畜，控制种植业面源污染，保障农牧业生态环境，引导农牧民搞好现代畜牧业建设，提高规模化、集约化饲养水平。

（六）加强政府投入和科技创新

健全国家生态补偿机制和林草生态效益补偿制度，将生态建设的资金列入中央财政预算，稳定和保障生态建设资金来源。近年来，信息技术的快速发展和大数据的共享使地方能够买得起、用得上先进的监管装备。加强林草资源信息化建设，利用地理信息和现代对地观测技术，构建林草资源信息库，为全局协调发展提供支撑；利用物联网、移动互联网和云存储平台，实现实时智能高效的动态监测，降低林草灾害影响，提高林草资源质量。强化信息技术手段的应用，应充分利用无人机、大数据、移动互联网和国土云等技术手段，建立草原等自然资源的在线督察监管制度，促进生态环境的全域保护。

参考文献

［1］庞丽杰，韩爱惠.关于林地界定标准的探讨［J］.林业资源管理，2016，1：6-8.

［2］冯其器，吴群刚.掣肘西部地区经济发展的十大结构问题［J］.宏观经济研究，2001.6（31）：453.

［3］方精云.我国草原牧区呼唤新的草业发展模式［J］.科学通报，2016，61（02）：137-138.

［4］王本洋，罗富和，陈世清，等.1978年以来我国林业发展战略研究综述［J］.北京林业大学学报（社会科学版），2014，13（01）：1-8.

第十四章　林草资源融合管理

［5］徐新良，刘纪远，庄大方，等.中国林地资源时空动态特征及驱动力分析［J］.北京林业大学学报，2004，26（1）：41-46.

［6］中国林业网国家林业局.中国森林资源简况——第八次全国森林资源清查［EB/OL］.（2014-02-25）［2020-06-03］.http://211.167.243.162:8085/8/shouye/zyzkinit?lm=xzjdt.

［7］李双成，杨勤业.中国森林资源动态变化的社会经济学初步分析［J］.地理研究，2000，19（1）：4-7.

［8］中华人民共和国农业部畜牧兽医司，全国畜牧兽医总站.中国草地资源［M］.北京：中国科学技术出版社，1996.

［9］沈海花，朱言坤，赵霞，等.中国草地资源的现状分析［J］.科学通报，2016，61（2）：139-154.

［10］1:1000000中国植被图集编辑委员会.1:1000000中国植被图集［M］.北京：科学出版社，2001.

［11］朴世龙，方精云，贺金生，等.中国草地植被生物量及其空间分布格局［J］.植物生态学报，2004，28：491-498.

［12］叶建仁.中国森林病虫害防治现状与展望［J］.南京林业大学学报，2000（06）：1-5.

［13］王锐.黑龙江省国有林区森林资源安全问题研究［D］.哈尔滨：东北林业大学，2013.

［14］孙龙，王千雪，魏书精，等.气候变化背景下我国森林火灾害的响应特征及展望［J］.灾害学，2014，29（01）：12-17.

［15］梁军，朱彦鹏，孙志强，等.森林生态系统组成和结构与病虫害防治［J］.中国森林病虫，2012，31（05）：7-12.

［16］张新时，唐海萍，董孝斌，等.中国草原的困境及其转型［J］.科学通报，2016，61（02）：165-177.

［17］苏祖云，费世民，李裕.新时期林地资源管理问题的重新认识及其可持续利用对策［J］.林业资源管理，2007（03）：1-6.

［18］叶志华，侯向阳.我国草业发展的现状、问题及科技对策［J］.中国农业科技导报，2002，4（2）：69-73.

［19］任继周，胥刚，李向林，等.中国草业科学的发展轨迹与展望［J］.科学通报，2016，61（02）：178-192.

［20］郭翔宇，曾福生，王新利，等.农业经济问题管理［M］.北京：中国财政经济出版社，2012.

［21］金坤福.我国草业现正处于由分散的附着型传统草业向以草为业的主导型现代草业转型的阶段［J］.经济纵横，2018，10：131.

第十五章

自然保护地融合管理

第一节 自然保护地体系建设

一、自然保护地的概念与类型

（一）概念及内涵

从法理上讲，自然保护地是各级政府依法划定或确认，对重要的自然生态系统、自然遗迹、自然景观及其所承载的自然资源、生态功能和文化价值实施长期保护的陆域或海域[1]。世界各国根据自然资源和生物多样性特点，划出一定的范围来保护珍贵的自然资源及自然遗迹和景观已成为社会的广泛共识，自然保护地数量和规模不断增加，已成为一个国家文明与进步的重要标志[2]。

（二）分类分区

按照被保护对象的重要性和可利用性，国际上通常将自然保护地划分为核心区、缓冲区、实验区或游憩区[3]。从对分区的利用强度控制来看，核心区控制最为严格，实验区或游憩区控制强度最低，缓冲区则介于两者之间。不同类型自然保护地的保护对象大致可以分为三类，第一类是具有代表性、特殊性、典型性、重要性、原始性、完整性、集中分布的自然资源；第二类是具有科学、文化、观赏和科普教育价值的自然资源；第三类是对规模和设施进行规定的自然资源[4]。另外，世界自然保护联盟（ICUN）按主要管理目标，将自然保护地划为7种类别，即严格自然保护地、荒野保护地、国家公园、自然历史遗迹或地貌、栖息地/物种管理区、陆地/海洋保护景观和自然资源可持续利用自然保护地。加拿大、德国、意大利和日本等国则结合国情实际或本地区生态环境特点，分别建立了6种、8种、6种和3种等较为完整的自然保护地分类分区体系。

二、自然保护地体系建设发展态势

（一）基本现状

目前，全球建立了超过23万个自然保护地，其中位于陆地的超过21万个，约占陆地面积的15%。1956年，我国在广东鼎湖山建立了第一个自然保护区。"九五"期间，我国的自然保护区出现了新一轮快速增长的势头。究其原因，一方面是1993年底《生物多样性公约》生效和1994年国务院颁布了《自然保护区条例》，同期可持续发展成为我国的国家战略；另一方面，1998年出现的长江大洪水和严重肆虐的沙尘暴，使我国的生态建设和环境保护工作加速，不仅启动了天然林保护、退耕还林等生态建设工程，而且各地通过实施野生动植物保护和自然保护区建设工程，新建了一批自然保护区和保护地（图15-1），我国的自然保护区数量和面积同步快速增长。

毋庸置疑，经过60多年的发展，我国自然保护地体系建设取得了积极成效。目前，已形成了包括自然保护区、风景名胜区、森林公园、地质公园等10多类保护地在内的多层级、多类型的自然保护地体系。截至2017年底，已经建立各级别的自然保护区2750个（其中国家级463个）、森林公园3505个（其中国家级881个）、湿地公园916个，以及风景名胜区、地质公园等多种类

图15-1　四川省绵阳市平武县老河沟国家级自然保护区

型的自然保护地体系（图15-2、图15-3），陆域保护地面积占陆地国土面积的18%以上，已经提前实现联合国《生物多样性公约》提出的到2020年达到17%的目标，无论是保护地的数量还是面积均位居世界前列。这些保护地在保护我国自然生态系统和生物多样性中发挥了重要作用，我国自然生态得到改善，生态系统退化和生物多样性急剧下降的趋势得到减缓，部分珍稀濒危物种野外种群数量逐步恢复[5][6]。

图15-2　江西省金盆山国家森林公园

图15-3　内蒙古阿尔山国家森林公园

（二）突出问题

1. 顶层设计不完善，保护地的空间范围不合理

长期以来，我国自然保护地管理职能分散在不同部门，形成了条块分割、多头管理的管理体制，自然保护地体系缺乏科学系统的顶层设计和整体规划，各部门分别规划、设置、管理各类自然保护地，带来众多问题。主要表现在：第一，自然保护地体系结构不合理。自然保护区面积占各类保护地面积的80%以上，形成以自然保护区为主体的保护地体系，其他类型和保护级别的保护地面积占比低。自然保护区实施最严格的保护，但实际上一些保护区及周边地区人口分布众多，难以因地制宜地平衡保护和发展的关系，为后续一系列保护和发展带来矛盾[7]。第二，很多保护地空间范围不合理。20世纪80年代中期至21世纪初，为了减缓经济快速发展对生态环境的冲击，各级政府抢救性地划建了一批自然保护区，但很多自然保护区在划定时未经过全面综合的科学考察和论证，一些保护区把人口密集的村镇和保护价值较低的耕地、经济林划入到保护区范围，不仅影响周边居民的生产生活，也不利于保护区的管理，但同时一些具有重要保护价值的生态系统没有被划入进来，影响生态系统的连通性和完整性。

虽然我国已组建国家林业和草原局，统一管理各类自然保护地，但长期多头管理所带来的一系列问题短期内难以解决，推动保护地体系的顶层规划和设计已迫在眉睫。

2. 监管不到位，造成保护空缺

我国自然保护地"山头林立"，造成保护空缺。长期以来，自然保护地管理职能分散在不同部门，很大程度上造成不同类型的保护地扩展空间范围，造成边界不清、交错重叠问题，不可避免地出现保护空缺，一些重要生境缺乏有效保护，一些珍稀物种濒临灭绝。自然保护区与森林公园、湿地公园等其他类型的自然保护地边界交错不清（图15-4），保护空间分布存在不少交叉重叠，助长了保护区管理上的部门矛盾。有些自然保护地存在一区多园的现象，增加了管理上的内耗，割裂了生态系统的完整性，既增加了管理成本，也影响了监管效能。很多基层管理机构缺少必要的巡护力量和资金支持，造成监管空缺、监管不到位，造成了生态的破坏。据统计，我国2700多个自然保护区中，未界定边界范围的约占40%，边界范围不清的约占70%。全国3 632种脊椎动物中，有48%受到较少或未受就地保护，315种国家重点保护野生植物中有37%

处于较少保护状态[1]，全国未受保护湿地占56%。根据第四次全国大熊猫调查，平武县野生大熊猫数量达335只，占全国的24%，然而县域范围内已建的王朗、雪宝顶、小河沟和余家山4个自然保护区只覆盖了大约30%的大熊猫栖息地，仍然有65%的栖息地散布在国有林区和乡镇、村、社集体林区，没有得到适当的保护。将平武县的大熊猫潜在栖息地与已建的自然保护区边界进行叠加分析，可以识别出4个主要的保护空缺区域，分别是黄土梁片区、老河沟片区、虎牙片区和宽坝片区。

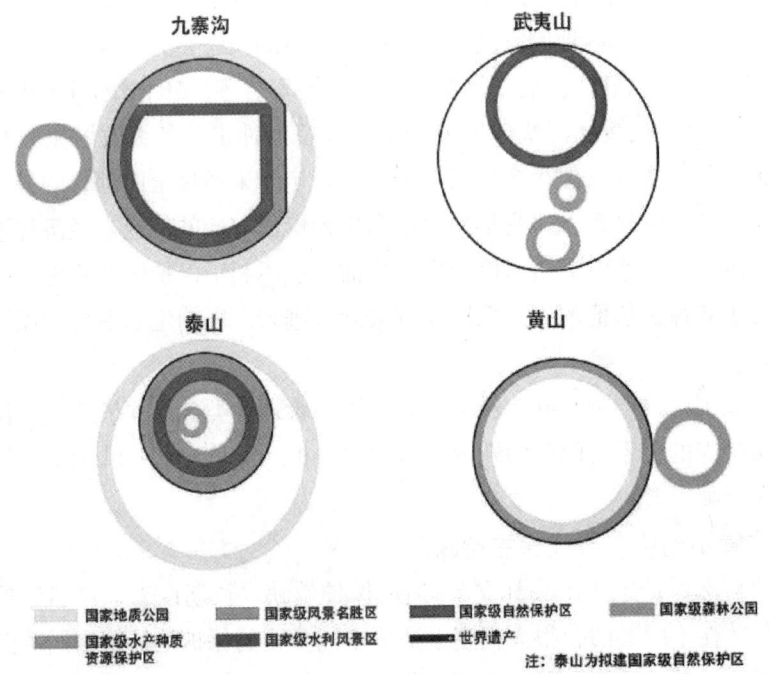

图15-4　部分保护地的边界重叠示意图

资料来源：彭琳，赵智聪，杨锐. 中国自然保护地体制问题分析与应对[J]. 中国园林，2017，4：108-113.

3.财政投入不合理，管护经费投入偏低

我国各类自然保护地的公共管理职责不够明确，特别是中央、地方事权划分不清，财政支出责任分配不合理，在很大程度上影响了保护地的有效管理。我国自然保护地资金投入来自中央、省级和地方三级财政。1994年发布的《中华人民共和国自然保护区条例》(2017年修订)(以下简称《保护区条例》)第二十三条规定,"管理自然保护区所需经费,由自然保护区所在地的县级以上地方人民政府安排。国家对国家级自然保护区的管理,给予适当的资金补助"。具有重要生态保护意义的自然保护区,普遍位于经济较为落后的地区,保护资金主要由地方政府承担,受经济发展条件影响难以得到足够的地方财政支持,一些国家级自然保护区为了自身生存开展违法违规经营活动[3]。当前,中央资金补助普遍不足,国家级自然保护区补助相对较高,而风景名胜区等其他类型的保护地相对较少,有些依靠地方行政命令管理的保护地甚至得不到中央财政的资助。2000年前后,全国经费基本够用的自然保护区只占总数的11.5%[4]。1999年,46个国家级自然保护区平均得到的经费是113美元/平方千米。而同期发达国家得到的是2058美元/平方千米,发展中国家也已达到157美元/平方千米[7]。近年来,由于国家级自然保护区数量快速增长,以中央每年投入2亿元的最新数据估算,保护区平均得到的经费已经降低至211.7元(约30.4美元)/平方千米。国家级风景名胜区的中央专项资金数额仍然维持在建立风景区制度之初的水平[8]。2014年,各级政府投入自然保护区的专项资金量已经达到60.14亿元,平均投入水平达到4091元/平方千米。事实上,这些资金主要用于国家级和省级自然保护区(合计面积134万平方千米,占保护区总面积的91%),这两类保护区的平均投入水平达到4488元/平方千米[9]。而发达国家年均投入超过2100美元/平方千米。

4.保护与发展的矛盾突出,保护地受破坏的现象尤为突出

长期以来,以"GDP"论英雄的政绩观没有得到根本扭转,自然保护地的生态保护与发展的矛盾异常突出。保护区所在地普遍把各类自然保护地看成金山银山,看成带动地方发展的摇钱树,过度追求门票和商业收入,对绿水青山的保护缺少足够的重视,致使自然保护地的生态保护为资源开发让路,损害了保护区的生态保护和公共服务功能。一些自然保护区严格禁止在核心区开展必要的人工生态修复,一些区域又热衷于包装上市,进行商业性开发,破坏了自然景观的完整性。有些地方政府,无视国家法律和政策,有禁不止,有令不行,在保护区违规设置矿业权,从事商业性开发,生态环境遭到严重破坏。自然保护地周边人口多,脱贫问题突出。全国1657个已界定范围边界的自然保护区内共分布有居民1256万人,保护区周边普遍面临贫困问题,发展诉求大。多年来,农牧民为了改善生计,特别是随着中药材价格的上涨,农牧民在自然

保护地偷猎、偷垦、偷牧、偷渔和偷采等现象猖獗，保护地的生态环境遭到严重破坏，引起了中央环保督察的高度重视。

5.政府绝对主导，多方参与不足

当前我国自然保护地的建设和管理，政府处于绝对主导地位，社会与市场参与不足。主要表现在以下几个方面：首先，缺乏具体的公众和利益相关方参与制度，如一些保护地的设立和边界划定，由中央政府推动，地方政府、社区、所涉企业等参与不足，引发了一些矛盾；保护地也往往采取封闭式管理措施，公众缺乏知情权、参与权和监督权，利益得不到保障。其次，缺乏协议保护、公私合营制（PPP）等方面的制度安排，社会力量难以介入。三是缺乏鼓励公益组织参与的激励和保障制度，公益组织介入保护地的建设与管理面临很多困难。与美国、澳大利亚等国家的公益组织在自然保护地建设与管理中发挥重要作用相比，我国公益组织在自然保护地建设与管理中发挥的作用十分有限。政府绝对主导的治理模式，在我国重要自然生态系统"抢救式"保护中发挥了重要作用，但面临管理成本高，保护区的建设管理与周围的民众隔离、矛盾较大，利益相关方利益得不到保障，以及因此造成的保护和管理成效不高等问题，难以满足新时代我国自然保护地治理体系和治理能力现代化的需求。

6.缺乏利益共享机制，保护区与社区协调发展的矛盾突出

我国各类自然保护地侧重区域范围内的监管和运行，忽视保护地与社区的共享发展，保护地与社区协调发展的矛盾依然突出。我国《保护区条例》第五条规定，"建设和管理自然保护区，应当妥善处理与当地经济建设和居民生产、生活的关系"。当前，保护区与社区协调发展的矛盾主要表现在两个方面。一是，当地居民没有获得合理经济补偿的问题比较突出。在保护区等其他自然保护地建设过程中，社区居民虽然依据规划和国家相关政策，从生态保护的大局出发，迁出了保护区的核心区，搬出了保护地，但生态补偿机制不完善，移民所得到的补偿低于农业经营收益。二是，保护地对社区发展的带动作用不明显。除部分旅游开发比较好的公园外，各种保护区及其周边社区或村庄的经济发展较为落后，社区居民很难享受到自然保护地各类绿色标签的辐射作用，经济依然贫困。

7.保护地的产权制度不健全，影响到了确权登记

在各类自然保护地中，国有土地及其附属的自然资源占主导地位，但在东、中部自然保护区中的集体土地、林地也占相当大的比重。保护区内土地等

各种国有自然资源资产的代理权行使主体不够明确，使用权归属不够清晰，缺乏相应的资产登记、核算和管理体系，部分集体土地及其附属资源没有按照合理程序征收或者租用并予以合理补偿[2]。国家公园是重要的自然保护地，不可避免地被划入大量集体土地，土地权属问题直接影响到统一确权登记。从《建立国家公园体制试点方案》通过的9个试点区来看，集体土地所占比重较大（表15-1），特别是钱江源试点区、武夷山试点区和南山试点区，所占比重超过50%。从大熊猫试点区的土地结构来看，总面积27134平方千米，其中，林地24348平方千米，草地738平方千米，耕地434平方千米，建设用地59平方千米，其他土地1555平方千米，显而易见，该试点区也涉及了大量集体土地。林权制度改革后，当地林农的维权活动将为国家公园的统一登记管理带来一定的问题和困难。因此，国家公园集体土地权属处置问题就显得极为重要。公益型社会组织进行自然保护地托管，有利于推进产权制度改革，明晰产权关系。

表15-1 国家公园试点区的土地结构概况

试点区域	总面积 / 平方千米	国有土地面积比例 /%	集体土地面积比例 /%	林地面积比例 /%
长城试点区	59.91	50.61	49.39	91.13
东北虎豹试点区	14 612	—	—	—
钱江源试点区	252	20.4	79.6	20.4
武夷山试点区	982.59	28.74	71.26	87.86
神农架试点区	1 170	85.8	14.2	90
南山试点区	635.94	41.5	58.5	78.3
大熊猫试点区	27 134	—	—	89.73
三江源试点区	123 100	100	0	87.86
普达措试点区	300	78.1	21.9	—
祁连山试点区	52 000	—	—	—

注："—"表示资料暂缺。

三、我国自然保护地体系建设的主要建议

（一）发展思路

党的十八大以来，以习近平同志为核心的党中央高度重视生态文明建设，对生态保护做出一系列重要决策部署。党的十九大进一步明确指出，构建国土空间开发保护制度，完善主体功能区配套政策，建立以国家公园为主体的自然

保护地体系。为贯彻落实中央关于加强生态文明建设的决定，实现自然保护地的融合管理，应从我国自然保护地存在的现实问题出发，以习近平新时代中国特色社会主义思想为指导，全面贯彻党的十九大和十九届二中、三中、四中全会精神，贯彻落实习近平生态文明思想，强化自然保护地可持续管理的顶层设计，加快落实《关于建立以国家公园为主体的自然保护地体系的指导意见》《建立国家公园体制试点方案》，建立布局合理、保护有力、管理有效的自然保护地体系，确保重要自然生态系统、自然景观、自然遗迹和生物多样性得到系统有效保护，增进人类福祉，推进人与自然和谐发展。

（二）主要任务

1. 健全自然资源监管机构，理顺监管职责

健全的监管机构是实现自然保护地全域保护的根本保障。借鉴美国国家公园的管理经验，健全完善统一的自然保护地管理体制。依据党的十九届三中全会通过的《中共中央关于深化党和国家机构改革的决定》和《深化党和国家机构改革方案》，在国务院和省级机构改革的基础上，完善市县自然资源管理机构改革。地方机构调整本着震动小、成本低的原则，以整合土地用途管制职责为目标，把分散在国土、农业、林业、住建、环保和水利等部门的土地监管职责分离出来，集中到一个部门统一行使，实现全部国土空间用途管制的全覆盖和各类自然保护地的集中统一管理。加快落实中央生态文明体制改革总体方案的速度，规范各类自然保护地的管理体系，加快建立以国家公园为主体的自然保护地体系。顺应自然资源统一管理的现实需要，尽快设置地方各类自然保护地的统一管理机构，实行垂直管理体制，明确中央与地方的权责关系。

2. 推动自然保护地体系的顶层设计和系统规划

建立自然保护地融合管理的分类体系。建立以国家公园为主体的自然保护地体系，面临诸多挑战，必须与现有自然保护地体系的优化完善相结合[10][11]。首先要全面梳理我国现行各类自然保护地体系现状，理顺国家生态安全屏障、重要生态功能区、生态保护红线等自然保护区域，以及自然保护区、国家公园、风景名胜区、森林公园、湿地公园、地质公园等自然保护地的相互关系。在此基础上，参照IUCN（世界自然保护联盟）保护地分类系统，建立我国的自然保护地分类体系。不仅便于与国际接轨，更重要的是符合中国国情，便于因地制宜地实施有效管理的自然保护地分类体系，最

大限度地发挥自然保护地在保护我国重要自然生态系统和协调人地关系中的作用。根据《建立国家公园体制总体方案》明确的国家公园功能定位和相关程序规范，逐步将一批生态系统完整性和原真性高、面积大、国家代表性强的自然地理区域，划分或整合为国家公园，实施最严格的保护，同时发挥其游憩、科普、教育等公益功能。对于生态价值高，但面积较小或国家代表性不强的自然地理区域，可维持或新建为自然保护区，实行最严格的保护。对于生态价值不高、但在景观和美学价值方面具有代表性的风景名胜区、森林公园、草地公园、湿地公园、地质公园等，可以纳入国家公园管理体制进行统一管理，以满足我国居民日益增长的走进、亲近和享受自然的需求。对生态价值不高、但景观价值、旅游休憩价值高的水利风景区、主题公园等，则可统一划归为旅游景区进行管理。

在做好自然保护地分类后，进一步优化我国保护地空间布局。在对主要自然生态系统的分布、质量、服务功能和生物多样性进行全面评估的基础上，对交叉重叠和破碎化的保护地进行系统整合，建成统一管理的国家公园、自然保护区等保护地；将尚未受到保护的重要野生动植物栖息地和生态系统服务价值重要区域纳入到自然保护地体系。推动国家级自然保护区规划修编，将"三区变两区"，更科学地限制人类活动区域，将当前保护区周边未受保护的生态重要区划入到保护区的同时，在生态服务功能价值较低的重点城镇、交通干线、重要经济发展区域，调整出国家级自然保护区范围，实施最严格的保护，以减轻保护压力、提高保护成效。

3. 依法扩权赋能，积极推进"三权"分置改革

建立自然保护地与产权改革相融合的制度。为解决当前保护地体系面临的复杂的土地权属问题，建议建立保护地所有权、管理权和监管权分置的管理体制，以解决好保护地的统一管理问题（图15-5）。进一步明确国家公园等各类自然保护地的所有权，保护所有权人的合法权益，确保当代人和子孙后代公平地享受自然保护地的生态价值和文化价值，使其回归到公益性。保护地的管理机构统一行使管理权，主要负责保护地的规划、标准制定和经营监管等方面的工作，促使由原来的掠夺性开发自然资源，转向理性的利用和保护自然资源，使之更好地造福于民。各级自然资源主管部门主要履行监管权，保障全民所有自然资源资产不流失，监督保护地的管理机构履行协议的执行情况，使得保护地管理符合地方规划和用途管制的公共利益，维护群众权益。通过所有权、管

理权和监管权的分离，形成相互独立、相互配合、相互监督的格局，促进各类自然保护地可持续发展。

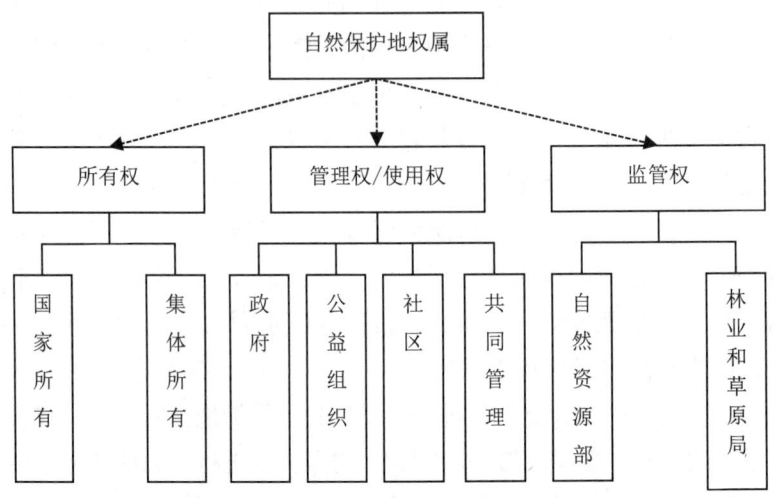

图15-5　建立"三权"分置的自然保护地权属结构

4.完善土地权能，积极推广地役权

创建自然保护地与土地权能融合发展的措施。我国地域辽阔，各类自然保护地包含大量的集体土地、林地和草地。国家缺少足够的财力将这些土地征为国有，因此，积极完善土地权能，运用好地役权对实现保护地的发展至关重要。为满足自然保护地生态保护的需要，划定统一的生态保护红线，需要严格限制国家公园范围内的土地用途，即为获取各类自然保护地建设的需役地，通过签订协议等方式从农村集体土地上获得供役地。这种方式使保护地内集体土地权属关系不变，包含的土地所有权和使用权都不变，但土地用途受到保护地规划的严格限制。在农村集体土地权属不变的情况下，容易造成生态保护与农民自主经营的矛盾，需要科学确定全民所有和集体所有各自的产权结构，合理分割并保护所有权，完善生态补偿机制，避免出现生态改善、农民贫困的局面，实现生态保护与农民增收的双赢。

5.探索建立扩展区，处理好保护与社区发展的关系建立自然保护地与社区融合发展的模式。建立扩展区是统筹兼顾自然保护地周边社区发展与生态保护的需要。为统筹保护地保护与周边地区发展，建议在现有保护地的外围探索设立扩展区（图15-6），推动保护地治理向周边乡镇、社区拓展。可参考法国国家公园加盟区建设理念[12]和我国一些社会公益型保护地在保护地外围建设扩展区的经验[13]，在以保护为主的保护地空间范围外，基于生态系统完整性保护需求，将原先在保护区内的人类活动尽可能转移到扩展区。各级主管机构应结合社区的资源优势和生态优势，发展特色产业，带动周边居民脱贫致富，扭转以往向保护区过度索取的局面。改善扩展区的居民经济条件，有利于激发其回馈自然的意识，有利于激发其更加投入到自然保护地管护的积极性。在扩展区发展过程中，聘请当地居民参与自然保护地公共事务管理，构建和谐的自然保护区及其周边社区关系，有利于提升保护区经济效益和生态效益。聘请当地居民协助科学管理自然保护区，既可以继续发挥传统生态保护的作用，也可以改善当地居民的经济条件，从而实现在保护中发展，在发展中保护。

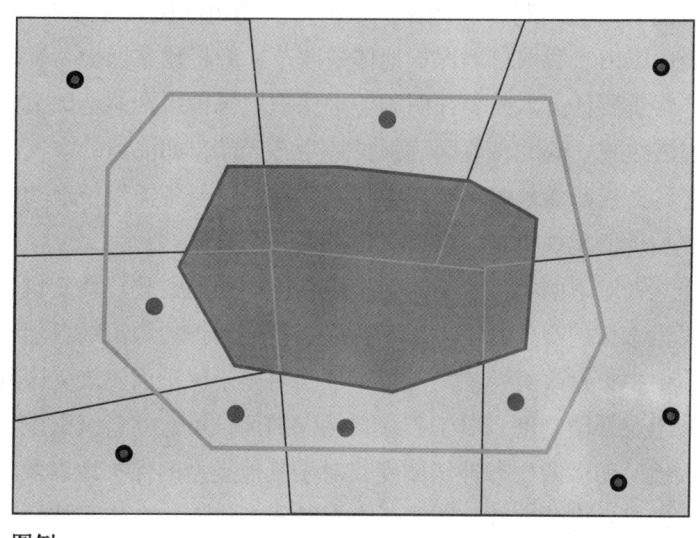

图15-6 自然保护地拓展区示意图

6.强化立法保障，制定保护地法

建立自然保护地融合管理的法律体系。加强法律法规的"立、废、改、释"进程，制定规范统一的自然保护地法。我国自然保护地法严重缺失，立法进程严重滞后，现有的《自然保护区条例》《风景名胜区条例》，远远不能满足生态保护的现实需要。积极借鉴美国国家公园的法律保障作用，强化专项立法，是建立自然保护地管理体制的前提条件。建议将风景名胜区、森林公园、湿地公园、水源保护地、地质公园、水利风景区、自然保护小区等现有自然保护地类型都纳入到一个法律框架下，制定《自然保护地法》，提升自然保护地的法律地位，使保护地的地位从行政法规上升到法律层面，为社会各界参与保护管理提供平台和机会[13]。确立生态管理的立法原则，在法律层面明确自然保护区社区参与的相关内容，明确公众知情权、参与决策权和参与监督权是社区参与保护区管理和建设制度化的最基本要求。研究修改现行相关法律和行政法规，明确社会公益组织托管自然保护地的法律地位，尽快制定《空间规划法》。

7.建立自然保护地生态产品价值实现和品牌增值机制

在建立自然保护地中融入产品增值的发展模式。建立自然保护地生态产品价值实现和品牌增值机制，确保保护地内部及周边居民守住绿水青山的同时，能够收获金山银山。我国自然保护地体系改革，应将建立保护与发展间关系的协调机制作为重要任务。需要在明确各种保护地保护级别的基础上，确定其资金机制和发展模式。同时，要明确保护地生态产品，如清新的空气、清洁的水源、碳汇等的产权归属，确保产权人权益，并建立与各类保护地功能定位相适应的生态产品价值实现机制，主要突出以下几个方面：

一是建立针对不同类型、不同保护级别保护地的财政转移支付、生态补偿和政府购买生态保护服务制度。对于实施最严格保护的国家级自然保护区和国家公园，应由中央财政经费统一支持，加强对由于保护而发展受限地区的财政转移支付和生态补偿制度；对于省级自然保护区，可建立省级财政支持的生态补偿制度或地区间横向生态补偿制度；对于其他类型的保护地以及市、县级自然保护区，则可考虑建立政府购买生态保护服务机制，在省级层面建立生态保护基金，根据生态保护成效，给保护者付费。

二是充分利用保护地良好的生态环境，在周边区域发展生态农业、生态旅游、生态康养、生态服务等生态产业。为了确保保护地及周边产业发展符合保护地的功能定位、不危及保护地生态系统健康和稳定性，确保产品达到严格的质量和绿色环保标准，需要建立严格的产业准入、产业发展规模限制和产品认证制度。同时，制定税收、补贴、技术、人才等方面的扶持政策，促进达到标准的产业发展，如果可以，对自然保护地及周边一定范围生产的生态产品实行零税收。此外，还需推动产品品牌塑造和商业模式创新，可建立全国统一的针对各类保护地的产品标识体系，如国家公园产品标识、国家级自然保护区产品标识，给符合保护地功能定位和产品质量标准的产品授予标识，使其获得明显的增值和更好的市场销售前景，将资源环境优势转化为产品品质优势、价格优势和销量优势，实现"绿水青山"向"金山银山"的转化。

三是通过试点探索建立保护地生态产品市场化机制，使生态保护者和生态产品生产者能通过市场手段获取经济收益。各类自然保护地重点生产生态产品，因此可以将其作为探索建立生态产品市场化机制的重点试点区，通过试点探索建立生态产品价值核算、市场创建、定价和交易机制；同时，探索建立支撑生态产品市场化的金融体系，如建立生态产品产权抵押贷款、证券化、远期交易、股权交易等制度，激活生态产品市场。

第二节 国家公园建设的经验与做法

一、国家公园体制试点进展

（一）基本背景

建立国家公园体制是党的十八届三中全会提出的重点改革任务，是我国生态文明制度建设的重要内容。2015年1月，国家发展与改革委员会等13部门印发《建立国家公园体制试点方案》，并陆续在10个试点区启动试点工作。2017年9月，在总结试点经验的基础上，中共中央办公厅、国务院办公厅印发《建立国家公园体制总体方案》（以下简称《总体方案》），初步完成国家公园体制的顶层设计。党的十九大报告提出"建立以国家公园为主体的自然保护地体系"，进一步明确了国家公园体制的重要地位。2018年4月，新组建的国家林业和草原局、国家公园管理局正式挂牌成立，开启了我国以国家公园为主体的自然保护地体系建设的新时代。

(二) 总体进展

从2015年12月中央全面深化改革领导小组审议通过《中国三江源国家公园体制试点方案》，到2017年6月审议通过《祁连山国家公园体制试点方案》，10个国家公园体制试点方案陆续获批。各试点方案获批时间前后相差一年半，也使不同试点区的改革进展差距较大。调研发现，当前国家公园体制建设仍面临很多困难，急需启动相关配套改革方案，突破瓶颈和制约，确保改革顺利推进并取得预期效果。其中，三江源试点区由于启动时间较早，土地权属关系相对简单，而且受到中央和青海省的高度重视，体制改革进展较大，在机构整合、管理制度建设、资金保障机制、社区发展机制等方面取得了较快进展，基本完成了其试点方案中提出的试点任务。神农架试点区大部分改革任务按照实施方案中的时间节点有序推进，在机构改革、管理制度建设、规划编制方面取得了较大进展。普达措在被批复为国家试点区之前，已经在云南省设立的"国家公园"框架下，开展了立法、管理制度建设、社区发展、特许经营等方面的探索，积累了一些经验，但在新的国家公园体制框架下，改革进展慢于预期。武夷山、钱江源、南山等试点区各项改革任务有序推进，但一些体制问题，诸如机构整合、特许经营、自然资源确权登记、多元化资金机制等改革难度较大，滞后于实施方案中的原定计划。长城、东北虎豹、大熊猫、祁连山等体制试点区由于方案批复实施晚，各种利益关系复杂、改革难度大，体制改革进展较慢，需要在未来3年内逐步完成相关体制的改革试点工作。

二、国家公园体制试点的成效与问题

(一) 主要成绩

经过各方面共同努力，我国国家公园体制试点取得了积极进展，为《总体方案》的出台和未来体制建设奠定了基础。

1. 在中国特色国家公园功能定位、建设模式、体制改革方向等方面凝聚了共识

我国建设国家公园体制的设想提出后，受到了有关部门、研究机构、新闻媒体和社会公众的广泛关注，并引发了对中国特色国家公园功能定位、建设模式、体制改革方向等方面的讨论，国家公园的理念经历了从众说纷纭到凝聚共识的过程。目前，形成了3个方面共识：第一，明确了国家公园"生态保护第一、国家代表性、全民公益性"的建设理念，以及"重要自然生态系统原真性

和完整性保护,同时兼具科研、教育、游憩等综合功能"的定位;第二,国家公园是国家自然保护地体系的重要组成部分,在推动国家公园建设的同时,应推动我国自然保护地体系的优化和制度更新;第三,建立国家公园体制的核心是构建统一、规范、高效的管理体制。这些共识支撑了《总体方案》的形成,并使我国国家公园的内涵、功能定位和建设目标越来越清晰,成为未来我国国家公园体制建设的基础。

2.试点区的保护地整合取得成效,多头管理现象得到改善

在成立统一的国家公园管理机构之前,各试点区通过建立联席会议制度,推动机构、编制整合等方式探索管理机制,并提出过渡期的管理方法。到目前为止,三江源、神农架、武夷山、南山、钱江源、东北虎豹等试点区成立了国家公园管理局或管委会,对原有各类保护地机构、编制进行了整合,实现"一个保护地、一个牌子、一个管理机构",各试点区原来牌子多、破碎化管理的现象得到改善。如2016年6月,三江源试点区,将原来分散在林业、国土、环境保护、住房和城乡建设、水利、农牧等相关部门的生态保护管理职责进行统筹,挂牌组建三江源国家公园管理局,实现集中、统一、高效的保护管理和综合执法方式;同时,对3个园区所涉4县进行大部门制改革,县政府组成部门由原来的20个左右统一精简为15个,生态管理由管委会负责,其他社会管理由地方政府负责,各司其职、相互配合。2016年11月,神农架试点区整合区内保护管理职责、机构和人员,挂牌成立湖北省政府垂直管理的神农架国家公园管理局。其他一些试点区,如四川大熊猫试点区,成立了国家公园管理机构筹备委员会,启动机构整合改革。

3.试点区相继启动国家公园立法工作,为推动国家层面国家公园立法积累了经验

三江源、武夷山、神农架、南山、钱江源等试点区相继启动了国家公园立法工作。其中,《三江源国家公园条例(试行)》已于2017年8月1日开始正式实施,在依法保障国家公园建设方面先行先试。《武夷山国家公园条例(试行)》和《神农架国家公园条例》分别于2017年9月和11月通过福建省和湖北省人大常委会审议,并将于2018年3月和5月起开始施行。2017年4月,湖南南山国家公园筹委会组织召开《湖南南山国家公园管理条例》立法工作推进会,正式启动立法工作。而早在2014和2015年,《云南省迪庆藏族自治州香格里拉普达措国家公园保护管理条例》和《云南省国家公园管理条例》就已经颁布实施,

尽管当时这两部条例对国家公园的功能定位等基本问题与十九大报告、《总体方案》的要求存在一定差异，但其立法思路、框架设计以及立法实施过程中出现的问题仍值得总结和借鉴。上述这些地方立法工作的有序开展将为切实推动国家层面的国家公园立法提供宝贵经验。

4. 探索制定了一批国家公园体制试点的管理制度

三江源国家公园管理局组织制定了关于三江源国家公园科研科普、生态管护公益岗位、特许经营、预算管理、项目投资、社会捐赠、志愿者管理、访客管理、国际合作交流、草原生态保护补助奖励政策实施方案等10个管理办法。神农架国家公园管理局拟定了涉及综合管理、机关运行和业务管理三大类共55项日常管理规章制度，细化了管理要求，使机构运行有章可循。这些制度的制定与实施能够为国家层面国家公园管理的制度安排提供借鉴。在国家公园体制试点之前，云南省自行制定的关于国家公园基本条件、建设规范、巡护技术规程、管理评估规范、标志系统设置指南等9项技术标准以及关于申报指南、管理评估指南、巡护办法、生物多样性监测办法4项管理政策，也有一定的借鉴意义。

5. 采取多元手段，因地制宜探索集体土地的用途管制方式

国家公园体制改革的重要任务是对自然资源资产实行统一管理。针对大部分试点区存在集体土地面积比例高、管理难度大的问题，不同试点区探索采用征收、置换、租赁、补偿、签订地役权等方式实现集体土地的用途管制，为未来国家公园建设中集体土地的用途管制积累了经验。如钱江源试点区以高于生态公益林补偿标准的价格将区域范围内部分林地租赁过来；湖南南山试点区选择2.1万亩林地开展地役权协议试点，在不改变林地权属的情况下，政府通过与所有者签订协议，对土地的利用方式、强度进行限制，并进行合理补偿；福建武夷山试点通过购买、租赁、合作经营等方式对九曲溪流域人工商品林进行了收储管理等。

6. 一些试点区在社区发展机制方面进行了积极探索，积累了可复制、可推广的经验

建立有效的社区发展机制是国家公园体制试点的重要任务，也是未来我国国家公园建设需要解决的问题。一些试点区已经开展了积极的探索，积累了一批可复制、可推广的经验。如青海三江源试点区通过创新生态管护公益岗位机制，将生态保护与精准扶贫结合起来，为园区建档立卡贫困户提供就业机会，新设生态管护公益岗位7421个，按1800元/月标准发放工资；并通过加大培训力度，制定管理规范，进行年终考核，以确保生态管护质量，从而实现生态

保护和脱贫的双赢[14]；此外，在充分尊重牧民意愿的基础上，通过发展生态畜牧业合作社，尝试将草场承包经营逐步转向特许经营，提高产品的生态附加值。普达措试点区通过定向援助、产业转移、社区共管、优先就业等方式将原住民纳入国家公园的整体规划；同时，根据每5年一定的国家公园社区利益补偿合同，从旅游收入中拿出一部分资金，专项用于公园社区的直接经济补偿。武夷山试点区通过共享旅游发展收益，有效解决了当地村民的就业增收问题；针对试点区内茶山面积大、分布广，茶产业是区内村民主要产业这一特征，推进茶产业向专业化、标准化、规模化、品牌化发展，通过"公司+基地+农户"形式，与农户建立利益联结机制，促使茶农持续稳定增收。

（二）面临的共性问题

与制定单项制度不同，国家公园体制试点承载着综合性配套改革的重任[15]。虽然国家公园体制试点取得积极进展，但也面临不少挑战和困难[15][16]。

1. 地方政府对国家公园功能定位的认识仍存在误区

尽管《试点方案》和《总体方案》均已明确，建立国家公园的主要目的是保护自然生态系统的原真性和完整性，坚持"生态保护第一、国家代表性、全民公益性"的建设理念，但国家公园在我国是新生事物，在创建过程中，难免存在认识上、操作上的不同看法[17]，特别是在地方层面存在一些认识误区，影响体制改革的推动实施。

一些地方政府将国家公园视为"吸金"招牌，导致在试点实施后开发建设强度不降反升。环保部卫星中心遥感监测发现，一些试点区在试点期间开发建设活动有扩大趋势。一些试点区过于强调基础和公共服务设施建设，计划在园内开展交通、水利、电力、通讯、教育、卫生等基础和公共服务设施建设，有可能会对试点区生态系统完整性和原真性造成破坏。但是，也有一些观点认为国家公园是绝对禁区，不允许任何开发利用活动。这样的观点忽视了试点区内仍有大量社区的历史事实，从而引发了一些社会矛盾；也忽视了国家公园"全民公益性"的建设理念，以及除了保护生态系统原真性和完整性外，还应兼具科研、教育、游憩等综合功能。这种原住民与国家公园并存的现象在国际上也不鲜见，促进人与自然和谐发展才是本质。

2. 一些试点区的主动性和创新性不足，体制改革进展滞后于试点方案

调研发现，一些地方对于国家公园体制试点改革，或多或少抱有"观望"

心态,"等靠要"的思想较为普遍,相对于试点实施方案提出的各项改革任务进度安排,进展总体滞后。这既是地方发展和中央自然保护目标的矛盾,也是中央各部委之间存留意见分歧的客观表达[15]。一些试点区缺乏脉络清晰的改革思路和规划,存在对政策把握不准的畏难情绪,难以放开手脚大胆探索。此外,一些试点区存在以"文件落实文件""以文件应对督察"等问题,一些改革部署仅停留在纸面,没有落实为具体行动,影响改革进程。当然,落实难也存在改革方案设计本身的缺陷问题。

3.现行法律法规、管理体制对国家公园体制建设形成制约

我国自然保护方面的立法总体上还较为滞后,国家公园建设的法律保障明显不足,一些体制改革仍面临不少法律障碍。例如自然保护区是当前我国数量最多的保护地类型,作为我国自然保护区管理最重要的法律依据,《自然保护区条例》中的一些约束性或限制性规定已经难以适应现实需求,反而会对在国家公园试点区内系统整合各类保护地管理体制造成一定程度的掣肘。同时,改革还受当前分散的管理体制的制约。改革涉及多个部门,产权和利益关系复杂,部门间博弈在所难免,使得各类保护地和管理机构的整合存在困难[16]。一些试点区尽管推动了管理机构整合,但基于生态要素的破碎化管理在短时间内难以完全改变,在自然资源资产统一确权登记、空间规划、用途管制等相关制度未落实的情况下,生态要素的多部门交叉管理问题在短时间内难以得到彻底解决。

4.自然资源统一确权登记进展缓慢,并影响自然资源产权和用途管制等制度建设进程

按照原国土资源部等七部委联合印发的《自然资源统一确权登记办法(试行)》和发展和改革委员会印发的《试点方案》的相关要求,应在不动产登记的基础上,对国家公园内各类自然资源进行统一确权登记。但从实际情况来看,各试点的自然资源的确权登记工作进展缓慢,并对以确权登记为基础的自然资源产权、用途管制和负债表等制度建设形成制约,影响国家公园自然资源管理体制改革的总体进程。改革进展缓慢主要原因在于:第一,现行法律法规中缺少支撑依据;第二,作为一项全新的改革任务,理论基础薄弱,同时涉及诸多重大利益的重新调整,过程十分复杂;第三,在国家尚未完成自然资源资产确权登记试点前,试点区缺乏相关的技术指导与支撑;第四,试点区相关方面专业人才短缺,无力自行开展确权登记方面的探索。

5.尚未建立有效的跨区域融合管理机制，破碎化管理依然存在

国家公园体制试点的目的之一是解决保护地跨区域破碎化管理问题。但目前，大部分试点区尚未触碰跨行政区管理难题，尚未形成有效的跨区域管理和治理机制。如大熊猫和东北虎豹试点区均涉及跨省管理问题，但目前还没有建立有效的跨区域协同管理机制。此外，为保持自然生态系统完整性，一些试点区本应将周边一些自然保护地整合进来统一管理，也因无法协调跨省利益、解决跨省管理问题，而没有实现有效整合。如福建武夷山试点区理应整合江西省武夷山国家级自然保护区，浙江钱江源试点区理应整合毗邻的安徽休宁县岭南省级自然保护区和江西省婺源国家级森林鸟类自然保护区，湖南南山试点区理应整合毗邻的广西壮族自治区资源县十万古田区域，但因面临跨省难题，均未实现有效整合。

6.尚未形成多元化资金投入机制，试点区普遍面临资金缺口问题

国务院《关于推进中央与地方财政事权和支出责任划分的指导意见》明确提出，将全国性战略自然资源使用和保护等基本公共服务划定为中央财政事权。《总体方案》提出要建立以财政投入为主的多元化资金保障机制，然而目前中央财政投入十分有限，没有形成稳定持续的投入机制。尽管民间资本和社会公益资金有较强的介入意愿，但由于尚未建立相应的机制，也缺乏相关的法律保障，地方政府不敢贸然探索社会投入和保护机制。各级试点区开展集体土地赎买和租赁、企业退出、生态移民等任务需要大量资金，远超地方政府承受能力，试点区普遍存在资金短缺问题。

7.尚未建立成熟规范的特许经营和协议保护制度

特许经营在我国旅游业的发展中已经得到了实践，既为当前国家公园试点建设积累了经验，也遗留了需要规范和改进的空间。现有国家公园试点区内对特许经营和协议保护制度的探索大多处于起步或转型阶段，尚未形成成熟规范的制度模式。主要存在两方面问题：第一，经营主体不明确。政府和保护地管理者直接或间接参与经营，导致政府管理职能和企业经营活动混淆，难以发挥政府的监督和执法职能。第二，特许经营和保护程序模糊。缺乏规范的管理指南，流程尚未公开公正，存在忽视社区利益的垄断经营现象；经营项目缺乏规范而导致开发不当问题；缺乏对保护管理目标的重视使得不必要的基础设施建设影响生物多样性等问题。

8.试点区普遍面临人才、能力和科技支撑不足的制约

国家公园体制建设在我国是一项全新的工作，前期的研究积累和理论、知识储备不足，体制试点面临着严重的人才、能力、科技支撑不足的制约。一些试点区由于缺乏专业性人才，对各项改革任务存在理解不透、执行上有偏差等问题，因此，主动开展体制机制方面的创新面临众多困难，影响了体制改革进程。

三、国际经验的主要做法与取得成效

（一）确立生态保护至上的管理理念

保护第一是发达国家国家公园管理的管理理念。国家公园管理局不是将经济利益看作主要目标，而是更加重视国家公园在传承自然和文化资源方面的价值，和为国民提供游憩场所等方面的意义，更多地体现了国家公园的公益性。1992年，美国国家公园管理局在其发布的《美国国家公园21世纪议程》中进一步明确，国家的历史遗迹、文化特征和自然环境有助于人们形成共同国家意识，这是国家公园管理局的核心目标。新西兰拥有世界上最脆弱、最特异的生态系统，所以格外重视生态保护。国家公园采取以自然保护为主，结合旅游开发来促进保护的措施。新西兰规定，国家公园内的自然景观严禁开发，注重对自然景观的保护。在以生态保护为核心的经营理念指导下，经过多年发展，国家公园保护工作已经逐渐成熟，形成了以自然生态保护为核心、以政府绿色管理为主导、公众积极参与的"垂直与公众参与管理模式"相结合的管理机制。加拿大也明确了保护生态的完整性是国家公园建设的重要目标（图15-7、图15-8）。

图15-7　加拿大安大略省阿岗昆国家公园

第十五章 自然保护地融合管理

图15-8 加拿大贾斯伯国家公园

（二）实行垂直管理的治理体制

美国国家公园采取的是以联邦政府为核心的集权式管理，并形成了以管理局为主线的垂直管理模式，逐级分配责任。国家公园由内政部下属机构国家公园管理局直接管理，代表联邦政府管理国家公园系统的行政、规划建设和业务技术等事宜。在国家公园管理局下，又分设10个地区局，分片管理所在地区的公园，属于地区性机构；在每个公园设有公园管理局，属于基层性机构。三级机构垂直管理，与各州、市的政府没有领导关系。法国在建立国家公园体制之初（图15-9），参考了美国的体制，即中央直管的严格保护模式。1960年，法国开始形成了与美国体制类似的特点[18]。新西兰政府机构主要是由中心管理部门，即处于主导地位的自然保护区管理部以及其他有特定职能的机构所组成，实现自上而下的垂直管理体制。管理部由1个总部（设在首都惠灵顿，负责核心管理）和14个地方管理部门构成。惠灵顿的中央管理部门主要是行使国家范围内的责任，包括制定政策、安排人员工作、审计、统筹资源还有其他后续服务工作。而地方管理部门的职责划分和管理界限大都依据当地地理环境和生态特征，并协同地方政府管理等确定。

图15-9　法国埃克兰国家公园

（三）实施促进保护的产权制度和用途管制制度

西方国家通常采用两种方式加强土地用途管制。一是为公共目的保留一部分土地为政府所有，二是对私有土地实行一定的用途管制，即在私人财产权上形成一定的公共权利。因此，国外国家公园的土地登记往往采取以公为主、公私结合的管理模式。美国国家公园内的土地一般登记为联邦政府所有，但也经常遇到土地不归联邦政府所有的情况，此时，管理部门就会采用征收这些土地的方式来实现国家公园的统一管理。新西兰国家公园的土地所有权登记在女王名下。如果有部分公园需要规划在私人土地上，政府也需要通过购买或者联合经营方式同私人达成协议，共同管理保护区。澳大利亚国家公园的土地登记有三种管理模式：公共保护区，即政府具有土地所有权的保护区；本土保护区，即原住民通过与政府的协议，在原住民自己的土地上建立的保护区，通过地役权的方式实现统一的用途管制；私人保护区，建在私有土地之上，即通过补偿的方式限定土地用途。新西兰为获得任何私人用地或者私人用地上的附属物，直接购买私人土地，或签订对土地、附属物、收益的购买和租赁的合同，规定所用土地不能用于破坏性开发建设，只能进行保护和适当旅游开发，即以地役权的行使获得土地使用权。

(四)健全生态保护的相关法律法规

美国国家公园管理的建立和发展坚持立法先行。从黄石国家公园建立之日，美国就颁布了《黄石公园法》，以确保国家公园管理的法律基础。随后，又以联邦法律为基础，相继颁布了《组织法》《历史纪念地保护法》《野生动物保护法》等20多部联邦法律。这些法律和履行命令保证了国家公园在联邦公共支出中的财政位置，也避免了国家公园管理局与林业局等部门的冲突。总的来看，美国国家公园的任何决策只有依法保护国家资源和权力的义务，没有不受法律限制开发的权力。1980年，新西兰颁布《国家公园法1980》，明确了管理相关方的责任、权利和义务，确定了保护边界的范围，使国家公园的管理有法可依，结束了管理上的混乱局面。随后，又制定了与自然保护区相关的《自然保护区法》和《新西兰自然保护区体系法改革法案》等相关法律，形成了一个较为完整的自然生态保护法律体系。近年来，为了强化生态保护，新西兰政府将60多部有关资源管理的地方部门法律法规统一整合成《资源管理法》，解决了中央和地方政府在环境规划、法律法规、评估机制等方面出现的冲突，在立法上明确了环境和经济发展的关系，强调对资源的可持续利用。由此可见，新西兰走的是一条重视立法，严格执法的绿色保护之路。

四、中国自然保护地体系建设的对策建议

(一)以国家公园建设为契机，重构自然保护地融合管理体系

1.推动以国家公园建设为主体的自然保护地体系优化和制度更新

针对当前我国自然保护地分类不科学、范围不合理以及保护存在空缺、交叉重叠、破碎化等问题[19][20]，推动以国家公园建设为主体的自然保护地体系的优化和制度更新，需要根据我国的国情和区域特征，理顺现有各类保护地之间的关系，做好分类，明确各类保护地的功能定位、保护对象、目标、等级和保护方式。研究制定各类保护地行政管理体制改革方案，根据保护和发展级别，确定其资金机制和发展模式，缓解各类保护地长期面临的保护和发展矛盾。

2.实现国家公园与周边自然保护地的融合发展

在国家层面，需要建立国家公园与其他各类保护地的协同保护机制，防止国家公园建设给其他保护地带来保护力量削弱、保护经费减少等方面的冲击。对于具体的国家公园体制试点，需要协调好其与周边其他保护地间的关系，建

立协同管理、科学咨询和公众参与等机制，不断完善治理体系，通过技术交流、信息共享和联合巡护等方式，促进周边自然保护地的管理能力。

（二）研究制定国家公园建设中长期目标和空间布局方案

1.制定国家公园建设中长期目标和空间布局规划

为了有序推动国家公园建设，防止国家公园建设中出现混乱，需制定国家公园建设中长期目标和空间规划。考虑到我国社会经济发展的阶段性特征，以及国家公园以保护为主、兼顾全民公益和国家形象代表性的功能定位，不宜采取激进的改革路径，而是应该采取严把准入关、质量关的循序渐进的建设思路，改变目前由试点省份自行选择试点区域的模式，通过独立的第三方科学调查评估，提出全国国家公园的总体布局方案。可以考虑结合"两个一百年"奋斗目标，制定到2020年、2035年、2050年逐步建成一定数量的国家公园的规划，明确国家公园空间布局、管理成效、品牌形象等方面目标和实现路径。

2.制定国家公园准入标准、设立流程和建设规范体系

制定国家公园准入标准体系，作为未来我国国家公园空间布局的重要依据。建立科学规范的国家公园设立流程，包括前期材料准备、调查、评估、审查、授权与后期评估等方面的具体规定，以保证国家公园设置的科学合理性。在借鉴国内外现有保护地管理经验的基础上，制定国家公园规划、建设、管理等方面的规范和技术规程，以确保建设和管理质量。

（三）建立健全中国特色的国家公园管理融合治理体系

1.建立国家公园的多元共治机制

要实现国家公园更好的治理和相关决策的有效执行，需要充分考虑各相关方的利益和兴趣，建立多元共治机制。可参考国外一些国家公园的管理经验，建立中央政府、地方政府、社区、行业协会、公益组织等多方参与理事会、委员会等形式的决策机制[21][22]，作为统一规范高效体制的补充，以缓解国家公园建设和管理中可能产生的中央与地方，以及公园与社区、产业之间的矛盾。

2.推动国家公园和自然保护地法的立法进程

目前，社会各方主要有先制定综合的《自然保护地法》和先制定单项的《国家公园法》或《国家公园管理条例》两种立法思路。两种方案各有优缺点，但难度都不小。未来的立法进程，既要考虑法律体系的完整性，又要考虑推进

改革的现实要求。因此，可以考虑同时推进《自然保护地法》和《国家公园法》的制定工作，并在实践中比较甄别，得出较优的立法次序与方案。建议将《自然保护地法》定位为综合框架性立法，重点明确保护地的功能定位、分类标准、管理体制、核心制度和法律责任等基础性内容，在《自然保护地法》的框架下，针对国家公园等不同类型保护地的特点制定相应的管理办法，并以行政法规的形式予以颁布。《国家公园法》应当对国家公园的功能定位、规划建设、保护与管理、管理机构和职能、中央和地方分类分级管理体制、事权和资金投入机制、特许经营和协议保护、社区发展等进行明确而详尽的规定，确保国家公园各项管理和建设活动有法可依。只要各种自然保护地分类科学、关系清晰，上述两种立法思路在内容上并没有实质性差别。当然，保护地和国家公园建设涉及的利益相关方较多，立法过程中需要充分征询中央政府相关部委、地方政府、行业协会、社团组织、社区、公众等各方主体的意见，并进行反复修改、论证，做好与相关法律制度修订的衔接工作，以确保自然保护地和国家公园的良法善治。

3.完善特许经营/协议保护制度

针对当前国家公园试点区内特许经营和协议保护面临的政府管理职能和企业经营活动混淆、程序模糊、缺乏规范等方面的问题。有必要在国家层面制定国家公园特许经营和协议保护制度规范，明确各类商业经营活动必须与保护生态系统完整性和原真性这一首要目标一致，并对各类国家公园特许经营的合同、项目范围、项目分配流程、服务收费、特许经营权使用费收取依据、监管制度等方面做出明确规定。此外，在国家层面还需建立财政、税收方面的激励机制，促进企业和公益组织投入到国家公园的特许经营和协议保护中。

（四）探索全民共建共享机制

1.建立多元化、因地制宜的社区融合发展机制

建立社区可持续发展机制，是国家公园体制建设的重要组成部分。建议借鉴国内外保护地社区发展经验，如法国国家公园加盟区建设模式，制定我国国家公园内及周边社区发展指南——针对不同类型国家公园，提出生态补偿、特许经营与协议保护、设置生态管护公益岗位、发展生态友好型产业等因地制宜的多元化社区发展机制。面对国家公园现有和即将创造的商业机会，应考虑社区直接或间接参与，并通过更广泛的社会参与机制在政策和技术上提供有针对

性的培训,创造具体的策略帮助个人和团体克服困难,支持社会企业和微小商业的发展。

2.建立公益组织参与国家公园建设与管理的融合机制

在国家公园制度中,明确允许和鼓励公益组织参与国家公园建设与管理:第一,在国家公园立法中,明确公益组织参与国家公园建设与管理的法律地位及可参与的建设与管理工作范围。第二,建立公益组织捐赠机制。如针对国家公园设立面临的大量集体土地问题,可借鉴国外经验,出台相关政策建立鼓励公益组织通过赎买集体土地所有权,捐赠给国家公园统一管理的机制,以缓解政府在处理集体土地问题时面临的巨大资金压力。第三,对于划定在国家公园内,但难以通过赎买所有权划归国有的集体土地,可探索建立由集体所有、使用和管理权流转给公益组织、政府监管的"三权"分置的协议保护机制。第四,发挥公益组织在推动国家公园社区发展和自然教育方面的作用。

(五)探索建立国家公园增值体系和机制

1.提升国家公园整体形象和品牌价值

制定国家公园整体形象和品牌价值提升方案。在不断提升国家公园整体品质的前提下,加强国家公园的宣传力度,提升国家公园整体形象和品牌价值。建议未来通过新成立的国家公园管理机构,采取全国统一的管理和宣传手段,如统一风格的宣传手册、标志系统、游客中心、基础设施等,形成统一的国家公园认识,提升全民认同感。

2.建立生态友好产品品牌增值机制

国家公园自身的品牌效应,是发展低产量、高附加值、生态友好型产业,以及解决国家公园建设资金短缺问题的重要机遇。国家公园生态友好型产业的发展和产品品牌增值,需要建立配套的制度体系予以支撑,包括严格的产业准入制度、创新的生产方式、生产过程监管、产品认证、品牌塑造和商业模式创新等,使国家公园的生态价值通过这些配套制度体系附加于产品之中,在保护第一的前提下实现绿色增值。

(六)探索建立国家公园的科学支撑、决策咨询和第三方评估机制

1.建立国家公园科学研究体系

国家公园与国内外知名研究机构、高等院校共同建设国家公园重点实验

室、研究院、大数据中心等科研合作平台,在生态保护、科研监测、社区共建、人才培养等方面开展合作,为国家公园建设提供科学和人才支持。

2.建立国家公园建设与管理的科学决策机制

在国家和具体公园层面成立国家公园科学委员会,为国家公园体制改革、建设、管理和周边社区的发展,如对国家公园边界划分、功能区划、基础设施建设、生态保护等提供决策咨询。一些重大项目和活动的实施的需要通过国家公园科学委员会的审议并提出建议,报备国家公园管理机构作为决策依据。开展独立的第三方评估工作。

第三节 公益型保护地建设的重点与建议

一、公益型保护地建设的基本背景

从国际环境来看,加强公益型保护地建设是重要的有益补充。世界自然保护地数据库(WDPA)收录了全球超过20万个自然保护地的信息,其中包含13 246个公益治理自然保护地,占全球保护地总数量的5.6%,总面积的0.6%。在这些公益保护地中,57.1%的保护地由非营利性组织管理,42.6%由个人土地所有者管理,还有不到0.3%由盈利机构管理[23]。与政府管理的保护地相比,公益保护地更加灵活,在政府无法开展保护工作的地区,可以成为很好的补充手段。它不仅可以连接和扩大已有保护区,还可将私有土地和个人土地所有者纳入到保护工作中,为社会力量提供参与保护工作的机会,也为保护地资金提供了新的来源。

加强公益型保护地建设是我国急需探索的新模式。在我国,与现有的政府主导的保护区相比,社会公益型保护地更注重社会公益力量在自然保护区建设中的作用[24],并引导自然保护区当地居民、企业一起参加,引入社会资金,建立运营管理机构负责保护区日常的保护管理工作,统筹内部保护,兼顾外部发展,探索适应中国国情的政府监督和民间管理的崭新模式。长期以来,受地区经济发展水平影响,我国自然保护地基本上实行的是"抢救式保护"的策略,注重自然保护地数量和面积的扩张,但管理体制及管理质量无法满足生态文明建设的需要,迫切需要探索新的保护区建设模式来更好地对保护区进行管理。

二、公益型保护地建设的内涵与特征

（一）基本内涵

公益型保护地就是为了填补现有保护区体系的空缺，补充已有保护区资金、技术和人力的不足，而探索的一种利用社会公益力量，由政府监督、民间管理并协调保护与发展的新型保护地模式。国际定义下的公益保护地主要是指公益治理类型的自然保护地。世界自然保护联盟（IUCN）于2013年出版《IUCN自然保护地治理指南》，将自然保护地根据治理类型分为政府治理、共同治理、公益治理和社区治理4种类型。其中由民间（非营利机构、营利性组织和个人）管理的自然保护地被世界自然保护联盟定义为"公益治理自然保护地"（Privately Protected Areas，PPA）。其应满足以下一项或几项治理类型：民间机构治理、社区治理、个人治理、联合治理或政府委托民间管理[25]。在中国，社会公益型自然保护区最早是由美洲银行慈善基金会和大自然保护协会（TNC）携手中国政府及当地机构共同推动的一个全新的试点项目——"社会公益型自然保护区项目"，该项目的实施标志着一种全新的土地管理及保护模式在中国启动。其出发点是引进社会力量来增加生态保护的资金，探索一种政府监督、民间参与的新型保护地模式。

（二）主要特征

1. 由政府监督，民间机构实施管理

公益型保护地实行"三权"分置的管理体制，在明确保护地所有权的基础上，保护地治理机构和土地所有人签订委托管理协议，政府主要履行监管权，对保护区的保护行动进行监督和成效考核。管理权是指培育土地所有者和资源使用者有责任管理和保护自然和文化资源，由保护地的管理机构（个人或群体、非政府组织、盈利性机构、科研机构、宗教团体等）统一行使，主要负责募集资金、制定保护行动计划、日常管理及配合执法机关进行保护区执法工作[26]。

2. 补充现有保护区网络

现有保护区由于资金、技术或人力的不足，可能存在保护不力的情况，公益保护地为自然保护提供了新的机会，发挥了民间机构、当地居民和社区在照顾自然方面的作用。民间机构可以帮助保护其他类型自然保护地无法覆盖的土地或水域,并在面对环境变化、威胁或机遇的情况下,更快地调整管理方式,是对现有保护区网络的有力补充。

3.协调保护与发展的关系

重视民间力量是公益保护地管理的关键所在。保护地管理机构不仅提供资金,还可以通过利用保护地友好产品体系平台获得稳定可持续的资金渠道,通过公益信托或土地信托等金融方式来满足保护地的长期运营的资金需求。同时,可以通过发展保护地当地可持续的生态农业、推动社区定制农产品的发展、设立教育基金等方式,提升社区发展的原生动力,振兴社区经济发展,协调保护与发展的关系。

三、公益型保护地建设的发展态势

（一）突出问题

1.公益组织的法律地位不明确,缺少统一的保护地法

随着公益性组织的不断壮大,在履行社会责任方面不断向生态保护领域进军。虽然1994年发布的《中华人民共和国自然保护区条例》第六条规定,"自然保护区管理机构或者其行政主管部门可以接受国内外组织和个人的捐赠,用于自然保护区的建设和管理",但是,没有明确社会公益组织的法律地位,更没规定社会公益组织的合法权益。我国保护地的专项立法进程滞后,在很大程度上致使管理缺少法律依据。目前,我国尚未出台关于保护地的专项法律法规,使得保护地管理过程中的各项问题无法可依,基于现有的国家公园管理办法和政策,执行起来缺乏权威性和科学性。另外,国土空间规划法尚未颁布,某些保护地的边界与基本农田的边界存在冲突,缺少可以解决冲突的法律依据。加强保护地立法,对于确立公益型社会组织进军保护地管理极为重要。

2.缺乏广泛的社会参与机制,社会公益组织难以介入管理

当前,各类保护地社会参与机制不完善,缺少具体的制度设计。虽然从中央到地方制定了社会参与保护的相关制度和政策,但多属于指导性的规定,特别是没有明确社会公益组织参与管理的权利与义务,也没有具体规定居民参与保护的方式和方法、形式和途径等内容。这些问题直接导致社区参与的制度保障力度不够。社会参与保护区管理的机制不健全,参与机会受到限制。社会在参与保护、管理和监督过程中存在权力不明、机制不畅的问题。无论是自上而下还是自下而上都难以形成畅通的参与渠道。虽然中央、省、市、

县政府在保护区的投入逐步增加，但是面对巨大的生态保护需求，投入的力度和后续监管的力度相对不足。另外，公益组织投入生态资金从事保护的制度不健全，公益组织介入保护地的建设与管理困难重重，在很大程度上影响了保护效果。

3.保护地的管理缺少专业技术管理人才

我国保护地缺少必要专业技术人才是制约保护水平提高的一个重要因素。保护区等各类保护地分布在偏远山区，经济发展水平低，交通不便，生活水平落后，难以吸引人才、难以留住人才，保护地很大程度上成了年轻科技人才积累实践经验的"试验田"。很多在保护地工作的年轻专业技术人才，受大都市、大城市高质量生活的吸引，纷纷离职奔向向往的美好生活。大量专业科技人才的频繁外流，是造成我国保护地整体管理质量不高的一个重要因素，也是造成保护地的管理水平很难与国际接轨的重要原因。因此，如何吸引人才、留住人才是今后一个时期保护地可持续发展首要解决的问题。

（二）战略机遇

1.中共中央空前重视生态文明建设

党的十八大以来，以习近平同志为核心的党中央空前重视生态文明，把生态文明建设纳入中国特色社会主义事业"五位一体"的总体布局，提出国家公园全民公益性建设理念，开展国家公园管理体制改革试点[27]，鼓励社会公益组织参与自然保护地的建设与管理。党的十九大明确提出，"构建国土空间开发保护制度，完善主体功能区配套政策，建立以国家公园为主体的自然保护地体系"。此外，中央正在深化自然资源产权制度改革，着力建立归属清晰、流转顺畅、监管有效的自然资源产权制度体系，为社会公益组织托管自然保护地创造了有利条件。

2.公益组织参与保护地管护面临重要机遇

2017年9月26日，中共中央办公厅、国务院办公厅印发了《建立国家公园体制总体方案》，提出我国国家公园建设需要坚持国家主导、共同参与的基本原则，强调要探索协议保护等多元化保护模式、建立社区共管机制、完善社会参与机制，鼓励设立生态管护公益岗位，吸收当地居民参与保护地管理和自然环境教育，构建国家公园与社区协调发展的新制度。总体方案的提出为我国公益组织参与自然保护地的建设与管理提供了很好的契机。

3. 民间机构参与保护地建设和管理是国际通行做法

纵观国际自然保护地的发展态势，无论是在发达国家还是发展中国家，民间机构在保护地建设和管理方面都有非常大的投入，然而，民间机构参与保护地建设和管理在我国还处在起步阶段。在美国，土地信托组织通过土地交易或接受捐赠、与土地所有者签署协议、将土地的地役权移交给保护机构，实现对私有土地的保护。我国的社会组织应该借鉴自然保护地管理的成功经验。

4. 公益组织参与自然保护地建设和运营已经具备基础

目前，我国每年在公益慈善上的捐赠额已经超过千亿元，且呈年均超过20%的快速增长态势。其中，环境保护领域正在成为公益捐赠最关注的领域之一。2015年，全国共有社会组织66.2万个，国内捐赠总额首次突破1100亿元，其中，生态环境类社会组织7000家，生态环境领域社会捐赠占6.9%。基金会作为最主要的捐赠接收主体，总收入从2008年的215亿元增长到2014年的425.36亿元，自然保护领域的基金会从2004年的12家持续增加到2015年的80家。社会组织探索出了公益自然保护地管理的成功经验。在政府职能部门的指导下，基金会探索出的由民间力量主导、政府监督合作的保护模式，目前已经建设了四川平武县老河沟、云南西草海等公益型自然保护地，有效地促进了生态系统保育和可持续发展。

四、我国推进公益型保护地建设的主要建议

（一）社会公益自然保护地纳入国家官方保护地体系

规范保护地的管理体系，建立以国家公园为主体的公益型自然保护地体系。科学规划自然保护地，确保实现生态安全底线的功能。建议制定科学的自然保护地分类体系，在发挥"严格自然保护地"作用的同时，充分发挥"非严格自然保护地"的保护、缓冲和连通功能。参照世界自然保护联盟关于国家公园的概念和标准，完善我国保护地的分类原则和标准，归类整合现有的各类保护区和公园。国家级自然保护区应根据新的分类原则重新划分，严格保护的200个左右国家级自然保护区要纳入国家公园体系；具有世界文化遗产保护意义与观光价值的国家森林公园、国家湿地公园、国家地质公园也要纳入国家公园管理体系；其他各类公园按照归属对象，由相应级别的管理部门统一管理。推广桃花源基金会托管老河沟保护区等成熟的经验做法，鼓励社会资本进入国家公园管理体系，促进国家保护地得到全域保护。

（二）建立公益组织在国家公园开展协议保护的机制

国家公园作为公共产品需要政府负责管理，而好的机制可以带动国家公园的发展。建议探索和完善公益组织、民间团体等社会力量多方参与的管理机制。借鉴国际经验，在自然保护地实行所有权、管理权和监管权"三权"分置的管理体制。所有权归自然保护地的所有者，管理权归属于社会公益组织，政府主要履行监管权，保障全民所有自然资源资产不流失，监督保护地的管理机构履行协议的情况，实现保护地管理符合地方规划和用途管制的公共利益，维护群众权益。

（三）建立社会公益组织参与自然保护地管护的激励机制

鼓励公益组织投入保护地管理，破解投入不足的问题。迄今为止，政府一直是保护区建设的推动力量和主导力量。但是，受各级政府投入限制，保护区的各个地块保护效果不一。一方面，中央、省、市、县政府在保护区的投入逐步增加，但面对巨大的生态保护的需求和压力，投入的力度和后续监管的力度明显不足；另一方面，地方政府鉴于经济发展的压力，特别是生态红线对资源开发的硬约束，缺少兴建自然保护区的动力。自然保护资金不足是世界各国共同面临的问题。民间机构参与自然保护地建设和管理是国际通行做法。无论是在发达国家还是发展中国家，民间机构在自然保护地建设和管理方面都有非常大的投入，然而，我国还处在起步阶段。中国在增加政府财政投入的同时，应积极开拓多种社会投入渠道，弥补财政资金的不足。建议探索通过协议保护、PPP等模式增加社会和私人资金进入自然保护领域的意愿和渠道，扩大自然保护区的资金来源，确保自然保护公共目标的实现。建立公益组织赎买、捐赠集体土地机制。国家及时出台相关政策鼓励公益组织通过购买商业用地、有偿流转和赎买等手段获得土地，捐赠给国家公园建设，也鼓励非政府组织、研究机构、公司等主体承包土地实施保护项目，也可以资助人身份资助他人承包具有重大生态价值的土地，以环境保护和生态建设为目的，按照特许保护机制进行管护，为国家公园建设和管理过程中的资金短缺问题提供新的资金来源和保障。

第四节　我国自然保护地治理实践与改革方向

一、我国自然保护地治理类型及模式

研究和实践表明，尽管全球自然保护地的数量和规模呈持续上涨态势，但生物多样性和其他生态产品及服务的规模却在持续下降。世界自然基金会（WWF）发布的《地球生命力报告2018》揭示，受环境污染、森林砍伐、气候变化和其他人为因素影响，全球野生动物数量在过去40多年里下降了60%。世界自然保护联盟等国际组织将自然保护地治理分为政府治理、共同治理、社区治理和私人治理4种类型[1]，在具体实践方面，4种模式相互嵌套，彼此是有益的补充（表15-2）。当前，自然保护地治理多表现为政府治理的传统模式。需要强调的是，自然保护地治理往往涉及不同的层级，而这些层级之间又经常相互作用；不同层级之间还可以横向或纵向的相互作用，并结合自身权力采取连续行动。

表15-2　自然保护地治理类型及属性特点

治理模式	模式类别	保护地类别与属性	路径选择	模式特点
政府治理	传统模式	国家公园、国家级自然保护区等具有极重要保护价值、面积较大的保护地	国家所有权 + 环境规制	国家所有或国家控制的保护地
共同治理	部分为新型元素	森林公园、湿地公园等保护价值相对较低的保护地	资源共有 + 契约精神	管理职权和责任由不同的正式或非正式授权的政府或非政府部门行使和承担（例如跨境保护地）
社区治理	新兴、自愿的模式	保护小区/社区保护地等具有重要保护价值、土地具体所有的保护空缺区域	集体所有权 + 非正式规制 + 自然伦理责任	土著居民和/或当地社区通过多种形式（习惯或法律，正式或非正式）的制度和规则行使管理职权，并承担责任
私人治理	新兴、自愿的模式	——	产权私有 + 自然伦理责任 + 非正式规制	合作社，非政府组织、公司控制或所有的保护地，在营利或非营利的框架内进行管理

二、自然保护地矿业开发与治理实践经验

从已有实践来看,世界矿产资源大国的自然保护地融合了矿业发展。美国、俄罗斯、澳大利亚、巴西、加拿大等均以各国《矿业法》为基本法,规定矿业活动的基本制度,设定矿业活动必须履行矿业生态保护的法律原则,并以水、土地、大气和环境规划为主要保护对象的单行法,构成矿业生态保护的具体规范,具有典型示范意义。近年来,针对在自然保护区内采矿、采石等破坏生态环境等问题,我国有关部门在战略制定和具体行动上多措并举,取得了显著成效。

(一)国际治理实践

世界自然保护联盟认为,自然保护地治理是结构、过程和传统三者之间的相互作用,能决定如何履行权利与职责、如何做出决策、公众或其他利益相关方如何获得他们的话语权等问题,关键治理决策与生物多样性、自然资源和当地人有着更为直接的联系。

美国是世界上最早建立自然保护地的国家,具有一套完备的管理体系和管理流程。其中,对涉及自然保护地的矿业活动有如下要求:一是根据自然保护地功能个案决定是否允许其进行矿业活动以及允许其从事哪类矿业活动;二是在进行自然保护地划定时,要求对压覆矿床和正在进行的矿业活动进行评价[28]。在个别情况下,甚至可根据评价结果对自然保护地的范围或级别进行调整。

澳大利亚作为全球主要矿产品出口国,拥有大面积的自然保护地,对于如何协调自然保护地与矿业活动也有明确要求。澳大利亚规定,在矿业开发前,由法定机关依据联邦《环境保护和生物多样性保护法案》(EPBC法案)开展矿址评估工作。任何对珍稀濒危物种存在潜在或不利影响的,均需加强管理,以期降低可能带来的各种不利影响,最终经监管部门同意后,才能开展矿业开发活动。以澳大利亚新南威尔士州猎人谷的Mt.Owen煤矿为例[28],其开采活动位于文斯沃斯国家森林区域,该区域及附近地区记载有鸟类145种、非飞行哺乳动物24种、蝙蝠18种、爬行动物20种、两栖动物15种,其中包括绿金铃蛙、飞鼠、斑尾等19种濒危动物。为降低采矿活动对原生植物和动物群落及采矿区域的复垦对原生森林和林地群落的影响,由新南威尔士州政府部门的亨

特环境大厅（Hunter Environmental Hall）和欧文山代表牵头组成咨询小组，引导当地进行动植物管理、欧文山重建和植被恢复。通过对分散的林地残余物种和草场地区的原生植物群落进行重建，复垦区林地群落乃至相邻矿山的生态缓冲地得以保护；同时，通过打造生态走廊，复垦区与保护区得以连接，更大尺度生态健康发展的长效机制由此建立。整治后，原生林地比之前已经存在的采矿所在区域的原林地扩大了约5倍。

（二）中国治理实践

2007年，原国土资源部提出"发展绿色矿业"倡议；经过十余年来的不懈努力，"发展绿色矿业，建设绿色矿山"的理念已深入人心，成为了我国矿业企业的根本遵循和行动指南。2016年4月，原国土资源部印发的《国土资源"十三五"规划纲要》中提出，不断加大工矿废弃地复垦力度，完成750万亩历史遗留矿山地质环境治理恢复任务。2017年3月，原国土资源部、财政部等六部委联合发布《关于加快绿色矿山建设的实施意见》，明确了基本形成绿色矿山建设新格局、探索矿业发展方式转变新途径、建立绿色矿业发展工作新机制的三大建设目标[29]。

2017年7月至12月，为全面强化自然保护地监管，原环境保护部等7部门联合组织开展了"绿盾2017"国家级自然保护区监督检查专项行动，重点查处自然保护区内采矿、采石、工矿企业和核心区、缓冲区内的旅游与水电开发等对生态环境影响较大的项目。专项行动调查处理了2万多条涉及自然保护区的问题线索，关停取缔企业2460多家，强制拆除590多万平方米的建筑设施。各地共废止与上位法不一致的相关地方性法律法规12部，修订51部，新制定颁布20多部与上位法一致的地方性法律法规，同时清理了一批不合时宜的部门政策文件。2018年，在开展"绿盾2017"专项行动基础上，突出问题导向，全面排查全国469个国家级自然保护区和847个省级自然保护区存在的突出环境问题，坚决关停、取缔在自然保护区内的采矿、采石、采砂、开垦等违法项目。逐步拆除自然保护区内油井井场等地面设施，加快出台自然保护区内矿业权归属、小水电站退出的政策，有序开展自然保护区内生态治理恢复，逐步建立起长效监管机制[10]。

三、自然保护地治理实践面临的三大挑战

（一）自然保护地矿业开发的不可回避性

矿产资源赋存的地质特性与地理特点，决定了矿床位置的不可移动性、矿产资源的稀缺性和不可再生性。如何厘定最小保护单元与最大开发容量，降低矿产资源开发带来的生态环境的负外部性，减少不同权利主体之间的矛盾与冲突，正确处理经济增长与生态保护之间的问题，已成为政府、社会和学界一直关注的自然保护地重大议题。事实上，矿业开发活动与自然保护地范围的重叠现象极为普遍，据世界资源研究所（The World Resources Institute）等机构估算，全球现有约75%的探矿和采矿区位于自然保护价值高、流域人口压力大的地区；25%以上的矿业项目位于自然保护区10千米半径内；有25%的世界遗迹保护区受矿业项目影响。由于矿业开发存在不可回避性，且工业时代推崇的所谓"先进技术"正呈现出其"双刃剑"的另一面，即全球矿产资源的勘探、开发和利用渐渐成为工业革命以来重塑地表形态的重要力量，并在很大程度上影响了自然空间的生态本底与环境结构，进而反作用于人类的生存与发展。在工业化和城镇化加速的大背景下，如何正确处理和积极面对自然保护地的特殊性和敏感性、矿业开发与自然保护地管理的现实冲突以及矿产资源开发引致的后续生态环境治理问题，已成为社会关注的焦点。

（二）自然保护地矿业开发管控规制的有效性

资源开发与自然保护地的管理面临困境。设立自然保护地的初衷在于通过建立和完善管理制度和保护措施，协调处理自然保护地资源开发利用与生态保育的关系。在我国，自然保护地经历了部门分散管理、综合管理与分部门管理相结合的管理体制[30]，由于不同类型的自然保护地由不同部门、不同层级政府根据不同标准划定，产生了系列问题，主要表现在：一是国家战略和顶层设计缺乏，部门、地区博弈激烈，行政主导立法导致自然保护地的生态优先性不足，综合管理部门监管职能难以落实[31]；二是难以正确处理开发与保护的关系，当开发建设活动涉及自然保护地时，所在地的地方政府或管理部门更多会考虑地方利益或部门利益，不惜牺牲自然保护地而让步于经济建设或资源开发利用，这种以开发利用的收差为补偿保护资金、以保护地经济创收为导向的"资源观"亟待破局；三是自然保护地是由各种生态要素组成的生态系统复

合体，可能既有森林，也有草原、湿地等其他生态系统。其多头管理、交叉管理、空间区域重叠的现状，导致生态系统的完整性被人为割裂。而管理目标和措施的不同，又进一步干扰了自然保护地的正常建设和管理[30]。

（三）资源开发与自然保护地治理的可达边界

以美国为例，美国现有12个自然保护地涉及油气资源的勘查开发，15个自然保护地中存在的矿业权高达1100多个[32]。如何降低矿产资源开发带来的生态环境扰动，及时治理由于资源开发引致的一系列生态环境问题，成为自然保护地管理者面临的最大难题。国内外大量实践经验表明，建立基于污染控制经济学和环境经济学思想，理性看待矿山企业既要追求生产利润又要面临行业规范发展的双重选择，科学剖析自然保护地矿产资源开发主体的"企业行为—市场机制—社会响应"，增加中长期科技创新投入，提高矿山企业的技术水平，提升政府的管理水平，合理应对并有效控制资源开发带来的各种非货币外部性营销，能够有效扩展自然保护地矿业开发的可达边界。需强调的是，在可达边界拓展过程中，一方面要关注矿产资源会如何塑造生态本底、构成区域景观、影响产业布局，另一方面也要处理好资源开发与环境塑造的时空耦合，处理好不同空间、不同阶段的资源开发关系。如我国的鄂尔多斯盆地，既要充分考虑干旱地区的生态价值，又要在科学论证基础上，协调好与"半桶油一桶气""一核一煤"的关系，做好耦合工作，进行优化开发、协调布局以及生态的保育与重建。

实现资源开发与自然保护地治理的生态产品价值的有机统一。生态产品价值，是区域的生态系统为人类提供的最终产品与服务价值的总和。有效破解资源开发利用与生态环境保护之间的矛盾，使保护生态环境不再是政府和市场主体的负担，使生态产品成为创造和获取价值的新路径和经济发展的新增长点，实现"深化资源性产品价格和税费改革，建立反映市场供求和资源稀缺程度、体现生态价值和代际补偿的资源有偿使用制度和生态补偿制度"尤为关键。既要杜绝"资源无价，可无偿使用""资源无主，可谁采谁用"的扭曲观念，又要摒弃"一经划定即为红线"的怠惰思想。加强保护区与矿产资源勘查开发管理的技术标准、法律规范和具体程序的研究[32]，坚持辩证思想和理性思维，做到"因地施策、因矿施策"，最终实现资源开发与自然保护地生态产品价值实现的有机统一。

（三）自然保护地矿业开发激励与控制的最优平衡

如何在激励与控制之间探索到最优平衡点，是自然保护地矿业开发与治理的终极目标。实践表明，控制过多，不仅会阻碍市场行为主体参与矿产资源开发的能动性，还会增加国家的财政负担。若激励过少，会阻碍市场行为主体的有效参与；激励过度，则又会使公共利益陷于险境。对这一问题的回答没有范本可循，其与各国的政治、历史、制度和法律背景紧密相连并呈现出巨大的差别。在实践过程中，对某一种模式的选择也并非绝对，不同机制在不同的情形下会产生不同的效果[33]。从综合角度衡量，一个国家需要建立综合的自然保护地体系来保护重要的甚至是全部的生态系统，制定自然保护地体系的综合目标，明确单个保护地、保护地网络、土地利用，以及不同部门和不同行政级别之间的关系，还需要强调保护地与资源开发、经济发展的关系。只有通过各相关方之间的联动协作，才能实现对自然保护地有效且长期的管理。

四、我国自然保护地治理体系构建方向与框架

（一）基本思路

强化理念融合，坚持山水林田湖草是一个生命共同体。自然保护地管理，以生态系统结构的合理性、功能的良好性和生态过程的完整性为导向，强调从单要素向多要素综合管理转变，从行政区域向生态系统单元管理转变，是生命系统与非生命系统的统一管理。党的十八大以来，"山水林田湖草是一个生命共同体"的"整体论"思想深入人心，自然生态系统的"大国土、大资源、大生态"的新思维得以进一步阐释。未来管理过程中，应进一步明确自然保护地管理机构的性质，合理规定部门权限，创新自然保护地管理体制机制，加快解决目前管理组织机构集行政、经营于一身的问题，处理好开发与保护的关系，规范执法的合法性与公正性。关于自然保护地矿业开发与治理，一方面要科学认识自然保护地矿业开发的重要性与合理性，在全面掌握自然保护地矿产资源勘查开发及历史遗留矿山基本情况的基础上，结合国家战略和政策要求，建立项目的准入清单和负面清单，为后续分类处理自然保护地矿业权奠定基础；加快建立国土空间基础信息平台，探索完善现行矿业权出让审批程序，避免由于信息不对称及技术原因导致"违法行政许可行为"的发生；分类处理现有自然保护地内的矿业开发行为，对于违法违规勘查开采的矿业活动，依法依规予以清理，对于合法合规的勘查开采矿业活动，如确需退出的，既要保障矿业权人

的合法权益,体现"行政信赖保护权益",也要探索等值置换、转型发展等新型退出模式,实现自然保护地产业的绿色、健康发展。另一方面,充分遵循新的治理理念和治理范式,统筹整合优化资源,打破旧有分部门管理的藩篱,避免出现"种树的只管种树、治水的只管治水、护田的单纯护田"等现象,实现管理有效、运行高效、权责统一的自然保护地治理体制和长效机制;加快建立自然保护地正确处理资源保护与开发利用的架构体系,倡导从矿业活动早期规划阶段开始考虑关闭后的土地用途,并在运营期间作为动态和不断发展的关闭计划的一部分持续更新,始终纳入政府主管部门监管要求、社区意见、经济因素以及后期管理需求中,避免只是提倡(或规定)恢复采矿前土地用途和生态环境治理的简化政策。

(二)主要建议

1.强化顶层设计,加强立法与规划引导

进入新时期以来,我国自然保护领域的新维度、新探索和新模式不断涌现,自然保护地治理的质量、维度日益受到各方关注,与之相适应的完善的法律法规体系是自然保护区矿业开发利用的根本保障。应以自然保护地"生态优先"为根本出发点,切实解决好资源开发和生态保护的关系;健全生态补偿法律制度,研究切实可行的环境经济政策,强化"破坏者付费(赔偿)原则",以期对破坏自然保护地生境和自然资源行为造成的损失给予补偿,推动形成"自然保护地生态产品溢出"的有效激励结构和资格惩罚制度[34];健全自然保护地生物多样性风险预防法律制度,建立生物多样性价值评估和核算体系。新时代自然保护地矿业开发治理体系,应按照推进生态文明建设的总体要求,以国土空间规划为统领,强调自然生态空间规划引导和用途管制,明确不同地域、不同类型自然保护地的功能定位[35];加快构建与国家生态安全格局相适应的自然保护地空间体系,针对不同阶段的矿业活动,参照国内外经验,开展自然保护地矿业开发生态负效应评价,在更大尺度上保证自然保护地空间的可达性和系统完整性[36];以资源环境承载力评价为基础,制定科学合理的措施方案,明确不同区域自然保护地生态保育的目标、任务和路径;以自然资源产权制度为前提,明确各类自然资源资产权属,明晰不同利益主体承担自然保护地生态修复的责任和义务;以自然生态空间用途管制为手段,明确自然保护地分区矿业开发标准和控制引导措施;以纵向财政转移支付和生态补偿为保障,

明确自然保护地矿业空间生态修复的资金投入和经济补偿。

2.严格管控，完善自然保护地分类管理

由于矿产资源兼具财产属性和生态属性，其开发利用势必引致生态环境负外部性的特点，《环境保护法》《自然保护区条例》等法律法规明确指出，重点生态功能区、生态环境敏感区和脆弱区等区域要划定生态保护红线，实行严格保护；自然保护区、风景名胜区等区域内禁止进行矿产资源勘查开采活动。按照相关要求，与世界自然保护联盟的自然保护地管理类别体系对照，我国自然保护地均属于Ia类别的"严格意义的保护地"，即人类活动、资源利用和影响受到严格控制；但从实际管理情况来看，我国众多自然保护地在保护生物多样性的同时，也对游客开放，因此许多自然保护地实质上属于Ⅱ类别的国家公园，即基于生态系统保护和游憩的需要，为人类提供一个可与环境和文化兼容的精神、科研、教育、休闲和旅游机会等服务功能而设立的自然保护地。由于自然保护地在分类过程中存在保护目标单一、功能定位模糊、管理方式僵化、保护活动与当地社区发展矛盾突出等问题，不利于集中多方力量共同参与自然建设与管理，也不利于实现矿产资源财产属性和生态属性的物化。建议按照保护第一、生态优先的原则，充分发挥自然保护地资源管护、科学研究、宣传教育、生产示范等功能，协调好生态环境保护与矿业开发的关系，通过分类管理，规定不同自然保护地矿业开发项目的准入门槛和后续退出要求，强化规划环评约束，制定负面清单，强化问责监督；以工矿废弃地复垦利用、矿产资源开发、生态环境补偿等具体措施为路径，采取不同类型、不同分区自然保护地实现矿业空间生态修复目标的可操作性措施。

3.因地制宜，实施自然保护地矿业空间生态修复重大工程

立足于自然保护地整体保护、系统修复和综合治理，着眼于生态系统良好的结构、功能和过程，研究分析生态系统演变规律、识别主要问题；开展自然保护地资源环境承载力和生态系统服务评价，按照"山水林田湖草生命共同体"的总体要求，提出生态修复的重点区域、目标任务、重大工程布局、实施机制和差别化对策建议。重点实施以下重大工程：严格矿业权在自然保护地核心区和重要生态敏感区、脆弱区的退出工作[37]；强化重要生态功能区生物多样性保护，实施物种种群及其栖息地恢复示范工程[38]；加快自然保护地废弃矿山、废弃地造林绿化步伐，坚持工程治理与自然修复相结合，深入推进生态脆弱区治理，增强生态修复能力；大力防治自然保护地山体崩塌、滑坡、泥

石流等地质灾害，防止人为干预引致的水土流失和石漠化；加大矿山地质环境综合整治力度，推进土地复垦绿化工作，全面治理历史遗留的矿山地质环境问题；严格实施自然保护地湖泊水库和饮用水水源地生态环境保护措施，维护生态持久平衡。

参考文献

［1］周大庆，高军，钱者东，等.中国脊椎动物就地保护状况评估［J］.生态与农村环境学报，2016（1）：7-12.

［2］中国科学院可持续发展战略研究组.2015中国可持续发展报告——重塑生态环境治理体系［M］.北京：科学出版社，2015.

［3］马克平.当前我国自然保护区管理中存在的问题与对策思考［J］.生物多样性，2016(3)：249-251.

［4］黎洁.我国自然保护区生态旅游资源价值实现方式研究［J］.生态与农村环境学报，2002（3）：61-64.

［5］徐海根，丁晖，欧阳志云等.中国实施2020年全球生物多样性目标的进展［J］.生态学报，2016，36（13）：3847-3858.

［6］柏成寿，崔鹏.我国生物多样性保护现状与发展方向［J］.环境保护，2015（5）：17-20.

［7］韩念勇.中国自然保护区可持续管理政策研究［J］.自然资源学报，2000（3）：201-207.

［8］彭琳，赵智聪，杨锐.中国自然保护地体制问题分析与应对［J］.中国园林，2017（4）：108-113.

［9］王晓霞，吴健.中国自然保护区财政资金投入水平分析［J］.环境保护，2017（11）：53-57.

［10］马克平.中国国家公园建设取得标志性进展［J］.生物多样性，2017，25（10）：1031-1032.

［11］蒋志刚.论保护地分类与以国家公园为主体的中国保护地建设［J］.生物多样性，2018，26（7）：775-779.

［12］徐网谷，高军，夏欣等.中国自然保护区社区居民分布现状及其影响［J］.生态与农

村环境学报,2016,32(1):19-23.

[13] 解焱.自然保护地亟待有效保护[N].人民日报,2013-05-25(10).

[14] 张文兰,仙珠.三江源国家公园对当地牧区社区原住民的影响[J].林业调查规划,2017,42(4):152-155.

[15] 刘金龙,赵佳程,徐拓远,等.国家公园治理体系热点话语和难点问题辨析[J].环境保护,2017(14):16-20.

[16] 苏杨.整合设立国家公园为何如此难"整"?[J].中国发展观察,2017(4):49-53.

[17] 王毅.中国国家公园顶层制度设计的实践与创新[J].生物多样性,2017,25(10):1037-1039.

[18] 陈叙图,金筱霆,苏杨.法国国家公园体制改革的动因、经验及启示[J].环境保护,2017(19):56-63.

[19] 钟林生,邓羽,陈田,等.新地域空间——国家公园体制构建方案讨论[J].中国科学院院刊,2016,31(1):126-133.

[20] 欧阳志云,徐卫华.整合我国自然保护区体系,依法建设国家公园[J].生物多样性,2014,22(4):425-426.

[21] 朱春全.国家公园体制建设的目标与任务.生物多样性[J].2017,25(10):1047-1049.

[22] 黄宝荣,王毅,苏利阳,等.我国国家公园体制试点的进展、问题与对策建议[J].中国科学院院刊,2018(1):76-85.

[23] 社会公益自然保护地联盟.中国公益保护地观察[R].2017.

[24] 刘一宁,李文军.地方政府主导下自然保护区旅游特许经营的一个案例研究[J].北京大学学报,2008(4):73-79.

[25] Cardiff University, Equilibrium. An assessment of application of the IUCN system of categorising protected areas[EB/OL].(2004-03-21)[2020-06-28]. http://www.iucn.org/themes/wcpa/wpc2003/pdfs/outputs/pascatrevb paper. pdf, 2003.

[26] BINGHAM H, FITZSIMONS J A, REDFORD K H, et al. Privately protected areas: advances and challenges in guidance, policy and documentation[J]. Parks journal, 2017, 23(1): 13-28.

[27] 黄宝荣,马永欢,黄凯,等.推动以国家公园为主体的自然保护地体系改革的思考[J].中国科学院院刊,2018(12):1342-1351.

[28] 孙志伟,鹿爱莉,盖静,等.矿山闭坑管理研究[M].北京:地质出版社,2018:50,56-57.

[29] 中华人民共和国国土资源部.中国矿产资源报告(2017)[M].北京:地质出版社,2017:23.

[30] 李俊生,罗建武,王伟,等.中国自然保护区绿皮书——国家级自然保护区发展报告

2014［M］. 北京：中国环境出版社，2015：126-130.

［31］徐本鑫. 我国自然保护地综合性框架立法模式论析［J］. 内蒙古社会科学，2010（6）：31-34.

［32］朱清，宋航，吕建伟，等. 基于中美比较的保护区与矿产开发管理研究［J］. 中国国土资源经济，2017（10）：4-10.

［33］马允. 美国环境规制中的命令、激励与重构［J］. 中国行政管理，2017（4）：137-143.

［34］杨笛. 保护地矿电资源开发环境法律问题研究——以云南兰坪为例［D］. 云南：昆明理工大学，2010：40-44.

［35］侯鹏，杨旻，翟俊，等. 论自然保护地与国家生态安全格局构建［J］. 地理研究，2017（3）：420-428.

［36］潘竟虎，徐柏翠. 中国国家级自然保护地的空间分布特征与可达性［J］. 长江流域资源与环境，2018（2）：353-362.

［37］陈炜华，李小瑛. 自然保护区矿业权退出机制与权益保护［J］. 中国国土资源经济，2018（10）：66-69.

［38］张琰，刘静，朱春全. 自然保护地绿色名录：内容、进展及为中国自然保护地带来的机遇和挑战［J］. 生物多样性，2015（4）：437-439.